Under the Black Flag
The Romance and the Reality
of Life Among the Pirates

黑旗之下

海 盗 与 大 航 海 时 代

David Cordingly
[英]戴维·科丁利 著

顾佳 译

上海书店出版社

译者序

在影片《火星救援》中，孤身被弃火星的宇航员马克·沃特尼曾经这么说过："他们说，你要是在一个地方种上了庄稼，那里就算是你的殖民地了。"为了存够口粮活到人们来救他的那一天，他尝试在居住舱里种起了土豆，而且成功了，火星因此在某种程度上成了他的"殖民地"。而为了与救援人员实现对接，他不得不挖出了 NASA 提前发射到火星的返回舱，对其进行大规模改装以便成功升空。他诙谐地表示，既然在公海上犯盗窃罪的是海盗，那么在火星这个太空中的"公海"上盗窃仪器的他就是一个太空海盗了。一年半来不修边幅，他已经满脸大胡子，为此他还模仿那位著名的海盗黑胡子而戏称自己是"棕胡子"。就这么着，他先是做了殖民者，后来又成了海盗。不过，在现实生活中，海盗同殖民者常常是对立的。

黑胡子曾经封锁过南卡罗来纳的查尔斯顿港这个英国的美洲殖民地，放肆地劫掠进出船只，并向当地总督勒索赎金。另一位著名的海盗亨利·摩根更是干下了洗劫巴拿马这个繁荣的西班牙殖民地的壮举，从而获得了丰厚的回报。当时英国在北美洲和加勒比地区的殖民地总督纷纷向伦敦的贸易与种植园委员会上呈报告，向国务大臣呈递信件，要求国王派遣军舰前来驻守，否则以当时海盗活动的猖獗程度，殖民地贸易是岌岌可危的。老牌的殖民者西班牙也屡屡向英王发出警告，要求将攻击西班牙殖民地的亨利·摩根和德雷克之流追拿归案，予以法办。很显然，殖民者与海盗其实是有点窃国者与窃钩者的意思的，他们想要的都只是利益而已，只是一个有国家作幌子，显得更为体面，一个则是赤裸裸的打劫，易为人所不齿。也难怪像德雷克和亨利·摩根这样的人从来就不把自己当海盗，他们认为自己是英国女王伊丽莎白和国王查理二世手下的将士，是为了国家利益而与西班牙人开仗的。这两人都被封授爵衔，而德雷克更是获得了国民英雄的美誉。

究竟是什么样的利益使得这些人不顾16、17世纪时恶劣的航船条件，殖民地的荒蛮境况和在热带地区感染热病、瘟疫和其他流行病的风险，穿越大半个地球去做这种玩命买卖呢？那就是在由麦哲伦和哥伦布等航海家拉开帷幕的大航海时代中渐渐浮出水面的那个所谓的新大陆所蕴藏的巨大财富：贵金属矿藏、土著手中的各类饰品，以及各种经济作物，同时还包括非洲海岸所贡献的黄金、象牙和奴隶。西班牙靠着为其效命的几位航海家的惊人发现，首先抢占有利地位，开辟美洲西班牙大陆的大片殖民地，英法两国也不甘示弱，在觉察西班牙掠夺迹象后连抢带夺，继续开拓和抢占殖民地。满载金银财货的运宝船活跃在殖民地与殖民国之间的航线上，这些船吃水很深，因为载重大而开不了太快，殖民初期甚至都没能配备足够数量的护卫舰，自然不能不引起许多人的觊觎之心。如果说殖民者本身就是掠夺殖民地财富的小偷，那么海盗就是偷小偷的小偷了。当然，通常意义上的海盗并不都只是指那些冲着殖民地财富而来的凶徒，很多海盗其实只是抢劫一些小渔船，掠去某些船上的行船用具而已，不过只有那些聚集在殖民地周边，把眼光瞄准殖民地财富，多少带着些大航海时代的光荣和梦想的附加值的海盗才代表了人们心目中最为鲜明的海盗形象。

大航海时代是一个探索与发现的时代，也是一个掠夺与杀戮的时代。中世纪的暗云渐次消散之后，在与东亚贸易的利益驱动下，欧洲人利用地图学、航海术及造船术上的进步，舍弃关卡众多、层层盘剥的陆上贸易路线，开始开辟海上航路。然后，他们发现除了欧洲、亚洲和非洲之外，还有一个美洲大陆的存在。于是，但凡有点实力的航海国家都开始修船派兵，要将新大陆的财富捏在自己手里，他们在新发现的航路上穿梭往还，形成了好一派昌盛繁荣的局面。因此，曾经航船稀少，更别提什么强盗匪类的海上也渐渐地开始有了黑旗飘飘的海盗船，成了被新大陆财富弄得眼红心热的殖民者的心头大患。正如本书所描述的，一度极为猖獗的海盗活动在 18 世纪前半叶迅速走向了衰亡，这当然同殖民者加强海外殖民地的武备力量，开始认真地将这些小毛贼当回事儿来整治肃清是分不开的，不过，话说回来，海盗活动的湮灭不能说就不是伴随大航海时代探索发现的脚步的终结而来的。未知世界飞快地变成了已知世界，各大国的殖民地分布也已经基本奠定局面，互相较劲的几次欧洲战争并没有让谁真正得到好处，冗长的战局更多地只是让参战各国都力不从心，为什么不甘于瓜分新大陆和非洲大陆的财富的局势而要一意孤行地去追求什么海上霸权呢？而且，在航海家们的数次环球航行之后，世界的版图已经渐渐明晰，地图的绘制已经越来越精确，似乎再没有什么天下无人知晓只等着我去发现的犄角旮旯存在了，发横财的机会是越来越少了。

对于海盗来说，这种稳定的局面是致命的。一来减少了在敌对各国之间趁火打劫浑水摸鱼的可能性，二来各国原本用来打仗的兵力如果分派给殖民地作为防卫力量，那么他们是绝无取胜的可能的，再说真正可以让人赚得盆满钵满的那个财富掠夺的初期也已经过去了。正如本书作者所说的，世界开始变得太小了，海盗们已经找不到自己的藏身之处了。这不能不算是大航海时代落幕的悲歌。

如今，当文明的进程迅速地在世界每一个角落里得到推进，当越洋航行不再危险而成了稀松平常的事，当我们拿着十几份甚至几十份曾去过某地的人写下的旅行攻略而踏上异国的土地时，我们不会明白，未知世界及那个世界所代表的难以预知的巨大财富曾经激荡过多少人胸中的热血。我们的世界不再未知，我们只能像太空片里所描绘的那些人一样向宇宙伸出触角，或许有一天，宇宙也不再未知，或许这一天并不会那么遥远，到那个时候，我们终会明白，就像雨果所说的，至少我们还保有，我们也永不应失去，心中的那份激荡，因为，比河流更宽阔的是大海，比大海更宽阔的是宇宙，但比宇宙更宽阔的是人的心灵！

目录

1　译者序

1　引言

15　木腿与鹦鹉

58　抢劫黄金口岸

83　亨利·摩根爵士

105　女海盗与海盗的女人

140　风暴、海难与海上生活

178　黑旗之下去战斗

211　酷刑、暴力与放荒滩

237　海盗岛与其他居留地

263　单桅帆船、纵帆船和海盗片

301　基德船长与被埋藏的宝藏

325　猎捕海盗

373　审判、处决及以铁箍悬挂

401　后记：海盗传奇

407　附录

引言

海盗们总是来无影去无踪。他们不经预告便突然出现。他们出击、劫掠，然后又消失在海天之际。他们不会留下任何纪念物或者个人物品。我们只能从几部日志中了解海盗生活的点滴线索，而木版画与其他版画中所描绘的海盗早期历史就跟许多关于被埋藏的宝藏的故事一样虚妄不实。然而，实物证据的缺乏却并没有使他们那不可思议的吸引力受到任何影响。理智告诉我们，海盗不会比普遍的罪犯好多少，不过在我们心里，他们依然是具有传奇色彩的人物。想到他们，我们便会想到西班牙大陆上的那些大胆行动，想到漂亮的黑色纵帆船和热带岛屿，以及金币银币满得快要溢出来的水手箱。

我们中的大多数人终其一生也不会遇到海盗，不过我们知道，或者我们以为自己知道，海盗究竟是什么样子的。我们从孩提时代就听说了他们的大名。我们也会在舞台和荧幕上见到他们的身影。他们就像牛仔一样好认，也同牛仔一样具有传奇性的重要地位。英语文学中一些第一流的作家从海盗故事中得到灵感，写作名篇，其中格外值得一提的两部海盗题材小说就是文学名著

《金银岛》和《彼得潘》。

多少年来，虚构与现实已然融合无间。有些故事一经检视，就不可避免地化为乌有。大多数人认为海盗会用走板子[1]的方法来惩罚人，因为这正是胡克船长打算对那些迷失的孩子们做的，不过真正的海盗可没有时间来整这些虚头巴脑的玩意儿。在海盗袭击中进行抵抗的水手会被直接砍死，然后扔到海里。海盗们通常能够劫到的战利品也不是装满了达布隆和八个里亚尔的箱子，而是几捆丝绸和棉布、几桶烟草、一根锚绳、几张备用帆、木匠的各种工具和五六名黑奴。

事实证明，人们对于海盗的印象也不是完全虚妄不实。大众对于海盗外形的看法就与现实情况有着惊人的相似。海盗们确实会在头上扎一条领巾或是大手帕，他们确实用手枪和短弯刀将自己武装齐备，严阵以待地四处走动。在电影和舞台剧中，饰演海盗船长的人通常会被安排穿上礼服外套，戴上斯图亚特时代的长假发，这是有历史根据的，因为加勒比海盗最活跃的时候正值英王查理二世的统治时期。

本书的主旨在于检视今日大众心中的海盗形象，找出这种形象的源头，并将其与海盗世界的真实情况进行比较。我们大多数

---

[1] 走板子：小说电影中常见的海盗惩罚俘虏和叛徒的手段，即蒙上此人的眼睛，驱逼他从架设在船边、向海面伸出的一块木板上走出去，走到尽头时此人便会掉入海中喂鱼。

人对于海盗的印象看起来是一种混合体，是在历史真实上叠加了三百年来的那些歌谣、情节剧、史诗、浪漫小说、冒险故事、漫画和电影的结果。在这个过程中，海盗们被戴上了浪漫主义的光环，那是他们在 17 世纪从未有过的殊荣，也确实是他们不配得到的。海盗并不是海洋版本的罗宾汉和他的快活汉。海盗行径就跟强奸一样，是凭借武力或者以武力相威胁来完成的，在海盗袭击的过程中，通常少不了极端的暴力行为、酷刑折磨和死亡。1806 年，一艘叫做泰号的船上的大副约翰·特纳被中国海盗抓住，关押了五个月。他遭到拳打脚踢，晚上被关在甲板下一个只有 18 英寸宽、4 英尺长的地方，不过这同那些被抓住的中国水师军官的遭遇比起来就算不得什么了。根据特纳的记述，有一个人被用大钉子将脚板钉在甲板上，"然后被用四股交缠的藤条抽打，直抽到他呕血；就这么将他晾了一会儿之后，他们把他带上岸，给大卸八块了"。海盗们还将另一名军官开膛破肚，取出他的心，用酒浸了吃了。[1]

地中海和西印度也发生着同样的恐怖故事。其中最令人心痛的莫过于柳克丽霞·帕克小姐所记述的那起海盗袭击事件了，这位年轻女子曾在 1825 年时被古巴海盗掳去。当时她正乘坐由英国人查尔斯·史密斯船长所指挥的一条单桅帆船伊丽莎-安号，

---

[1] 约翰·特纳，《泰号大副约翰·特纳的遭遇》（伦敦，1809）。

从圣约翰斯往安提瓜岛而去。行程的第十一天,他们被一条小型纵帆船给截住了,那条船的甲板上站得满满当当的都是全副武装的海盗。短时间的战斗之后,海盗们就夺下了伊丽莎-安号,将船上的财物劫掠一空,并将两艘船都开到了古巴海岸外的一个小岛上。他们将所有俘虏都用小船载到了岸上。帕克小姐后来在一封写给她住在纽约的兄弟乔治的信中谈及了他们的遭遇:

> 他们先是将伊丽莎-安号船员身上的所有衣物尽数除去,只剩下衬衫和裤子,跟着便开始用剑、匕首、斧头及其他武器对这些可怜人展开凶残的屠杀!他们向这帮杀人犯求饶,请他们手下留情,可这都是徒劳的!可怜的史密斯船长还向他们说明他无辜的家人的处境——他有妻子,有三个年幼的孩子,一家子全要靠他来养活,他指望能够打动他们,让他们同情他,可这都是徒劳的!唉,这可怜人再怎么求他们也没有用!他求的根本就是一群野兽,他们的心对于人类的情感完全无动于衷!被其中的一个人用斧子重重地砍了一下之后,他挣开了绑住他的绳子,想要逃跑,却撞上了另一个恶棍,那人用匕首在他心口插了一刀!我当时就站在边上,他的血溅了我一身——遭受这致命一击之后,他呻吟了一声,随即倒在我脚边死了……亲爱的兄弟,难道我还需

要将我在那种可怕的时候所体会到的感受告诉你，使你一念及此，也为我感到痛苦吗！[1]

帕克小姐本以为他们接下来就会杀她，可她很快发现，海盗船长要留下她来独享。所幸他们看到有一艘英国战舰从天际驶来，她的贞洁就这样保住了。海盗们抛下伊丽莎-安号，驾船逃走了。他们后来终于被抓获，并被带到牙买加受审，帕克小姐还在庭上指认了他们。这些人都以绞刑被处死了。

海盗活动从古便有。古代有希腊海盗和罗马海盗，维京和斯堪的纳维亚海盗在欧洲海岸横行霸道了好几个世纪。都铎王朝时代，英国南海岸频频遭受走私者和海盗的侵扰。而一伙被称作海上丐军的荷兰海盗也在这个国家的历史进程中扮演了虽然微小却至关重要的角色。1571、1572年时，他们暂时抛开了劫掠营生，加入奥兰治王子威廉的军队，要从西班牙人的手中将自己的国家解放出来。在地中海，海盗们还参与到了几百年来在基督教与伊斯兰教之间展开的圣战中去了：巴巴里海盗会截住穿越直布罗陀海峡航行或者从像是亚历山大和威尼斯这样的贸易口岸驶来的船只，他们驾驶着速度极快、以桨和帆提供动力的大帆船，向那些满载而来的商船猛扑过去。他们劫走货物，掳获乘客和船员，并

---

[1] 柳克丽霞·帕克，《海盗暴行，或被俘虏的女人》（纽约，1826）。

将这些人作为人质获取赎金，或者将他们卖为奴隶。

法国人在海盗史上占据着重要的地位。航行在西班牙大陆周边的那些最为成功也最为可怕的海盗当中，有许多就来自一些法国海港城市。17世纪中期，以敦刻尔克为基地的海盗威胁着英吉利海峡的航运。他们有位大名鼎鼎的领袖，那便是让·巴尔，他指挥手下人夺下过八十多条船。后来他参加了法国海军，并于1694年被国王路易十四封为贵族。

红海和波斯湾也是臭名昭著的海盗出没地，而印度西海岸的马拉巴尔海岸还是以安格利亚家族为首的马拉地海盗的老巢，18世纪上半叶，他们就是在那里劫掠东印度公司的船只的。

远东地区的海盗活动更是猖獗。菲律宾的伊拉能海盗在婆罗洲和新几内亚周边组织起那种配备40至50人的大帆船船队进行活动，对航船及海岸上的村落发动攻击，直到1862年，他们才被一支海军行动队歼灭。不过要说最令人胆寒的，不管是从参与的人数还是从手段的残酷来说，还是要数中国南海的海盗。19世纪初是他们活动的顶峰期，那时整个团队中约有40 000名海盗，有400艘平底帆船，他们称霸整条海岸，任何进入他们势力范围的商船都免不了被袭击的噩运。1807年以后，这帮海盗有了一位了不起的女性领袖，她叫做郑一嫂，从前是广东省的一名妓女。

虽然在之后的一些章节中，我们可能还会谈到中国海盗和巴巴里海盗,不过我们这本书主要是围绕西方世界的海盗来展开的,特别是在海盗横行无忌的时代中活动的那些海盗,这个时代始于17世纪50年代,到1725年左右戛然而止,因为那时海军派出的海岸巡逻力量使海盗们不得不离开他们的巢穴,而大规模的绞刑处决又让许多海盗领袖命丧黄泉。这个海盗横行无忌的时代是大多数关于海盗的书籍、剧作和电影的灵感来源,今天西方人心中的海盗形象便主要铸成于当时。加勒比海盗的粉墨登场拉开了这个时代的序幕,其中包括亨利·摩根在波托贝洛和巴拿马的野蛮掠夺行径,也包括基德船长不幸的人生和可悲的下场。1720年前后,海盗活动达到高峰,约有2 000名海盗在大西洋两岸袭击航船,对美洲殖民地的商贸构成严重威胁。

在我们继续往下说之前,有必要先把海盗活动和私掠活动之间的区别以及"地中海海盗"与"美洲海盗"这两个词的用法给弄清楚[1]。

海盗就是在海上抢夺和劫掠他人财物的人。根据英王亨利十

---

[1] 本句中"海盗行径"的英文原文是 piracy,该词变形为指代人的名词就是 pirate,指的是广义上的海盗。私掠活动的英文原文是 privateering,词根是 privateer,既可以指私掠者,也可以指私掠船。两词在译文中是比较好区分的。而"地中海海盗"和"美洲海盗"的英文原文分别是 corsair 和 buccaneer,存在下文所介绍的意义差别,在本书译文中并不一定都能以这样完整的意思译出,有时也没有这个必要,所以很多时候为免冗赘,便直接译为"海盗",请读者知悉。

三时期通过的一项海盗制裁法案,这个词不仅指在海上发生的强盗行径,也包括特级上将管辖范围内的任何一处港口、河流、海湾或地点内发生的抢劫、谋杀行为及其他重罪。

私掠船就是得到政府许可,有权攻击和抢占敌国船只的武装船舰。这种许可令是以文件的形式颁发的,而这种文件就被称作"报复及捕拿许可证"。国家最初颁发这种许可证的意图是让那些船只或是货物被敌人抢去或是毁掉的商人有权攻击敌人,以此报复对方并弥补自己的损失,可到了16世纪,沿海国家开始将这种授权机制作为战时击溃敌国航运的一种廉价手段。通过向私掠船颁发捕拿许可证,国家就省下了营建及维持一支庞大的海军常备军的经费。

捕拿许可证看起来十分精美,内容以艰涩的法律文体写就,并饰以繁复的钢笔花体字。私掠船船长需要准备一本日志,将发生的事记录下来,劫到的船只和货物需要送交海事法庭鉴定估价。战利品中的一部分要上缴国家;其余的就归私掠船船主、船长和船员们所有。从理论上来说,经授权的私掠船为国际法所认可,不会因为海盗罪而被起诉,不过授权机制已经很大程度地被滥用了,许多私掠船船长和船员其实不过是拿着许可证的海盗。

以地中海为活动基地的海盗被称作地中海海盗。其中最有名的要数巴巴里海岸的那帮海盗了,他们会从阿尔及尔、突尼斯、塞拉和北非海岸的其他港市出发进行袭掠活动,在伊斯兰国家统治者的授权之下，他们向来自基督教国家的船只发动进攻。声名略逊的是马耳他海盗。这些人受圣约翰骑士团的指派劫掠航船，作为一个成立于十字军东征时期的军团，圣约翰骑士团的宗旨就是代表基督教国家与穆斯林异教徒作战。而对于任何一条在地中海航行的商船的船长和船员来说，所有的地中海海盗其实就是海盗。间或会有某个欧洲国家派出一支舰队来与海盗势力作战，不过直到阿尔及尔在1816年被一支大型联盟舰队轰炸之后，地中海海盗对航运构成的严重威胁才终于被解除。

美洲海盗指的是17世纪时在加勒比地区和美洲南部海岸周边活动的海盗。如今这个词使用得相当广泛，也包括那些劫掠一切落入其手之船的亡命之徒和冒险家，以及像亨利·摩根这样拿着牙买加的英国总督颁发的许可证与西班牙人作战的人。美洲海盗最初只不过是一帮猎人，他们栖居在伊斯帕尼奥拉岛和加勒比海现归海地与多米尼加共和国所有的那个多山岛屿上的树林和山谷之中。他们中大多数人是法国人，以狩猎那些由西班牙殖民者带入繁殖的猪群和牛群为生。他们像阿拉瓦克人一样利用篝火或是无遮盖的地灶来烤制或是熏干肉片，法语中将这种烹制过程称为 boucaner（意为烟熏，或者用熏、烤等方法加工处理），这些粗野的蛮人就这样有了自己的名号。他们用动物皮毛做衣服穿，身上还带着屠夫用的那种匕首，脸上血迹斑斑的，那副样子加上那股子味道，活像是在屠宰场里干活的人。

17世纪20年代时，猎人们从伊斯帕尼奥拉岛的内陆地区向北部海岸迁徙，许多人甚至来到了位于海岸之外的托尔图加岛上，这个岛后来成了海盗活动的基地，他们向过往的商船发动进攻，同时也劫掠那些从墨西哥和秘鲁满载财宝而归的西班牙大帆船。起初，这些海盗各自作战，并无联络，不过他们很快形成了一个松散的联盟，这个组织被称为海岸同盟会。他们有时会聚在一起，就一个大目标发动联合攻击，最有名的便是1671年亨利·摩根率众攻打巴拿马的那次，这个西班牙城市被他们洗劫一空，焚烧殆尽。

海盗船长有许多是难对付的狠角色，在海盗肆虐的那个时代里发生的一些袭击事件简直比故事编出来的还要精彩。如果不是参与其中的海军军官详尽地将之记录在他的航海日志中，我们很难相信黑胡子的故事会是真的，也不会知道他最后在卡罗来纳海岸的浅水滩中进行了那样顽强的抵抗。皇家海军燕子号与巴塞洛缪·罗伯茨的海盗船之间的战斗发生在大西洋的另一边，其精彩程度也毫不逊色。战斗开始的时候非洲海岸外刮起了一场大风，大雨随之而来，掠过了波涛滚滚的洋面。水手们正努力着要在那颠簸不平的甲板上给大炮填弹发射时，热带暴风雨却显示出了它全部的威力，雷电交加，划破了长空。这次战役后来成了英国政府发动的海盗剿灭战中的转折点。

庭审记录、航海人员的日志、殖民地总督呈递的报告和被捕海盗及其受害者的证词是我们了解海盗横行无忌的时代的主要信息来源。除此之外，有一本了不起的书也提供了相当多的资料，这些资料已经受到了作家和电影导演的再三利用，这本书题为"最臭名昭著的海盗所犯下的抢劫及谋杀简史"，作者是查尔斯·约翰逊船长，书中记载的许多事件发生的时间距离该书出版也不过两三年光景。1724年5月14日，这本书甫一问世便大受欢迎，后续版本也就迅速接踵而至。约翰逊主要是从对海盗进行审判的庭审记录和当时像《伦敦报》和《每日邮报》之类的报纸中获取信息的。他对事件发生地的描绘栩栩如生，对人物对话的描写活灵活现，这说明他应该采访过一些水手和从前当过海盗的人。他相当熟悉水手的语言，用来不着痕迹，这说明他可能真的当过海船船长，虽说他的名字应该是一位职业作家或者记者的笔名。

1932年，美国学者约翰·罗伯特·穆尔在一次文艺研讨会上公布了自己的发现，他认为《海盗简史》（人们通常就是这么来称呼这本书的）的作者不是别人，正是丹尼尔·笛福。[1] 他花费多年的时间证实这一论点，最终在《枷锁中的笛福》这本论

---

[1] 作为印第安纳大学的英语教授，约翰·罗伯特·穆尔在1932年召开的一次现代语言协会的会议上宣布了自己的发现。在笛福与约翰逊研究方面，他有两本重要著作，分别为《枷锁中的笛福》（1939）和《丹尼尔·笛福，现代世界的公民》（芝加哥，1958）。

文集中发表了自己的研究成果。穆尔的观点很具有说服力。他发现《海盗简史》的语言风格同笛福如出一辙，而书中频频出现的道德反思式的结语也是笛福所常用的，他还指出，笛福显然对海盗这一题材相当着迷：《鲁滨逊漂流记》出版后的第二年，笛福就写作了《辛格尔顿船长》，这是以一名海盗的口吻撰写的自传式小说。他还出版了一部埃弗里船长的传记，书名是《海盗王》，还为苏格兰海盗约翰·高写过一本小册子。

作为他那一代人中从事笛福研究的佼佼者，穆尔教授的发现使得全世界大多数图书馆都将《海盗简史》这本书重新编目，排到了笛福的名下。不过到了 1988 年，两位学者 P. N. 弗班克和 W. R. 欧文斯却用他们的著作《丹尼尔·笛福的圣化》消泯了穆尔的论证。他们指出，没有一条文献资料能够证明笛福与《海盗简史》有关，而且在这本书与其他归在笛福名下的海盗题材作品之间存在太多不同之处。他们的论证是如此令人信服，以至于人们毫无办法，只能将《海盗简史》由笛福撰写这样富有诱惑力的议题放弃，重新将这部作品的著作权归于那位神秘的约翰逊船长。不管书的作者是谁，这本书对于公众心中海盗形象的形成具有深远的影响。它是我们经常说的那个海盗横行无忌的时代里许多海盗生平事迹的重要来源。它为一代恶人做了宣传，更为黑胡子和基德船长之流赋予了几乎是神话般的崇高地位，这些人后来都成了歌谣和戏剧中的主人公。

随着海盗威势的消减,在加勒比海和美洲海岸沿线行驶的商船很少再会受到海盗的攻击,公众对于海盗的接受度也面临着一个转变。在人们眼中,他们不再是普普通通的杀人犯和抢劫犯,他们开始变成了具有浪漫主义气息的亡命之徒。19世纪初,当拜伦勋爵发表了他的史诗巨作之后,海盗的这种形象更是得到了强化。这部题为《海盗》的诗作记述了一位自负而霸道的海盗领袖康拉德的奇险故事。康拉德脸色苍白,面容阴郁,周身围绕着一种宿命的氛围,这个海盗将哥特式恶人的邪顽之处与亡命天涯的贵族形象结合在了一起。拜伦描述了康拉德是如何在土耳其人帕察的后宫中解救了一名可爱的奴隶女孩。这女孩给他拿来了一把匕首,好让他杀死那睡梦中的敌人帕察。康拉德认为这是懦夫所为,他不愿意这样做,于是奴隶女孩就亲手杀了帕察。他们逃到了康拉德的海盗岛。康拉德在那里听说,他挚爱之人梅朵拉因为误以为他被杀死而悲痛不已,业已香消玉殒了。康拉德为此一蹶不振。他驾船离开,从此再没有人听到他的消息。

在一次范围扩大的游学旅行中,拜伦访问过地中海,他以当时在希腊各岛和土耳其海岸活动的地中海海盗为原型塑造了康拉德和他手下的那些船员。《恰尔德·哈罗德游记》出版后,拜伦已经拥有了相当高的知名度,读者正殷切期盼他的新作问世。当1814年《海盗》出版时,便立刻风靡了整个伦敦。出版商约翰·默里对拜伦说,他不记得有哪一本书能够使人们如此疯狂。

"出版第一天——破天荒头一遭儿啊——我就卖了10 000本；有三十个我想是顾客的人（并不认识）在店里大声招呼，告诉人们这本书读起来有多么让人愉快，多么让人满足。"[1] 在接下来的一个月里，又有七个版次被刷印出版了。拜伦的诗不但在英国卖得极好，在欧洲大陆也有广泛的阅读群体。许多作品正是在这首诗的海盗母题激发下被创作出来的，其中包括威尔第1848年的歌剧《海盗》和柏辽兹名为《海盗》的序曲。

19世纪，关于海盗的虚构作品蔚然大观。沃尔特·司各特根据臭名昭著的苏格兰海盗约翰·高的生平写作了历史小说《海盗》。马里亚特上校出版了一部奇险小说，书名也是《海盗》，而R. M. 巴兰坦的《珊瑚岛》也将海盗作为重要元素，这本书是他许多为男孩子所写的小说中最经久不衰的一本了。不过，我们最应该感谢的还是罗伯特·路易斯·史蒂文森，他用一本薄薄的小书写活了那个关于船上厨子、藏宝图和一艘叫做伊斯帕尼奥拉号的纵帆船的故事，将那个远去的海盗世界纤毫毕现地呈现在了读者的面前。

---

[1] 出自约翰·默里1814年2月3日写给拜伦的信件，转引自拉瑟福德《拜伦：评论遗产》（伦敦，1970）。

木腿与鹦鹉

　　罗伯特·路易斯·史蒂文森开始写作《金银岛》的时候是三十岁,这是他作为小说家所取得的第一次成功。尽管评论家们认为,《化身博士》和《巴伦特雷的少爷》是更为出色的作品,但史蒂文森的名字就是这样牢不可分地与这本书绑在了一起。小说的前十五个章节是在苏格兰群山环绕的布雷马写作的,那是在1881年的八九月间。[1] 夏末的天气真是骇人,史蒂文森与家人蜷缩在麦克格雷格小姐农舍中的火炉前,听着狂风从迪谷上呼啸而下,雨点子噼里啪啦打在窗户上。他们一起住在那儿的有五个人:史蒂文森的父母亲,他的美国妻子范妮,以及范妮十二岁大的儿子劳埃德·奥斯本,也就是史蒂文森的继子。为了打发时间,劳埃德用一个先令盒子来调和水彩颜料画画。有天下午,史蒂文森同他一起画了起来,他画了一张关于一个岛的草图,之后就开始给岛上形形色色的山峰海湾添上各种名字。劳埃德后来

---

[1] 本章关于史蒂文森和《金银岛》的资料参考了科尔文《罗伯特·路易斯·史蒂文森的信件》(伦敦,1895)、贝尔《罗伯特·路易斯·史蒂文森:放逐之梦》(伦敦,1992)、麦克林《罗伯特·路易斯·史蒂文森》(伦敦,1993),以及牛津大学出版社世界经典文库中《金银岛》(牛津,1990)一书简介和注释的相关内容。

写道,"我永远忘不了当初看到骷髅岛、望远镜山时候的激动心情,还有那三个红十字,真让人心潮起伏,难以平静!尤其令人难以自抑的是,他在右上角写下'金银岛'三个字的时候!而且他看起来知道那么多那个岛的事——海盗,埋起来的宝藏,还有被罚留在这个无人岛上的那个人"。在史蒂文森临终前一年所写作的一篇随笔中,他披露了整个故事是如何在他仔细研究这张图的时候成形的。那得完全是个关于海盗的故事,得有一次哗变,有位名叫屈利劳尼的好乡绅,有个一条腿的船员厨子,还有一支副歌部分为"唷呵呵,朗姆酒一瓶"的水手之歌。

三天内他就写完了三章。每写完一章,他都要把它读给家里的所有人听。除了范妮,大家都听得津津有味,而且提出了他们自己的建议。劳埃德坚持这个故事里不能有女人。史蒂文森的父亲想出了比利·蓬斯的水手衣物箱里放着哪些东西,又提出了吉姆·霍金斯藏在苹果桶里的场景。在接下来的两周内,史蒂文森接待了前来拜访的亚历山大·贾普博士,贾普对这个故事同样兴致勃勃,并且带着最开始的那几章小说去见了《年轻人》杂志的编辑。编辑同意以每周刊载的形式连载这部小说,但是史蒂文森在写完第十五章之后忽然就没了灵感,什么也写不出来了。苏格兰的假期告终,他搬到了南边的威布里奇。在那里,他一边改正前几章的校样,一边发愁接下来的故事要怎么写。终其一生,

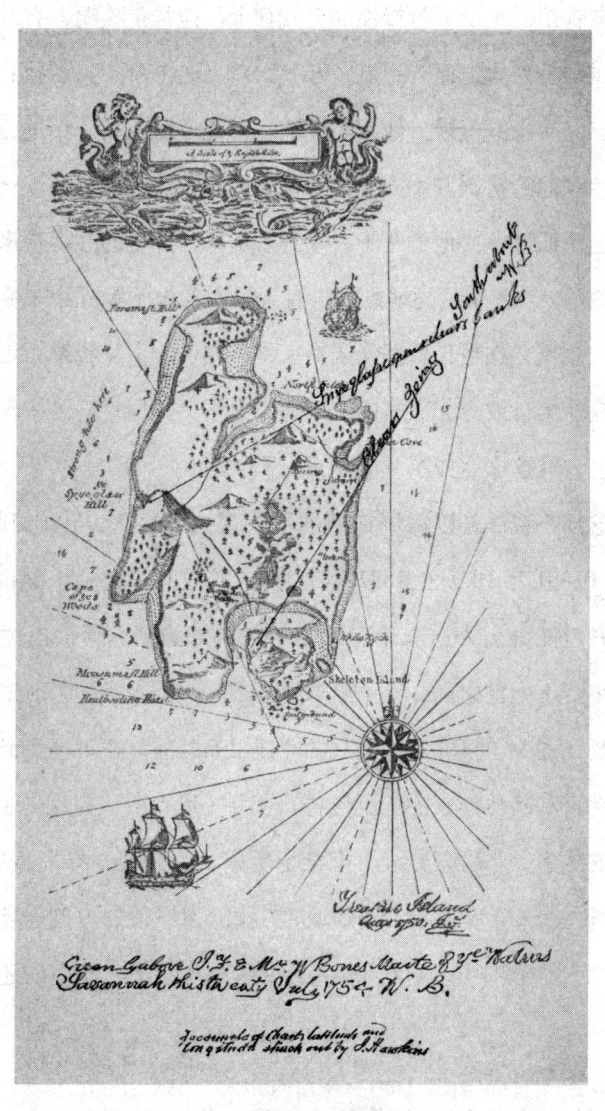

《金银岛》一书的卷首插画，由史蒂文森亲手绘制的藏宝图

史蒂文森都受害于一种慢性的支气管炎，他常常咳喘，有时还会咳出血来。为此他痛苦不堪，好多次差点送了命，为了找到能够治愈自己疾患的气候，他不断地从一个地方迁往另一个地方。在苏格兰时他的状况并不太好，于是他想着要与范妮、劳埃德在瑞士的达沃斯过冬。他们在十月里到了那里，环境的改换带来了神奇的效验。"来到目的地之后，有天早晨我坐下写那个未完成的故事，接着，瞧啊！就好像闲话家常一样，故事从我笔下汩汩而出；在这第二波令人欣喜的苦干精神之下，我回复到了一天一章的速度，就这么完成了《金银岛》。"

这部小说最初以每周连载的形式在《年轻人》杂志刊出的时候（1881年10月至1882年1月），并没有引起多少瞩目，或者说并没能确实为这本杂志带来一些额外的销售量，不过1883年以单行本问世之后，马上就取得了成功。据报道，当时的首相格拉德斯通为了读完它，凌晨两点还没有睡觉。小说还受到了文学批评家和其他作家的广泛赞誉。亨利·詹姆斯认为这是个讨人喜欢的故事，"就像男孩子们某个玩好了的游戏一样完美"，而杰勒德·曼利·霍普金斯[1]则说，"我以为罗伯特·刘易斯·史蒂文森[2]在一页中所表现出的天分要比司各特在一卷中的还多"。

---

[1] 杰勒德·曼利·霍普金斯（1844—1889）：英国诗人，罗马天主教信徒，耶稣会神父。
[2] 史蒂文森施洗后被命名的名字是罗伯特·刘易斯·鲍尔弗·史蒂文森，大概18岁左右，他将"刘易斯"换成了"路易斯"，并且在1873年时去掉了名字中的"鲍尔弗"。

G. K. 切斯特顿[1]格外钦佩史蒂文森那种引人遐想的文风："字字句句声情并茂。真像是用水手的短弯刀砍削出来的；好比比利·蓬斯的刀从本博将军客店的木头招牌上砍下的那块令人难忘的碎片或说楔形木块一样。"

《金银岛》本是写给孩子们看的书，作为一个激动人心的冒险故事，它具有相当直观的吸引力，不过就像《鲁滨逊漂流记》和《爱丽丝梦游仙境》一样，大人们也从中得到了与孩子们同等的快乐。对于人物的细致入微的观察，对于语言的活灵活现的描摹，还有小说表面叙事之下潜藏的令人心神不定的暗流，这些都教读者爱不释卷，也引发了对于小说文本的永无止境的研究。小说被搬上了舞台，每年在伦敦或是其他地方，都有知名演员及不知名的鹦鹉为影片拍摄而参加试镜。至少已经有五部影片是根据这部小说改编的。1920年的无声片版本是由一名女子（雪莉·梅森）出演吉姆·霍金斯一角的。在1934年的影片中，饰演吉姆的是杰基·库珀，高个儿约翰·西尔弗则由华莱士·比里出演。1950年，迪士尼公司斥重金投拍新片，由博比·德里斯科尔饰演吉姆，而罗伯特·牛顿则奉献了高个儿约翰·西尔弗一角的经典版本。奥森·韦尔斯在1971年的版本中重新演绎该角，而在1990年的影片中，饰演西尔弗的是查尔顿·赫斯顿，他的

---

[1] G. K. 切斯特顿（1874—1936）：英国作家，神学家，诗人，哲学家，剧作家，演说家，记者。

儿子则演出了一个年纪稍大的吉姆·霍金斯。

　　由于史蒂文森那些富于启发性的书信和随笔，我们得以了解到许多在他写作的过程中赋予他灵感的形形色色的事物，以及一些主要人物的原型。那张藏宝图是个催化剂，不过他同时也从自己所记取的丹尼尔·笛福、埃德加·爱伦坡和华盛顿·欧文的作品中汲取了养分。他书中"死人箱"的说法借鉴自查尔斯·金斯利的《最后》，并且他坦承自己应向"伟大的约翰逊船长所写下的那段关于臭名昭著的海盗们的历史"[1]致以谢忱。有意思的是，他对马里亚特上校的《海盗》却是骂声连连，认为那部作品枯燥无味，而且毫无笔力可言。

　　《金银岛》中最为重要的人物无疑就是高个儿约翰·西尔弗了。他比历史上任何一个真实存在的海盗都更为深入人心，再加上胡克船长，就是许多人心中海盗的典型形象。他个子很高，身强力壮，为人狡狯，诡计多端，在寻找黄金的过程中，忽而情绪高昂一副快活样子，忽而又变得极端残酷，杀人不眨眼。他的左腿是担任弗林特船长船上的舵手时在马拉巴尔海岸附近给舷炮击中然后切除的。他没有装上个木腿，而是架起了一根丁字形拐

---

[1] 1724年问世的《史上最臭名昭著的海盗所犯下的抢劫案与谋杀案简史》一书，署名为"查尔斯·约翰逊船长"所作，但经考证并无一位叫做查尔斯·约翰逊的船长，这是个化名，该书的真正作者至今仍是个谜，有些人认为书是丹尼尔·笛福所写。此书对于大众心目中的海盗形象的形成影响甚深，也是许多为人熟知的海盗生平事迹的重要来源，更掀起了后来为罪犯立传的潮流。

杖，"拐杖出奇地听他使唤，他拄着它一跳一跳，简直像一只小鸟"[1]。约翰逊船长的《海盗简史》中有个"长着一把骇人的大胡子的家伙，拖着一条木腿，周身插满手枪，就好像年历中那个周身插满飞镖的人一样，或是骂骂咧咧地，或是吹着法螺就走到船上层后甲板区那里"，写得真是令人难忘。史蒂文森在构想高个儿约翰·西尔弗这个人物的时候，很可能脑子里就存留着这家伙的样子，不过他总是说自己的海员厨子是以他的朋友 W. E. 亨利为原型创作的。这位亨利是个作家，也是诗人，每个见过他的人都会对他留下深刻印象。劳埃德·奥斯本说他是"一个留着一大把红胡子、架着一根丁字形拐杖，红光满面、肩膀阔大的了不起的家伙，总是快快活活的，脑袋聪明得让人吃惊，笑起来那可是声如洪钟。再找不到像威廉·欧内斯特·亨利这样的人了，他身上有着常人难以想象的热情和活力，他能够让人佩服得五体投地"。

亨利是格洛斯特一名书商的儿子，小的时候患上了结核性关节炎，一条腿因此失去活动能力，最终只能被截去。他到爱丁堡来求医，就自己的病症向声名赫赫的利斯特教授求教，就在苏格兰的这座首都里，经人介绍，他与史蒂文森相识。对于写作，亨利并没有多少才能，不过他后来成了好几份杂志和几本文集的独

---

[1] 《金银岛》原文，译文参考了上海译文出版社的荣如德译本。

立编辑，做得风生水起。身在瑞士的史蒂文森在完成《金银岛》之后没多长时间，就给亨利写了一封信，信上是这样说的："我现在得要坦白一件事。我是想着你伤残的身体所表现出的那种力量和游刃有余的架势才写出《金银岛》里的约翰·西尔弗的。当然，说到其他的品质和特征，他是没一点儿像你的，但是这种身体残疾的人把健全人牢牢攥在手心里，被他们怕着的念头，我是完全从你身上得来的。"史蒂文森后来又详细阐述了自己的这个观点，他说他的目的就是要塑造一个像他那受人钦佩的朋友一样的人，但他要使他失去所有更为优秀的品性，只剩下力量和那份亲亲热热的态度，然后他要试着把这些特质安在一个粗野的水手身上。

说到关于海盗的那些事，《金银岛》最令人拍案叫绝的，就是其中的人物和所涉及的航海细节无不真实可信。像马里亚特上校这样肯定见识过一些海盗的人所能写出的不过他书中那些个脸谱化的人物，而史蒂文森终其一生都未曾见过一个海盗，却能创造出一伙恶贯满盈、凶残成性的亡命之徒，并且在这些人中营造出一种两面三刀，杀人不眨眼的气氛。高个儿约翰·西尔弗以那样一种娴熟从容的姿态杀死了汤姆·摩根，吉姆·霍金斯看得都吓晕了过去。吉姆与坏蛋伊斯莱尔·汉兹的交锋简直是一场噩梦。同样活灵活现的还有伊斯帕尼奥拉号在海上航行的情景，它凭借信风稳稳地前进，"船首斜桁时不时地被一阵飞溅的水花所浸湿"[1]。1890年，W. B. 叶芝告诉史蒂文森，《金银岛》是他以航海为业的祖父唯一一本能够看出点乐子的书，个中缘由是显而易见的。史蒂文森不仅能够令人信服地使用水手们的行话，他还懂得航海和驾驶船只的一些较为精细的知识。这同他的家庭背景有关。他的父亲和祖父都是杰出的灯塔工程师，为了检查灯塔的运行情况，他们频繁航行于苏格兰各地的海岸之间。开始的时候，他们希望史蒂文森能够继承衣钵，有三年的时间，史蒂文森就在学习如何做个工程师，他有时会乘坐灯塔委员会的游艇去各处巡航来度过暑假。1869年6月，他陪伴他的父亲乘坐游艇"航灯"去了奥克尼群岛，1870年的时候，他在彭特兰湾和赫布里底群岛检查灯塔情况。尽管他后来放弃了供职于灯塔业的打算，不过他还是经常到各处旅行，而且主要是乘船旅行。1874年夏天，他同两个朋友驾驶游艇"鹭"在内赫布里底群岛周边航行，1876年，他划着独木船穿行在法国北部的河流和运河水道内（这段经历之后被写成了《内河航行》）。在写作《金银岛》两年之前，他曾有一次往返航行于大西洋上，不过他坐的船可一点儿也不像那艘叫做伊斯帕尼奥拉号的纵帆船：去的时候是从美国的克莱德乘坐客船德文尼亚号，回来的时候坐的是皇家邮政班船"切斯特市"。数年以后，当他已经成了一名作家之后，他还

---

[1] 《金银岛》原文。

罗伯特·路易斯·史蒂文森(1850—1894)

在太平洋各个岛屿间四处航行呢。

说到影响我们对于海盗的认知,《金银岛》的作用是怎么估计都不为过的。史蒂文森将海盗与地图、黑色的纵帆船、热带岛屿,以及肩膀上有只鹦鹉的独腿水手永久地联系在了一起。用十字标示埋藏宝藏的地点的地图成了人们最熟知的海盗的道具之一,这个点子是那么富于吸引力,以至于孩子们聚会游戏总少不了这样的节目,更有数十种冒险故事以此为必不可少的戏码。然而这种地图其实完全是凭空虚构出来的,它之所以如此风行,那就得要归功于史蒂文森的书前通常会用那张描绘金银岛的蛛网似的地图作为卷首插画的缘故了。

不过,木腿和鹦鹉可不是凭空造出来的。同那些在格林尼治医院度过一段时光的受了伤的水手一样,海盗们在风暴中操控船只和袭击其他船舰的时候,是相当容易受到严重的伤害的。1684年,一艘海盗船在西印度[1]海岸袭击一艘荷兰商船的时候,罗伯特·丹杰菲尔德就是贼船上的一员。双方舷炮齐发,有两名海盗被杀,五名受伤,"其中有两个各自失去了他们的一条腿"。[2] 斯克姆船长是巴塞洛缪·罗伯茨海盗船队中一艘船的指挥官,他在与皇家海军燕子号的战斗中被炸掉了一条腿。同样是在这次交锋

---

1 西印度并不在印度,而是指加勒比海北部与大西洋交界处的那一块多岛屿的地区。
2 出自伦敦档案局中的殖民地分部的档案资料。本书众多殖民地周边战斗资料均来源于此,不再一一说明。

中，罗伯茨船队漫游者号的水手长伊斯雷尔·海因德失去了一条手臂。[1] 对于这些伤害的救治往往是就地解决、应付了事的。威廉·菲利普斯在两艘海盗船的小规模战斗中左腿受伤，当时两艘船上都没有外科医生，最后大家决定，船上的木匠是干这个活最合适的人选。于是木匠从他的木工箱里拿出了一把最大的锯子，开始干活，"就好像他是要把一块松木板锯成两半一样，很快那条腿就从病人的身上给锯下来了"[2]。为了让伤口不那么疼，木匠烧热了他的宽刃斧，不过事实证明，这玩意儿他使起来可没那么灵活，最后烫坏了很多没必要接触到的皮肉。然而手术之后，菲利普斯却奇迹般地活了下来。

史蒂文森让高个儿约翰·西尔弗当厨子是有道理的。皇家海军有从伤残的水手中挑选厨子的惯例。在对于18世纪初期海上生活的不那么客气的描述中，内德·沃德是这么来写一位厨子的："一个在战斗中挺到最后的强人，这次也不例外，他一直都屹立不倒，要不是拉乌格那一枚该死的子弹轰掉了他的一条腿，他也不会被切成个海员厨子的模样。"英国乔治王朝时代知名的漫画家和画家托马斯·罗兰森绘有一组迷人的水彩画作品，表现

---

[1] 根据查洛纳·奥格尔船长给海军部信件中的内容，该信现藏于伦敦档案局中的海军部档案内。
[2] 约翰逊《史上最臭名昭著的海盗所犯下的抢劫案与谋杀案简史》（伦敦，1724）。该书版本众多，作者所使用的是曼纽尔·舒霍恩编订的综合性版本，即1972年出版于伦敦的《海盗简史》。

托马斯·罗兰森《海员厨子》，1780

了各个阶层的海军军官以及他们的营生。在他的笔下，海员厨子靠着木腿支撑身体，并用长勺搅拌着一锅热气腾腾的食物。

在许多人的脑海中，海盗会与鹦鹉联系在一起，这也是始自《金银岛》。高个儿约翰·西尔弗在伊斯帕尼奥拉号的厨房里，用笼子养着一只鹦鹉，这鸟后来还跟他上了岸。这只鹦鹉名叫弗林特船长，据说已经有两百岁了，还去过马达加斯加和波托贝洛。亚瑟·兰塞姆那些描写孩子们在英国湖区和其他地方度过暑假的冒险故事强化了海盗与鹦鹉的联系。这样的小说对今天的孩子来说可能已经没有多少吸引力了，不过在20世纪30、40、50年代的男孩子和女孩子中还是相当受欢迎的。在初版于1930年的《燕子和女战士》中，南希和佩姬·布莱克特扮作海盗，让海盗旗飘扬在她们小划艇那十三英尺高的桅杆上。她们有位叔叔从前是海盗，现在隐退了，住在一栋像船一样的水上之家里。兰塞姆为这位叔叔取名弗林特船长，并且让他养着一只绿毛鹦鹉，这显然是在向《金银岛》致敬。佩姬·布莱克特就曾经说过这么一番话："我们在教鹦鹉说'八个里亚尔'[1]，那样它就是一只好样的海盗鹦鹉，我们就可以带着它去野猫岛了。它现在只会说'漂亮的波莉'，这可一点儿都不顶用。"弗林特船长和他的鹦鹉出现在后续的几部小说里，最值得注意的是《彼得·达克》，这

---

[1] 八个里亚尔：《金银岛》中那只叫弗林特船长的鹦鹉的口头禅。

部小说写的是船长他们航行到加勒比海寻找被埋藏的宝藏的故事。

到热带地区出海的水手会带回鸟和其他动物当作旅行纪念品是很正常的事。鹦鹉尤其受欢迎，这是因为它们色彩艳丽，能够学人说话，而且在长途旅行的大船上，它们比起猴子或是其他野生动物更容易照管。在鸟市上，鹦鹉也能卖出好价钱，这也是18世纪伦敦社会的一大特色。1717年9月，迈克尔·布兰德在《邮递员》上刊载了一则广告，说是在托尔山附近托尔码头的虎豹店有卖"从几内亚来的红头的长尾小鹦鹉，还有两只从布宜诺斯艾利斯来的能说会道的长尾小鹦鹉，另有一些会说话的出生没多久的鹦鹉"。下一期的《邮递员》上，戴维·兰德尔的广告做得更妙了，他说查林十字路口的门房那里出售"会说英语、荷兰语、法语和西班牙语的长尾小鹦鹉，还有一个呼哨就来听命，红脑袋、个头小的长尾小鹦鹉，十分温驯和漂亮"。

鹦鹉有时会被作为礼物送去贿赂官员，以求达到某种目的或是单纯讨他们欢心。克林顿·阿特金森是伊丽莎白时代一名臭名昭著的海盗，1583年，他向多塞特海军中将的几位副官馈赠了鹦鹉。海盗船长史蒂芬·海恩斯于1582年馈赠克里斯托弗·霍尔特爵士的仆人两只鹦鹉，还送了两只给将军阁下的厨子。在伍兹·罗杰斯于1712年问世的著作《环球巡航》中就有数条关于鹦鹉的记载，不过最有趣的要算是威廉·丹皮尔写下的关于在他第二次南美之旅航程中海盗如何捕捉和豢养鹦鹉的故事了。1676年，他在靠近韦拉克鲁斯的坎佩切湾记录下了在那儿发现的一种温驯的鹦鹉，那是西印度最大最美的鹦鹉了：

> 它们有着黄色和红色的颜色，这两种颜色大块交织在一起，它们会不停地叨叨，声音悦耳动听，这里压根儿就没有一个不曾把一两只鹦鹉送到国外去的人。于是就有了那些粮食啊，箱子啊，鸡棚啊，鹦鹉笼啊，我们船上塞满了这些个没用的东西，而我们就准备这么出发了。[1]

究竟海盗是些什么人，他们又是从哪儿来的呢？他们中的绝大多数人其实是水手：对于 1600 年到 1640 年间 700 名被指控为海盗的人所做的调查显示，73% 的受控者称他们自己为水手或海员。到了 18 世纪 20 年代，即海盗最猖獗的时期，这个比例还要更高。马库斯·雷迪克对于当时在西大西洋和加勒比海域活动的英美裔海盗的研究表明，98% 的人原来是供职于商船或皇家海军的海员，或者曾经为私掠船船主服务。[2] 大多数人原来是商船水

---

[1] 《丹皮尔的旅程》（伦敦，1906）。
[2] 马库斯·雷迪克《在恶魔与蓝色深海之间》（剑桥、纽约，1987）。

手,因为所在的船只被劫夺,就自愿加入海盗队伍。

几乎所有的海盗都是专业的航海者这个事实可以说明很多问题。我们得以明白,他们为什么有能力长途跋涉,一次又一次地从美洲海岸去到非洲或是印度洋。我们得以明白,他们为什么能够平安无事地穿过加勒比海那些看似风平浪静却危机四伏的礁丛和险滩,为什么总是能够成功地甩掉海军船舰。我们也可以明白,他们为什么会有那样的行为举止和人生态度。

航海时代的水手是别一类人。他们说的话里充斥着专业术语,以至于陆上生活的人们根本无从理解。因为电影中出现的船上生活场景,我们对于像是"不许动","举起手来"这种话已经是司空见惯,不过很少有人能够做到如下指示吧:

> 把皮张起来,在肚子边安上松着的帆耳(别拉太紧了)、帆缘和踏脚索,还有整张帆;小心点,别让它下面靠前去,也别让它垂到船尾去。跟着把帆肚子整个儿拉到横杆上,把皮抻光溜儿了,让它向着船尾垂下来,把束帆索在桅杆上扎结实了,要是有辅助帆的话,辅助帆也得扎好。

这段文字摘自 R. H. 达纳1844年出版的《海员手册》。17世纪的水手们所使用的某些词汇更为难懂，让人如堕五里雾中。下面这段话是从曾经做过海盗的亨利·梅因沃林爵士的一本书中摘录下来的：

> 如果船是顺风前进的，或者像他们说的那样，船猫在被窝里，那么坐镇指挥的人就会用这些行话指示那掌舵的人：右舵，左舵，船中舵……如果船是侧风前进的，或者是近风航行的，那么他们会说：远着点，别掺和，别掉了，不可再贴，靠着走，碰碰风，想着粘住下风些；这些话在某种程度上都是一个意思，就是让那个掌舵的人把船靠着风开。[1]

除了这些海上生活独有的语汇和表达方式，水手们看起来就跟别人不一样。他们的脸和手臂因为日晒雨淋而呈现出罗伯特·路易斯·史蒂文森笔下的比利·蓬斯船长那样坚果棕的色泽。由于在严酷天气中操纵帆索和轮盘，他们身上通常会有疤痕，或者挂着点彩。长年累月在那起伏不定的甲板上行动，使得他们走起路来摇摇晃晃的。最重要的是，你能从一个人的穿着上一眼看出

---

[1] 转引自约翰·哈兰德《大航海时代的船员技术》（伦敦，1984）。此书详尽介绍了如何操纵船只及西方各国水手在操纵船只时使用的术语。

他是不是水手。18世纪早期，大多数陆上生活的人穿的是盖住马裤和袜子的长大衣和长马甲，水手们穿的却是蓝色的短夹克，里面格子衬衫，下面或是帆布长裤，或是宽松的"裙式马裤"，后者多少有点像现在的裙裤。还有，他们常常会穿红色马甲，并且将一条围巾或是手帕松松地系在脖颈上。

大多数海盗都是在这种常见的服饰样式中变换着装，这样的衣服比较耐穿，又很实用，不过也有一些人穿着从劫夺的船只上偷来的具有异域风情的服装，或者将抢来的丝绸和丝绒布做成衣服来穿。基特·奥洛德身着"黑色的丝绒外套和裤子，脚着深红色的丝绸袜子，戴顶黑色的毡帽，饰有黑色丝线刺绣的衬衫领子映衬着他那把棕色的络腮胡子"。[1] 根据约翰·斯托的记录，1615年有两名将被处决的海盗上交了他们的漂亮衣服，其中有深红色的塔夫绸马裤、带金扣子的男式丝绒紧身上衣和装饰金色蕾丝的丝绒衬衣。海盗船长们倒好像借鉴了海军军官和商船船长们的穿衣风格，他们的穿着也像这类人一样跟着当时英国绅士们的路数走。1722年，当海盗船长巴塞洛缪·罗伯茨打响生命中的最后一次海战的时候，根据约翰逊船长的描述，他"穿着浓艳的深红色绸马甲和马裤，帽子上插着一根红色羽毛，颈上挂着一根金链子，那链子上还坠着一颗十字形的钻石"。

---

1 西尼尔《海盗的国度：全盛时期的英国海盗》（伦敦、纽约，1976）。

能够当上海盗头子的人可不像埃罗尔·弗林[1]和老道格拉斯·范朋克[2]在电影中饰演的主人公那么光鲜亮丽，也不会是吉尔伯特和沙利文《彭赞斯的海盗》中那样欢天喜地的无赖汉，他们强横无理，冷酷无情，可以惨无人道地施暴和杀人。船上的人一起投票把他们选出来，要是没办法让手下的大多数人感到满意，他们就得让位，由别人来做船长。合格的海盗头子必须行事果敢，具有丰富的航海知识和经验。最重要的是性格要足够强悍，这样才能制服底下那一伙无法无天的家伙。西印度地方的海盗来自各个航海国家，有许多是黑奴，要把这些人团结起来，就不能有国家地域概念。海盗中的大多数人从本性上来说是桀骜不驯和懒惰的，他们出了名的满口粗话，又喜欢长时间酗酒纵饮，争吵和殴斗随之而至。他们是为了可以强取豪夺，过上不劳而获的生活而聚在一起的，这种合作关系本身就是不稳定的。

关于海盗头子的外形特征，我们能够看到的细节性描述是少之又少，而现有的那些可都称不上是什么好话。贝克福德舰于1698年被马达加斯加附近的海盗夺下的时候，船主发布了如下

---

1 埃罗尔·弗林（1909—1959）：好莱坞演员，红极一时的性感男星，演过《侠盗罗宾汉》和《布拉德船长》。一生风流不羁，爱好醇酒妇人，名言是"我喜欢我的威士忌上年纪，而我的女人很年轻"。

2 老道格拉斯·范朋克（1883—1939）：美国演员，导演，剧作家。因出演默片而知名，是第一位在电影中扮演蒙面侠苏洛的演员，也演过罗宾汉，是联艺制片公司的创始人之一，主办了1929年的第一届奥斯卡颁奖仪式，当时被人称作"好莱坞之王"。

说明:"现在在贝克福德舰上发号施令的是海盗赖德,他是个中等身材的男人,面色黝黑,就其品性而言更像是个下等人,留着棕色的短头发,喝酒时会蹦出几个葡萄牙语和摩尔语的词。"

苏格兰人亚历山大·多尔泽尔船长于1715年因海盗罪被处决,在纽盖尔监狱的牧师口中,他是个"职业海员,心肠歹毒的危险人物;生性乖僻、顽固,脾气很坏"。

同样不讨喜的还有菲利普·莱恩,他习惯在夺下其他船只后,对船长进行折磨,然后把他们杀死。据他自己交代,他一共杀死了37位船长或船主,其他有才干的船员则是不计其数。1726年3月28日的《波士顿报》刊登了配图新闻,描绘了莱恩和他的手下在南美海岸被捕之后被押赴巴巴多斯接受审判的样子:

> 指挥官走在头里,后面跟着20个左右的海盗,他们那面丝质的黑旗飘扬在前方,上面画着个等大的人,那人伸直两手,一手握着短弯刀,一手举着枪;他们浑身是伤,又没怎么包扎,一队人走过去真是臭气熏天、令人作呕,尤其是指挥官莱恩,他有一只眼睛被炸了出来,连着一部分鼻子上的肉,一块儿在他脸上挂着呢。

关于海盗，最令人难忘的要算是约翰逊船长《海盗简史》里对黑胡子的描述了。这段话很多人引用，不过还是值得再引一下，因为黑胡子其人已经成了一个传奇，并且主要是由他同其他一些虚构人物，像是胡克船长、高个儿约翰·西尔弗、拜伦笔下的那名海盗一起，在后来许多年里奠定了人们脑海中的经典海盗形象。

蒂奇船长有个外号叫做黑胡子，这是因为茂密的毛发覆盖住了他的整张脸，就好像一颗吓人的彗星一样，在很长一段时间里，美洲人怕他要胜过怕任何一颗在当地出现的彗星。

这把胡子是黑色的，长得那么老长了他也不剪；至于说横向面积嘛，胡子都快长到他眼睛上去了；他老是用丝带给胡子编辫子，小股的，就像我们的拉米利斯假发一样，还把小辫子绕在他的耳朵上。战斗的时候，他会把三对手枪装在皮套里，就好像子弹带那样兜在自己的肩膀上，为了让人更怕他，他还把点着了的火柴插在帽子底下，火柴一溜圈儿围满了他的整张脸，加上他那两只眼睛生来就一副凶蛮劲儿，他看起来就像是地狱里来的凶神恶煞，凭你怎么想也想不出那个狠样儿。

蒂奇船长,又名黑胡子。

这幅版画来自版本众多的《海盗简史》中的一种。

这个怕人样子并不完全是约翰逊想象出来的。1717年12月5日破晓时分，由亨利·博斯托克担任船长的单桅帆船玛格丽特号遭到黑胡子的袭击，他后来形容黑胡子是"一个高个子的瘦削男人，胡子留得很长，而且非常黑"。海军军官梅纳德中尉是黑胡子追捕行动的领导者，黑胡子最后在与他的战斗中死在了自己那条船的甲板上。在一封写给同辈军官的信中，梅纳德中尉说蒂奇船长"外号叫黑胡子，那是因为他从不修剪自己的胡子，还用黑丝带把胡子绑了起来"。

说到全副武装投入战斗的习惯，这同许许多多有关海盗作战的记载是吻合的。多带几把枪在身上并不完全是为了吓住敌人，也是为了以防万一的明智之举。燧发枪在海上可是靠不住的，如果因为弹药受潮而开不了枪，身边有另一把枪或许就能救你一命。在与配备四十门炮的英国战舰燕子号作战之前，巴塞洛缪·罗伯茨"按照海盗的方式"将两对手枪拴在一条丝质兜带的末端，然后兜在了自己肩上。有意思的是，从沉没的海盗船寡妇鸟号上找到的武器装备证实了这些描述：在沉船尾部发现了一把设计精美的手枪，枪面有用黄铜装饰的华丽的涡卷纹样，而枪把上则系着一条三英尺长的丝带。海盗们不作战的时候也有带武器的习惯。1716年，罗伯特·德鲁里访问了马达加斯加那些海盗据点中的一个，发现那里的人在他们的种植园里也活得很有腔调。其中有个荷兰人叫做约翰·普罗的，英文说得非常好。"他穿着带有金属大扣子的短外套,别的还都挺顺眼的,就是不穿鞋袜。腰带上插着一对手枪,右手上还拿着一把。另外一个穿得像个英国人,也是腰带上两把手枪,手上一把,跟他的同伴一样。"[1]

同水手一样,海盗大多是二十多岁的年轻人。18世纪初,海盗的平均年龄是27岁,这与18世纪商船水手的平均年龄是完全一致的,也接近于皇家海军中海员们的平均年龄。船员的年轻化主要是因为他们必须在各种天气情况下操纵帆樯作业,这需要足够好的身体条件。他们得要手脚敏捷、身强体健、精力充沛,具备一定的体力,不管在船舱里还是甲板上,他们都要有能力忍受极端艰苦的条件。除了处身在那些拍打着的、湿漉漉的风帆之中,在离开晃动着的甲板一百英尺的地方卖力干活这种显而易见的危险工作之外,水手们还要在一天里的任何时间经常性地去拖拉绳索,不管白天还是黑夜,他们还有可能一连好几天都处在又湿又冷的状态之中。

在西印度地方和美洲海岸线上活动的海盗来自好几个航海事业发达的国家。17世纪时,海盗船上多是法国人和英国人,不过总体来说,船员是各个国家都有。1668年,亨利·摩根发动了对西班牙巨富港口波托贝洛的进攻,当时参加战斗的500名海

---

[1] 德鲁里《马达加斯加,或罗伯特·德鲁里囚困该岛的十五载记事》(伦敦,1897)。

盗中有 40 个是荷兰人，法国人、意大利人、葡萄牙人、穆拉托人[1]、黑人各有几个，其他都是英国人。18 世纪初期，大多数发生在加勒比海的袭击事件都是由法国私掠船船主挑起的，1725 年之后，各殖民地总督报告了为数众多的由西班牙海岸警卫队成员所发动的袭击，这些人逾越了自己所领受的保卫西班牙人民财货的敕令，开始做起了盗掠的勾当。不过在 1715 到 1725 年间，使得加勒比地方风声鹤唳，并且将巴哈马的普罗维登斯岛作为基地的那些人，则绝大多数是来自英语国家的。其中占据绝对优势的，就是比例高达 35% 左右的英国本地人；然后是美洲殖民地出生的人，约占总数的 25%；20% 来自西印度殖民地，多是牙买加人，巴巴多斯人和巴哈马人；海盗中的 10% 是苏格兰人；8% 是威尔士人；还有就是零星的瑞典人，荷兰人，法国人，西班牙人和葡萄牙人。

大多数海盗来自港口城市，这一点倒是在意料之中。比方说，英国海盗大多出生在伦敦，除此以外，其他人则在布里斯托尔和西部地区出生。美国海盗则来自波士顿、查尔斯顿、纽波特、纽约、塞勒姆和其他东海岸城市。

海盗船上还有相当多的一部分人是黑人。1721 年，克里斯琴·特兰克巴所乘坐的船只遭到巴塞洛缪·罗伯茨麾下的两艘船

1　穆拉托人：黑人与白人的第一代混血儿或者黑白两种血统各半的人。

舰的袭击，他在报告里称，罗伯茨的船舰配备有180名白人和48名法国克里奥尔黑人；他的僚舰（随同船只）是一艘双桅帆船，配备有100名白人和40名法国黑人。在非洲海岸开普洛佩兹附近的战斗结束之后，查洛纳·奥格尔上校围捕了罗伯茨船上的人，他记下共有187名白人和75名黑人幸存。相同的人员配比也出现在其他海盗船上。新普罗维登斯的费尼总督向当局报告说，1721年6月在牙买加附近袭击一艘来自布里斯托尔的船只的由海盗安斯特德指挥的双桅帆船"好运气"配备有60名白人和19名黑人。当时的报告显示，爱德华·英格兰、威廉·穆迪和理查德·弗劳德的船上都是白人和黑人兼备，而奥古斯丁·布兰科的船员则由"英国人、苏格兰人、西班牙人、穆拉托人和黑人"组成。

然而这些海盗船上黑人的确切数字却不得而知。有人说，因为海盗具有民主精神，敢于挑战当时社会的礼俗习惯，所以他们才会张开双臂欢迎黑人来到他们的船上，成为与他们地位平等的伙伴。又有人说，从西印度种植园中逃跑的奴隶来到海盗船上做海盗，是因为他们可以在那里获得庇护，同时得到自由。这样的想法很浪漫，但是没有事实根据。海盗们其实抱有和西方世界其他白人一样的偏见思想。在他们眼中，黑人是可供买卖的商品，他们会使唤船上的黑人做一些重活和贱役，让他们用抽水泵抽水，到岸上去采集柴火和淡水，洗洗刷刷打扫卫生，以及为奴作仆伺候海盗船长。罗伯特·丹杰菲尔德关于自己在一艘海盗船上待了两年的生活记录中，写到他们曾经在非洲西海岸袭击一艘法国船，海盗们劫下了船上 50 吨的铁，25 大桶的白兰地，几捆亚麻布和 16 名黑人。他们后来在甘博海岸把这些黑人卖给了英国总督。1681 年，威廉·丹皮尔开始他的劫夺之旅的时候，他说船上有 44 名白人，1 名西班牙裔印度人和 2 名莫斯基托裔印度人，这些人手上都有武器，"还有 5 名从南海[1]带来的奴隶，也归我们所有"。这些奴隶并没有武器，这说明他们的身份不过是其他人的仆从。在对位于中美洲的那些西班牙殖民城市进行突袭时，海盗头子洛罗奈和亨利·摩根从来都是把奴隶视作他们的战利品之一的。摩根在牙买加逝世时腰缠万贯，他的遗产还包括 109 名黑奴。

从罗伯特·里奇关于基德船长的那份翔实的调查报告中，我们可以清楚地看到，奴隶在基德的船上就是用来干重活的，虽然在印度洋上，人们通常会使唤当地的水手而不是黑奴来干这些活，这是因为在那种地方，水手要比黑奴更好找。关于这种做法，巴兹尔·林格罗斯的航海日志中有个更早的例子。他记述了海盗于 1679 年夺下一艘西班牙商船的事件，他们俘获了船上的人，其中包括"12 名奴隶，我们打算将这些人好好利用，让他

---

[1] 南海：指巴拿马以南的太平洋地区。

们把我们船上的苦活给干了"。1720年前后是西印度地区海盗活动的高峰期，当时有为数众多的报告涉及海盗劫夺奴隶船，甚至上岸盗窃岛上黑奴的行径。1724年，一队开往牙买加的商船写信向伦敦的贸易与种植园委员会抱怨，说海盗是造成"黑人买卖中的受雇船只所经受的灭顶之灾的罪魁祸首，我们殖民地的存续生息靠的可主要就是这些船只"。

　　许多关于海盗的电影，还有若干小说，都有一个共同的特点，就是海盗船长会被塑造成一位贵族，或者是一个受过教育、有一定社会地位的人，只因在并不遥远的往昔岁月中遭遇不幸才走上了海盗这条路。影片《布拉德船长》的主人公是一位英俊的英国医生，由埃罗尔·弗林饰演，在西印度，这名医生因为被人发现为一名受了伤的叛变士兵施救而被判为奴。他逃了出来，劫下了一条船，然后成了海盗船长。在《黑海盗》里，老道格拉斯·范朋克演的是一位甘做海盗的公爵，他为报父仇，不惜深入贼窝，找出杀人凶手。事实上，18世纪初期的英美海盗中并没有什么贵族，再往前推几十年倒是有那么几个。最有意思的莫过于亨利·梅因沃林爵士的人生经历了。他是1602年在牛津大学布雷齐诺斯学院拿到学位的，之后在内殿律师学院学习法律，又在军队里待了一段时间，跟着他向船木工彼得·佩特买了一艘船，就到海上去做了海盗。1613到1615年间，他在英吉利海峡和西班牙海岸线周边劫掠西班牙船只。之后他回到英国，接受了赦令，开始了自己辉煌的后半段人生：成为海事委员，当上议会议员，就海事问题写书撰论。他的著作里还有一本题为"海盗是如何产生、运作及应如何剿灭"的专著。

而弗朗西斯·弗尼爵士的人生可就不那么辉煌了。他是因为同继母就遗产继承问题发生争吵而离开英国的。加入地中海的海盗帮之后，他"一手制造了自己许多同胞的惨剧，将普尔和普利茅斯商人的财物作为战利品带去了阿尔及尔"。后来他被西西里的海盗抓住，在船上的厨房里做了两年苦役。他是在墨西拿的圣玛丽慈恩院去世的，死时年仅三十一岁。威廉·利思戈曾去探望过他，说弗尼"在极度深重的痛苦之中期许着死亡"，那之后不久弗尼就死了。[1]

伊丽莎白时代有几位贵族和富有的地主与当时在英国海岸线上发生的海盗和走私行为密切相关并由此获利。这其中包括理查德·埃奇库姆爵士、罗伯特·里奇爵士、威尔士博马里斯的理查德·巴尔克利爵士，以及康沃尔郡彭登尼斯城堡的约翰·基利格鲁爵士和他的妻子基利格鲁夫人。

或许是基利格鲁夫人给了达夫妮·杜莫里埃灵感，让她写出了《法国人的小港》这本小说。故事的主人公，也就是这个法

---

[1] 威廉·利思戈《罕见的奇遇及苦痛的旅程》（伦敦，1632）。

国人，算得上是所有虚构故事中最富于浪漫主义色彩的海盗之一了。他在布列塔尼有一栋雅致的住宅，之所以会干起海盗这个行当完全是因为他觉得那很惊险刺激。他有一艘外观优美的船叫做海鸥，他驾驶这艘船在康沃尔郡海岸线上进行着无所畏惧的劫夺。圣科洛姆夫人，也就是小说可爱的女主人公，觉得他相当迷人，尤其是当他朗读德龙沙[1]的诗篇，或者花上几个小时画水鸟的时候，她都会被深深感动、难以自持。要说明的是，这个人物同18世纪初期祸害大西洋航运线的那些粗鄙不文的家伙中的大多数人没有丝毫相同之处。不过也有那么几个有教养的海盗，其中较为知名的是梅杰·斯特德·邦尼特。南卡罗来纳查尔斯顿的法官形容受审的他是"一名受过较好的文科教育的绅士，其他人都称他为文人"。邦尼特之前在巴巴多斯岛上过着舒适的生活，后来他厌倦了这种生活。他自己出钱在一艘单桅帆船上配备了10门炮，召集了70名船员，跟着就当起了海盗。在弗吉尼亚和卡罗来纳的海岸线上连续劫掠了一些船之后，他加入了黑胡子和他的海盗帮。邦尼特的问题是他没有航海经验，因此也就没有指挥船舰的能力。黑胡子说服他让出了自己的单桅帆船，由一名经验丰富的海员接管过去，担任船长。1717年11月11日的《波士顿时事通讯》报道说，有人在黑胡子船上看到了邦尼特，说他

---

[1] 皮埃尔·德龙沙（1524—1585），法国诗人。

"什么事儿也不管,只是穿着晨衣走来走去,然后又回去看他的书了,他在船上有好大一个藏书室"。

在法庭上,邦尼特的背景经历和他的教养成了对他不利的因素,法官为此还不失时机地发表了一通冗长的道德说教。死刑宣判的时候,邦尼特完全崩溃了。"判决一下,他表现得是那么可怜,行政区内的人们都非常同情他,尤其是女人。"他在狱中写了一封情词哀婉的信给总督,不过那也没什么用。在查尔斯顿港滨水区架起的一个绞架上,他被绞死了。

除了高个儿约翰·西尔弗,所有虚构的海盗人物中最让人难忘的就是胡克船长了,他是 J. M. 巴里的剧作《彼得潘》中的大反派。尽管在舞台上,他并不总是被塑造成一位贵族的形象,不过从巴里的文字中可以清楚地看到,胡克船长受过极好的教育。他最吓人的地方当然就是他的钩子手了,那是他原来的手被鳄鱼咬掉之后给装上去的,不过说到他与他手下那帮人的区别,那还得说是他"优雅的遣词用句,即使是在他骂娘的时候",另外就是他的穿着打扮了,他仿效斯图亚特王室那位浪荡国王查理二世的着装,有人告诉他,虽说很不可思议,不过他同这位国王长得很像。《彼得潘》初版许多年后的 1927 年,在一次与伊顿公学的孩子们的谈话中,巴里透露了胡克船长也在伊顿公学上过学,然后去了牛津大学贝利奥尔学院。他还在贝利奥尔的图书馆里借过诗集,主要是湖区诗人的作品。"那些书偶尔还能在二手书摊上找到，上面插着写有所有者'雅各布斯·胡克'名字的签条。"

《金银岛》问世之前，除了文艺小圈子里的人，罗伯特·路易斯·史蒂文森这个名字少有人知，而他的苏格兰同乡 J. M. 巴里却早在写作《彼得潘》之前就已是一位知名作家和剧作家了。他的第三本小说《小牧师》很受欢迎，被称作是一部天才之作，他还写了许多常演不衰的剧作，包括1902年的《可敬佩的克赖顿》，这些作品为他带来了财富与盛誉。毫无疑问，要在舞台上呈现《彼得潘》所产生的难题是靠着他的盛名才得以解决的。当著名的演员兼剧团经理赫伯特·比尔博姆·特里第一次看到剧本的时候，觉得巴里简直是脑子出毛病了，他拒绝出演该剧。不过美国制作人查尔斯·弗罗曼的反应却迥然不同，巴里给他读剧本的时候，他马上感觉到这会是一部成功之作，并承诺全力支持该剧。

我们可以理解比尔博姆·特里心中的顾虑。一个关于不愿长大的男孩子的剧本已经够糟了，何况这个奇想故事中的人物还包括一条大狗、美人鱼、迷失的男孩们、红皮印第安人、一帮子稀奇古怪的海盗，还有一条身体里有只钟在滴答作响的鳄鱼呢。更难办的还是该剧对于舞台呈现的高难度要求：得让演员长时间飞在空中，得有复杂的布景设置，还得有一面巨大的缩小镜，把演出廷克·贝尔的女演员的影像反射缩小。尽管如此，制作人和剧作家还是决心要破除万难。他们委托乔治·柯比的空中芭蕾舞团制作一种新型的飞行装置，请来艺术家威廉·尼科尔森设计服装，并邀请杰拉尔德·杜莫里埃和尼娜·布西科领衔主演，前者演出达令先生和胡克船长，后者则饰演彼得潘一角。

彩排简直是一团乱，巴里不得不在他们一边排下去的时候，一边修改甚至重写剧本。首演定在了 1904 年的 12 月 22 日，但因为把小房子提到树顶的机器还没有调试好，第三幕里海盗船的布景安装也出现了比较严重的问题，所以时间不得不延后。巴里奢华巨制的新剧本即将上演的消息传遍了伦敦，到了 12 月 27 日这天，满心期待的观众纷纷赶来观看首演。大家看得如痴如醉，巴里终于可以给远在纽约的查尔斯·弗罗曼发条电报免他悬心："彼得潘还好。好像非常成功。"岂止是还好啊。孩子们被彼得和温迪深深吸引，都爱上了他俩。评论家们也是一片赞誉，他们尤其津津乐道的是巴里"出奇丰沛的幽默和催泪的功力"。大家都喜欢空中飞行的那段，还有才华卓著的演员们所奉献的精神饱满的演出。

尽管海盗只是剧情中的一个元素，不过巴里显然很高兴能把他们放进剧本里。他有好几次提到了《金银岛》中的人物场景（他是史蒂文森的朋友，也是他的崇拜者），还有他读到过的约翰逊船长《简史》中的那些在历史上真实存在的海盗。胡克的船停泊在基德湾里，而且我们发现，胡克自己就是黑胡子的水手长，而且是"他们中最坏的一个"。巴里还用调侃的方式戏用航海术语，他常常把这些词串在一块儿，虽然没什么实际意义，他自己倒是觉得挺好玩，像是"停止，挽住，唷呵，顶风停啊，我们去当海盗啦"。成年人绝不会相信真正的海盗会像那位水手长斯米，架着副眼镜，还喜欢摆弄缝纫机，也不可能像那位斯塔基先生，"从前是一所公立学校的看门人"，不过胡克船长就另当别论了。他是一个超越真实的人物，已经成了舞台上和银幕中最受欢迎的恶棍之一了。这个角色对于演员来说简直是一种馈赠，饰演者里可以看到许许多多耳熟能详的名字，有查尔斯·劳顿、鲍里斯·卡洛夫、阿拉斯泰尔·西姆、唐纳德·辛登和达斯廷·霍夫曼。多年以来，彼得潘已经形成了一个产业。每年圣诞假期，全英国和全美国各地的剧院和教堂大礼堂里都会演出《彼得潘》的某个舞台版本。市场上可以买到相当多的插图本故事书。还有彼得潘游乐场和主题公园。迪斯尼公司拍过这个故事的卡通片，史蒂文·斯皮尔伯格构思并拍摄了影片《铁钩船长》，这部群星云集的史诗巨制拥有令人瞠目的视觉效果，华美的服装和一艘巨大的海盗船。说起来许多孩子是从看到某个版本的彼得潘故事开始知道海盗的存在的，也就不足为奇了。

如果海盗中有什么典型人物的话，那么亨利·埃弗里就是一个绝佳代表。他不是贵族，也不是出了名的心狠手辣。而且，就像许多他那一类的人一样，他的海盗生涯出奇地短。现如今他不像基德船长和黑胡子那么出名,他最后的岁月也鲜为人知,不过在他的有生之年里,他是一个传奇。有一部叫做《成功的海盗》的剧作在德鲁里街的剧院里演了好多年,剧本就是根据他的生平改编的。丹尼尔·笛福写过一本名叫《海盗王》的书,这本书似乎就是他在对埃弗里进行了数次采访之后撰作而成的。

亨利·埃弗里(又被称作约翰·埃弗里、高个儿本和布里奇曼船长)并不符合现在大多数人心目中通常会有的海盗形象。他中等身材,相当肥胖,看起来一副浪荡样儿,带着那种会被说成是非常欢快的神情。照笛福的说法,他1653年出生在普利茅斯,在皇家海军里待过一些年,当时的职务是皇家海军肯特号和鲁珀特号上的见习海员。1694年,他当上了查尔斯号的二副,这艘私掠船是被雇来向西班牙殖民地发动袭击的。他们在科伦纳港口停留了好几个月,船员们开始变得躁动起来,因为他们的薪水已经有好些日子没发了。5月7日,埃弗里和他的一帮同伙趁着船长醉得不省人事的当儿,就控制了整条船。

"现在我是这艘船的船长了,"埃弗里宣布道,"我要去马达加斯加,给我自个儿找点财路,所有有胆子的人都跟我走。"

他们将这艘船重新命名为"喜爱",航向了南方。在佛得角群岛,他们劫掠了三艘英国船,在靠近普林西比岛的非洲南海岸,他们夺下了两条丹麦船。绕过好望角之后,他们向马达加斯加的东北角前进。在那里,他们下锚登岸,寻找紧缺的粮食。埃弗里的计划是截下朝圣者船队里的船只，这样的船队每年都要从印度的苏拉特港穿越阿拉伯海来到红海口的莫查岛，再从那里转道去往麦加。在海盗们眼里，这支船队绝对是肥肉一块，简直就跟那些财货满满的西班牙船只看在美洲海盗眼里一样令人馋涎欲滴，要知道商人是会同那些朝圣者一起出航的，这样他们就可以用香料和布匹换来黄金和咖啡了。印度莫卧儿帝国的皇帝，人称莫卧儿大帝的，他也会派出自己的船，跟着船队出航。

1695年9月，埃弗里正乘坐"喜爱"在红海口巡航，这艘船现在已经配备有46门炮和150名船员了。有其他几艘海盗船加入了他的队伍，包括来自罗得岛的珍珠号和朴次茅斯冒险号，以及来自纽约的"友好"。朝圣者船队第一条落到海盗手里的船是法思·马玛玛迪号，从那里抢劫到的黄金白银价值超过5万英镑。几天以后，埃弗里便发现了那艘可以让他发大财，并且使他成为传奇的船。至尊宝号是莫卧儿大帝所拥有的船只中最大的一艘了，船上有40门炮，船长穆罕默德·易卜拉欣指挥着一支400人的护船步枪队，这都使得该船极难对付。

但是运气帮了埃弗里一把。正当他的海盗船队向至尊宝号靠近的时候，他们发射的第一轮炮中的一颗打中了那艘穆斯林船的主桅。主桅倒下后，对方船上的一门大炮又爆炸了，尸横一片，甲板上一时陷入了混乱。这场战斗持续了两个小时，不过当海盗们沿着船边跳到对方船上的时候，他们并没有遭到什么抵抗。印

埃弗里与至尊宝号

埃弗里闯入公主香闺

度历史学家卡菲·卡恩写道，至尊宝号的船长将一些土耳其女孩扮成男人，逼着她们去战斗，自己则逃到甲板下面，在底舱里躲了起来。

根据后来的传闻，莫卧儿大帝的一个女儿当时正在船上，一起的还有作为她侍从的一帮奴隶女孩，以及许多富商。埃弗里口口声声说绝没有伤害妇女，不过有一名海盗后来在受审时供认说他们犯下了"极为骇人的暴行"。所有的证据显示，海盗们毫无节制地进行了长达数日的强奸、折磨和劫掠活动，就在那几艘船都停在平静无风的阿拉伯海上的时候。不计其数的黄金白银进入了他们的口袋，其中包括 50 万里亚尔的钱币，这些钱被瓜分之后，他们每人都至少分到了 1 000 英镑。

有了这一大笔钱进账，埃弗里明智地决定要结束自己短暂的海盗生涯。他抛弃了随他航行的其他海盗船，去往了西印度地区。他向新普罗维登斯岛的总督行贿，使他同意他手下的那些人登岸，他把整艘船都给了他，还有价值 1 000 英镑的象牙。海盗们分道扬镳，有的去了卡罗来纳，其他人则去了英国。有六名原来在埃弗里手下的船员后来被抓住了。1696 年 10 月，他们在伦敦的老贝利街法庭受审，围观的人们群情激愤，最后他们被判了死刑。

话说回去，自己的船遭到攻袭之后，印度的莫卧儿大帝勃然大怒，威胁要将东印度公司和所有英国人驱逐出他的帝国。不知使了多少外交手段,还信誓旦旦地要把埃弗里和他的手下绳之以法,英国当局才算挽回了因为单单这一次海盗行为所造成的损失。不过埃弗里本人从未被抓住。大多数人相信,他在一个热带岛屿上穷奢极欲地度过了他的余生。不过事实似乎是,他大部分的钱都被西方世界的商人们给骗光了,最后在德文郡的比迪福德村穷困潦倒地咽下了最后一口气,"身边的钱还不足以为自己买一口棺材"。

在很大程度上,是那部根据埃弗里生平改编的剧作使得这个海盗作为一名无法无天的亡命之徒成了传奇,也让人们相信,埃弗里和他那样的人确实从强取豪夺中白手起家,发了大财。《成功的海盗》于 1713 年首演于德鲁里街的皇家剧院。在剧中,埃弗里虽然以马达加斯加之王阿维拉格斯的面目出现,但是明眼人一看就知是他。他被塑造成一个神勇无比的人物,在与丹麦人的战争中指挥过一艘火攻船之后,他宣布要与全人类作战,然后成了海盗。他将自己说成是天字第一号的逃犯王,是"世界上那一个流浪汉和社会弃儿的种族"的统治者。在第一场里,我们知道有条来自印度的船被强占了,水手们将它驶入了劳伦西亚港。这条船上载满了珠宝和黄金,莫卧儿大帝的孙女、可爱的扎伊达也在船上,还有她的一帮侍女。阿维拉格斯下令,船上的战利品要在他手下的水手间平分,因为这些人"伴我航遍全球,受尽日晒、寒冻和饥馁……"虽说扎伊达爱着的是他们船上一个贵族出身的年轻人阿瑞尼斯,但是阿维拉格斯自己却想要她。这一矛盾冲突在剧作的最后得到了圆满解决,我们发现,阿瑞尼斯原来是阿维拉格斯失散多年的儿子。这也让阿维拉格斯得以趁此机会将王位让给阿瑞尼斯和扎伊达,他自己则"放弃王权,生而为平民,死亦为平民"。

《成功的海盗》的作者是查尔斯·约翰逊(不要跟《海盗简史》的作者搞混),一个二流剧作家,他十九年来每年一个剧本的稳定产量令亚历山大·薄柏和当时的其他作家窃笑不已。有人指责他剽窃,也有人嘲笑他"身材臃肿",还说他喜欢在巴顿斯咖啡馆里消磨时光。1733年,他娶了一个年轻而富有的寡妇,在科文特花园接管了一家小酒馆。他是1748年3月11日逝世的,享年六十九岁。

《成功的海盗》是后来150年内陆续涌现的一长串脍炙人口的现实题材世俗剧的第一部,这些剧作丰富了伦敦城里戏剧爱好者们的文化生活。有一些并不那么严谨地建立在历史人物真实事件的基础上,像是1798年的《黑胡子,或被俘虏的公主》。其他则完全是虚构的。1829年2月9日,《红皮流浪者,或海豚的叛变》在阿德尔菲剧院开始首轮演出,这部剧作是根据詹姆斯·费尼莫尔·库珀的一部奇险小说改编的,由雇佣文人爱德华·菲茨博尔执笔这次的伦敦舞台剧本。有一位评论家形容这部剧是"十足的垃圾",不过人们通常以为,出演红皮流浪者一角的弗雷德里克·耶茨那激情洋溢的表演弥补了剧本上的缺陷。耶茨从前是当兵的，如今是阿德尔菲剧院的经理。他在舞台上身手敏捷，鲁莽大胆，完美地诠释了那位使海上航行的人闻风丧胆的海盗恶棍的形象，这家伙在最后一场戏中被自己底下人造反射杀，就这样戏剧化地死去了。

广受欢迎的剧作《黑眼睛的苏珊》的作者道格拉斯·杰罗尔德奉献了一部名叫《法国海盗德斯卡尔》的世俗剧，爱德华·菲茨博尔则写出了另一部现实题材的作品，题为《虚假的颜色，或自由贸易者》，主要角色是一个名叫霍克赛特的海盗。所有这些作品通同合作，使海盗成了除常见的土匪和强盗之外，剧院里的又一种恶棍形象。

吉尔伯特和沙利文在写作《彭赞斯的海盗》时，戏仿了这些世俗剧作品。因为著作权的关系，该剧虽是1879年12月30日在纽约首演的，伦敦的首演则要到1880年4月3日，地点是在河岸街的喜歌剧院。[1] 那妙语连珠的歌词，色彩斑斓的服装，以及亚瑟·沙利文那些极为令人难忘的歌词和合唱曲，使得《彭赞斯的海盗》一经推出便成了吉尔伯特和沙利文常规剧目里特别受喜爱的剧作。这部剧的故事其实根本就是瞎扯，全剧围绕

1　《彭赞斯的海盗》在伦敦首次公演之前，为了取得英国境内的著作权，1879年12月30日，德文郡的佩恩顿的皇家珍宝剧院首先演出了该剧，而纽约的第五大道剧院也在几小时后上演该剧，以取得其在美国境内的著作权。

"一位不管什么活都干的海盗女仆"露丝所犯的一个错误展开，她让本来要去学当引航员的主人公弗雷德里克成了一名海盗的学徒。这些海盗就跟被派来追捕他们的那帮警察一样善良而无能，不过整个故事虽然复杂，最后却是大团圆的结局，弗雷德里克娶到了少将漂亮的女儿梅布尔，海盗们则一转眼成了一帮爱国贵族，他们表示不会再做这种勾当。尽管对海盗题材做了这样轻描淡写的处理，《彭赞斯的海盗》对于现今人们看待海盗的方式却产生了相当大的影响。一百多年来，全世界专业和业余的剧团都在演出这部剧，而它所塑造的那种热心肠、好脾气的海盗形象也使得人们对海盗形成了一种错误的观念，即认为把海盗当成暴徒是一种误解，他们其实不愿伤害任何人。

抢劫黄金口岸

诺博德迪奥斯城坐落在巴拿马地峡[1]的海湾角上，16世纪70年代，它是西班牙大陆上主要的黄金口岸之一。所谓的西班牙大陆，指的就是环绕在加勒比海南边的那一大片潮湿闷热的美洲海岸。一年有两次，来自西班牙的大帆船船队要在海湾里下锚，将黄金白银搬上船来，这些财宝是由船只或是骡队从数千英里以外的秘鲁和玻利维亚的深山中运来的。

同巴拿马、卡塔赫纳，以及中美洲地区其他一些西班牙城镇不同，诺博德迪奥斯城并没有什么像样的房子。那里根本就是个贫民窟。大约有两百间用木板搭成的粗劣的房子和棚屋蜷伏在丛林边上的水滨区域。只要运宝船一来，城里便挤满了水手、奴隶和军官。而在其他时间里，大多数房子只是空关着。雷暴和热带暴雨会在雨季光顾这里。湿热气候催生了大量的蚊子、热病和其他热带疾病。

1571年，弗朗西斯·德雷克对这个城镇进行了一次勘察。

---

[1] 巴拿马地峡：历史上曾被称作达连地峡，指的是加勒比海与太平洋之间连接北美洲和南美洲的那一段狭长陆地。

这位未来的伊丽莎白时代最伟大的英国水手装扮成了一名西班牙商人，他检视过那个港湾，并记下了皇家宝库的位置。他在附近发现了一处隐蔽的小海湾，可以在将来行动时把它当做安全的下锚登岸之处。他同时也与栖居在周边丛林中的一些叫做西玛鲁人的逃亡黑奴取得了联系，这些黑奴随时都乐意向那些教他们深恶痛绝的西班牙人讨回血债。1572年7月，德雷克又回到了诺博德迪奥斯城。[1] 他有两条小船，"帕斯科"和天鹅号，手下总共有73个人。他在城镇东边一块岬角后面将船靠了岸。晚上，他把手下人转移到了小舢板和小划子上，他们绕过岬角，划船穿越海湾。他们是在凌晨三点登岸的，跟着便扑向了海岸上的炮台。炮台上有六门炮，只有一人把守。打哑了这些炮之后，德雷克将他的人一分为二，一队由他的哥哥约翰率领，到镇子西边对敌人进行牵制，德雷克自己则带着剩下的一队人由东面进攻，敲着鼓吹着号就地开到镇子里去。居民们听到声音，以为大军来袭，都惊恐不已。

然而，接下来的事情却变得很糟。有一队西班牙士兵开火了，打死了吹号的一个英国人，德雷克的大腿也中了枪。他不顾

---

[1] 德雷克攻掠行动的具体细节取自肯尼思·安德鲁斯《德雷克的航行》（伦敦，1967）、德里克·威尔逊《环游世界：德雷克的伟大航程，1577—1580》（伦敦，1977），以及内维尔·威廉斯《老水手：伊丽莎白时代的私掠、劫掠与海盗行径》（伦敦，1975）和《弗朗西斯·德雷克》（伦敦，1973）。

大航海时代加勒比海周边地理示意图

（图中标号：1. 波托贝洛；2. 诺博德迪奥斯；3. 巴拿马；4. 卡塔赫纳；5. 马拉开波；6. 库拉索；7. 布兰科岛；8. 巴巴多斯；9. 安提瓜；10. 圣基茨岛；11. 尼维斯；12. 圣约翰斯；13. 圣托马斯；14. 托尔图加岛［位于加勒比海上方伊斯帕尼奥拉岛的左上角］；15. 拿骚）

剧痛，带着他的人来到了位于海滩上的宝库门前，然而鲜血从他的伤口喷涌而出，在他身后留下了一道印迹，他的同伴们后来回忆道，那上面全是他的脚印。他们正准备要撞开宝库的门，一道雷电划破长空，热带暴雨倾盆而下，街道都被水给淹了，突击队不得不找个地方避雨。雨停之后，德雷克手下的许多人发现他们的枪和弓都没法用了，弹药、火柴和弓弦都被雨浇透了。有些人想要放弃，不过德雷克可没有时间犹疑。"我把你们带到了世界宝库的门前，"他告诉他们，"你们要是空手回去，那谁也怪不了，只能怪你们自己。"决心很大，却也还是不济事。宝库的大门被打开来了，里头却是空空如也。上一支运宝船队六周之前刚来过，下一批财宝要等到数月之后另一支船队到来之前才会从巴拿马给运送过来。德雷克此时失血过多，已是虚弱不堪，他瘫倒在了地上，水手们不得不将他抬回到了海岸边的小舢板上。这次进攻就这样彻头彻尾地以失败告终了。

要是换了别的什么人，很可能就将全盘计划给放弃了，但是德雷克特有的那种不屈不挠的性格让他决定等下去，等待下一支西班牙船队的到来，并且好好利用这中间的时间来做点什么别的事。伤势复原之后，他沿着海岸线进行劫夺，并且在原住民的帮助下往内陆地区查探。1573年2月11日，他登上了一座山脊，西玛鲁人在那上面建筑了一座平台，在这个有利位置，德雷克第一次眺望到了遥远的太平洋。他大声祈祷，但愿上帝宽恕他驾驶英国船航行在那块金光闪闪的海洋上。

他和他的人在沼泽地和丛林里继续前行，直到巴拿马城映入了他们的眼帘。他们看到秘鲁来的运宝船到了，看着财宝被卸下来清点，然后又装载到了骡背上，并等待着时机。德雷克在骡队行进路线上布置了埋伏，不过事情又被搞砸了。他手下有个人喝醉了酒，还没等时机成熟就跳了出来，结果劫到的那些驴子背的货根本不值什么钱，而运送财宝的骡队倒是因此提高了警惕。五个月的等待换来的却是一场空。

德雷克决不放弃。他攻袭了萨格里什河边的城市本塔克鲁西斯，接下来终于到了他翻盘的时候。三月里，他遇上了一帮法国胡格诺派教徒，领头的是从勒阿弗尔来的私掠船船主勒泰斯图船长，他告诉他，有三支骡队，共计190头骡子，正在往诺博德迪奥斯去。在距离那座城市大约二十英里的灌木丛中，这伙由英国人、法国人和黑人组成的队伍突袭了骡队，他们发现每只骡子身上都背着300磅重的白银。这可是一网大鱼，德雷克需要的就是这个，这足以提升底下人的士气，并向他们证明，数月以来在丛林中的斗争，以及在陆地和海上为了生存而进行的那些战斗都是有意义的。为了摆脱在海岸巡航的一支西班牙船队的控制，德雷克带着大笔的钱回到了英国。他从骡队那里劫下的财富和其他劫掠所得加起来总共有15吨左右的银锭，以及大约10万英镑的金币。

德雷克并不是黑胡子和巴塞洛缪·罗伯茨那种意义上的海盗，不过他进行了为数众多的海上劫掠行为。像纳尔逊一样，他具有极为强烈的爱国热忱，对于英国的敌人，他同样恨得咬牙切齿。只是对纳尔逊来说，英国的敌人是法国，而对于德雷克来说，敌人是西班牙。当德雷克袭击一艘西班牙船，或是攻击一座西班牙城市的时候，他是以伊丽莎白女王的名义去这么做的，他会在自己船的桅顶升起英格兰国旗，让它迎风飘扬。野心勃勃的他从骨子里就是个海盗，他会抢劫任何一艘他可以攻下的西班牙船，让自己变得有钱。他行动果敢，但与手下的人相处，或对待被俘虏的敌人时又显得特别有情有义，底下人都崇拜他，俘虏们也尊敬他。与女王身边那班举止文雅的侍臣相比，在德文郡一户水手和农人的家庭中出生的德雷克不免带着乡下人的粗野，不过他作为水手和航海家那无人可比的技能，以及在西班牙大陆所取得的卓越的战功，使得英雄不再被问及出处。

去非洲和西印度的时候，德雷克是同他的表哥约翰·霍金斯结伴航行的，他们有福同享有难同当，不过真正让德雷克声名大噪的则是突袭骡队那一役。从诺博德迪奥斯回来三年后，德雷克又开始了另一次航行，他就是在这次航行中环航了全世界的。1577年12月13日他驾驶鹈鹕号出航，这艘船后来被重新命名为"金马鹿"。那是一艘小型的西班牙帆船，全长只有100英尺，船宽也仅18英尺，不过负责此船的引航员说这是艘好船，"在很大程度上稳固而结实"。那年冬天，有四艘其他的船同时从普利茅斯出发，这些船同"金马鹿"组成了一支船队。他们用两个月的时间航行到了南美洲普拉特河附近的海岸。1578年9月，当他们终于平安渡过麦哲伦海峡的时候，有三艘陪同"金马鹿"出航的船只已被丢弃或是迷航了，最后那艘船在一次风暴中与德雷克失去了联络，然后返回了英国。

德雷克奋力向前，在智利海岸北部巡航的时候，他对西班牙的领地和船只发动了一系列进攻。在瓦尔帕莱索港外，他夺下了一艘西班牙船只，船上所载的货里有价值8 000英镑的黄金和1 770罐好酒。其他捕获物（"捕获物"[prize]指的是在海上或港口里以武力或者在武力威胁下夺取的船只）上劫到的有4 000达克特银币、一箱金条和一个镶嵌有祖母绿宝石的十字架。1579年3月1日，他拦截下了一条正从利马往巴拿马去的运宝船圣母玛利亚号。由他以往沿海岸劫掠的经验，他知道这条大船是满载着黄金白银从秘鲁驶来的，简直就是一座漂浮在海上的金库。这艘船的武器装备是那样的充实，甚至为她赢得了Cacafuego这个雅号，人们通常会将这个词翻译为"烈女"，不过如果直译过来，则应该是"屙火者"。

德雷克答应给第一个发现这艘西班牙大帆船的人一条金链子。他年轻的侄子约翰得到了这个奖赏，那时他正在"金马鹿"主桅上的平台，或说桅杆瞭望台上瞭望。德雷克打算采取一种战术,这种战术各个时代的海盗都曾频频采用,那就是将自己的船伪装成一艘行动缓慢而无害人之心的商船。他命令船员们站好战斗岗位,将所有帆都张起来,却在船尾拖上缆绳、气垫和一长串笨重的罐子来减缓船速。"烈女"的船长圣胡安·德·安东完全被糊弄住了。当两船靠近到可以听到对方的喊声时,按照海上船只会面的传统,他询问德雷克船的名字和要去的地方。水面上传来的喊话却是:"下帆投降吧,要不我们就把你们打沉。"这位西班牙船长自然拒绝投降,他命令英国人自己过船投降。"金马鹿"上响起了一声号角,一长排武装力量出现在了船边的围栏上。众炮齐发,"金马鹿"的第一轮轰炸就把西班牙船的后桅给炸落了,接着就是弓箭和滑膛枪交织而成的毁灭性的战火,英国船放下的小舢板得以借势划近"烈女",并将登船队伍送到船边。西班牙船长成了俘虏,他交出了整艘船。德雷克对他以礼相待,告诉他不要沮丧,有发财的自然就有遭殃的,胜败乃兵家常事嘛。

德雷克将捕获物驶入了一处僻静的海岸,同手下的人一起清点船上的货物。货舱里塞满了金银财宝。根据当时的一则报道,那里面有"大量的珠宝和玉石。13箱作为皇室用品的金银餐具,80磅黄金和26吨还未铸成银币的白银"。在船只的登记簿上,西班牙国王及其他私人名下有价值362 000比索的黄金白银。而船上另有大量未登记的财物,据西班牙船长估算,价值有400 000比索。这些总价值 762 000 比索的财宝在今天相当于将近 1 200 万英镑。德雷克劫下了古往今来获利最丰的几票生意之一。他手下的人花了六天时间才把财宝搬到"金马鹿"上,就在他们搬运的当儿,德雷克邀请圣胡安和他的乘客共进晚餐,领着他们参观了他的船,还相当自豪地向他们展示了由他和他的船员所绘制的沿途海岸的海图。他告诉圣胡安·德·安东,他是"奉了英国女王的命令外出劫掠的,身边还带着她所授予的纹章与委任状"。

与"烈女"分别之际,德雷克交给船长一封安全通行书,保证他前途无虞,还送了礼物给他和他手下的人。对于吃了败仗的敌人来说,此举很是宽容大度,不过当西班牙当局得知英国海盗让他们蒙受的巨额损失时,这些可是无法缓解他们的愤怒和惊惧的。美洲海岸的各个角落,西班牙船都在提防着德雷克,不过德雷克却明智地决定要结束自己的劫掠生涯,航进了西面那无边无际的太平洋之中。他奇迹般地在海上风暴、不太友好的岛民的袭击,以及印度尼西亚群岛某一处因珊瑚礁而导致的搁浅之中幸存,并于 1580 年 9 月 26 日回到了普利茅斯,这次航行持续了两年零九个月。

"金马鹿"是历史上第二艘环绕地球航行的船只,因为麦哲伦在他那第一次的航行中去世了,德雷克便成了第一位完成环球巡航的船长。这是一件青史留名的光辉业绩,德雷克也因此成了全国人民的英雄。西班牙外交大臣要求英国为"这位邪恶的海盗所犯下的掠夺行为"进行赔偿，不过英方并没有理会他的申诉。德雷克在里士满宫与伊丽莎白女王共度六个小时，向她详细叙述了自己的航行之旅，之后还在德特福德他自己的船上被女王封为骑士。虽说关于德雷克所掠夺到的财物，当局曾经编过一本官方目录，还把5吨左右的白银藏在了伦敦塔[1]里，不过德雷克那些年在南美洲海岸掠夺到的财宝总价值究竟有多少很难计算清楚。女王恩准德雷克自己保留10 000英镑，并将8 000英镑分发给他的手下。出钱支持这次航行的股东们（其中包括女王）也由他们的投资收获了一笔不小的回报。1580年那些财宝的总价值可能在500 000英镑左右，至少相当于今天的6 800万英镑。

当德雷克刚开始对加勒比海的黄金口岸发动攻袭的时候，西班牙人从那里往欧洲搬运金银的历史已经有五十年了。西班牙征服新大陆的传奇是从克里斯托弗·哥伦布开始的。1492年10月12日，他用七十天的时间横越大西洋，踏上了巴哈马的一个小岛。从巴哈马出发，他又航行到了位于其南边的古巴和东边的伊斯帕尼奥拉岛（现在的海地），然后回到西班牙，向当局汇报了他的发现。第二次出航，他到了多米尼加岛，循着西印度连珠似

---

[1] 伦敦塔：位于伦敦中心区泰晤士河北岸的古堡，始建于11世纪，曾被作为堡垒、军械库、国库、铸币厂、宫殿、天文台、避难所和监狱使用。1988年被列为世界文化遗产。

的岛屿，他去到了波多黎各、伊斯帕尼奥拉岛和牙买加，并于1494年5月5日在牙买加的圣安斯贝登岸。牙买加和伊斯帕尼奥拉岛那些多山的岛屿后来成了海盗们进行劫掠活动的主要根据地，并在整个海上掠夺史中占据着重要的地位。

在他的第三次和第四次航程中，哥伦布沿着南美洲海岸航行，一直来到了巴拿马海湾，他一路都在找寻可以去往印度和东方的海上通路。他并没有完成给自己设定的计划，不过他的几次出航已然改变了已知世界的版图。西班牙政府毫不迟延，立马着手开始利用他的发现牟利。1502年，他们在伊斯帕尼奥拉岛建立了长期居留地，之后巴尔博厄又在美洲大陆靠近巴拿马的地方建立了另一个西班牙殖民地。不过真正改变欧洲人对新大陆的看法的却是随之而来的勘探活动，也由此引发了之后西班牙大陆长达两个世纪的掠夺、私掠和海盗行为。

1519年，由600名士兵组成的小股力量在墨西哥海岸靠近现今韦拉克鲁斯城的地点登陆。他们配备有刀剑、长矛和十字弓，还带着16匹马，几门小型加农炮和13支滑膛枪。在埃尔南·科尔特斯[1]的带领下，这些人穿过海岸边闷热潮湿的丛林向内陆进发，越过山坳，一直来到墨西哥中部的高原上。在行进的过程

---

[1] 对于科尔特斯及下文的皮扎罗的简短介绍取自J. H. 帕里的《勘察时代》（伦敦，1963）和费利普·费尔南德兹-阿美斯托编订的《时代周刊探索世界地图集》（伦敦，1991）。

中，科尔特斯忽而耍点手腕，忽而使用暴力，从他们经过的村庄取得了食物和援助。他了解到这一地区是由阿兹特克人统治的，村民们要向他们纳贡，并为这一好战民族提供强制劳动力。阿兹特克人还不懂得制造车辆，也不会利用马或是牛的力量，不过他们依然以自己高度发达的农耕系统，雕塑和象形符号，以及令人印象深刻的建筑，特别是那些使人敬畏的神庙创造了一种杰出的文明。这些神庙在侵略军面前展现了活人献祭的场景，使他们感觉到一种异教文化的可怖的魅力。令科尔特斯和他手下的人更为心醉神迷的是，这地方盛产黄金和白银，阿兹特克人中的能工巧匠们会以此为材料制作出巧夺天工的饰物。

在登陆墨西哥不到两年的时间内，科尔特斯就征服了这个地方。他包围了阿兹特克人的首都特诺奇提特兰，并攻陷了这个建筑在内湖沿岸几个岛屿上的城市。他将城中屋宇都夷为平地，开始建造我们现在所知的墨西哥城。阿兹特克人的首领蒙特祖玛被自己的人民用石头砸死，在他的领地上开始崛起一座叫做新西班牙的王国，然而臣民们依然需要向新王国纳贡，这跟阿兹特克人统治的时候一模一样。16世纪20年代，装满阿兹特克黄金和珠宝的箱子源源不断地被运送给西班牙国王，而且数量越来越多。

与此同时，墨西哥南边那片宽广的大陆上居住着另一个富庶的帝国的消息传到了到巴拿马（当时还叫达连）来探险和定居的西班牙人耳中。秘鲁的印加人统治着安第斯山脉那一片绵延

2 000 英里左右的山岭谷地。虽说他们的宗教和政治中心位于海拔超过 1 万英尺的山巅，不过他们建设了一个由山间小道和绳索桥组成的令人惊叹的交通网络，使得统治者可以借此控制住那些散居各地的农民。印加文明在许多方面都同阿兹特克文明很像：印加人也没有依靠车轮前进的车辆，他们唯一用来负重的牲畜就是羊驼，不过他们具有使臣民纳贡的有效的政治体系，而且他们还是技艺精湛的建造者和工匠。同阿兹特克人一样，他们利用金银来创作，以之制作极为华美的私人首饰，或是在上面刻写他们的神的形象。1532 年，一队由弗朗西斯科·皮扎罗率领的西班牙人从巴拿马出发去征服秘鲁和那些印加人。这一支小型队伍由 180 名士兵和 27 匹马组成。

皮扎罗缺乏科尔特斯的那种外交手腕——他出生于一个贫农家庭，并没有受过多少教育——不过他很精明，而且野心勃勃，是一个富有胆量而冷酷无情的军人。在秘鲁北部的卡哈马卡，他碰上了印加帝国的统治者阿塔瓦尔帕。在获得对方信任的情况下，皮扎罗骗了他，毫不手软地杀了他一个措手不及。阿塔瓦尔帕被他生俘，而他的扈从多数被他斩尽。这之后不久，皮扎罗得到了增援，队伍发展到 600 人，他们向南边的印加首都库斯科挺进。群龙无首的印加军无力抵抗这帮西班牙征服者的猛攻。1533 年 11 月，皮扎罗的部队洗劫了库斯科古城。一屋子的黄金和其他饰品被融掉，这些东西从四面八方被收集来，本来是要用来作为换取阿塔瓦尔帕自由的赎金的，而现在这些融掉的金银和其他从城中居民那里抢来的财宝一起被这帮西班牙士兵给瓜分了。他们留下了五分之一的黄金，这是准备要上交西班牙国王的。为了给自己的野蛮行径画上一个句号，皮扎罗下令处决了阿塔瓦尔帕。

在接下来的十年时间里，西班牙牢牢地将美洲南部和中部的大部分地区攥在了手里，这也就是将全世界最主要的贵金属来源地之一攥在了手里。在阿兹特克和印加的财富之外，又有一处新的宝藏于 1545 年被发现。位于现今玻利维亚的波托西山脉中有一座蕴藏大量白银矿藏的山峰。这座山有 15 381 英尺高，在其矿藏被发现不过几年内，就已经被不计其数的矿井给凿得千疮百孔。山脚下建起了殖民城，成百上千的美洲本地人被西班牙人征召来挖掘银矿，或是在那些专门加工矿石的工厂里工作。满载白银的骡队穿过山坳，越过丛林，将货物运送到卡塔赫纳和波托贝洛的港口。一开始，来自墨西哥的阿兹特克黄金和来自波托西银山的白银是加工成条状或粗劣的锭状运往西班牙的，不过西班牙统治者很快就建起了将贵金属熔铸成钱币的铸币厂。1536 年，墨西哥城建造了第一家铸币厂，1565 年，利马也建了一家，波托西的第三家问世于 1574 年。由这些铸币厂制造、继而运往西班牙的金币和银币的总数量令人咋舌。1596到1600年间，西班牙从新大陆进口的财宝价值34 428 500比索[1]。换算成今天的货币，这要相当于5亿1千6百万英镑或是7亿7千4百万美元。

与新大陆密不可分且最为人所熟知的钱币是"八个里亚尔"，也就是比索了。这种钱币曾被大量地运往西班牙，为这个日益扩张的帝国所进行的军事行动提供了财政上的支持，此外它也是美洲南部和中部，以及西印度地区贸易往来所通用的货币。在长达一百多年的时间里，新大陆地区流通的八个里亚尔银币制造粗劣，以一种名叫科布的模型铸造。[2] 它们大概相当于现今流通于英国的五十便士钱币那么大，有些个铸造得那样差，与其说它是圆，倒不如说它是方。在西班牙本地制造的八个里亚尔，或是1732年以后出产于墨西哥的就要好得多了，毕竟它们称得上是圆形，而且光滑平整。上述两类钱币通常一面是西班牙纹章，另一面则是表现赫拉克勒斯之柱的图案。那两根柱子代表着直布罗陀海峡那古代世界的边界，在早期的钱币图案中，它们被描绘成从海中升起来的样子。而在后期的钱币图案中，两根柱子之间的地方被添上了两个半球，分别代表老大陆和新大陆。八个里亚

1　这个数字来自汉密尔顿的《美洲财宝与西班牙革命的代价》，转引自《新剑桥近代史》（伦敦，1957）。

2　关于历史上的硬币，可参考大英博物馆与斯平克斯共同推出的《硬币图集：从古至今世界上的硬币》（伦敦，1990），该书是这一领域的典范之作。

1739 年菲利普五世时期的八个里亚尔

1753 年费尔南德六世时期的八个里亚尔

尔是如此地广为使用和为人所知，以至于我们今天所使用的美元标志上的两条竖线就是由那两根柱子演变而来的。1644 年，八个里亚尔在英国的估价是 4 先令 6 便士，今天大概相当于 15 英镑或者 23 美元。

虽然在英文中，八个里亚尔通常会被简单称作"八个"，或者直接叫成比索，人们也更为熟悉这样的叫法，但是这些硬币的正规名称却是八个里亚尔无疑。所有由西班牙本土及其海外王国的铸币厂所铸造的银币都是里亚尔，金币则是"埃斯库多"。里亚尔和埃斯库多有好几种名称，不过要说同西班牙财宝和海盗密不可分的，还得算是八个里亚尔和达布隆。达布隆就是价值八个埃斯库多的金币，是当时处在流通中的面值最高的硬币了。它要比我们今天看到的五十便士硬币大那么一点，一面是西班牙国王的头像，一面则是西班牙纹章。对于任何一个海盗来说，得到一把达布隆钱币都可以算是发了一笔小财。关于海盗的文学作品里还经常会看到达克特，这种钱币最初问世于威尼斯，在巴巴里海盗时代成了地中海地区主要的货币。达克特有金币也有银币，一枚达克特金币在当时如果折算成英国货币，大概相当于七先令，一枚达克特银币则相当于五先令。

由于在那些通往欧洲港口的海上航道巡航的法国海盗们的抢劫活动，西班牙的敌对国们开始意识到了有大量的财富正从新大陆涌入西班牙。1523 年，让·弗勒里在葡萄牙南部海岸的圣樊尚角附近航行的时候，发现了三艘吃水很深的西班牙多桅小帆船。这三艘船是由吉农船长指挥的，它们从墨西哥远道而来，已经快要到达目的地了。弗勒里和他手下的人夺下了其中的两艘船，然后被船上的这批进账给惊呆了。碰巧落入他们手中的这好几吨宝物正是科尔特斯抢来的那些财宝中的一部分：有三大箱金锭、装在袋子里的500磅重的金沙、重达680磅的阿兹特克人的珠宝，还有绿宝石、黄宝石、镶嵌宝石的黄金面具、阿兹特克人的戒指和头盔，以及羽氅。让·弗勒里受雇于迪埃普子爵，没多久他劫了一批大货的消息就传遍了欧洲的王廷。法国国王弗朗西斯一世向船长们签发了授权书，在这之后的四十年里，法国海盗和私掠船船主便开始向西班牙运宝船和黄金口岸发动进攻。

说到最先登场的那几位，不能少了弗朗索瓦·勒克莱尔船长，人们更为形象地称呼他为 Jambe de Bois[1]，因为他有一条木腿。1553年，他率领由三艘皇家军舰和几艘私掠船组成的船队出海了。他们在伊斯帕尼奥拉岛和波多黎各岛周边的海岸巡航，一艘接一艘地劫掠商船。1554年，勒克莱尔向当时西班牙在古巴主岛上的主要殖民地圣地亚哥发动了进攻。凭借由八艘船舰组成的三百人的队伍，他势不可挡地攻入了这座港市，并以三十天的时间将其洗劫一空。他给圣地亚哥造成的损失是如此之大，没

1　Jambe de Bois，法文，意为木腿。

有好几年的时间是不可能恢复原貌的。第二年，跟着勒克莱尔从法国出航的雅克·德·索雷攻陷了古巴北部海边的城市哈瓦那。他没能得到他所要求的赎金，便将这个城市付之一炬。哈瓦那被夷为平地之后，他还不肯收手，接着又放火焚烧了停泊在港口里的全部船只，并且蹂躏了这城市周边的乡村。他的士兵们还嫌破坏活动不够彻底，他们又去损毁教堂，还把牧师的法衣偷来当斗篷穿。

接下来就轮到英国人向西班牙占有新大陆财富发出他们的质疑声了。弗朗西斯·德雷克爵士是英国水手中最有名的一个，肯定也是最让西班牙人害怕的一个，不过带他走上这条路的可是约翰·霍金斯，后者教会了他怎么来当一名水手。霍金斯出生于普利茅斯的一个以航海为业的家庭，航海与贸易上的成功让他成了全英国最富有的人之一。他性格强悍，足智多谋，尽管他的所作所为让西班牙人十分着恼，但是与其说他是个海盗，不过说他是个商人及私掠船船主。他对自己手下的水手们的教导会让海盗船上的家伙笑掉大牙："每人每天都要向上帝礼拜，互相友爱，好好收藏食物，小心火烛，做一个好伙伴。"

1562年，他开始了自己的第一次航程，从普利茅斯出发，来到非洲海岸的几内亚。他在自己的三艘船上装了300名黑奴，然后越过大西洋，将这些黑奴卖给了伊斯帕尼奥拉岛上的种植园主，好好地赚了一笔。这第一桶金让他在第二次出航时得到了来自最高方面的支持。伊丽莎白女王将那艘700吨的战舰"吕贝克的耶稣"授权他使用，作为他船队的旗舰，海军部门的军官们和伦敦城的商人们都成了出钱赞助的投资者。

船队于1564年从朴次茅斯出发，在非洲海岸进行了一系列劫掠活动后，有了总数达400名黑奴的战利品。当霍金斯到达南美洲的时候，他发现西班牙当局已经向所有的殖民地发布通牒，不允许他们与霍金斯做买卖。霍金斯毫不畏缩，指挥船队从一个港口来到另一个港口，要么以武力威逼，更多地是讨价还价，最后不仅把这些人口贩卖了出去，连船上的酒啊，面粉啊，布匹啊，还有亚麻通通卖光，换来了黄金、白银和珍珠。他经由伊斯帕尼奥拉岛和弗洛里达海峡回航，于1565年9月回到了英国。这次航行活动大约花费了7 000多英镑，最初的投入额所获得的总利润大概在60%上下。霍金斯以行动证明，西班牙在新大陆的贸易垄断是可以被打破的。伦敦的西班牙大使义愤填膺，当他得知霍金斯正在准备第三次航行时，他赶紧向西班牙的菲利普国王递送了紧急通告。

霍金斯的第三支船队由六艘船组成，于1567年在普利茅斯起航。他年轻的表弟弗朗西斯·德雷克此次陪同他出行，后来被任命为其中一艘船舰的指挥官。他们在非洲海岸逗留了几个月的时间，费了好大的劲才弄到一批黑奴。当他们穿过大西洋，却发现西班牙国王的训谕已经比他们先到一步了："我们沿着海岸从一个地方到另一个地方，尽可能地与那些西班牙人做买卖，这有点儿难，因为国王已经严厉申饬过他派驻在这些地方的总督，绝不可放任居民与我们做买卖。"[1] 霍金斯又开始利用软硬兼施的手段兜售他的货物，不过在墨西哥湾遭遇风暴之后，他不得不来到位于韦拉克鲁斯的黄金口岸圣胡安-德尤路亚躲避风浪。他当即发动攻击，夺下了俯瞰这座港口的要塞。第二天，西班牙运宝船队与另两艘战舰抵此，霍金斯要与之进行谈判的不再是当地的官员，而是刚刚走马上任的新西班牙总督。

　　在谈判进行的过程中，西班牙总督毫无预兆地下令向英国船发动进攻，一场激战就这样爆发了。霍金斯和德雷克侥幸捡回了一条命。德雷克归家的航程并不是一帆风顺的，不过霍金斯的归途简直是一场噩梦，回到普利茅斯时，他身边只剩下15人还活着。因为水和食物极度匮乏，霍金斯船上有100名船员请求他将他们放在墨西哥岸边。这些人中的大多数因为疾病和营养不良而死去，也有一些人向西班牙当局投降了，最后有两人被处决，其他人则各被打了两百鞭子，然后被罚在船上充当奴隶八年。

　　圣胡安-德尤路亚的战斗以及之后的苦果向霍金斯和他的英国同胞表明，要想在西印度跟西班牙人和平友好地做生意已经是不可能的了。德雷克永远忘不了西班牙总督那副笑里藏刀的模样，自此以

---

[1] 彼得·伍德《西班牙大陆》（阿姆斯特丹，1979）。

后，他终生与西班牙为敌，并以抢劫西班牙船只与领地为己任。

西班牙被英国和法国的私掠船船主的袭击行为弄得大为光火，开始采取一系列措施来保护他们的金银宝藏。在韦拉克鲁斯、卡塔赫纳、波托贝洛和哈瓦那的那些黄金口岸，他们建造了巨大的要塞来保卫这些城市免受来自海上的袭击。士兵们从西班牙被派去守卫要塞和炮台。为保护运宝船，他们更是加派护航力量。每年两次，一队由将近三十条船组成的船队载着运往殖民地的货品从西班牙出发。他们在要塞的炮台下下锚，卸载来自本国的货品和设备，并将装满金银的密封的箱子搬上船，然后在全副武装的战舰的护卫下返回塞维利亚。

这些防范措施虽然能够防住小毛贼，但是对于那些坚决果敢的私掠船船主来说可不总是那么有用，尤其是那些开始以海盗行径闻名的私掠船船主和冒险家。被西班牙士兵驱逐出他们在内陆的狩猎地之后，伊斯帕尼奥拉岛那些靠着捕猎野牛和野猪生活的粗人便迁徙到了该岛的北部海岸。在那里，他们同一帮逃亡奴隶、逃兵、脱逃的罪犯和宗教逃难者勾结在了一起。大约在1630年左右，有一些海盗在伊斯帕尼奥拉岛北部海岸一个多岩石的小岛停驻下来，那个小岛是由哥伦布发现、并取名为托尔图加[1]的，这是因为该岛微隆的形状很像一只乌龟。这岛有个地势

---

[1] 托尔图加：原文为 tortuga，西班牙语，意为乌龟。

极佳的港口，正对着穿越温德华道的那些海上航道。托尔图加岛最初的那些海盗头子中有个叫让·勒瓦瑟尔的，他是来自法国的胡格诺派教徒，从前是军队中的工程师，逃避宗教迫害来到了这里。他在俯瞰港口的那座岩石山上建造了一座堡垒，并为其配置了二十四门大炮。罗希堡在好几年的时间内成功地保卫了这里的海盗据点，使得西班牙人拿下此岛的愿望化为泡影。

将这一地区海盗们的所作所为描绘得活灵活现、跃然纸上的要算是亚历山大·埃克斯奎梅林那本题为"美洲海盗"的书了。书中有关于海盗发动进攻、折磨俘虏、进行掠夺的血腥故事，也有对于西印度风光和动植物群的充满异域色彩的记录。埃克斯奎梅林在1666年时乘坐法国西印度公司的船来到托尔图加岛，之后加入了当地的海盗团伙，成了他们的外科医生。他在他们中生活了十二年，多次目睹他们外出劫掠。将那一时期记录相同事件的西班牙文件与他的故事仔细比对，会发现大部分的事情经过他都写对了，只是常常记错地名和时间。他有些比较野蛮的故事看起来似乎是在酒馆里道听途说的产物，不过很明显，他有好几次确实参与到了海盗的袭掠活动之中，包括1671年亨利·摩根洗劫巴拿马城的那次。

埃克斯奎梅林这部经典著作受欢迎的程度多少可以说明其影响之大。这本书是用荷兰语写作的，1678年初版于阿姆斯特丹，当时的书名是"De Americaensche Zee-Rovers"。1681年，该书的西班牙语版本问世了，接着，欧洲地区其他语种的版本也随之而来。英语版本最初于1684年在伦敦出版，不到三个月的时间内，便印制了第二版。正如出版商所说的："这本关于美洲海盗历史的书，第一版如此脍炙人口，受到大部分人的欢迎，尤其是博闻学者的欢迎，使得我深受鼓舞，决定再次编印，以飨读者。"

埃克斯奎梅林的书中充斥着美洲中南部海盗生活与习惯的方方面面，无怪乎它会大受欢迎了。事实证明，这本书是所有研究该地海盗史的严肃学者的必读书，尽管其中的有些描述不那么准确，却依然是这一领域内的权威著作。埃克斯奎梅林在书的第一部分详尽叙述了那些更为引人瞩目的海盗的辉煌战绩：像是巴塞洛缪·波尔图吉斯，他劫了一艘西班牙船，被抓住之后，靠着几个瓦罐的浮力给逃脱了；罗奇·巴西利亚诺，这个荷兰海盗因为他嗜酒放纵而臭名昭著，他还在木叉干上生烤过西班牙人；还有法国海盗弗朗西斯·洛罗奈，他洗劫过马拉开波，还夺下过一艘西班牙船，上面有40 000枚八个里亚尔及价值10 000枚八个里亚尔的珠宝首饰。洛罗奈还是残忍施暴的高手。根据埃克斯奎梅林的记载，"若是百般折磨却还不肯招供，洛罗奈通常会在盛怒之下即刻将此人大卸八块，然后把舌头给拉出来"。

埃克斯奎梅林的书有将近一半的篇幅都是在写亨利·摩根，一个在西班牙大陆有着传奇般的辉煌战绩的威尔士人。亨利·摩根其人究竟是海盗还是私掠船船长，至今未有定论。西班牙人觉得他是海盗，而且他规模最大的那些劫掠活动有些是在英国与西班牙和平期间展开的，所以这些行为就像弗朗西斯·德雷克的一些行为一样，属于海盗行径。不过亨利·摩根一直把牙买加总督授予他的委任状带在身边，所以从法律意义上来说他算是私掠船船长。当然，他自己觉得自己是个代表英格兰国王同敌国作战的战士。至少，我们可以说他是个冒险家[1]，这个带有浪漫主义色彩的词汇指的是好几代在加勒比海漫游、寻找掠夺机会以求发大财的投机者。他们中有士兵也有海员，有逃兵也有逃亡奴隶，有杀人犯也有犯了其他罪的罪犯，有宗教避难者，还有相当一部分人是彻头彻尾的海盗。

1　冒险家，原文为 buccaneer。

亨利·摩根爵士

1688年8月25日，最伟大的海盗在他位于牙买加庄园里的家中去世了。消息传到总督府，阿尔贝马尔公爵立即决定举行国葬。罗亚尔港外，皇家海军"援助"上的指挥官赖特船长记下了他的航海日志："今天早上约十一时，哈里·摩根爵士去世。"[1] 摩根的遗体被抬到了罗亚尔港的皇家邸宅，静静地安放在那里，接受亲朋好友及酒友们的临终瞻仰。棺木被装在一辆运炮车上，送葬的队伍在灰尘漫天的灼热的街道上缓缓地行进着，最后来到了圣彼得教堂。摩根是此地富有的慈善家之一，早些年就是他花钱建造了这座教堂。砖石砌成的教堂塔楼是该地最高的建筑物，也是用以瞭望进出港口的那些航道上的情况的极佳观察点。朗沃思博士在教堂里主持了葬礼，并领着送葬队伍沿原路折回，来到城郊帕利萨多斯的墓地。当棺木被放入墓坑，赖特船长向"援助"上的炮组人员下令，鸣放二十二发礼炮。这一声声整齐的礼炮与港口里另一艘战舰皇家海军德雷克号的炮声交相呼

---

[1] 达德利·波普《哈里·摩根其人：亨利·摩根爵士传，1635—1684》（伦敦，1977）。"哈里"是"亨利"的昵称。

应。最后一发炮的声音消散之后，停了一会儿，所有在繁忙的码头上停泊着或者下了锚的商船齐齐鸣炮，炮声震耳欲聋。

这对一名海盗来说可谓备极哀荣，不过亨利·摩根可不是一个普普通通的海盗。[1] 他被英王查理二世封了爵，还被任命为牙买加的副总督了。在那岛上，他买下了好几千亩的土地，盖了自己的甘蔗园。他在二十多年前结了婚，生活得还挺幸福，在遗嘱里，他称自己的妻子为"我全心全意爱着的好妻子玛丽·伊丽莎白·摩根夫人"。他结交权贵，威势煊赫：洗劫巴拿马城之后，他被逮捕并被遣送回了伦敦，英国在牙买加的陆军指挥官班尼斯特少将写信给阿林顿勋爵，为摩根求情，他说总督和委员会对摩根反对西班牙的作为表示了很高的赞誉。"我冒昧进言，他是不可多得的人才，他胆略超群，若蒙国王陛下恩准，完全可以在本土担任公职，如果将来与西班牙开战，这个岛上有了他就是如虎添翼。"被强制居留在伦敦期间，摩根在上流社会的会客厅里是很受欢迎的。回忆录作家约翰·伊夫林在伯克利殿下家中见到了他，同他谈到了他那些英勇的战斗事迹，他还常常造访阿尔贝马尔公爵在伦敦的宅邸，这位公爵是议会议员，也是国王的朋友。

---

[1] 本章对于摩根的描述参考了波普《哈里·摩根其人》、彼得·厄尔《洗劫巴拿马》（伦敦，1981）、埃克斯奎梅林《美洲海盗》（作者使用的是1923年在伦敦和纽约出版的由斯塔利布拉斯编订的版本），以及迈克尔·波森和戴维·比塞里特合著的《牙买加的罗亚尔港》（牛津，1975）。

很遗憾，我们无从知晓摩根在当海盗头子的时候是怎样的一副尊容，想来那时的他总是很有领袖风范的吧，要不然又如何教一帮由海盗、猎人及冒险家组成的乌合之众来听令于他，并在他带领下大胆劫掠波托贝洛、马拉开波和巴拿马这些地方的呢。我们唯一能够看到的对于摩根本人的描述局限在他离世前的那几年，那时他已经五十多岁了，并同时受到热带热病、水肿和酒精中毒的困扰。在他去世前的几个月里照料他的医生汉斯·斯隆同时也是一名博物学家，他形容摩根"消瘦，面色蜡黄，眼睛有些泛黄，腹部凸起"。虽然健康状况岌岌可危，摩根拒绝抛弃自己放纵的生活方式。"无力戒绝呼朋引伴，他宵饮过量，每至深夜，以致前期的症状又故态复萌……"

亨利·摩根出生于威尔士蒙茅斯的一户好人家，他后来坚称自己是一位绅士的儿子。他大概出生在 1635 年左右，对于他的父母我们所知甚少，不过我们知道他有两名叔伯是优秀的军人：一位是少将托马斯·摩根爵士，另一位是爱德华·摩根上校，后者曾经做过牙买加的副总督，但不久就在带兵去库拉索岛执行任务时殉职了。从很小的时候起，摩根就立志要接续叔伯辈的步履，成为一名军人。他后来写道："我很早辍学，不管是这个法规，还是那个定理，我都不太在行，比起书本来，我更习惯拿枪。"他参加了由维纳布尔斯将军和佩恩将军领导的特别行动队，于 1654 年从英国出发，准备要去夺下伊斯帕尼奥拉岛。这支将近7 000人的军队在岛屿南面的圣多明各登陆，却因为西班牙人的强势抵抗、自身指挥不力及各种致命的热带疾病的侵袭而不得不节节败退。

没能完成行动任务，佩恩和维纳布尔斯决定改攻牙买加，因为那里只有为数不多的一些西班牙士兵守卫。这次数量占优的队伍取得了胜利，他们夺下了那个岛屿，牙买加从此成了英国的殖民地，为皇家海军和私掠船船主们的行动提供了重要基地。接下来的几年里，摩根参与了英国人向中美洲的西班牙城市发动的数次进攻。记录显示，在米格斯船长领导的两次成功的进攻中，摩根是当时某条船上的船长，手中握有牙买加总督授予的委任状。1663年，摩根自行组织了一次袭掠，比亚埃尔莫萨因此遭到洗劫，尼加拉瓜的大格拉纳达也被抢劫一空。1665年他回到牙买加时，已经是一位令人钦佩的军队指挥官了。私掠船队首领爱德华·曼斯菲尔德被西班牙人在哈瓦那处决之后，摩根自然而然地就成了他们的下一个目标了。三十二岁的时候，他当上了海岸同盟会的总司令，这个松散的海盗与私掠船船长联盟囊括了一批后来被称为美洲海盗的人。

1572年德雷克袭击骡队事件发生之后的几年时间里，西班牙不再将诺博德迪奥斯作为黄金口岸，而是将他们的金银运输活动改到了海岸线几英里之外的波托贝洛进行。在海盗中担任外科医生的莱昂内尔·韦弗曾于1680年造访此地，他说那里有"一个非常漂亮、大而宽敞的港口，是船只们优良的下锚地，能够提供很好的遮蔽，入口很窄，里面地方却很大。西班牙的那些大帆船到波托贝尔来做买卖的时候在这里来去自如，他们接收的从秘鲁运来的财宝就跟由陆路运来的巴拿马财宝一样多"。西班牙人建起了俯瞰海湾的两座城堡，分别位于海湾的两角，另有靠近内陆角的一座还在建造中。这里有两座教堂、一家医院，有马厩和仓库，还有专为商人和官员所建的150栋房子。尽管看起来很宏伟，这座城市同诺博德迪奥斯一样饱受湿热气候及热病的困扰。退潮时候，会有一大片海岸显露出来，那是一滩"肮脏的黑泥，恶臭难当，在闷热天气的助力下滋生各种有毒气体"。

摩根了解到，保卫城市免受海上袭击的那些堡垒兵力配备很不充足，只要从内陆方向进行突袭，他估计就可以将其占领。1668年6月，他率领由十二艘小型船组成的船队航行到波托贝洛西面的博卡斯-德尔托罗海湾。在那里，他将手下500人的突袭队转移到他从古巴抢来的23只小划子上。借着夜色的掩护，海盗们划着小划子沿海岸前进，来到了距离波托贝洛三英里的地方。午夜时分，他们在埃斯特拉-隆莱莫斯登岸，步行穿过这一地区，并在6月11日太阳升起前的半小时到达波托贝洛城的外围。

首先要做的就是夺下城郊的哨所。那里守卫的有五个人，他们无所畏惧地向前进中的海盗们开了枪。哨所很快就被占领了，但是枪声却传到了城里，引起了城堡中哨兵们的警觉。同时示警的还有一只小划子上的几个人，他们看到了摩根的侵略队伍，快步跑到港口大声喊叫："准备战斗，准备战斗！"一边还向空中放枪。居民们在黑暗中醒来，惊慌失措，乱作一团，有些人逃出了这座城，有些人则瑟缩在自己家中。与此同时，士兵们奔向圣地亚哥城堡，去援助其中的驻军。摩根失去了神不知鬼不觉地拿下堡垒的机会，他决定改变策略。他让手下人在城堡前方的空地上尖声喊叫，跑来跑去。这些人心里暗暗祈求，希望炮弹不要落在自己头上，不过城堡那边只发射了一枚炮弹，而那枚加农炮从他们头顶划过，径直掉进了海里，谁也没有伤到。几分钟之内，一队海盗已经跑到了城堡炮弹的射程之外。他们冲入城中，向那些胆敢抵抗的人吼叫、挥刀斩杀，或是开枪射击，最后把那些受惊吓的男人、女人和孩子们驱赶到了一座教堂里。另一队海盗爬到了那座俯瞰这城市的山丘上，开始用他们的长筒滑膛枪一个接一个地射杀城堡围墙上的守兵。

　　清晨的阳光刚刚把屋顶照亮，这座城市就已经在海盗们的掌控之中了。接下来要做的就是占领堡垒了。建造中的圣杰罗尼莫堡坐落在码头边的一个小岛上，刚开始，这座堡垒上的守兵是拒绝投降的。当一群看起来穷凶极恶的海盗涉水向他们走去的时候，他们改变主意了。圣地亚哥堡这个目标则要难打得多，不过摩根有了一个残忍的主意。他命人从教堂里把市长给抓了来，另

1668年波托贝洛之役时的亨利·摩根与他手下的人。这幅插画由霍华德·派尔绘制,刊载于1887年的《哈珀月刊》。

外还有几个女人、几个年老的男人，一些修士和修女，让他们作为人肉屏障走在向堡垒前进的海盗们前面。城堡中的士兵放了一发连环炮，打死了摩根手下的一个人，伤了两名修士。除此之外，城堡那边没有再放炮，其他海盗就这样安然无恙地来到了城堡的大门边。与此同时，另一队海盗找到了几部梯子，爬到了城堡向海面的墙上，并插起了一面红旗。山上的海盗看到旗子之后，便冲下山来加入了战斗。尽管进攻者的数量占据绝对优势，有些堡中守兵还是拒绝投降，在城堡被占领之前，80名守兵中就有45人被杀了。炮兵组的长官因为未能守住城堡而羞愧难当，自请一枪毙命。有一名海盗仗义地开枪结果了他。这一天最后是在劫掠和狂饮中结束的。根据埃克斯奎梅林的记载，"俘虏都被带到了城里，男人和女人分开囚禁，派一位看守看管。这些海盗还把受了伤的自己人安置到了附近的一间屋子里。一切停当之后，他们开始找乐子，借着酒劲发疯，在女人身上逞威风"。

第二天早上，摩根派两个人到隔着港湾相对的圣菲利普堡，要求他们投降。守备指挥官手下有49个人，弹药充足，只是没有食物，他们的食物通常都是每天由人从城里送过去的。一开始他决心坚守，但是当他看到两百名武装到牙齿的海盗划着小划子穿越港湾而来的时候，他动摇了。海盗们在城堡的东边登陆，以岩石丛为掩护站好了战斗位置。朝各个方向胡乱地放了几炮之后，指挥官决定要同这些进攻的英国人谈判。他手下的几个军官拒绝听从这个命令,正当他们争执不休的时候,有几个海盗偷偷潜到了城堡之中,并打开了大门。其他的海盗蜂拥而入,西班牙守军就这样投降了。摩根下令在城堡的城墙上升起英国旗,以此为信号,在港口之外守候着的他的船队便起锚航行过来。有四艘战舰和八艘小型船舰驶入港口,在这里下了锚。

占领这座城之后,摩根写了一封信给巴拿马地方的区域总长。他告诉他,如果他拿不到 350 000 比索的赎金的话,他会将波托贝洛烧成废墟。堂·奥古斯丁不假思索地回绝了他:"我看你是个海盗,我告诉你,西班牙国王的臣子是不会与下等人订立协议的。"摩根回了一封信,开头是这么写的:"虽然你的信不值一回,因为你把我称作海盗,不过我还是写了这封信,请你快点过来吧。我们万分欣幸地等着你来,并准备了枪林弹雨来迎接你。"西班牙人从巴拿马派出了一支 800 人的军队,然而沼泽地的跋涉前行、暴雨,以及食物和弹药的短缺让他们士气全无。当他们到达波托贝洛的时候,更是被海盗们的滑膛枪火力和英国船的炮火给吓破了胆。

谈判一谈就谈了三个星期,最后堂·奥古斯丁让步了。8 月 3 日,三队骡子驮着赎金从巴拿马出发了。摩根和他的手下很快拿到了 40 000 比索的银币、4 000 比索的金币、几箱银餐具和价值 43 000 比索的二十七根银条。加上从城里抢到的财物,海盗们这一票生意总共大概赚了 250 000 比索。摩根驱船返回牙买加,在罗亚尔港受到了英雄凯旋般的欢迎。接下来的几周，这座城市便是一副处处欢歌的壮观景象，海盗们往酒馆和妓院大把扔钱，携妓豪饮，掷钱狂赌，好不快活。

占领波托贝洛是17世纪海陆两栖作战最为成功的例子之一。如果完全论胆力，它是可以同德·吕泰尔前一年夏天袭击停泊在梅德韦河的英国舰队的那次事件相提并论的，德·吕泰尔那时候放火烧了好几艘战舰，还把一艘英国旗舰皇家查尔斯号拖回了荷兰，使得泰晤士河下游和梅德韦河沿岸那些城市和村庄中的人民惊恐不已。这场战斗让英国人颜面尽失，加上没多久之前的伦敦大火和大饥荒，伦敦人民真是屡受重创，因此摩根袭掠得胜的消息令大家好不欢欣鼓舞。尽管英国人在数月之前刚刚同西班牙人签订了一纸和平协议，不过这算不得什么。国王查理二世礼貌地听取了西班牙大使的抗议陈词，不过他拒绝罢免支持这次劫掠的牙买加总督，也不愿归还摩根和他的手下的抢夺所得。

海盗们很快就把钱给花光了，他们开始要求船长再一次带他们出海。1668年10月，摩根毫不隐瞒自己正在计划新的劫掠，他指挥船队来到了伊斯帕尼奥拉岛西南面海岸的瓦什岛（母牛岛）。在这里，他碰上了从托尔图加岛来的一些法国海盗，还有一艘原来被派去保卫牙买加的、配备有34门大炮的英国战舰牛津号，他们加入了摩根一伙。1669年1月，在集结这两股力量之后，船队就有10艘船，800名成员了。摩根将船队的旗帜换成了牛津号,召开了战时会议,讨论下一步该往哪里打。大家一致认为,作为西班牙大陆的黄金口岸之一,卡塔赫纳就是此次劫掠的第一个目标。当天晚上,众人因为目标已定,在旗舰船的船舱里吵吵嚷嚷地共进晚餐。正如海盗们通常会干的那样,祝酒干杯之余,少不了以船上的大炮助兴。在醉酒欢闹之中,船上的弹药库不知什么时候给点着了,船被炸成了两半。摩根却如有神助般地从水里被救了出来,他是那船上唯一幸存的十个人之一。

　　损失了牛津号,还有两百名左右的水手,本来雄心勃勃地要去抢劫卡塔赫纳的计划只好作罢,摩根于是带领船队来到了委内瑞拉的海岸城市马拉开波。位于马拉开波大型泻湖周边的堡垒和城镇防卫都不怎么理想,海盗们因此轻松得手,他们尽情劫掠,纵酒欢宴,快活地度过了一周的时光。不过海盗光临的消息传到了西班牙西印度舰队总司令堂·阿隆索·德·坎波斯·伊·埃斯皮诺萨耳中,他带着自己手下的三艘战舰开到了泻湖的入口处,准备对摩根来个瓮中捉鳖。他修复了湖口堡垒上那些被摩根手下人打了大钉无法使用的大炮,并且令船下锚,就这样把湖口的航道给堵住了。摩根知道了这件事,他想出了一个蒙骗敌人的高招。他把泻湖中劫来的一条古巴商船伪装成了一艘像模像样的战舰,在船舷上挖出了比原来要多得多的炮眼,并且用原木来冒充加农大炮。甲板上也堆起了一排又一排的原木,这些原木被漆上了颜色,穿上了衣服,远远地看去,就跟船上的水手一模一样。

接着，船上被装上了好几桶炸药，这些炸药上还连着导火索。桅顶上飘扬着摩根的旗帜，这艘商船就在两艘护卫舰的陪同之下向敌人发动了进攻。它们径直朝着停泊着的西班牙船中最大的那艘冲去，那是412吨的马格达莱纳号。商船开到了马格达莱纳号边上，用铁抓钩钩住了这艘船。船上的12名海盗点燃了导火索，然后驾驶小船逃开了。几分钟之后，商船爆炸，大火燎到了旁边的马格达莱纳号，后者很快就被烧成了一堆废柴。其他西班牙船中有一艘眼看情势不对，慌忙起锚向堡垒开去，希望能够得到援救，却在沙滩上搁浅了。第三艘西班牙战舰则不敌摩根的追击，成了阶下囚。

尽管如此，湖口堡垒却依然控制着港湾的出口，数百名士兵和水手如今严阵以待，将炮口对准了那条入海的航道。摩根开始同堂·阿隆索进行谈判，虽说最后还是谈崩了，不过他恰好有了另一个点子。他把船开到对岸，然后在西班牙人的面前演戏，让他们相信，他让他手下的那帮人登岸是准备要发动一次陆上进攻的。其实这些人藏在那些登岸小船的船坐板下面，已经又回到了下锚的船队里。西班牙人对于摩根要进行陆上进攻这一点是如此地深信不疑，他们把许多大炮的瞄准方向调整到了堡垒周边可能发起进攻的区域。这天晚上，摩根船队里的船都起了锚，在潮流的作用之下，它们静静地从堡垒面前漂了过去。等到西班牙人发现的时候，他们已经远在炮弹的射程之外了。

摩根又一次凯旋回到罗亚尔港，尽管这次的收获同上次比起来是小巫见大巫了，根据可靠的官方统计数字，这次的进账只是波托贝洛的一半。正当海盗们在酒馆里挥霍他们的所得时，摩根向总督托马斯·莫迪福德作了汇报。他听说莫迪福德刚刚收到阿灵顿勋爵发来的一封信，勋爵告诉他，对抗西班牙的活动是该停止的时候了。这对海盗来说是个坏消息，不过倒是让摩根有了一个喘息的机会。他终于有时间陪陪他的老婆，在牙买加拜访一下他许许多多的亲朋好友，然后再买点房地产。他已经买下了一座种植园，这回他又在靠近查珀尔顿的克拉伦登区购入了836英亩土地。这块地方直到现在还叫摩根谷呢。

大约就在英国方面要求停止对西班牙船只和殖民地的劫夺的消息传到牙买加的时候，卡塔赫纳总督却收到了西班牙太后[1]的一封信，后者令他向西印度地区的英国人宣战。一位名叫里韦罗船长的葡萄牙海盗接下了这个命令，他先是袭击了开曼群岛，接着又在古巴附近攻击了一艘牙买加私掠船。1670年6月，他带着30名手下在牙买加北部海岸的蒙特哥贝登陆，将这块殖民地上的房屋毁坏殆尽。一个月之后，他袭击了北部海岸的一个村庄，烧毁了两栋房屋。里韦罗绝不可能对牙买加构成真正的威胁，不

---

[1] 西班牙当时的国王是卡洛斯二世，才只有八九岁，因此由他的母亲玛利娅·安娜作为摄政治理西班牙。

过面对这样的挑衅，英国人不可能坐视不理。他们从荷兰人的库拉索岛总督那里得到消息，西班牙已经正式向牙买加宣战了。牙买加的殖民地委员会召开了会议，委员们一致同意，"将委任状授予亨利·摩根将军，由他担任该处港口所有战时船舰的总司令和总调度"，并委派他集合一支船队，"尽其所能攻击、占领和摧毁一切可见敌船"。他同样得到指令，可以登陆敌国，将"有助于维持该岛长治久安"的一切夺走或是摧毁。

摩根是在 1670 年 8 月 1 日接到委任状的，他又一次来到了瓦什岛，在这里与其他海盗会合。到了九月底，已经有不少于 38 艘船和大约 200 人加入了摩根的旗舰。1670 年 12 月 12 日，旗舰上开了一个战时会议，大家锁定巴拿马城作为进攻目标。一周之后，加勒比海有史以来最大的海盗船队扬帆起航，向着查格里斯河口的圣洛伦索前进。河口的堡垒进行了顽强的抵抗，三次强攻、死伤不少之后，海盗们才算把堡垒拿下。城墙上飘起了英国旗，摩根的船队总算可以在打哑了的大炮前通过，向河流上游开去。他们航行了几英里之后，改乘小船和划子前进。又是几英里之后，他们弃船登岸，开始步行穿越丛林。

巴拿马是美洲中部临太平洋海岸线上主要的黄金口岸，金银财宝由水路从秘鲁和波托西运来此地。这座城市约有 6 000 人口，其中大多数是黑奴。堂·胡安·佩雷兹·德·古兹曼是该地的殖民地委员会主席，他为提升巴拿马的防守力量真是竭尽了全力。他为这座城市配备了相当充足的武器弹药，并尽力争取更多的守备军队来进行防卫。当摩根和他手下的人从丛林中现身，来到巴拿马城下的那片平原的时候，他们发现堂·胡安已将军队驻扎在进城的通路上，他们完全把那条路给堵住了。守军由1 200人左右的步兵和400人左右的骑兵组成，这些人大多是毫无经验的新兵，根本不是摩根手下那些身经百战的海盗的对手。

1671年1月28日早上七点，摩根下令前进。海盗们分成四个小分队行动，手里拿着红色和绿色的旗帜，平原上劲爽的晨风将这些旗帜吹得嗤剌剌地直翻腾。逼近严阵以待的守军之后，摩根感觉正面迎击会折损过多兵力，于是他下令让一支小分队向侧面开去，占领巴拿马城右面的一座山丘。堂·胡安手下的士兵以为海盗要撤退，他们赶紧冲向前去，西班牙骑兵见状也冲了过去。于是海盗们面前出现了一幅人与马匹乱作一团的景象，他们立定脚跟，开枪射击，真是一打一个准。领头的骑兵被海盗队伍的先锋法国神枪手们射落马下，那些还活着的骑兵便赶紧掉头，向巴拿马城逃去。步兵们在海盗大部队对他们进行的毁灭性的群射中只能听天由命了，大约有100人被打死，剩下的也只有逃命的份儿。堂·胡安还准备了秘密武器，他想让黑人放牛娃将两队公牛朝海盗们赶过去，把他们踏个稀巴烂。公牛们轰隆隆地被赶到了战场上，不过没两下子就被海盗们给嘘走了，又赶回了城里。摩根手下的人冲向溃逃的守军，在平原上杀出了一条血路。

早晨刚刚过半，热带的太阳照着被撂倒的那些人，他们或是死了或是伤了，总有 500 人左右。海盗方面却只损失了 15 人。

堂·胡安已经算计好了，就算作战失利，海盗们得到的也只是一座空城。当摩根的队伍还在丛林中披荆斩棘地前进时，巴拿马城的大多数财富已经被运到船上了。许多房屋中被放置了成桶的炸药，炮兵队的队长还下达命令，如果海盗逼近该城，就把弹药库给炸掉。溃败的守军穿街过巷奔逃，队长引燃了导火索，弹药库轰然作响，声闻六英里之外。弹药桶也被点燃了，随着爆炸而来的是大火，眨眼间，多数建筑物就在这场大火中灰飞烟灭了。好几个小时里这座城简直就是一团乱，愤怒的海盗从一间房子跑到另一间房子，搜寻着金子和值钱的东西，手拿火把的黑人快步跑来跑去，按照堂·胡安的指示，放火烧毁所有的木质结构房屋。夜幕降临的时候，中心城区的各个地方都淹没在火海中，到了早上，只有教堂的石塔和一些由石头建造的公共建筑依然挺立不倒。

"全世界最大的金银贸易市场、著名的古城巴拿马就这样毁于一旦"，摩根在他写给莫迪福德的报告中这么说道。他手下的人把那些还在冒烟的废墟搜了个底朝天，城市周边的乡村也被翻遍了，他们甚至还到离海岸有一段距离的一些岛屿上进行了劫掠。居民们遭到了严酷的折磨，被逼说出他们藏匿财物的所在，到了二月末，海盗们已经搜集到了一批相当可观的战利品。摩根整合军队，穿过丛林回到了船上。按照埃克斯奎梅林的说法，当时随同他们回程的有175头满载银器和银币的骡子以及600名俘虏。摩根后来上报说，他们这次的战利品总价为30 000英镑。因为参与人数众多，分摊下来，每人只得着了15英镑多一点点的钱。群情激愤，很多海盗怀疑摩根侵吞了他们的份额。埃克斯奎梅林也是怨望的海盗之中的一个，这恐怕可以解释他为何给摩根画了一张令人难堪的画像，画中的他简直就是一个灭绝人性、不择手段的恶棍。

埃克斯奎梅林那本书的英文版本由伦敦的两位出版商推出之后，摩根也收到了几本，他因此要告这两个人诽谤。书中将他称为海盗，这让他大为光火，并且他认为有关他作为一名立契画押的仆人第一次来到西印度的段落严重失实。他坚称"除了国王陛下，他这一生从未做过任何人的仆人"。案件以庭外和解告终。出版商将对今后的版本进行修订，并根据皇家法院的裁定，每人支付给摩根200英镑的损害赔偿金。然而，应当为摩根感到遗憾的是，这本书的第一个版本一直都在市面上通行，直到今天还为许多海盗史书籍所引用。

摩根立马就赶回了牙买加的家，那些海盗们则就地解散，各奔东西。占到这支劫掠队伍三分之一人数的是一群法国海盗，其中的大多数人回到了伊斯帕尼奥拉岛及其离岸小岛托尔图加。很多海盗沿着海岸线一路向北，去到了洪都拉斯和坎佩切湾，参与

埃克斯奎梅林《美洲海盗》上的亨利·摩根肖像,来自该书的一个早期版本

到砍伐洋苏木以开拓居住地的殖民者之中。有些人跟着摩根回到了牙买加，成了承担运输贸易的单桅帆船和渔船上的水手，或者径自过上了更为安逸的陆上生活。洗劫巴拿马之役是这地方的海盗们最后一次较为重要的行动。当然海上还是会有海盗进行劫夺，而且这种现象已经成了西印度地区贸易越来越大的威胁，不过摩根之后的海盗都是没有政治倾向的单打独斗者，他们会攻击任何国家的船只，很少有拿着政府颁发的委任状进行掠夺的。

巴拿马劫掠活动的情况很快就传到了牙买加。"他们烧了我们岛上南面和北面的房子，我想我们这次是一雪前耻了。"莫迪福德那位擅长辞令的兄弟轻描淡写地这么说道。牙买加委员会于1671年6月10日召开了会议，公开感谢摩根完成了他们所委派的任务。英国本土政府可就不那么高兴了。除了西班牙太后1669年4月的那封信和随后发生的西班牙海盗劫掠行动之外，英国同西班牙在面子上还是维持着和平友好的关系。托马斯·莫迪福德爵士并未得到当局任何授权，来将那种尽其所能袭击和破坏一切的委任状颁发给摩根。西班牙位于新大陆的政府和位于马德里的本土政府对于巴拿马城被毁一事都感到万分屈辱和震怒。这一消息使得西班牙太后"心神俱碎，痛哭不止，身边的人都担心她会为此而折寿"。

英国政府竭力要置身于"美洲最近发生的那起事件"之外，将责任推到那帮不服管教的私掠船船长身上。他们作出决定，总督莫迪福德一定要被换掉，并派出托马斯·林奇爵士来顶替他的位子，按照秘密指令，林奇将莫迪福德拘捕，并遣送回英国。抵达伦敦之后，莫迪福德就被送到了伦敦塔监狱。很明显，这是为了安抚西班牙政府而安排的戏码。莫迪福德受到了礼貌的对待，两年监禁之后，获准恢复自由身。他后来还被再度派往牙买加担任审判长一职。西班牙政府并没有被安抚，他们不断要求英国政府采取行动，向带队袭击巴拿马的那位恶名昭彰的海盗问罪。1672年4月，亨利·摩根被捕，以护卫舰皇家海军欢迎号遣返回国。他感染了热病，病势沉重，已经好几个月了，如今身系囹圄，令许多人同情不已。连林奇都为他说话："他这个人，老实说，真是个诚实勇敢的家伙，当时身负T. M. 爵士[1]和委员会两方面的委任和指示……"摩根在伦敦待了两年，等待着当局对他的处分。他从未受到人身拘禁，可以自由地拜访亲朋好友。他没有虚度时光，甚至在阿灵顿勋爵的要求下，向国王呈递了一份议事疏，讨论如何加强牙买加的防御力量。

林奇总督寄到伦敦的信是一封接着一封，对于日益增多的海盗活动，他深感忧虑，还非常担心法国人会对牙买加发起进攻。当局渐渐感到，他不再是担任这个职位的合适人选，于是在1674年1月，阿灵顿勋爵通知贸易与种植园委员会，林奇将被从

---

[1] T. M. 爵士，即托马斯·莫迪福德。

牙买加总督一职上撤下来，接任的则是沃恩勋爵。而亨利·摩根将被委以牙买加副总督一职，派去辅助沃恩殿下。在摩根离开英国之前，英王查理二世册封他为爵士，这究竟是为了与他新职位的品级相称，还是对他劫掠西班牙人的功绩表示认可，则是不甚了了。不过摩根在宫廷中确实有许多朋友，而且大家都敬重他，认为他是一位智勇双全的指挥官。

摩根乘坐"牙买加商人"这艘船重返西印度，却在瓦什岛的地界内遭遇了海难，这地方可是他到马拉开波和巴拿马劫掠之前用来当集合地的所在。所有人都安然无恙地上了岸，只是"牙买加商人"沉没了，将摩根带来加强罗亚尔港防卫的加农大炮也拖入了海底。船上的乘客和船员很快就被经过的一艘商船救起，并带到牙买加，他们是在1676年3月6日登岸的。

使得摩根成为一名具有影响力的私掠船队领袖的才能并不能使他胜任副总督的工作。他也就是参加一下议事会议，然后又去购置更多的土地，将大部分的时间都花在管理他的庄园上。他同沃恩勋爵处得不太好，后者抱怨他"冒失轻率，人浮于事，没有一点民政人员该有的职业技能"[1]，对他成天在罗亚尔港酒馆里喝酒嬉闹也深为不满。不过沃恩勋爵被召回之后，摩根成了代理

---

[1] 出自沃恩勋爵写给约瑟夫·威廉森爵士的信件。信中又写道："亨利爵士在罗亚尔港的作为如此可鄙，简直威望扫地，他就那样泡在酒馆里喝酒赌博，以至于该岛声誉岌岌可危，我已经无法再待下去，真希望速离此地……"转引自波普。

总督，在那以后，他倒确实是做出了一番成绩。由埃特雷伯爵率领的一支强有力的法国舰队据报来到了库拉索岛附近，人们认为这对牙买加构成了一种严重威胁。摩根宣布戒严，动员民兵组织，下令建造两座保卫罗亚尔港进出航道的堡垒。他还派出一艘船舰，到瓦什岛去打捞那艘沉没的"牙买加商人"上的大炮和炮弹。打捞工作进行得很成功，一共取回了二十二门大炮，这些大炮被运回罗亚尔港，架到了炮台上，而那片炮台就被称之为"摩根防线"。

汉斯·斯隆于1687年同新上任的总督阿尔贝马尔公爵来到牙买加的时候，发现摩根病得很厉害，多年来放纵的生活以及水肿带来的不良后果已经使他的健康严重受损。他给他开了五花八门的一堆药，看起来似乎有那么点用，不过摩根依然持续不断地和他的朋友纵酒豪饮。"既而又回复了他从前的生活方式，完全听不进去劝，他的肚子胀得那样大，外套都已经扣不上了"[1]。摩根又去找一名黑人医生看了看，那人在他身上涂了厚厚的一层黏土加水，给他用尿液做了一次灌肠，"可他还是衰弱下来，咳嗽加剧，那以后很快就死了"。

---

[1] 关于汉斯·斯隆对摩根的治疗方法，可以参考他在《马德拉、巴巴多斯、尼维斯、圣克里斯托弗和牙买加诸岛之旅》（伦敦，1717—1725）第二卷中的记叙。

女海盗与海盗的女人

拿骚城的海湾是一段狭长的波光粼粼的碧蓝色海面，海湾的一边是城市水滨一字排开的码头，另一边则是一个有着沙滩和棕榈树的低地小岛。今天，这个海湾是游轮和观光船的停泊地，可是在 18 世纪，这里却为小型商船提供了隐蔽的下锚地，偶尔也会有军舰停驻。同时，它也是广为人知的海盗的避难地和集会点。1720 年 8 月 22 日，十二名海盗划向了停泊在水道中央的一艘单桅帆船。这是艘 12 吨的帆船，名字叫威廉号，船主是一个叫约翰·哈姆船长的当地人。这艘船配备有四门大炮，甲板已经被太阳光晒得发白了，舷栏上还架着两门回转炮。船上弹药充足，另有一套备用器具，还有一条作为供应船的划子泊在旁边。[1] 海盗们爬到了船上，拉起锚来起航了。他们很快就远远离开了锚地中其他的船只，驾驶偷来的这艘船向外海航去。诸如此类的偷窃行为在加勒比地区并不少见，不过一位目光敏锐的观察者可能会发现这个海盗团伙有那么些不寻常的地方。虽说他们都

---

[1] 这段资料取自伍兹·罗杰斯总督在 1720 年 9 月 5 日发布的告示，这篇告示内容于 1720 年 10 月 10 日至 17 日刊登于《波士顿报》。

穿着男人的外套和水手的长裤子，这些海盗之中其实有两个女人。

领头的那个叫做约翰·拉克姆，一个胆大妄为，甚至有些不计后果的人，他喜欢穿五彩斑斓的衣服，因此赢得了花衣杰克的美称。[1] 他喜欢女人，据说他在古巴海岸线上养着成群的情妇。他之前是文船长海盗团伙里的军需长[2]，1718年11月，因为文船长不愿袭击温德华航道中的一艘法国快帆船，他表达了自己的反对意见。船员们指责文是个懦夫，他们推举拉克姆成为新的船长。接管文的这艘船之后，拉克姆在牙买加周边的海域劫掠了一批小型船舰。没有记录显示拉克姆曾折磨或者杀害被劫掠者，他似乎还对他们格外得好。当他劫掠完一艘马德拉船舰的时候，他把船交还了船主，还安排牙买加酒馆老板霍齐亚·蒂斯代尔坐上了这趟回家的顺风船。同指挥四十门大炮的战舰、并在一大队其他船只的包围中出海作战的巴塞洛缪·罗伯茨和黑胡子相比，花衣杰克不过是个无足轻重的小喽啰。他更愿意指挥一艘大小适中的单桅帆船行动，而攻击的目标也限定于小型渔船

---

[1] 约翰逊在其书中详尽地记述了拉克姆的生平，不过布莱克的那本《西印度海盗》（剑桥、纽约，1989）也很有参考价值。布莱克多年来担任牙买加资料档案的保管员，为我们提供了更多的信息。而印刷成册的拉克姆庭审记录也印证了约翰逊的记载。该记录现存伦敦档案局之殖民地档案馆。又，杰克是约翰的昵称。

[2] 军需长：英文 quartermaster，在陆军中是指后勤兵，在海军中常为并无特定任务的低等军官。大航海时代的海盗大大地提升了这个职位的职权，军需长可以否定船长的决定，以此对船长的权限进行制衡。

和当地的商船。他的名声主要并不在于他做海盗船长的两年内所取得的战绩,而是他同女海盗玛丽·里德和安妮·邦尼的关系,这两名女海盗的生平要远比他更为富于冒险色彩,更为饶有趣味。

花衣杰克是在新普罗维登斯岛遇见安妮·邦尼的。1719年5月,多亏了巴哈马总督颁给他的特赦令,他才得以航行到了这个岛上。接受政府的赦令之后,他一度放弃了海盗的营生。在拿骚城水边的酒馆频频流连的时候,他碰见了安妮·邦尼,当下就直截了当地追求起她来,就跟他袭击别船是一个架势:"毫不迟疑,径直靠上去,每一门炮都直冲目标,把捕获物给拿下。"[1] 他说服她抛弃了她当水手的丈夫,跟着他出海去。直到她怀了孕,他把她托付给自己在古巴的朋友们,她就在那里生下了他们的孩子。到她能够下地走动的时候,花衣杰克马上就派人去接她,她又像从前那样穿着男人的衣服加入到了他的队伍之中。那时候他已经又开始做海盗了,也就是在这个时候,玛丽·里德加入了他的队伍。她也是男人打扮,本来是在一艘商船上做船员的,而花衣杰克却夺下了那艘船。安妮·邦尼被这名海盗帮的新成员深深吸引,她趁着两人独处、四下无人的当儿,将自己是女人的事儿透露给了对方。玛丽·里德"知道她想要什么,也知道自己是无

---

[1] 布莱克《西印度海盗》。

法在那方面满足她的,于是不得不同她开诚布公,让她明白自己也是个女人,这让安妮·邦尼大失所望"。[1] 未免更多的误会发生,她们让花衣杰克也知道了这个秘密。

1720年夏天,他们几个都回到了新普罗维登斯岛,当地政府显然对他们知之甚详。他们在拿骚港湾偷盗单桅帆船威廉号的时候,总督完全清楚是谁干的。9月5日,他发布了一则告示,说明了那艘单桅帆船的具体特征,并写上了拉克姆和他的同伙的名字。名单里包括"两个女人,名为安·富尔福德(化名邦尼)和玛丽·里德"。告示宣布,"上述之约翰·拉克姆及其团伙特此公告为海盗,为大不列颠王国之敌人,所有国王陛下之臣民皆需准此视之"。

当时的巴哈马总督是伍兹·罗杰斯船长,一位强悍果敢的水手,1708年到1711年间,他率队在全世界范围内进行了一系列成功的劫掠活动。1718年,他接受英国政府的委任,来到西印度地区,要把以新普罗维登斯岛为根据地的海盗据点从巴哈马地区给铲除掉。带领三艘军舰来到拿骚港之后,他竭尽全力整饬当地的治安。乔治国王授予了他权力,向那些答应放弃海盗营生的人颁发特赦令,花衣杰克就是因此而获得特赦令的。因为颁发赦令似乎没有什么效果,新总督决定采取强硬的措施。如果有些人

---

[1] 约翰逊《海盗简史》。

得到赦令之后重操旧业，他就把他们给抓起来，在拿骚城水边那座堡垒的土墙下一起绞死。

得知港湾里的单桅帆船威廉号被偷走之后，伍兹·罗杰斯也同样下了狠心。就在发布告示的同时，他当即派出一艘载有45人的单桅帆船去捉拿这些海盗，9月2日，他又派出第二艘单桅帆船加入追击，船上装备有12门大炮和54名船员。花衣杰克肯定知道有船在搜寻自己。他在巴哈马的哈伯岛附近攻击了七艘渔船之后，就向南边航去。10月1日，他在伊斯帕尼奥拉岛周围水域拦截了两艘商船，两星期之后，他又在牙买加北部海岸的玛丽亚港附近的地方夺下了一艘纵帆船。在之后的三周时间里，威廉号缓缓地向西边航行，越过奥乔里奥斯、法尔茅斯和蒙特哥贝的海湾和沙岸，一直来到了牙买加岛最西边的内格里尔。在这里，花衣杰克的好运气算是到头了。

有一艘全副武装的私掠船就在附近航行，这是艘单桅帆船，船长是乔纳森·巴尼特，"一个精神饱满的家伙"，他手中握有牙买加总督令其捉拿海盗的委任状。听到拉克姆那艘下锚的船上传来的炮声，巴尼特决定调转船头去一探究竟。看到巴尼特的船威风凛凛，拉克姆心知不好对付，慌忙起锚逃去。巴尼特紧追不放，到晚上十点的时候，终于追上了这些海盗。他向他们招呼示意，对方回说是"古巴来的约翰·拉克姆"。巴尼特要求他们投降，海盗们喊话拒绝，并用回转炮朝巴尼特的船放了一炮。黑暗之中，两方面都没法把对方看个清楚，不过巴尼特马上用舷炮和小型枪弹组织的群射进行了回击。炮弹把海盗们的张帆杆给炸飞了，他们的船因此无法活动了，巴尼特将船靠了上去，登上了海盗船。船上唯一奋起反抗的只有玛丽·里德和安妮·邦尼。她们身上带着手枪和短弯刀，见到人就喊，见到人就骂，却没能鼓舞起同伴们的斗志，其他人都乖乖地投降了。第二天早上，海盗们在戴维斯湾被送上了岸，那是内格里尔与卢西中间的一个小海湾。他们被交到了理查德·詹姆斯少将的手中，这位民兵组织的军官召集了一批看守，横跨牙买加岛，将他们运送到了西班牙镇监狱。11月16日，花衣杰克和他手下的十名男性船员以海盗罪受审，十几天之后的11月28日，海事法庭再度开庭，审理海盗团伙中的两名女海盗的罪行。

玛丽·里德和安妮·邦尼从未有过像亨利·摩根、基德船长和黑胡子那样狼藉的声名，不过比起历史上许多最为成功和最令人畏惧的海盗船长，她们倒是吸引了更多人的关注。这一部分是由于约翰逊在《海盗简史》中对她们所进行的栩栩如生的描绘，另一部分是因为她们是海盗最为猖獗的时代里我们所知的唯一两名女性海盗。这使得她们具有了一种神异的奇幻魅力，多部小说、戏剧和电影都是基于她们的生平改编而成的，女性主义历史学家也以她们为研究对象，那些研究易装癖和穿着异性服装的著作也不例外。

研究她们的生平故事，主要的问题在于缺少她们早期生活的记录。在殖民地的文件和同时期的报纸上，我们能够看到她们庭审记录的印刷本，以及简单的关于她们死前一两年的生活的相关介绍，其余的就只能借助约翰逊船长了，后者的描述虽然总是头头是道，却很少说明自己材料的来源。而且他说的那些故事也有些太天方夜谭了，让人很难相信是真的。就像他自己说的，这两个女海盗的经历中充满了出人意料的转折和闻所未闻的奇遇，"她们那四海为家的人生有着那样的惊情奇事，有些人可能禁不住要想，这整个故事真与一部小说或者传奇别无二致"。

按照约翰逊的说法，玛丽·里德出生在英国，是一名年轻的母亲所生下的第二个孩子，这个女人的丈夫出海之后就没再回来。丈夫失踪之后，这个年轻女人又同另外一个男人发生了关系，并且怀孕了，即将诞下一名私生子的念头让她羞愧不堪，于是她去了乡下，同朋友们待在一起。玛丽出生后不久，那大一点的孩子就死了，那是个男孩。她妈妈很快就花光了身边的钱，她决定去找自己的婆婆寻求帮助，让她负担孩子的生活费。她把玛丽装扮成一个男孩，这样就能让她冒充自己的儿子了，然后她去了伦敦。那位婆婆自然应允为孩子提供生活费，她每周支付一克朗给她们。

玛丽·里德像个男孩子一样地被养大，到了十三岁的时候，她妈妈为她找了一份工作，担任一位法国女士的男仆，而不是女仆。她很快就厌倦了奴颜婢膝的生活，"变得大胆强悍，再加上她本就有一颗不安分的心，她为自己找了一份军舰上的工作"。之后她去了佛兰德斯，入伍做了军中的练习生。好几次战役中，她都骁勇善战，屡立战功，最后却爱上了自己团里的一名佛兰芒士兵。这人欣喜地发现自己居然同一个年轻女人同住一个帐篷，不过玛丽·里德可不打算永远只是当他的情妇。战争[1]结束之后，这一对情人结婚了。他们离开了军队，在靠近布雷达[2]的地方开了一家叫做"三块马蹄铁"的酒馆。

不幸的是，婚后不久，玛丽的丈夫就死了，而且自从赖斯韦克条约于1697年签署之后，当兵的都去了别处，三块马蹄铁也就失去了自己主要的客源。玛丽·里德别无选择，只好到其他地方碰碰运气。她又开始作男人打扮，在一个步兵团里待了一段时间后，她登上了一艘开往西印度的船。船被海盗夺下了，经历其他一些奇遇之后，她便来到了拉克姆的船上，发现这艘船的船员中还有个安妮·邦尼。

安妮·邦尼也是被当做男孩子养大的。她出生在爱尔兰靠近考克的地方，是一位律师的私生女。她父亲因为一次争吵而与妻

---

[1] 指的是1688年到1697年之间由于法王路易十四欲在欧洲大规模扩张，因此遭到荷兰、神圣罗马帝国哈布斯堡王朝和英国、西班牙等国组成大同盟进行联合对抗的大同盟战争，又称九年战争。这场战争以下文提到的赖斯韦克条约的签订而告终。

[2] 布雷达：荷兰南部北布拉班特省的一个市镇。

玛丽·里德

安妮·邦尼

两幅版画作品均来自约翰逊的《海盗简史》

子分开了：妻子发现自己的丈夫同家中的女仆发生了关系，为此十分气恼，而当丈夫发现妻子指控那名女仆偷了几只银汤匙，并将她送进了监狱之后，简直是勃然大怒。这位做丈夫的相当喜欢他与女仆所生的那个女孩，他下决心要让这孩子同他住在一起。未免惹人非议，他把她打扮成一个男孩，假装自己准备把她训练成一名协助律师工作的办事员。

律师的妻子发现了这件事，她中断了给自己丈夫的津贴。流言四起，律师执业也受到了影响，他决定到国外去。他带着那位女仆和他们的女儿安妮来到了卡罗来纳，做起了生意，赚了一笔钱，买下了一座种植园。安妮迷上了一个叫做邦尼的身无分文的年轻水手，同他结了婚，这让她父亲大为失望。被父亲逐出家门之后，安妮和邦尼乘船来到普罗维登斯岛，正如上文所述，安妮在那里遇见了花衣杰克，成了一名海盗，经过两年的冒险生活，最终同玛丽·里德在牙买加的法院里站在了一起受审。西班牙镇这次审判的庭审记录印刷本为我们提供了花衣杰克几次劫掠的第一手资料，也让我们得以了解玛丽·里德和安妮·邦尼的外貌特征和行为举止。11月16日开庭的海事法庭由牙买加总督尼古拉斯·劳斯爵士主持。共有十二名审判员，有两位是皇家海军上校。接受审判的有拉克姆本人，审讯记录这么描述他，"约翰·拉克姆，最后活动于美洲的普罗维登斯岛，水手，曾是某一艘海盗船的船主和指挥者"；有乔治·费瑟斯顿，同样活动于普罗维登斯岛，"曾是上述这艘船的船主"；理查德·科纳，军需长；以及约翰·戴维斯，约翰·豪厄尔，托马斯·伯恩，诺厄·哈伍德，詹姆斯·多宾斯，帕特里克·卡蒂，托马斯·厄尔和约翰·芬威克。[1]

以下是对被告的四项指控：

一、他们"以极其凶恶的方式进攻且侵占了七艘渔船"，并攻击渔民，偷窃他们的鱼和捕鱼用具，"实属海盗行径，罪大恶极"；

二、他们"在距离伊斯帕尼奥拉岛三里格[2]的公海中的某处……向两艘商船发起进攻，发射炮弹，并将其攻占"，且袭击了詹姆斯·多宾及其他水手；

三、在距离牙买加岛玛丽亚港五里格的公海中，他们向一艘由托马斯·斯彭洛指挥的纵帆船发射炮弹并将其攻占，令斯彭洛及其他水手"备受丧失生命的恐惧煎熬"；

四、在距离牙买加德赖港海湾一里格处，他们强行登上了由托马斯·狄龙指挥的商船玛丽号，并窃走了这

---

[1] 此段资料及下述引文均来自本次审判的庭审记录，收录于伦敦档案局之殖民地档案部中。
[2] 里格：长度单位，1里格相当于3英里或4 000米。

艘单桅帆船及船上用具。

控方有两名证人。牙买加罗亚尔港的托马斯·斯彭洛陈述了自己的纵帆船是如何被由被告席中的这些人操控的一艘单桅帆船开炮攻击的。他说他们"强行登上了他的船，抓住了他，从上述的纵帆船中搬走了55卷烟草和9袋灯笼椒，在拘禁了他大约48小时之后，让他驾着他的纵帆船离开了"。第二名证人是罗亚尔港的水手詹姆斯·斯帕奇尔斯，他详详细细地叙述了海盗们驾驶的单桅帆船和乔纳森·巴尼特指挥的商船之间发生的战斗。

被告申辩自己并未犯下这些罪状，不过事实证明，他们每个人都有罪，最后都被判了死刑。五名犯人第二天在绞刑角被处决，那是在伸向罗亚尔港的一片窄长陆地上的一个直对着风而平平无奇的岬角；其他六名犯人第二天则被绞死在金斯敦。花衣杰克的尸体被装进一个铁箍套里，挂在戴德曼斯凯的绞刑架上示众，这个小岛从罗亚尔港就可以望见，如今被叫做拉克姆斯凯。

玛丽·里德和安妮·邦尼的审判也以同样的方式进行。指控都是一样的，只是控方多了几名目击证人，这些人强调说这两个女海盗是自愿加入拉克姆的队伍的，在对商船的进攻中，她们毫不马虎，奋勇当先。多萝西·托马斯为我们提供了对两位女海盗最为生动的外形描述，她是在牙买加北部海岸划着小划子的时候遭到海盗船的攻击的：

……接受审讯的两名女被告当时就在上述这艘单桅帆船上,她们穿着男人的外套和长裤,手帕包在头上,每人手里都握着一把砍刀和一把枪,她们向那些男人破口大骂,要他们杀了这位宣誓证人,说他们如果不杀了她,她就会对他们不利。宣誓证人后来还说,那时她之所以能够发现并且认定她们是女人,是因为她们的胸部很大。

两名目睹拉克姆攻击斯彭洛的纵帆船的法国人在翻译人员的协助下,说明了这两个女人在海盗船上是相当活跃的,安妮·邦尼还给男人们递火药;另外,"当她们发现其他船只、进行追击和进攻的时候,她们会穿男人的衣服,其他时间,她们还是穿女人衣服"。

单桅帆船玛丽号的船长托马斯·狄龙肯定他们遭到拉克姆进攻的时候,这两个女人都在海盗船上。他说"被告之一的安·邦尼手里拿着枪,两个女人都相当放肆,骂骂咧咧地,污言秽语不断,她们在船板上什么事情都做得出来"。

当这两个女人被问及她们有什么要为自己辩解的时候,她们都说自己没有证人,也没有什么问题要问。被告和听审观众受命离开审判室之后,尼古拉斯·劳斯爵士同十二位审判员一同辨析了案情。大家一致认为,对于这两个女人的第三项和第四项指控成立，她们犯有海盗罪和抢劫罪。她们又被带到了被告席中，并被认定是有罪的。她们无法提出任何理由说明死刑不应当被施加在她们身上，因此主持这次庭审的尼古拉斯爵士说出了以下这段历史悠久的审判词：

> 你们，玛丽·里德和安妮·邦尼（化名博恩），将由此地去往你们所从来之处，且由此处去到行刑之地，你们将在彼处被分别勒颈吊起，直至你们分别死去。愿无比慈悲的上帝饶恕你们的灵魂。

不知是出于什么原因，这两名被告到这个时候才亮出了她们的杀手锏，大概直到听法官说出那段劫数难逃的话之前，她们都并不觉得自己真的会被认定有罪吧。不过判决被宣读之后，她们立马就告知法庭，她们都怀孕了。很遗憾，我们无法知道当时在场的各位得知这种消息会有何种反应，不过这怎么说也应该是掀起了一场轩然大波。我们能从审判记录的印刷文本中得到的全部信息就是法庭传令"前述判决暂缓执行，先对被告进行身体检查"。

体检结果显示，两个女人确实都怀孕了，她们获得了缓刑处理。不那么幸运的是，审判后不久，玛丽·里德就患上了热病，死在了狱中。牙买加圣凯瑟琳区的堂区登记册记录着，她是在1721年4月28日下葬的。至于安妮·邦尼和她的孩子的下场，就没有什么确切的记录了。

拉克姆的船被乔纳森·巴尼特攻下时还有九名英国人在船上，1721年1月24日，这九名倒霉的英国人另外接受了审判。其实在船被攻下的几个小时之前，他们还驾一条独木船在捉海龟呢，就因为一碗潘趣酒，他们被说服加入了海盗的队伍。基于他们案发当时确实带有武器，并且显然在为拉克姆划动他的单桅帆船，法庭判他们犯有海盗罪。他们中的六人被绞死，"任谁都会觉得，这些可怜家伙是有那么点倒霉的吧"，约翰逊船长如是说。

玛丽·里德和安妮·邦尼的故事提出了一些问题。女人出海真的那么少见吗？如果是的话，为什么呢？还有其他女海盗吗？如果一个女人想要成为一条船上的船员，她非得女扮男装不可吗？在18世纪那种逼仄窄小、条件简陋的船舱里，一个女人怎么可能蒙混过关，被别人当成是男人呢？

近些年来，越来越多的女人加入到航海队伍中来，事实证明，她们完全有能力在各种天气条件下操纵大型或者小型的帆船。有些女人单枪匹马就航过了大西洋，有几个甚至环航了全世界，而且在越洋帆船赛中，所有的女性船员都应付自如，游刃有余。不过几百年来，航海几乎是男性专有的领域。当渔人们在科德角和多格浅滩附近的冰洋中拖拉他们的渔网和绳索时，他们的妻子和女儿则在家中照顾年幼的孩子，制作或者缝补渔网，为男人们祈祷，希望他们平安归来。然而悲剧是时常发生的。1848年8月18日夜间刮起大风，席卷了苏格兰周边的海面。海岸线上形形色色的港口里都有渔船在这天下午出海，所有人都是猝不及防。风势渐大，形成东南向的飓风，男人们把渔网拉上船，驱船前往避风点。在威克，渔人们的家属匆忙赶往港口，在那里眼睁睁地看着渔船在风浪中求生，翻卷着白沫的海浪冲刷着港湾的入海口，令人心胆俱裂。有些船进了水，在港湾的沙洲上触撞而沉没了，有些被冲到码头上，撞得稀烂，有些不敌风浪，在离岸有一段距离的地方沉没。共有四十一条船遇难，二十五人在亲人面前淹死，另有十二人在海上遇难，下落不明。十七名寡妇和六十个孩子陷入赤贫的境地。彼得黑德有三十一人丧命，斯通黑文死于这次夏季暴风的有十九人。[1]

在海军中服役，或者在商船上任职，同样也是危险的差事。比起毫无遮挡的渔船，海军和商人的大船更能从风暴中全身而退，不过那也是在理想的情况下，如果出现海图上未曾标明的暗礁，或者本身航海技术低劣，或者因为感染坏血病和热带疾病而导致死亡，那可就另当别论了。撇开海上生活的风险不谈，航海还得长年累月地漂泊在外：水手同家人道别之后，好几个月甚至好几年都见不到他们本就是常事。爱德华·巴洛于1678年九月

---

[1] 本段资料来自埃德加·J.马奇的著作《海上漂泊者》(牛顿阿伯特，1969)。

乘坐卡迪兹商人号驶离英格兰，去往地中海作定期的商务之旅，等他回到伦敦的时候已经过了十五个月了。[1] 18世纪70年代，尼古拉斯·波科克曾经担任一艘小型商船的船长，数次航行到西印度，他从布里斯托尔到多米尼加岛及返程的单程平均时间需要九个月。皇家海军的船员若遇所在船只被派往波士顿或非洲西海岸巡查的情况，那么他大概会有两年看不到自己家乡的港口。

危险，生活必需品的匮乏，离家远航，这些并没有阻碍年轻男人出海的脚步，不过在航海时代，让一个女人到甲板上去面对无法满足的生理需求，面对船舱中潮湿、逼仄、臭气熏天的环境，简直是不可想象的。很多人认为，有个女人在船上，容易引起船员之间的妒忌，使他们产生冲突，而且水手中间还流传着一种说法，船上有女人会带来厄运。尽管如此，依然有数量惊人的女人坐船出海。当然，很多人是作为乘客，有些船长也会带着他们的妻子出海，还有船长和军官将他们的情妇偷渡到国外去的例子。不过，文献中也不乏女人出海当水手的记载。事实上，在皇家海军和商船出海的历史中，那种女人成功装扮成男人，在男人堆里工作好几年都未被发现的例子俯拾皆是。[2] 玛丽·安妮·塔

---

[1] 见巴兹尔·卢伯克编订的《巴洛在英国军舰、东印度和西印度公司商船及其他商船上度过的海上生活日志（1659—1703）》(伦敦，1934)。
[2] 关于女人假扮男人加入海军或者陆军的事例，请参考威尔赖特《女战士与军中少女》(伦敦，1989)，该书资料详博，考辨严谨。

尔博特的经历就同玛丽·里德有许多相似之处：她也是私生女，幼年时被打扮成男孩模样，长大后先是当了士兵，后来成了水手。她生于1778年2月2日，是威廉·塔尔博特勋爵的十七个私生子之一。监护人埃塞克斯·鲍恩诱奸了她，并将她收到自己麾下的军团里，当了一名年轻的步兵。她随他从法尔茅斯出海，乘坐皇冠号去往圣多明各。她亲身经历了1793年六月英国人攻下瓦朗谢纳的一役，并在几个月之后成了皇家海军不伦瑞克号的船员，在船舱里担任该船长官约翰·哈维船长的服务生。她参加了1794年的光荣六一之役，是唯一的几个在与法国船复仇者号的血战中生还的人。不过她被葡萄弹[1]击中，受了伤，被送到了哈斯拉尔的海军医院。1800年前后，她离开了海军，在德鲁里街的舞台上演了一段时间的戏，之后成了一位伦敦出版商 R. S. 柯比的仆人，后者将她的生平记录成书，于1804年出版了。

汉娜·斯内尔于1745年出海去找她的丈夫，那是个名叫詹姆斯·萨姆斯的荷兰水手，他在汉娜怀孕六个月后将她抛弃了。她在一艘由罗齐尔船长指挥的英国单桅帆船燕子号上工作了一段时间，并参加了1748年对本地治里的围攻战。玛丽安娜·丽贝

---

[1] 葡萄弹：将许多金属小球或金属片紧紧包裹在一个帆布袋中作为炮弹，发射时帆布袋会被火药烧掉，导致金属球四射，产生巨大杀伤力。因为金属小球包在帆布袋中的样子形似葡萄，故被称为葡萄弹。

卡·约翰逊在一条英国运煤船五月花号上工作了四年，没有人发现她是个女人，而她的母亲则在皇家海军中服役七年，最后在哥本哈根战役中受了致命伤。

这些以及其他一些女人能够在男人的世界中生存下来，证明她们完全有能力胜任水手的工作，并像男人们那样去战斗。玛丽·安妮·阿诺德曾经在罗伯特·斯莫尔号上工作，能力出众，最后还是被司各特船长识破了真身，后者在穿越国境线时例行的修面礼中觉出了异样，对她起了疑心。他后来将她称作是他船上最优秀的船员，并这么写道："在比斯开湾遭遇强风的时候，我看到阿诺德小姐是最先爬上去把后桅顶帆缩起来的那几个人之一。"如果有谁胆敢嘲笑汉娜·斯内尔不够男子气，她就铆足劲，不管在干哪种船板上的活计时都要把他给比下去，以此予以回击。玛丽·安妮·塔尔博特完全是一副男人作派，在她后来的生活中就有人说她"男人习气极重，抽烟喝酒，什么都来，简直不像个女人"[1]。

不过，这些女人是如何掩盖住她们的身体特征，不让同船的船员们发现她们是女人的呢？显然，她们需要不同寻常的决心和巧智才能蒙混过关。在17、18世纪的船上，几乎没有任何私人空间可言，虽说甲板之下的区域照明不良，确实会有许多阴暗的

---

[1] 见威尔赖特《女战士与军中少女》。

角落，只能说女人们在必要时可以借此遮掩一下她们赤身裸体的样子而已。在那个年代，船舱内的生活条件同现代船舱是迥然不同的。如今，大多数乘船出行的人都对船舱抱有光洁如新的期望，那里应该有不锈钢的用具，打开龙头就会有水流出，还有抽水马桶和舒适的床铺。在18世纪，一艘出洋的商船几乎完全是以木头建构的，上面装的是乌七八糟的一堆东西，像是涂满沥青的绳索，发了霉的帆，备用桅杆和圆杆，泥迹斑斑的系锚缆绳，鸡棚，吊床，水手箱，各种尺寸的板条箱，以及许许多多的桶，桶里面装着水、啤酒、腌猪肉和火药。为了能在旅途中吃到新鲜肉类，喝到牛奶，甲板下的畜栏里还养着各类家禽家畜，像是奶牛、山羊、鸭、鹅和鸡之类。天气好的时候，他们会让山羊到甲板上来四处走走。许多水手还会养宠物：狗和猫是相当常见的，鹦鹉和猴子也不少见。

除去家禽家畜和宠物之外，商船和海军船舰上还会有一些小男孩，他们是被送来学习如何操控绳索的，船员中许多最为活跃的成员也都是十几岁的男孩子。穿上宽松的衬衣和裤子，裹上水手外套，将一条围巾或是手帕系在脖子上，一个身板壮实的年轻女人只要个头不差，不管是在甲板上干活或是在桅杆上摆弄船具的时候，要想被人当成一个十几岁的男孩子也不是那么难。在甲板下面，处身在货物、动物，以及船底污水、粪肥、朽烂的木材和涂着沥青的绳索所散发出的恶臭之中，一个女人要想瞒住自己的性别就更难了一些，不过也不是不可能，只是她要想出法子来应付上厕所的问题，在大多数的船上，卫生设备可都是相当简陋的。水手们要么就是爬到背风的桅侧支索牵条（船侧用以展开索具的平台）上，把尿尿到海里，要么就走到冲撞角那儿的船头厕所解手。伸出船头的那个木头架子上有两三个箱子，箱子上面有洞，水手们坐在这箱子上，或者，就像他们说的，坐在这"松快座"上，直接就把排泄物给拉到底下的水里去了。小一点的船没有冲撞角，厕所设在船体内，排泄物通过船侧的一根管道流出船外。

海盗船上的生活与在商船上大致相同，这一部分是因为大多数海盗船从前就是商船，只是在那基础上多加了几门炮而已，另一部分原因则是大多数海盗本来就是商船水手出身。海盗船上的船员通常要更多一些，他们奉行着较为松散的起居制度，不过他们却有着相似的习惯和成见，大多数海盗有着像水手们长久以来所形成的偏见那样的看法，忌讳带女人出海。巴塞洛缪·罗伯茨和他的船员们所订立的海盗守则的第三条规定，他们之中不允许出现妇孺。"如果有人被发现引诱异性，并将其乔装打扮带到海上，那么他将被处死。"约翰逊船长认为这条规定是为了防止船员之间产生分歧和争吵而订立的。

许多海盗船长更喜欢招募尚未成婚的男人做手下。要得到确实证据来说明海盗中有多少已婚人士是相当困难的，不过一项关于活跃在 1716 年至 1726 年的英美海盗的研究显示，521 位调查对象中有 23 位是可知已经结婚的。比例在 4% 左右，已婚海盗可以说是总体中相当小的一部分，不过也不应该忘记的是，大多数海盗都是二十几岁的年轻人，他们其实还没到那个想要安定下来的年纪。萨姆·贝拉米的海盗船及其僚舰在科德角海岸遇难，只有八人生还。1717 年 5 月，受马萨诸塞总督之命，这八人受到了审讯，他们的供述表明，贝拉米的船上并不欢迎已婚男人。托马斯·贝克说，他和其他九个人在弗朗索瓦角附近时被海盗抓住，其他人"因为已经结了婚，就被打发走了"。彼得·胡夫陈述道，"已婚男人都没有被用强"，这意思是说，没人逼迫他们在海盗的契约上签字，使其加入海盗团队。托马斯·索思肯定地说，他的船被夺下之后，"海盗们对没有结婚的人用强，一共是四个人"。

　　1722 年 6 月，菲利普·阿什顿在罗萨威港的海湾里被海盗抓住了，他所要面对的第一个煎熬是海盗船长爱德华·洛的审问。洛耍弄着他的手枪，质问阿什顿和其他五个被抓的人，他们是不是结过婚。没有人回答，洛顿时怒不可遏，他径直走到阿什顿身边，把手枪戳到了他脑门上，喝道："你这小子！你为什么不回答我？"接着就开始厉声咒骂，说是阿什顿如果不马上告诉他自己结婚了没有，那他就要一枪射穿他的脑袋。当洛得知他们几个人都没有结婚的时候，这才平静了下来。阿什顿后来知道，洛的妻子是在他当海盗之前不久去世的，她留下了一个年幼的孩子，就在波士顿，洛太喜欢那孩子了，常常一想到他就会坐下来哭泣。阿什顿于是得出结论，洛是因为这个才不要结了婚的人的，"没有老婆孩子，也就了无牵挂，他手下的人也就不会因为那种强烈的感情而在工作时分心，也不会为了与家人团聚而将他舍弃"[1]。

有些海盗放弃流浪生活，安定了下来。为了修理船只，豪厄尔·戴维斯造访了佛得角群岛，重新起航时，船上却有五名船员留在了那里，因为这些人迷上了那地方的女人。"其中有个叫查尔斯·富兰克林的，是蒙茅斯郡人，他在那里结了婚，安家落户，直到今天还住在那里。"伦敦档案局中保存着一份由"马达加斯加及东印度、西印度其他地区的海盗"的妻子及其他亲属于1709年写给安妮女王的请愿书[2]。这份请愿书上有47个女人的签名，她们请求政府发布赦免状，对于海盗们曾经犯下的所有罪愆都既往不咎。请愿书被送交贸易与种植园委员会处理。以莫顿勋爵为首的大臣们赞成颁发赦免状，认为这是瓦解马达加斯加的

---

1 见道与埃德蒙兹合著的《1630至1730年间新英格兰海岸的海盗们》（马萨诸塞州塞勒姆，1923）。
2 有意思的是，这份请愿书署名中的第一位写着"玛丽·里德"的名字，不知这位"玛丽·里德"是否就是与安妮·邦尼一起的那位"玛丽·里德"，不过如果1709年玛丽·里德签署请愿书的时候是二十五岁，那么1720年她接受审判的时候就是三十六岁，这同她的生平事迹也是吻合的。

海盗据点的唯一有效的方法，不过直到1717年，赦免状，或者说"大赦令"才真正下达，那时候海盗们在马达加斯加的根据地已经渐趋式微了。

就目前为止所能搜集到的微不足道的资料来看，拥有妻子和家庭的海盗船长数量很少。亨利·摩根结了婚，但没有孩子。基德船长有一个老婆和两个女儿，她们生活在纽约。托马斯·图也结了婚，生了两个女儿。按照约翰逊船长的说法，黑胡子在北卡罗来纳娶了一个十六岁的年轻女孩，人们认为，这是他的第十四个老婆，而且，他显然习惯在玩弄那女人一夜之后，"邀请五六个粗鲁的同伴上岸，强迫她与这些人都发生关系，一个接着一个，就当着他的面儿"。虽说依黑胡子的个性是完全干得出来这种事的，不过这也很有可能是约翰逊一时兴起瞎编出来的。在汇报黑胡子于1718年1月所进行的一次劫掠时，汉密尔顿总督就提过这么一句，说"这个蒂奇据说有老婆孩子在伦敦"。在那些出现在约翰逊《简史》里的海盗船长中，再没有资料显示有其他人是结过婚的。

尽管女扮男装登上商船或者加入海军出海的女人数量惊人，不过做海盗的女人却是寥寥无几。除了玛丽·里德和安妮·邦尼，纵观所有的海盗史著作，提到过的女性海盗也就只有斯堪的纳维亚海盗阿尔维尔达、爱尔兰女子格雷丝·奥马利和中国的海盗头子郑夫人三个人。

对于阿尔维尔达，我们所知甚少[1]，只知道她是公元5世纪斯堪的纳维亚地区一位首领的女儿，她父亲为她安排了一桩婚事，要让她嫁给丹麦国王赛加鲁斯的儿子阿尔夫王子，她坚决不从，便同自己的一些女伴改换了男装，找到一艘合适的船之后，驾船离开了。她们后来碰上了一伙海盗，海盗们刚刚失去了船长，正自悲痛不已，他们被阿尔维尔达那帝王般的气派打动，一致推选她做了他们的首领。在阿尔维尔达的带领之下，这帮海盗所向披靡，成了波罗的海地区的顽固势力，阿尔夫王子被派去剿灭他们。两队人的船只在芬兰海湾撞上了，惨烈的战斗随之而至。阿尔夫王子带人登上海盗船，杀死了船上的大多数船员，并俘获了阿尔维尔达。王子骁勇善战，阿尔维尔达对他心生敬慕，终于一改从前的成见，接受了他的求婚。他们是在王子的船上成婚的，阿尔维尔达后来当上了丹麦皇后。

阿尔维尔达的故事相当富有传奇性，而格雷丝·奥马利的生平则有着详尽的文献记载。爱尔兰的官方档案中有好几份材料都提到了她，近些年的研究则将她一生中的主要事件给整理了出来，我们可以看到，爱尔兰童谣中的这位女主人公本人就是一位威风赫赫的女中豪杰，"她个性强悍，勇猛刚毅，在海上屡建奇

---

[1] 查尔斯·埃尔姆斯《海盗之书：极负盛名的海盗们的真实记录》（初版于1837，作者所参考的是1993年出版的平装本）一书中有简短介绍。

功,英名广播"[1]。格雷丝·奥马利于1530年前后出生在爱尔兰西海岸的康诺特省,她的父亲是当地的一名族长。作为一个古老的爱尔兰家族,奥马利家已经有几百年的历史了,一直统治着克鲁贝附近的地区。贝尔克莱尔和克莱尔岛都有他们建造的城堡,他们还蓄养着一支船队,以之捕鱼、贸易,并掠夺周边领地。格雷丝很可能还是小女孩的时候就出海了,她之所以被称作"格雷纽艾尔"(意为"秃")据说是因为,她像那些同她一起出海的男孩子那样把头发剪得很短。1546年,在她十六岁时,格雷丝嫁给了多纳尔·奥弗莱厄蒂,搬到了她丈夫的城堡里,那是在沿海岸线向南约三十英里的布诺文。对于格雷丝人生的这个阶段,我们唯一能够知道的是她生下了三个孩子,结婚几年之后,她丈夫死了,很可能是被仇家杀死的。格雷丝回到了父亲的领地,接管了奥马利家的船队。之后,她慢慢地开始树立起了其作为一名勇敢无畏的船长的名声。1566年,她同当地的另一位族长理查德·伯克结了婚,搬到了梅奥郡的罗克福丽特城堡。这里成了她航海活动的基地,也是她剩余的三十七年的人生里的家。

罗克福丽特城堡今天依然耸立在一个小海湾旁俯瞰着克鲁贝地方。那是一栋朴拙的矩形建筑,大而重的石头堆砌成四层高,

---

[1] 爱尔兰共斯特省省长贾斯蒂斯·德鲁里勋爵1578年11月7日写给伦敦枢密院的急件中的话。转引自安妮·钱伯斯《格雷纽艾尔:格雷丝·奥马利的生平与所处时代,1530—1603》(都柏林,1979)。本节有关这位爱尔兰女英雄的资料多来源于这本精心结撰而饶富趣味的著作。

巍然屹立在周遭的荒原之中。爱尔兰海岸这片直对着风的潮湿陆地同海盗们在巴哈马地区的那些根据地有着天渊之别。两处都有海滩、水湾和不计其数的离岸小岛，不过与那些在热带阳光中窸窣作响的棕榈树不同的是，环绕着罗克福丽特城堡的是那覆盖着欧石南和欧洲蕨的连绵起伏的群山。傍晚时分，拿骚城的热气已经被晚风吹散，从大西洋吹来的猛烈的西南风却依然激荡着戈尔韦和康尼马拉岸边那阴郁的海水。不过克鲁贝为奥马利船队提供了一处安全的锚地，在格雷丝·奥马利执掌船队的时期，船队大约有二十条船。所有的文献资料显示，这些船中有几艘是大型帆船，显然是当时爱尔兰海岸上唯一的几艘该种形制的船只了。皇家海军特雷蒙塔尼号的船长普莱辛顿记下了1601年与其中一条船的偶遇，"那艘大型帆船从康诺特开出来，为格兰妮·奥马利所有"，他这么写道。他说那艘船"由三十条桨划动，船上有100名射击好手，时刻准备为护船而战，当时便与我船发生了至多不超过一小时的小规模战斗"。几年之前，爱尔兰行政长官亨利·悉尼爵士就曾向伊丽莎白女王的秘书沃尔辛厄姆做过这样的报告："另有极负盛名的海上女船长格兰妮·伊马利前来见我，愿意率领手下的三条大帆船和二百斗士为我所用，听凭差遣。"从理论上说，以桨划动的大帆船是一种根据地中海风平浪静的海面状况而设计建造的船只，对于英伦三岛周围波涛汹涌的海面来说是完全不合适的，而且那些桨想来也只是在风小的时候，或者在隐蔽的海岸边的水湾中进行劫掠的时候才会使用吧。其他的时候，这些大帆船肯定像维京长船一样，会把桨从桨架上取下放入船内，仅依靠一面与龙骨和桅杆成直角的帆的动力前进。

格雷丝·奥马利的海盗活动在本质上是由当地的大环境所决定的。虽说当时爱尔兰全境都是女王伊丽莎白一世统治下的英国领土的一部分，不过各省的政权掌握在由女王任命的总督手中。这些总督通常是英国贵族或者军人，他们在康诺特省实行一种高压政策，致使当地的族长们时不时地就要起来造反。格雷丝有时劫掠其他族长以示惩戒，有时则攻击和劫夺过往的商船。16世纪70年代的时候，她的攻掠激起了戈尔韦地区商人们的反对浪潮，总督爱德华·菲顿在压力之下不得不派出行动队来惩治她。1574年3月，由威廉·马丁船长率领的一支船队来到克鲁贝，包围了罗克福丽特城堡。格雷丝将她手下的武装力量集结起来，几天之内反守为攻，将马丁打得败下阵来，只得鸣金收兵。不过到了1577年，在德斯蒙德伯爵的地界进行劫掠的时候，她被抓住了，并在利默里克监狱里被关了十八个月。贾斯蒂斯·德鲁里勋爵称她是"一个……专事破坏的女匪徒，作为总指挥和总调度在海上带领一帮小偷和杀人犯祸害本省"。

在格雷丝·奥马利的丈夫于1583年过世之后，她发现自己的处境岌岌可危。她现在很容易受到相邻的族长的攻击，经济上也有困难，因为根据爱尔兰的风俗，寡妇是没有权力继承丈夫的领地的。格雷丝认为最好的防守就是进攻,于是她对周边领地发起了多次进攻,却因此引起了继菲顿之后担任本省总督的理查德·宾厄姆爵士的敌意。宾厄姆认为她是一个不服管教的叛乱分子,派一支军队到克鲁贝来没收了她的船队。格雷丝觉得自己别无他法,只有向英国女王求情了。1593 年 7 月,伦敦当局收到了一封写给女王的信,署名是"您忠心耿耿的爱尔兰国土上的臣民、康诺特省的格兰妮·内·马利"。格雷丝说明自己不得不进行一些海陆双栖的军事行动,这是为了保护自己的领地不受那些凶悍的邻居的侵夺。她请求女王"准予她合理地保有一些生活费来源以维持她日后不多几年的生活",承诺自己将"手持刀枪攻入陛下您的敌人的地界,不管他们是谁,也不管他们在哪里",以为回报。正当女王的顾问们对此事予以考究的时候,格雷丝·奥马利的儿子被宾厄姆以煽动造反的罪名逮捕了。格雷丝觉得自己必须亲自去一趟伦敦,当面向女王求情。

爱尔兰民谣对于她穿越爱尔兰海去面见女王的壮举真是备极称许:

> 令旁人注目的并非她那身衣装
> 虽奇特却富丽堂皇、自成章法
> 她巍然挺立,那风度高贵狂放
> 在英国女王面前毫无半点惊怕

> 举止无可指摘，哪有粗野鄙下
> 对权贵名流，她似乎游刃有余
> 要知她曾将狂性男子收在手下
> 午夜狂暴的风雨何曾教她畏惧
> 冲破重重巨浪她全然无惧前路

事实上，这次航行的详细情形并未见诸记载，两人会面时谈了些什么我们也无从知晓。我们只知道，他们是1593年在格林威治宫见面的，几天之后，女王发了一封信给理查德·宾厄姆爵士，命他拣选"一些生活费来源以供她以后晚年生活的需要"。宾厄姆将格雷丝的儿子从监狱中放了出来，却依然扣押着她的船只，并不断地骚扰她的领地。不过在1597年的时候，宾厄姆的职位由科尼尔斯·克利福德爵士接任，奥马利船队因此得以再度出海航行。格雷丝那时候已经快七十岁了，她似乎将管理船队和保卫领地的工作交给她的儿子们去打理了。约1603年时，她在罗克福丽特去世。事实证明，她的儿子蒂博特是女王忠实的臣民，他践行了格雷丝与女王的敌人作战的承诺。1627年，他受封为梅奥子爵。

格雷丝·奥马利是她那个时代里罕见的以女人的身份指挥船舰和武装力量的例子，她向我们证明，作为一名首领，她完全可以在当时由崇尚武力的男子占统治地位的恶劣环境中生存下来。

除了军队指挥官博阿迪西娅和圣女贞德，能够与其成就相匹敌的女人寥寥无几，这其中之一恐怕要数中国海盗郑夫人了，她那支中国式平底帆船船队在19世纪初的中国南部海域是所向披靡。她的全名是郑一嫂，意思就是"郑一的妻子"，不过人们也会把她称作郑氏。[1]

数百年来，中国人的风俗习惯和生活方式同西方完全不同。在中国南部的港口中和河流上，有那种完全在船上生活与劳作的群体。女人在这些漂浮在水上的村落中起着相当积极的作用，她们操纵帆船，驾驭小船，在男人捕鱼和做买卖的时候从旁协助。同样的情况在海盗团伙中也很普遍。格拉斯普尔中尉之类的英国观察者注意到，海盗在陆地上没有固定的居住地，他们总是住在自己的船上，那里"住着满满一家子，男人，女人，还有小孩"。女人指挥帆船出海战斗也并不少见。中国历史学家袁永纶记述了一次发生在1809年的海盗战斗："某条船上有个海盗的老婆，她紧紧地抱住船舵，看起来谁也没法把她带走。她手里握着两把弯刀，为了保命抵死反抗，因而砍伤了一些士兵；不过在被

---

[1] 在以中国海盗为题材进行写作的书籍中，最为生动的要数两位海员的作品了：约翰·特纳《泰号大副约翰·特纳的遭遇》和理查德·格拉斯普尔《关于我被强盗俘获及其后遭遇的简要记述》（伦敦，1935）。作为东印度公司一艘叫做伊利侯爵的船上的军官，格拉斯普尔是1809年时在澳门附近被俘的。而戴安·H. 默里的著作则是对郑夫人及19世纪初中国海盗的活动所作的最为权威的记录，他曾对中国大陆和中国台湾的文献档案进行过极为广泛的研究，相关内容请参考默里《1790—1810年间中国南部海岸的海盗》（加利福尼亚州斯坦福，1987）。

火枪击中之后，她仰天倒在了船板上，接着就被抓获了。"[1]

在这种背景下，一个女人坐上海盗集团的第一把交椅也就不是什么令人大跌眼镜的事了，尤其是中国长久以来本就有女人通过婚姻来掌权的传统。郑夫人原本是广东的一名娼妓，1801年嫁给了海盗头子郑一。他们两人合力缔造了海盗大联盟，在鼎盛时代，这个大联盟中约有五万名海盗。1805年，海盗们已经完全控制住了中国南部海岸，他们袭击渔船、货船，还有从巴达维亚和马来西亚出洋回来的船只。他们靠着自己从海上掠夺而来的粮食及器具生活，存货不够的时候，他们还会上岸抢劫海边的村落。夺下船只之后，他们通常会向船主索要赎金，他们还在广东附近的地区和珠江三角洲一带征收保护费。

1807年郑一死后，他妻子手段高明地接过了大权。她将丈夫亲属中最有影响力的那些人笼络过来，使他们支持她，并任命张保仔为大联盟各船队中战斗力最强的红旗帮的统帅。这是相当聪明的安排。张保仔是个渔民的儿子，被她丈夫抓来后，成了一名出色的海盗首领。海盗帮上上下下的人都对他敬重有加，他还被郑一收作了继子。丈夫死了才不过几个星期，郑夫人就主动跟张保仔发生了关系，几年之后，她还同他成了亲。从此以后，郑夫人总领海盗大联盟事务，坐镇指挥，而张保仔则负责每天的打

---

[1] 转引自卡尔·F. 纽曼《1807至1810年间侵害中国海域的海盗小传》（伦敦，1831）中对于袁永纶文字的译文。

打杀杀。他们两人订立了严格的海盗行为守则，其中的处罚条款甚至要比 18 世纪 20 年代西印度海盗所遵行的准则更为严酷。不服从命令或者偷窃公共财物或公款将被斩首。如果有人胆敢叛逃，或是未经许可而离开，将被削去耳朵。刻意隐瞒或者私藏劫掠到的财物的人将受到鞭打。如果此人胆敢再犯，那么就要受死。对于如何对待女俘虏，守则同样有严格的规定。强奸女票的，将以死罪论处。如若发现有女人自愿与抓捕者发生关系，那么男的将被斩首，女的则腿绑重物沉入海底。

三年中，郑夫人和张保仔数次击溃官军，使他们剿灭海盗船队的希望破灭。1808 年 1 月，浙江水师提督李长庚在广东海域发起了对于海盗的进攻。一天夜里发生了血流无数的激战，李长庚甚至派出了火攻船。结果却是海盗们大获全胜。李长庚被海盗的炮弹打中，喉咙都被炸开了花，不久就死了。他手下的 15 艘帆船被炸毁，其余的都成了海盗的战利品。同样是这一年，张保仔溯珠江而上，进逼广东城。官军切断了他的供应路线，准备要让这帮海盗饿肚子，谁知这只是让海盗们跑到岸上的村子里去抢劫而已。所有被派去拦截的海军军队都是大败而回，到了 1808 年末，朝廷损失的船只已经达到了 63 艘。当地民众有些建造了路障，有些自发组织了民兵，以此来抵挡海盗的袭掠：他们会把海盗诱入埋伏圈，然后不断地用瓦片、石块和成桶的石灰对他们进行击打。这些非正规军在海盗面前通常是不堪一击的，后者会发起反击，将他们杀得片甲不留。1809年8月，在三山这个村子里，海盗们放火将全村夷为平地，砍了80名村民的头，还把他们的头挂在水边的一棵榕树上。躲藏在村寺中的女人和小孩则被他们带走。1809年9月，张保仔进攻桃礁岛，他手下的海盗杀死了岛上的1 000个人，劫走了20名妇女。

与这些海盗出击时所动用的阵仗相比，西印度的海盗们真是相形见绌、黯然失色。郑夫人手下的兵马出动，有时要洋洋好几百条船，将近两千名海盗同时行动。1809年，海盗大联盟鼎盛之时，其麾下的船队要比许多国家的海军都庞大。其中包括200艘左右的越洋帆船，每一艘配备有20至30门加农炮，可以运载多达400名海盗。包括600到800艘沿海船只，每一艘配备12至25门大炮，运载200人。还有几十艘小型的河道帆船，分别配备20至30名船员。这些船上装有风帆和多至20只的船桨，适于在河流的浅水处航行，如果当地的住民没有按时交纳保护费，海盗们就可以驾驶这些船去村子里行劫，将农庄踏平。

郑夫人是在1810年结束自己作为海盗统领的生活的。清廷得到了葡萄牙和英国军舰的协助，各路军队集结起来与海盗为敌，势力越来越大。当中国政府向海盗发出招安令的时候，郑夫人决定采取主动，以确保最为优厚的投降条件。她准备不带任何兵器去见广州总督，于是在1810年4月18日那天，她带着由十七名妇女和孩子组成的代表团来到了总督府上。此举极为大胆，不过事实证明，这确实是成功之举。郑夫人在谈判中占据着强势地位，因为总督和他的顾问们都太明白了，只要她手下的海盗军团动动指头，随时都有可能造成令人惊骇的损失和伤亡。最后双方谈定，海盗们交出他们的帆船和武器，作为交换条件，他们之前劫来的战利品可以保留，想要参军的也尽可以来为朝廷效力。郑夫人还在谈判中为她的副手和情人张保仔要到了守备一职，并使其获准保留一支二十条船的船队。4月20日那天，至少有17 318名海盗正式向清廷投降，并上交了226艘帆船。也不是所有的海盗都全身而退：有60人两年内不允许在此地出现，151人被永远驱逐出境，另有126人被处决。

郑夫人和张保仔在广东定居下来，之后又搬到了福建，他们在那里生下了一个儿子。张保仔后来被提升为副将，1822年，他在三十六岁上死了。腰缠万贯的郑夫人又回到了广东。她开了一家赌坊，日子倒是过得相当安稳，她在1844年过世，享年六十九岁。可惜的是，对于郑夫人的相貌和性格，并没有留下什么可靠的资料。海盗大联盟的事迹和历次战役在中国的文献里记载得非常详细，不过郑夫人本人却始终面目模糊。她显然是一位才智出众、有勇有谋的女人。她是否如某位历史学家所言，是"有史以来最伟大的海盗，不论男女"，恐怕还有争议，不过在长达三年的时间里，她号令着史上最为庞大的海盗军团之一，为其出谋划策，运筹帷幄，这倒是确凿无疑的。

风暴、海难与海上生活

海盗船海难事件中，最有名的是1717年4月26日发生在科德角海岸的那次。几周前，在驶往伦敦的途中，萨姆·贝拉米在温德华航道劫下了一艘奴隶船寡妇鸟号。他亲自担任这艘船的指挥，另一艘被劫夺的单桅帆船则由他的军需长保罗·威廉斯来指挥，两船一同向北航去。在弗吉尼亚海岸劫掠了一批商船之后，两人一致决定开到布洛克岛，对两艘海盗船进行整修。当他接近科德角那片看似平静的暗礁滩的时候，贝拉米带领的这个小型船队中共有四艘船，其中包括一艘小型商船玛丽·安妮号，这种船型被称作尖尾帆船。这艘船是这一天的早些时候被劫下的，他们赶走了船上的船长，将船员中的三人留在了船上，并派出七名配备武器的海盗接管了这艘船。

4月26日傍晚时分，天气开始变得糟糕起来。瓢泼大雨降低了能见度，各船之间因此失去了联系，不过比大雨更为可怕的是那猛烈的东风，这股风在大西洋那边形成并席卷过来，渐渐达到了暴风的风力。这时候，贝拉米带着他所劫获的那些船只正航行到某一处背风的海岸附近，这整片海岸线几年来已经让成百上千的船只有去无回。晚上十点到十一点之间的某个时间，玛丽·安妮号发现周围尽是撞散的浪头，船搁浅了。船员们砍断桅杆，以减小船体所受到的拉力，不过在风浪的推搡之下，船还是被拖到了离水更远的地方。船员们决定留在船上，这个令人极不愉快的晚上，他们整晚都在用板条加固底层舱。早晨，他们发现这艘尖尾帆船搁浅在了一个荒岛上。是两个划着小木船的人救了他们，这两个人发出了警报信号。几个小时之后，七名海盗就落到了副治安官和他的手下的手里。10月18日，他们在波士顿的海事法庭受审，一个月之后，他们中的六人被绞死。

而寡妇鸟号则覆灭在了风暴之中。沿着海岸线往北十英里的地方，这艘船被卷进了巨浪之中。锚被扔下了船，却被风浪牵拖着，贝拉米只得命人将系锚的缆绳砍断。一艘大型横帆帆船在背风的海岸边被卷进浪涛之后是不可能继续航行的。在离岸几百码的地方，寡妇鸟号撞上了一处暗礁，主桅擦着船舷倒了下来，整条船支离破碎。只有两个人活着上了岸：年轻的威尔士船木工托马斯·戴维斯，以及在科德角出生的一名印度人约翰·朱利安。包括贝拉米在内的一百四十四人在风暴中丧生，之后的几天内，他们中大多数人的尸体被冲上了海岸。

每一条海盗船都要做好抵御海上的强风和风暴的准备工作。加勒比海和墨西哥湾虽然有着冬天依然温暖晴朗的优势条件，但是这两处海域容易（当然还是会）受到来自大西洋的飓风的侵袭，而后果常常是毁灭性的。牙买加就是飓风经常光顾的地方。1712年，总督汉密尔顿上报说，飓风毁掉了罗亚尔港的三十八艘船和金斯敦的九艘船。十年之后的1722年8月28日，飓风在早上八点半时袭击了这座岛屿。用当时在罗亚尔港下锚的皇家海军燕子号的船长查洛纳·奥格尔的话来说，"照我看，天上能刮的风似乎都跑到这里凑热闹来了……港口里的商船都被掀翻了，要么就被冲上了岸，只有一条单桅帆船幸免于难"。海水漫过岸边的岩石，涌进了城里，城中积水达到了5英尺深。

正当海盗爱德华·洛驾驶一艘双桅帆船向利沃德群岛开进的时候，这次的飓风便成了他的拦路虎。巨浪滔天，船只行将倾覆，船员们不得不将六门炮、粮草和所有较为沉重的货物都扔出了船外。他们一直在用抽水泵抽水，并用水桶将水舀到船舱外，已经有几个小时了。关于是否应该砍掉桅杆的问题，他们发生了争论，最后决定保留桅杆，并将桅杆左右的辅助支索架起来以确保主桅的安全，"再努力稳住其他的束帆索，直到风暴过去"。同这艘双桅帆船一起的一艘单桅帆船被风撕裂了主帆，船员们不得不砍断缆绳，放弃船头挂着的锚，不过虽然如此，这艘船还是安然无恙地度过了风暴。

查尔斯·文就没那么幸运了。1719年2月，就在他驾驶一艘海盗船在牙买加南部海域巡航的时候，这艘单桅帆船遭遇到了强飓风的袭击。风暴将他带到了洪都拉斯海湾中的一个无人小岛旁，他的帆船在那里被冲上了岸，撞得稀烂。船上的大部分船员都淹死了。文虽然在海难中存活下来，却在岛上度过了几个星期极为凄惨的日子。他在那些到岛上来抓海龟的当地渔民的帮助下活了下来，最后被一艘来自牙买加的船带走了，这艘船由曾是海盗的霍尔福德船长指挥。文被带到牙买加，然后被绞死了。

罗伯特·丹杰菲尔德的旅程也是因为一次海难而泡汤的。这位来自牙买加的三十二岁海员被海盗抓住，被迫成为他们中的一分子。他们从西印度来到波士顿，又穿越大西洋来到非洲西海岸，跟着又回到北美洲，一路上经历不断，最后来到了卡罗来纳的海岸边。向着岸的方向的强风迫使他们在距离阿什利河南段几英里的地方下锚，希望以此安然渡险。锚被拖动了，于是船被吹上了岸；"船搁浅了，潮水退却之时，水流变得湍急起来，船被带到了一片沙洲上，我们被迫砍掉船上的主桅，情势危急，为了自救，我们制作了一些浮板，就这样上了岸，44名白人中有8人淹死，淹死的黑人有7名……"

想想18世纪初期原始的航海设备和海图，居然没有更多的海盗船遭遇海难，倒是令人惊奇的事。任何一位称职的船长都能够利用象限仪所测出的正午时分太阳高度辅以一些简单的计算来测定船只所处的纬度，不过在18世纪60年代引入月球距离表，以及差不多相同时间约翰·哈里森发明海洋天文钟之前，在海上并没有精确的测定经度的方法。也就是说，航海者可以测出自己在南北方向上误差在五到十英里之间的位置,却无法准确知道自己在东西方向上的位置。

海图肯定是有的,只是尽管这些图画得相当漂亮,也大致反映出了海岸线的形状和岛屿的位置,却通常并不那么精确。冒险家与海盗威廉·丹皮尔认为,大多数海图都过高地估计了大西洋的宽度,误差甚至达到了十度之多:"坎比先生尤其抱持此论,他曾经作为大副参与过相当多次从几内亚海岸的开普洛佩兹到巴巴多斯的航行,人们都敬重他是一个极有头脑的人,他过去经常对我说,他不止一次地发现那距离是在 60 到 62 度之间,而常见的图纸上标明的却是 68、69、70 和 72 度。"十度相当于 600 海里,对于一艘准备开始越洋航行的船只来说,这样巨大的误差是非常危险的。

丹皮尔是所有与海盗这个行当有关的人中最有意思的几个之一,他出版的那本日志也是我们了解那个时代摆在出洋海员面前的航海问题的极为珍贵的信息资源。他出生在 1652 年,是萨默塞特郡一个农夫的儿子。十七岁的时候,他随一艘商船出海,去了纽芬兰,之后登上了一艘开往爪哇的东印度大商船。1673 年,他参加了皇家海军。当时英国正与荷兰进行着一场旷日持久的战争[1],他在爱德华·斯普拉格爵士船队中的旗舰亲王号上亲身经

---

[1] 指的是发生在 1672 至 1674 年间的第三次英荷战争。

历了在斯洪纳佛尔德发生的两场战斗,之后却染了病,作为伤病员退了伍。他回到萨默塞特,在他哥哥的家里调养身体。那里有一位邻居赫利尔上校想要雇佣他到牙买加去管理他的种植园,他答应了。

1674年,丹皮尔从泰晤士河起航,他在一艘由肯特船长指挥的船上担任水手,顺道去往牙买加。在牙买加待了一年之后,他去了坎佩切湾,在那里同其他人一起砍伐洋苏木,就这样工作了十个月,这一段经历十分生动地体现在他的日志里。厌倦了在这个世界上最不利于健康的地方干重活之后,他又回到了英格兰。在启程航向新的目的地之前,他同阿林顿公爵夫人家中的女仆朱迪丝结了婚。之后的十年间,他的妻子很少能见到他面,因为他几乎一直都漂在海上。1679年到1681年间,他是巴塞洛缪·夏普船长麾下的海盗中的一个,根据同为夏普船上海员的巴兹尔·林格罗斯的日志,他亲身经历了他们袭击波托贝洛的行动以及其他一些劫掠活动。1683年,他参加了由约翰·库克船长所率领的海盗探险队,他们从弗吉尼亚航行到非洲的几内亚海岸,调转船头穿过大西洋又回到南美洲,然后绕过合恩角沿着智利海岸向北航行,到达胡安·费尔南德斯群岛,之后又进入太平洋,来到了加拉帕戈斯群岛。

1685年,丹皮尔回到了巴拿马地区,加入了斯旺船长所带领的一支海盗队伍,这个斯旺船长执掌一艘叫做"幼天鹅"的船，这名字倒是起得相当贴切[1]。1686年3月，他们起航向东印度进发。在之后的两年时间里，他们曾在菲律宾地区航行，探察了澳门附近的中国海岸，并借道印度尼西亚被称作新荷兰的香料群岛去往澳大利亚。他们在大陆北面一处光秃秃的海岸上的一个海湾里下锚，一边整修船只，一边观察当地的土著居民，丹皮尔认为这些人是"世上最凄惨的民族"。在澳大利亚海岸逗留两个月之后，他们向西北方向航行，越过苏门答腊，来到了印度洋上的尼科巴岛。在这里，丹皮尔和船上的几个伙伴离开海盗们，开始了自己的航行。他驾船在印度尼西亚群岛间航行，做做买卖，在度过一段经历丰富的时光之后，他踏上了回家的旅程。1691年9月，他回到了英国。

丹皮尔巨细无遗地记下了旅途中的所见所闻，1697年他出版了《新环球航行》这本书。这本书不单单记录了一些极有魄力的海盗的辉煌战绩，还为我们描绘了那些新发现的大陆、原住民和奇鸟异兽的样子，新奇有趣，是本不可多得的好书。他的第二本书《新荷兰之旅》出版于1709年，记述了他作为一艘配备12门炮、重290吨的小型海军船皇家海军狗子号的船长率队前往澳大利亚西北海岸探险的一次不走运的旅程。在回程经过大西洋上的阿森松岛附近时，这艘船漏水了。他们设法在7英寻深的

---

1 因为斯旺的英文原文为swan，即天鹅之意。

由托马斯·默里所绘制的威廉·丹皮尔肖像。

丹皮尔曾在坎佩切砍伐过洋苏木,与冒险家和海盗们共同踏上过数次劫掠之旅。在某次航行中,他来到了胡安·费尔南德斯群岛,救下了被弃荒岛的亚历山大·塞尔扣克,此人就是笛福《鲁滨逊漂流记》中主人公的原型。

地方下了锚,最后还是不得不弃船。丹皮尔和他手下的人划着救生筏上了岸,而那艘船则慢慢地沉入了海底。七个星期之后,他们被一队英国战舰发现带回。回来之后,丹皮尔不得不面对军事法庭的审判,法庭宣告他不适宜担任皇家海军船舰的指挥官。不过他的航海生涯并没有因此而结束。对南海地区的熟悉程度使他成了极有价值的人才,他受雇成为伍兹·罗杰斯船长1708到1711年间私掠船行动的引航员。在这次航行中,他们环游了全世界,而与丹皮尔之前的旅程不同的是,他们夺下了一些满载宝物的捕获物,因此为这次航行的投资者们带来了相当丰厚的回报。

丹皮尔的书中并没有像埃克斯奎梅林的《美洲海盗》中那样令读者大开眼界而使书广受欢迎的对于凶杀和肉体折磨的耸人听闻的描绘,但这本书同以往的著作迥然不同,它使我们深入了解到在加勒比海地区碰运气的那些海盗所需面对的艰苦条件和危险境地。丹皮尔将一位科学家和自然学家的好奇心与一名水手的敏锐观察力结合了起来。也难怪他的作品会受到一代又一代的探险家和航海者的推崇和参考。曾经伴随库克船长一同航行、后来升任将军一职的詹姆斯·伯尼是这样写丹皮尔的:"他向全世界提供了那样有用的信息资料,成了商人和航海者的大恩人,而且他又是以那样一种毫不掩饰又明白易懂的方式向读者说出那些知识,以至于很难说有第二个航海者或者旅行者能够在这些方面超越他。"[1]

丹皮尔在他的书中原样加入了他在航海日志中的几页内容。我们从中可以看到，航海者需要进行怎样的一些计算后才能在地图上标出他的船每天所行经的路线。对于经度的粗略的估计是通过"航位推算"而得到的，这需要记录下船每天航行的路程和罗盘所转过的罗经航向。如果要经过长途的海上航行，去往特定的一个小岛或是港湾时，船长通常会让船驶入某条对应的纬度线，然后沿着这条线一直往前开，直到船上瞭望台里的人发现那个目的地为止。丹皮尔就是用这个法子摸到加拉帕戈斯群岛的："我们转向西北偏北，希望能够开到加拉帕戈斯群岛的那条纬线上，又转向西面行驶，因为我们并不知道究竟要开多远，也就没法想出一条路线可以直接开到那儿去。离赤道还有40分钟路程的时候，我们转向了西面……"这一方法卓有成效，1684年5月31日，他们看到那片群岛就在前方，"有些岛屿出现在我们船头向风的那一面，有些出现在背风的那一面，还有一些就在正前方"[2]。

船长们经常会雇佣一些熟悉当地情况的人来充当引航员，请他们指引自己的船只通过危险的海峡，或者进入海港及河口湾。

---

[1] 转引自约翰·梅斯菲尔德编订的《丹皮尔的旅程》（伦敦，1906）中梅斯菲尔德所撰写的对丹皮尔其人的介绍。
[2] 引自丹皮尔日志整理本《丹皮尔的旅程》。

这在理论上是无懈可击的,不过这些引航员在很多时候根本派不上什么用。在那次环游世界的私掠之旅的第一段航程中,行近爱尔兰科克港口的伍兹·罗杰斯船长请了一个金赛尔人来当引航员。当时天很黑,又起了雾,这位不称职的引航员差点教他们翻了船。如果罗杰斯没有及时地阻止他,很可能船就被带到一个错误的海湾里去了,"这让我很恼火,我呵斥他为何接下为一艘船引航的工作,因为他根本对这一行一窍不通"。丹皮尔在巴拿马海湾也碰到过相似的问题,他发现引航员们"在那些不常有船靠岸的海岸面前显得不知所措"。幸运的是,正好有几本引航方面的西班牙书籍在船上,是他们从之前夺下的某条船上拿来的,事实证明,对于这片海岸来说,这些书正是相当可靠的向导。

船长和船上的高级船员自行绘制锚地地图,或者描摹下海岸线的轮廓,以便在将来的航行中帮助自己识别地标建筑,这样的情况并不少见。这些地图有的之后会被印制出版,有的则被人加以汇编而成为海图合集,这种合集又被叫做"北斗星"。在一个欧洲各沿海国家都在争夺海外殖民地,以挑战西班牙在新大陆的霸权的时代,绘制精良的海图是相当珍贵的。1681年6月,由巴塞洛缪·夏普船长率领的一队海盗从西班牙船艾尔·桑托·罗萨里奥号上抢来了一本海图,后来的事实证明,此举具有重大的战略意义。威廉·迪克为我们记下了劫获这本海图之后的故事:

在这艘叫做罗萨里奥的船上,我们还找到了一本大书,那里面全是海图和地图,这些图纸相当精准地描绘了南海地区所有的港口、河湾、河流、岬角和海岸的情况,并记录了各处的海面水深,还包括西班牙人在那片海域通常会采用的航海术。这本书看起来像是他们在这一地区完整版的"北斗星"。因其新奇有趣,我们在回到英国之后就将它献给了国王陛下。听说国王陛下下令,将这本书翻译成了英文。在沃平,我还见过这本书的英文版本,是由一个犹太人制作的。不过此书严禁印刷出版,以免其他国家抢先一步,进入这片海域谋求利益,英国希望能将这本书留待来日时机成熟之时再行为我所用。[1]

威廉·迪克同巴兹尔·林格罗斯和其他一些海盗是一伙的,1679 年 3 月到 1682 年 2 月间,他们在南美洲海岸一带航行。那时英国同西班牙处于和平友好时期,所以这些海盗对 25 艘西班牙船只的劫夺和破坏,以及对南美洲海岸的西班牙城市所进行的劫掠,都是彻头彻尾的海盗行径。夏普和他手下的水手们回到英

---

[1] 见埃克斯奎梅林《美洲海盗》。关于劫夺海图的更多细节及这张海图的价值评定,请参看由 D. 豪斯和 N. 思罗尔编订的《一名海盗的地图集》(洛杉矶、牛津,1992)。

国之后，西班牙政府希望他们受审，并接受法律的严惩，不过夺下海图这件事真是干得漂亮，查理二世和他的顾问们拒绝听从这个英国宿敌的申诉，海盗们也就无偿地获得了一纸赦令。那些西班牙海图的复制品是由伦敦的地图绘制人员威廉·哈克制作的。这些漂亮的海图中有些今天依然存世。夏普亲自献给英王的某张海图的复制品就收藏在大英图书馆里，另有一张收藏在伦敦的国家海洋博物馆中。

丹皮尔、伍兹·罗杰斯和林格罗斯的日志向我们提供了17世纪末和18世纪初的海盗和私掠船船长们所使用的航海方法，不过活动在18世纪20年代的英美裔海盗的航海技术如何就不得而知了。这些海盗应该也是用着相似的一些方法吧，每艘海盗船上肯定得有一人知道怎么在正午时分观测太阳高度，并以之算出所处纬度。海盗船长或是他的某个船员肯定也该有本航海日志，记下有关航位推算的计算结果。如果是在尽人皆知的常规海岸边航行，那么只要熟悉当地情况就够了，可要是在海上作长途航行，这可是海盗生活的常事，或者想要找到修理船只及稍作休整的岛屿的位置的话，那精确计算和查阅海图就是必不可少的了。海图啊，航海时进行测算的表格和器材啊，想来都是从被劫夺的船上弄来的吧。单桅帆船玛格丽特号于1717年12月被黑胡子夺下，船长亨利·博斯托克上报说，海盗们不仅抢去了短弯刀和三十五头猪，还带走了他们的书籍和器材。在海盗船寡妇鸟号上发现的文物中包括四支铜质的两脚规，三把航海用卡尺，三只测深锤，一根用来系住测深锤的绳索，以及一副环形刻度盘，在测算船只所处纬度时，将这种刻度盘同罗盘搭配使用，就可以计算出太阳的高度。

缺乏航海知识很可能会使航行以悲剧收场。以沃尔特·肯尼迪为头目的一帮海盗从巴塞洛缪·罗伯茨的海盗军团中分裂出来，自行其是，可是他们发现自己面临着一个严重的问题："团队中只有一个佯称通晓各种航海技术的人，（因为肯尼迪既不会写字又不能阅读，大家推选他当头只是因为他胆子大……）事实证明，这人真的啥都不会。"他们想去爱尔兰，结果开到了苏格兰西北面的海岸边，然后又被风暴搞得七颠八倒，压根儿就不知道自己身在何方。亏得他们福星高照，居然没有翻船丧命，总算找到了一个小海湾躲避风浪，他们便在那里弃船登岸了。海盗中的一些人在乡野中狂奔乱跳，"喝酒咆哮，乱作一团，人们只好把自己锁在家里，没人敢出去和一帮疯子待在一起"。有两人被人杀死在路边，身上的钱也被偷光了。有十七人在爱丁堡附近被捕，并以海盗罪受审；其中九人被判有罪，并被绞死。肯尼迪这人从前干过扒手，也曾入室盗窃，他是在伦敦伏法的。他在那儿的德波福德路开了一家妓院，后来却被妓院中的一个妓女控告抢劫。移送教养所改造之后，他被自己曾经袭击过的一艘船上的大副给认了出来，对方指出了他海盗的身份。他于是又被送到了马夏尔西监狱，在那里受审并被判有罪，于1721年7月19日在死刑坞[1]被绞死。

海盗们的巡航地在很大程度上是由大西洋、加勒比海和印度洋上的航线位置所决定的。海盗们经常在巴哈马地区活动，就是因为他们可以在佛罗里达海峡截住那些从中美洲开到西班牙去的西班牙船只。古巴与伊斯帕尼奥拉岛（现在的海地）之间的温德华航道也是备受钟爱的巡航地之一，因为海盗们可以在那里拦截那些从欧洲或者非洲开往牙买加的商船。马达加斯加之所以成了海盗们的避风港，也是因为该岛正处在与印度贸易的船只所需经过的航道之上。

不过，虽说商船的行动路线决定了巡航地，日常的生活节奏和生活方式却是完全受制于天气的。就好像东海岸的美国人都知道，新英格兰的那些海岸和港湾到了冬天就不适宜居住一样，在18世纪，冬天糟糕的天气状况可能会让所有船只都动弹不得，有时一连几个星期都是如此。"我们这里的河流都被冻住了，上星期没有一条船来到这里，更别说开进来把冰凿开了。"1712年1月的《波士顿时事通讯》这样报道。这张报纸上还有一则从纽约发回的报道，说是皇家海军洛斯托夫特号在冰块消融之前无法

---

[1] 死刑坞：伦敦沃平区泰晤士河岸的一处死刑执行地，已经有400多年的历史了，曾用于处决被军事法庭宣判死刑的海盗、走私犯和叛兵，最后一次执行死刑是在1830年。

出航,"而这可能要等到下月中旬"。1720 年,波士顿的查尔斯河上结了那么厚的冰,人和马匹都可以从冰上过河。但是危险也随之而来:"上星期三晚间,我们这里下起了阵雪,还吹起了东南面的大风,有两个人骑着马要过内克河,却因此迷了路,马被冻死了,人也冻得不轻……"

因此,海盗的航海活动就呈现出季节性迁移的特点。冬天的大部分时间,他们待在加勒比海温暖的水域之中,要等到四月或者五月,他们才会去北方。比方说,1720 年六七月间还在纽芬兰大浅滩袭击航运船只的巴塞洛缪·罗伯茨,一到冬天就回到了西印度地区过冬。1717 年 10 月,黑胡子在弗吉尼亚海岸活动,1718 年 6 月,他率领船舰封锁了北卡罗来纳的查尔斯顿,可是在这之间的那个冬天,他来到了南方,在圣基茨岛附近及洪都拉斯海湾之中劫掠过往船只。爱德华·洛 1723 年 7 月时在罗得岛和纽芬兰附近巡航,可到了 9 月,他就开始横跨大西洋向亚速尔群岛开去。

虽说海盗活动通常会呈现出季节性的特点,但是也有例外。1722 年的夏天,乔治·劳瑟在南卡罗来纳海岸附近袭击一艘叫做埃米号的船,这艘船上的船长继而以舷炮进行回击,导致劳瑟手下的船员死伤众多,他被迫开到近旁的一个小海湾里进行休整。那年冬天,他们没再使用他们的船,而是跑到了北卡罗来纳的树林之中。他们"白天一般会去狩猎,击杀黑牛、猪和其他动物以维持生计,到了晚上,他们就到自己盖的帐篷和棚屋里休息;有时天气冷得很,他们就待在那艘单桅帆船上"。

除了南北间的往来之外,海盗船还存在一种东西往返的特点。非洲西海岸吸引着众多的海盗,尤其是那几处被称作几内亚海岸、黄金海岸、象牙海岸和奴隶海岸的地方。从名字上就可以看出,这些地方为前来贸易的船只提供了黄金、象牙和非洲黑人奴隶。除此之外,有些海盗还会在绕过好望角进入印度洋的航线上航行,袭击装载着印度产的异国货物的船只。在1700年左右很短的一段时间里,马达加斯加的各贸易站点与纽约和其他北美洲口岸的商人和腐败官僚之间建立了固定的商业来往。托马斯·图就是这种非法交易中的重要人物,那时的人渐渐地把这种交易称之为海盗贩运线。不过,这样的贸易行为在海盗生活中并不具有代表性。他们显然会避开北美洲的冬天,显然会在穿越大西洋时考虑到信风的作用力,不过他们在计划和实行大多数的航行时并没有什么一贯的逻辑可言。其实根本就不会有哪一个海盗船上的水手会去提前考虑什么计划。海盗这一群体所具有的民主性质使他们在决定下一次航行的目的地之前必须进行一次由全体船员共同参与的投票,这就不可避免地会产生许多完全因一时兴起而作出的决定。有人研究过海盗船的运行轨迹,发现许多船根本就没有什么显见的原因,却在各处弯来绕去。

近年来,依靠伦敦档案局和其他地方的丰富资源,历史学家们已经能够细致入微地描绘出在皇家海军服役或是在商船上供职的水手们的生活了。皇家海军这边有成百上千条船舰的航海日志被保存了下来，船长和将军们的信件也不在话下。人们可以到伦敦档案局查阅海军部和海军大臣们的档案资料，那些较为知名的海军军官更是有许许多多的传记可以参考。而港口方面的资料，商船船长的日记和航海日志，东印度公司、皇家非洲公司以及像是布里斯托尔商业冒险者公司这样的机构的档案则同样帮助历史学家描绘出了商船供职人员的生活图景。

可是海盗们可没有留下什么档案资料。我们所能凭依的只是那些被抓住的海盗和他们的受害人的证言，保存下来的海盗庭审记录，殖民地长官的报告，报纸上的新闻报告，以及那些曾经碰上过海盗或者自个儿就是海盗的水手们留下的凤毛麟角、弥足珍贵的日记。这就意味着我们所能描绘出的海盗的生活图景是支离破碎的，而要说到描画他们的日常生活，那就更是难以企及了。埃克斯奎梅林和约翰逊船长的书中所描写的海盗生活跟无政府主义者如出一辙，他们每天就是不停地喝酒、赌博、玩女人，间或残忍无情地攻袭那些孤立无援的受害者。在海盗的生活中当然不乏诸如此类的事，不过如果能够进行更为细致的研究，会发现海盗们在海上的生活其实是相当严整有序的，它在很多方面同商船上的生活是相似的。这并不是什么奇怪的事，这一部分是因为海盗中的大多数人从前就是商船上的水手，他们自然会有相似的作息习惯,另一部分是因为一个出洋的船员如果不希望自己在海难中丧命的话,那么他就必须要严守纪律才行。同商船一样,海盗船也同样需要有人值班放哨,需要设置瞭望台,需要在浅水区测量水深,需要有人指引航向,越精确越好。在狂风暴雨的日子里,同商船一样,海盗船上也是又湿又冷,基本的生理需求无法被满足,而且随时有可能丧命。而在风平浪静的时候,除了补缀船帆、修理工具、对船只稍作整修,还有吃吃喝喝之外,可能有好几天,有时甚至是好几周,都没有什么别的事好做。

不过,海盗船与商船之间还是存在着相当大的差别的。除了袭击其他船只时可能由于对方的反击而形成的难以避免的危险之外,在海盗船上,每天的生活其实要比在商船上悠闲得多,因为船员们不会被船主人和船长逼得天天赶路,要他们可能在最短的时间内带着最多的货物到达目的地,也因为海盗船上的船员要比商船上多得多。一条典型的100吨商船通常会配备约12人左右的人手,差不多大小的海盗船上则往往有80名甚至更多的船员。因此海盗船上会有更多的人手来拖拉绳索、拉锚架帆,用抽水泵抽水,将粮食、人和小船搬到大船上或者从大船上搬下来,以及上岸去找柴火和水。

1726年,《乔治·罗伯茨船长的四年航行》这本书在伦敦出版,书中有相当长的一段篇幅是在写罗伯茨成为海盗爱德华·洛的俘虏之后的生活。人们认为这是丹尼尔·笛福的作品,而且整本书可能都是虚构的，不过其中有关海上航行的细节描写是如此真实可信，以至于会让人觉得，这本书应该是在对曾经当过海盗的人进行采访之后写成的，或者说应该像《鲁滨逊漂流记》那样，是根据真实事件改编的。尤其具有说服力的是书中所描绘的18世纪初的海盗船上的生活。我们可以看到，1721年9月，罗伯茨船长在佛得角群岛是如何被爱德华·洛及他的海盗船队给抓获的。一向对受害者残酷无情的洛却对罗伯茨船长出奇地客气。他邀请他到他的大舱里与他作伴，并命人送来了一个大银碗装着的潘趣酒、一些其他的酒和两瓶上等红酒。待到两人祝完彼此健康并把酒喝下肚，跟着又聊了一会儿之后，洛命人备好吊床和被褥，告诉罗伯茨他可以随意走动，吃点喝点。海上风平浪静，待船顶风停下之后，"大家都闲了下来，于是我想，除了中桅顶上的瞭望人员之外，值班船员中的大副、军需长，还有舵手等，都下到船舱里来喝点小酒了，要么就是抽一管烟斗，反正诸如此类"[1]。

早上很早的时候，洛上了甲板，命人发出开会信号。一面绘有黄色吹号人像的绿色丝质旗帜被升到了后桅顶上，随着这面旗子的升起，其他船上的海盗们便纷纷过船而来。能够找到地方坐下的人都挤到大舱中与洛共进早餐，其他人则在统舱里就餐。早

---

[1] 引自道与埃德蒙兹合著的《1630至1730年间新英格兰海岸的海盗们》一书，该书描述了罗伯兹船长被洛俘虏的事件，下文该事件的相关资料引文皆来自该书。

餐之后，洛让罗伯茨留在舱里，自己同海盗们一起上了甲板，讨论如何处置罗伯茨和他的船。船员们分成了几派，来来回回地交换着意见。洛命人在潘趣酒碗里倒满酒，让大家传递酒碗喝酒，谈话内容也就一变而成了对以往冒险生活的回忆。

  他们就这样消磨时间，快活地喝酒玩闹，午餐之前是这样，午餐之后也是这样。他们吃起午餐来是那样毫无章法，简直就像一群猎狗在互相抢食，根本没有个人样。那样子虽然教我作呕，但似乎是他们主要的一种娱乐方式，而且，据他们说，这样看起来很有战斗精神。

  午餐之后，海盗们回到了自己的船上，剩下罗伯茨陪着洛和三四个船员坐着。他们喝了两瓶酒，虽然听来似乎不太可能，不过好像是比较深入地探讨了下关于教堂和国家的事，"当然也谈到了贸易"。上床之后，罗伯茨听到洛在跟值夜班的人发号施令。船是头朝西北方停着的，他们要当心船顶上的灯，注意留心四周情况，如果发现了什么，或者看到有哪条船发出了信号，就来叫他。

  罗伯茨船长观察到的情况表明，海盗们奉行着悠闲自在的生活方式，不过在这背后依然是有秩序存在的，他们需要值班瞭望，并使船只正常运作。如果这本书的记述并不完全是虚构的话，那就无怪乎许多习惯了在人手短少的情况下，被某位要求苛刻的船长命令从事繁重的工作的商船水手们会在被海盗抓住之后，心甘情愿地加入到海盗的队伍中去。

不过海盗生活并不总是像罗伯茨所写的看起来那么令人愉快。罗伯茨有幸在船长的船舱里同他进行了一次文明的交谈，然而他所写到的海盗们在用餐时间的粗野行径反而更为准确地点出了一艘海盗船上通常会有的那种氛围。在完全由粗鲁的男人们构成的海盗集团中，许多人心中的汉子形象就应该是大口喝酒、满口粗话、言行过激，而且杀人不眨眼。菲利普·艾什顿曾在1722年被海盗抓住，眼前的景象把他完全给吓蒙了：

> 我很快发现，比起同这些凶邪万状的匪徒打交道，不管何种形式的死亡都变得不难接受了。对这帮人来说，为非作歹就是一种消遣，他们狂饮烂醉，诅咒开骂，恶语连声，任是怎样不堪的渎神之语都说得出口，甚至公开忤逆上帝，嘲谑地狱之说，诸如此类从未有停歇之时，只有睡眠能教这些不谐之声和痛饮狂欢停止。

巴塞洛缪·罗伯茨的船员们在海岸角城堡的庭审记录显示，他们中的许多人一生中的大多数时间都因为酒醉而丧失了行为能力。根据一位证人的证词，罗伯特·戴维斯从来没有清醒过，根本无法称职地执行任何一种任务，而罗伯特·约翰逊则因为醉得太厉害，人们不得不用滑车组将他从船上吊出来。受审的海盗通常都会将自己的问题归咎到喝醉酒上面。在1724年5月被处决之前，约翰·阿彻供述道，"诱使我犯下其他诸种罪恶的罪魁祸首，不能说不是我毫无节制的酗酒狂饮。痛饮之后，我头脑发热，心肠变狠，便开始犯罪，现在想来，这种种要比死更让我揪心"。

这种情况不仅仅出现在海盗船上，所有的水手都因为酗酒而臭名昭著。马库斯·拉迪克指出，水手酗酒有着多方面的原因：因为在船上，好酒要比美味佳肴更容易找到，而且能够帮助他们抵御寒冷和潮湿；因为喝酒能够使他们暂时忘却船上生活的艰辛；还因为喝酒发挥着宝贵的社交功能。水手们聚在一起喝酒，放松精神，庆祝贺喜，说说闲话，也能相互认识。用餐的时候，他们会为他们的妻子和情人祝酒，也会为国王祝酒，或者祝愿这次航行顺利。海盗们在祝酒时显得很不虔敬，他们会为魔鬼或者觊觎英国王位者祝酒。爱德华·诺斯曾在1718年被查尔斯·文抓住，他说"在那艘单桅帆船上逗留的时间内，包括'国王和所有当权者去死'、'总督滚蛋'在内的说法都经常被他们使用，喝酒时会用到的说法还有'乔治王该死'"。

从海盗船寡妇鸟号上找到的数百件人工制品中有二十八件铅制的赌博用具。这使我们想起，在水手们中间，赌博几乎是与喝酒同样盛行的。十五子棋戏是皇家海军的军官们最为钟爱的消遣活动，不过各阶层的水手，不管是海军里的，还是商船上的，不管做的是私掠的营生还是海盗的勾当，业余时间最多地还是在玩纸牌和骰子，而且他们通常还会下注。伍兹·罗杰斯船长发现他的船员中有些人已经在航程中赌博输掉了他们大部分的衣物和个人物品，他必须采取严厉措施，不然会有麻烦发生。1703年11月在加利福尼亚附近巡航时，他起草了一份正式协议，旨在"防止我们中如今滋生出的频繁赌博、押注及怂恿他人赌博以期轻易获取旁人不辞艰险挣得的财物的恶行愈演愈烈"[1]。这份协议由公爵号全体船员共同签署，终止了船上各种形式的赌博活动，及随之而来的手写借据、合同和票据。

埃克斯奎梅林的书中记载了海盗们是如何在洛罗奈的带领下在劫掠南美洲海岸后分享26万八个里亚尔的，以及他们又是如何在三周内就把钱挥霍一空的，"钱都花在了毫无价值的东西上，要么就是拿来玩纸牌和骰子了"。巴兹尔·林格罗斯在日记里记载道，海盗们1682年结束航行，在安提瓜岛靠岸的时候，大伙儿都同意，把船留给那些把分到的战利品输得一钱不剩的人，"都是玩牌输掉的"。

音乐是海上生活的另一个特点。唱歌，跳舞，拉琴，甚至小

---

[1] 伍兹·罗杰斯《环球巡航》（伦敦，1928）。

型乐队，这些在海军船舰和商船上都很常见。海盗们究竟热衷音乐到了何种程度，就现有的那些碎片式的资料很难说得清楚。巴塞洛缪·罗伯茨制订的海盗行为守则中包括以下这条："乐手们须在安息日休息，不过其他六天六夜，也不能得到豁免。"当巴塞洛缪·罗伯茨军团中的旗舰鸿运号被皇家海军燕子号夺下之时，有两名乐手在船上。尼古拉斯·布拉特勒是个提琴手，在卡拉巴尔被海盗们从他原来的船"康沃尔大舰"上抓过来之后，他被迫加入了海盗的队伍，签下了他们的契约。在法庭上为自己辩护时，他说"俘虏只不过是被利用的工具，就像音乐一样，他是没有胆子拒绝的"。法庭最后宣判他无罪，同样被宣判无罪的还有詹姆斯·怀特，"他的差事就是海盗们战斗时在船尾演奏音乐"。想来他的小提琴也是拉得相当好的，虽说这个从审判文件中是看不出来的。同样是在这次审判中，对詹姆斯·巴罗进行的盘问表明，一些海盗宰了巴罗所有的鸡，然后开始痛饮起来，到了晚饭时间，他们已经在"对着一本荷兰语的祈祷书唱着西班牙语和法语的歌"了。

在西印度各岛屿间或是南美洲海岸沿线航行的时候，海盗们会找一个隐蔽的海湾或是河口湾下锚，然后派人上岸去找柴火和水。柴火是厨房里生炉子要用的，水是用来烧菜的，如果船上的啤酒或是红酒储备不足的话，也可以拿来饮用。找到一些木头，然后将其劈成柴火，这通常没什么问题，可是采集饮用水就没那么容易了。先要将一条或者好几条装满空桶的小船划到岸边，然后大家分头去找泉源或是溪流采集淡水。桶里装满水之后，要将桶运回到船边，或者直接滚回去，把桶放到小船上，然后穿过激浪将小船划回到下锚的船旁。这整个过程需要花上好几个小时甚至几天时间，而且在热带的气候条件下干这种活是很累人的。很多时候，淡水源是很难找到的，尤其是在热带的干旱季节里。有时他们找到了水，但那水尝起来是苦的，或者浑浊不堪，根本无法饮用。

在岸上逗留的时候，这些人会去捉海龟，海龟在西印度的岛屿上是相当多的。"最美味的吃食莫过于海龟，或者说鳖，"1704年造访牙买加时，弗朗西斯·罗杰斯这么写道，"那肉无论看起来还是吃起来，都像极了顶级的小牛肉，不过脂肪部分却是绿色的，味道相当甘美；肝脏也是绿色的，相当有益健康，排除毒素，清理肠道。"[1] 海盗们会打鸟来吃，他们还会打猎，只要能够找到，无论牛、羊，还是猪，他们都会打来吃。有时他们还得吃一些不常见到的食物。夏普船长手下的那些海盗在南美洲海岸边吃的是"印第安兔、猴子、蛇、牡蛎、海螺、滨螺，以及一些小海龟和其他味道不错的鱼类"。如果找不到可以劫掠的船只，食物储备又不够充足的时候，海盗们就会去抢劫海边的城镇和

---

1 《斯图亚特时代的三本航海日志》（伦敦，1936）。

村庄。

每隔几个月,海盗船必须要在某个僻静的河口湾或海湾靠岸,将船侧倾进行修理。这是一项大工程,他们需要将船拖上岸,用滑车组的绳索把桅杆紧紧绑住,利用滑轮的力量使船倾向一侧,然后再将船底的海藻和藤壶刮去或是烧掉,对腐烂的船板进行捻缝或是替换,最后再涂上一层牛脂、油和硫黄的混合物,用以在某种程度上减少海藻和藤壶的污底。在加勒比海和印度洋温暖的水域中,海藻在船底积聚的速度是相当快的,这会在很大程度上影响船只的速度,对于要赶上抢劫目标和躲过海军追击的海盗船来说,速度是至关重要的,因此定期的侧倾修理是相当必要的。船上的木匠通常会负责这项大工程的统筹调度。豪厄尔·戴维斯船长驾着他的单桅海盗船来到了古巴最东边的考克森斯霍尔,"在那里,他们的清洁工作做得相当费劲,这是因为他们这伙人里没有木匠,碰上这种急事,木匠可是很管用的"。除了侧倾修理和对桅杆和圆杆所进行的常规修理之外,风暴和海图并未标明的暗礁所造成的船体损伤也是需要修理的。海盗们所面对的问题其实同那位探险家詹姆斯·库克船长是一样的,库克船长希望能在连续几个月的航行时间内完全做到自给自足,于是他不仅带上了备用船具和圆杆,还把一帮工匠带在了船上。

海盗船同别船最明显的差别就在于海盗团队的组织方式以及海盗们所奉行的行为准则。与皇家海军、商船船队,或者可以说是 17、18 世纪的任何其他的组织机构都不一样，海盗团队就像我们已经提到过的，是一个民主团体。比法国大革命还要早一百年的时候，在海盗团队中，自由、平等和兄弟友爱就已经是他们行事的准则而非特例了。在海盗船上，船长是由大多数船员投票推选出来的，如果船员们对他的表现不满意，那他就会被罢免。决定每次航行的目的地的不是船长而是全体船员，甚至是否要袭击某一艘船，或者是否要抢劫某个海边村庄，也是船员们说了算。一次航行开始的时候，或者是在推选一个新船长的时候，一份成文的条约文件会被起草出来，船上的每个成员被认为都要在那上面签字。这份条约规定了如何分配掠夺来的战利品，战斗中负伤享受怎样的赔偿数额，也规定了船上生活一些基本的行为准则，以及违反条约所将受到的惩罚。具体的条款各船之间会有差别，不过大致的精神是相似的。

对于海盗行为守则的最早记载之一出现在埃克斯奎梅林的《美洲海盗》中，这本书初版于 1678 年。埃克斯奎梅林向我们说明了海盗们在开始他们的劫掠之旅前的那种船上讨论会到底是怎么回事。在准备会议中，他们会决定去哪儿弄来本次航行所需的粮食。待到商定之后，他们就跑出去到某个西班牙殖民地劫掠一番，带着猪啊海龟啊，还有其他的供应品回到船上。他们会制订出这次航行中每天的食品份额；根据埃克斯奎梅林的记录，船长的份额并不比最低等的水手高。

接着他们会召开第二次讨论会，为即将开始的航行制订行为守则。每个人都要遵守这些条款，他们会白纸黑字地将它们写下来。所有的海盗劫掠活动，同绝大多数的私掠活动一样，都是基于"没有捕获，就没有收获"的原则发起的。条约首先要规定的就是捕获成功之后，战利品到底要如何在海盗们之间进行分配的问题。在本船财货中，船长可以领受一份得到大家认可的份额，这个份额再加上货物的份额，通常在四到五份。负责维修和装配船只的木匠或者船木工的工资会被认为在 100 或 150 枚八个里亚尔，外科医生的工资则是 200 或 250 枚八个里亚尔。然后就要备下给受伤者的抚恤金了。看看这种最早的医疗保险制度是如何规定海盗身上各个部件的价值的，也是很有意思的事。失去一条右臂可以得到最高的赔付额，是 600 枚八个里亚尔；其次是一条左臂，价值在 500 枚八个里亚尔；右腿也值 500 枚八个里亚尔，不过左腿就只值 400 枚；失去一只眼睛或者一根手指可以得到 100 枚八个里亚尔的赔付。这些个钱款商定之后，剩下的战利品就可以用来分摊了。大副可以得到两份，其他船员每人得一份，每个男孩子可以拿到半份。海盗们坚持，人不可以拿自己应得的份额以外的钱，所有人都必须立下庄严的誓言，绝不私自隐瞒或者窃取被夺船只上的任何物品。不管是谁违反了这条规定，都会被逐出团队。

我们可以从巴兹尔·林格罗斯的日记里看到这种行为守则是

如何付诸实施的。1681年7月,他们在智利海岸夺下了一艘西班牙船圣佩德罗号,船上满载着酒、火药和37 000枚装在箱子里和袋子里的八个里亚尔。"我们把战利品给分了,"林格罗斯在日记中记载道,"结果每人分得了234枚八个里亚尔。"

在他们的大部分航行中,这帮海盗是由巴塞洛缪·夏普统领的,他是个"勇敢无畏、品行卓异的人"。他天生就是个领袖,航海技术精湛,航海理论也丰富。不过在1681年1月,经历了几个星期包括风暴在内的危难困苦之后,船员们开始变得不服管教。根据大多数人的意见,他们罢免了夏普船长,推选约翰·沃特林为新一任船长,这个粗野的水手从前是个私掠船船员。夏普被迫让出了领导权,船员们又同沃特林签订了一份新的条约合同。三周之后,沃特林在对海岸堡垒发起的一次进攻中丧命,夏普又被说服重新指挥这支劫掠队伍。

约翰逊的《海盗简史》描述了18世纪早些年里有关海盗船长这个职位的类似情况。就早期的海盗来说,在作战时和所谓的"打斗,追击及被追击"中,船长是拥有绝对的权威的,不过在其他所有的问题上,他都需要听从大多数船员的意见。尽管他被分配到使用大舱,不过海盗团队中的其他成员也都可以随意进出这个房间,他们可以用他的陶碗,也可以同他分享食物和饮料。

而军需长分派到的权力也进一步限制了船长的威权。军需长也是由船员们推选出来的,他被形容成是"像是海盗船上的治安推事一样的职务"。他是船员的代表和"所有人的受托人"。他的工作是解决小纠纷,他有权对他人进行鞭笞或杖责以为惩戒。他会在强登别船时带头进攻,他通常也是那个管理抢来的战利品的人。

海盗中没有像海军中尉和准少尉这样的职衔,不过他们会推选一些人来承担准尉和军士在商船和海军船舰上所做的那些工作。除军需长之外,大多数海盗船上还会有一个水手长,一个枪炮军士长,一个木匠和一个厨子;通常还会有大副和二副。

有几份条约样本被保存了下来,它们是由不同的海盗船长麾下的船员所起草的。巴塞洛缪·罗伯茨手下的人所奉行的那份条约内容最为全面,值得在这里全文引录,我们可以借此管窥海盗们的生活方式。以下条约引自约翰逊船长的《海盗简史》,小字部分为约翰逊的评述:

一、人人都有投票表决重大事务的权利;人人有权享用新鲜食品和烈酒,不管这二者究为何时掠得,且可随意享用,除非匮乏之期对他们来说并不少见到来,有必要为了所有人的利益投票表决是否缩减饮食供应量。

二、人人都须按照名单顺序公平地被依次喊去劫来的船上领受财物,(除他们应得的份额之外,)他们还可以趁此机会换身衣服;不过,如果他们私自昧下应属集体所有的镀金银器、珠宝、钱币达到一美元之多,那么等待他们的就是放荒滩的惩罚。这是一种野蛮的风俗,将犯错者放到某些人迹罕至的岬角或是无人岛上,只给他一支枪、几发子弹、一瓶水和一瓶火药,由他自生自灭。如果这样窃夺财物的事件只是发生在个人与个人之间,那他们只要割去那个不义者的耳朵或是鼻子,将他放到随便什么地方的岸上,让他吃点苦头就行了,倒也不必一定放到无人岛上。

三、禁止用纸牌或骰子赌博钱财。

四、油灯和蜡烛须在晚八点熄灭;如果船员中有人在此时间后仍欲饮酒,那么就得到露天甲板上来喝。罗伯茨自己并不嗜好饮酒,于是他认为此举可以制止船员中的这种陋习,不过他最后发现,他所有想要遏止这种陋习的努力都是徒劳的。

五、保持枪支、手枪和弯刀清洁,可以使用。这一点他们简直做得好得过分,铆足了劲要让自己的武器装备比别人更漂亮更丰富,有时候在拍卖活动(在桅杆上进行)中,一对手枪可以卖到30或者40英镑。在作战的时候,他们会用不同颜色的带子将手枪兜在肩膀上,那样子也只有这帮家伙能整得出来,他们能够从中得到莫大的乐趣。

六、他们之中不可混进男孩或是女人。如果发现有人诱拐异性，将其乔装打扮带到海上，那他就得受死。因此如果有女人落到他们手里，就像昂斯洛那次碰巧发生的那样，他们立马就得给这个女人找个看守，以免如此危险的一个导致分歧争执的祸端最终带来可怕的后果；只是这样一来又不省事了，他们会为谁来当这个看守而争斗起来，一般这个位子会被某个最凶悍的恶棍夺到，他为了保住这位女士的贞洁，不会让除自己以外的任何人碰她。

七、在战斗中弃船而逃或者离开自己的岗位，将被处以死刑或放荒滩。

八、禁止在船上殴斗，任何纠纷都应上岸解决，可以用剑，也可以用枪。如果纠纷双方无法达成和解，船上的军需长会在某种他以为合适的辅助措施下陪同两人上岸，令争执者背对对方，隔开一段距离，在一声令下之后，他们迅即回身射击，（或者挑落对方手里的武器）。如果两人都未击中，他们将执短弯刀进行较量，先令对手挂彩的一方获胜。

九、在各人分得的钱款尚不足 1 000 英镑之时，不可提及放弃海盗营生之事。若真要洗手不干，除非这人失去了手足之一，或在执行任务时腿伤致瘸，他将从公共基金中得到 800 美元，若受伤较轻，则钱数相应减少。

十、船长和军需长领受一次劫掠的战利品中的两份，船主、水手长和枪炮军士长领受一份半，而其他高级船员则领受一又四分之一份。

十一、乐手们须在安息日休息，不过其他六天六夜，也不能得到豁免。

这份行为守则中并没有提到同性恋，实际上由其他海盗团体起草的守则中也不曾言及这一点。很难想象，海盗们会故作正经，对这样的问题讳莫如深，因此我们只能假定说，同性恋要么从未引起他们比较大的关注，要么因为他们中间普遍存在着同性恋现象，他们对此见怪不怪，安之若素，所以也就根本没有必要将之写进任何一份行为守则之中了。

一直到最近几十年之前，海盗们那种贪恋女色的形象是那么深入人心，以至于要说他们是同性恋简直让人难以想象。不过，1983 年出版的一本书极大地削弱了他们的阳刚形象，这本书有着令人过目不忘的名字——鸡奸与海盗习俗，副标题是：17 世纪加勒比海地区的英国海盗们。虽是这样说，不过这本书涵盖到的背景却要阔大得多，它全面地探究了 16 和 17 世纪英国国内及其海外殖民地上的人们对于同性恋的态度。书的作者是 B. R. 伯格，亚利桑那州州立大学的历史学教授，他在这本书中考察了庭审案件、郡县档案、新闻报道、王政复辟时代的戏剧、佩皮斯的日记、航海记录，以及一大批令人印象深刻的社会史、西印度和海盗方面的著作，以此所展现的英国及西印度地区上至贵族下至乞丐流浪汉的社会各阶层人员的性行为图景细节生动，例子鲜活，引人深思。

但是伯格教授对于水手们的同性恋活动的考察却有些缺乏说服力，他将之与近来就男性囚犯之间的同性恋活动所展开的研究等同了起来。他指出，在加勒比地区，男性和女性的比例是很不平均的：1661 年时牙买加岛上的白人男女的比例是六比一；1673 年时，巴巴多斯有 9 274 名白人男性，却只有 3 800 名白人女性；同样是 17 世纪 70 年代的时候，尼维斯岛、安提瓜岛和蒙塞拉特岛也有着相似的为二比一的白人男女比例。伯格认为，这使得男人们开始以同性恋作为泄欲手段。而当他讨论到伊斯帕尼奥拉岛上的猎人和海盗群体，以及海盗船上全由男性组成的船员团队时，他也得出了同样的结论：

> 如果脱离社会轨道、不受行为规范的制约增加了海盗的性交活动，就像这些显然增加了囚犯的性交活动的话，那么西印度的那帮海盗们肯定也好好地利用了他们的这份自由……他们为海盗这个身份所赋予他们的各方面的自由而洋洋自得，如果对于当代囚犯的调查研究确实能为我们提供关于海盗行为特点的线索的话，那么海

盗们可以自行其是而逍遥快活的地方相当有可能不只局限于他们生活中那些无关性欲的方面。他们挂上海盗旗出航之前的生活经历也可能影响了同性恋在他们之中的发生率，并使得这种概率增大。

这种说法很有意思，或许事实果真如此，不过没有什么证据能够从任何方面证明这一点。埃克斯奎梅林的《美洲海盗》中关于海盗们"以不同形式沉湎于醇酒妇人"的例子多极了，不过没有一处能够为伯格的理论提供支持。巴兹尔·林格罗斯的日记中同样没有这方面的记载，约翰逊船长的《海盗简史》中也是一样。伯格比较有信服力的论点是提出了船长与他们年幼的仆人和舱室服务生之间发生性关系的可能性。船长需要号令众人，这就决定了他是独立于手下人之外的，他不可能像大多数水手那样不管船靠在哪个口岸，就随随便便与那地方的妓女发生关系，而且确实也有证据表明，有些船长试图与船员中年轻的成员发生性关系。在最高海事法庭的文件中，有一个卷宗涉及一个十四岁的男孩，他名叫理查德·曼德维尔，法官在法庭议事厅里单独审理了这个案件。1722 年，这名男孩所在的船只在奥珀尔图停泊的时候，船长塞缪尔·诺曼叫他拎桶水过来给他擦洗身子。船长跟着"对他发泄了兽欲，也因此犯下了通常被称作鸡奸的罪行，且之后他在上述船只于奥珀尔图河中停泊时两次以同样的方式对这位消息提供者泄欲"[1]。

在19世纪早些年里巡航在中国南部海岸的中国海盗中,同性性行为是相当普遍的。戴安·默里教授根据中国台湾和中国大陆的档案资料对中国海盗进行了细致入微的研究,在1796到1800年间因海盗罪而受审的海盗证言中,他发现了55个有文献可查的个案。当海盗帮想要吸纳新的成员时,以强暴的方式迫使那些被抓住的俘虏加入海盗团体并不是什么少见的事。海盗头子亚宗就在鸡奸三名男性俘虏之后,吸纳他们成了海盗,而其他的几名海盗头子则蓄养美貌男童作为娈童。正如默里所指出的那样,同性性行为究竟在何种程度上是出于双方自愿,在何种程度上是由海盗头子强迫施与俘虏的,这很难说清。

完全由男人组成的群体中并不一定就会存在广泛的同性恋现象。在研究乔治王时代的海军的那本见解卓著的著作《木质世界》中,尼古拉斯·罗杰认为绝大多数的年轻海员都表现出了"活跃的异性恋倾向"。高级军官从未在他们的书信中提到过同性恋造成的问题,一切迹象都显示出,同性恋并不是当时人们关注的重点。七年战争(1756—1763)的时候,海事法庭只审理过十一起鸡奸案件。其中有四起被宣判无罪,剩下的七名罪犯被改判为较轻的行为不检罪。伯格教授关于海盗中的同性恋情况的想

---

[1] 伦敦档案局收藏之最高海事法庭档案记录。

法很有创意，不过海盗中真正有同性恋倾向的人所占的比例似乎更有可能同皇家海军中的同性恋比例是相似的，并且反映出了当时全体人口中的同性恋比例。

黑旗之下去战斗

帆船王号即将完成它从伦敦出发去往非洲西海岸的整个航程。在非洲西海岸，它将黑奴运上船，然后调转船头，穿越大西洋来到了加勒比海的东南角。1723年9月14日，正当这艘船驶近巴巴多斯岛的时候，船员们惊恐地发现，有一艘主桅上飘扬着黑旗的船朝他们的方向开了过来。那艘船驶近之后，他们看清楚那是一艘单桅帆船，主甲板上配备有8门大炮，另有10门回转炮架在舷栏上。船上的海盗在30至40人之间。

帆船王号四十五岁的船长约翰·威克斯特德觉得，他的船不是海盗们的对手。他张起了更多的帆，希望能够逃过一劫，可是满载着货物的商船根本不可能甩掉海盗们的那艘单桅帆船，后者渐渐地赶了上来，并开始朝商船开火。晚上八点的时候，海盗船开到了与他们齐平的位置，这次追击已经结束了。他们命令威克斯特德船长放一条船下来。商船的大艇被吊过船边，划到了海盗船边上。几名海盗跳到这船上，乘船来到了帆船王号上。

接下来的二十四小时对于威克斯特德和他的船员们来说是个

噩梦。船上二十五岁的外科医生约翰·克劳福德和二十四岁的二副戈德史密斯·布洛尔斯被制服住,海盗们在他们的手指间绕上了导火索,逼迫他们说出藏金之处。海盗们很快就得到了不少于45盎司的黄金,并开始对这艘船进行彻底的搜查。他们找到了火药、手枪,夺去了枪炮长和水手长的补给品,还将安在后甲板区的两门炮和两门回转炮搬到了海盗船上。价值500英镑的十一名黑奴也从底层舱里被带出来,领走了。

两名有专业技能的船员被迫加入了海盗团伙,他们是外科医生的助手威廉·吉本斯和木匠的助手詹姆斯·赛奇威克。商船上另有两名船员自愿加入海盗队伍,是罗伯特·柯普和亨利·温。他们后来因海盗罪而受审时,一名目击证人向海事法庭陈述说,他"曾见到上述这位亨利·温在一张被上述之海盗们称为规章条约的文件上自愿签上自己的名字"。

将帆船王号上所有值钱的东西洗劫一空之后,这伙由乔治·劳瑟率领的海盗便驾船离开了。威克斯特德船长得以同余下的那些船员启程往巴巴多斯而去。

三年前,在北大西洋冰冷幽暗的海水之中,也曾经发生过类似的袭击事件。1720年5月29日,商船塞缪尔号从伦敦港出发,载着一船由铁器、45桶火药和各种成捆或是成箱的英国货品组成的货物前往波士顿。船上有10名船员负责行船工作,另有几名乘客随船出行。指挥航行的是船长塞缪尔·卡里,他后来写下

N. C. 韦思为 1911 年版的《金银岛》所绘制的封面,表现了一幅海盗们升起黑旗准备战斗的可怕场景。韦思是霍华德·派尔的弟子,师徒二人以海盗为主题的画作都以逼真的画面和生动的细节描绘而著称。

了一份详细的遇袭记录，使我们得以了解事件的经过。[1]

7月13日，塞缪尔号正在位于纽芬兰大浅滩以东40英里的地方，有两艘船驶入了视线之内。卡里船长观察着它们渐渐驶近，心中忧虑倍增，等到这两艘船朝他们开火并升起海盗旗的时候，他最坏的担忧变成了现实。那大的船有220吨，是一艘配备有26门炮的三桅帆船。船上作为主桅的中桅顶端飘扬着一面黑色旗帜，那上面的骷髅和弯刀历历可辨。小的那船是一条80吨的单桅帆船，配备有10门炮，以四只火球装饰的英国国旗在船头飞舞。卡里船长估计他们每艘船上有一百人左右，也就是说，相比他和他的船员来说在人数上是二十比一。塞缪尔号的炮架上也只有六门炮，在炮的数量上也是完全处于下风。

海盗们向塞缪尔号喊话，要他们放下小船，让船长乘船到海盗船上来。卡里船长照做了，他发现这些海盗是令人畏惧的威尔士人巴塞洛缪·罗伯茨的手下。在过去的一个月里，罗伯茨在北美海岸巡航，他所经之地只剩下一片狼藉。光是在他所劫掠的一个港口里，他就烧掉了不下十七条船。

海盗们蜂拥来到塞缪尔号上，将这条船掏了个底朝天。他们像疯子一样扒开舱门，扑向货物，用之前强行登船所使的斧子和

---

[1] 1720年8月15日至22日的《波士顿报》上刊载有波士顿当地的公证人约瑟夫·希勒所撰写的对于这次袭击事件的完整报道。约翰逊的《海盗简史》中也提到了此事，下文引文出自《简史》。

弯刀劈开捆扎的包裹、箱子和盒子。他们将一些货物搬到了自己船上，不过更多的货品被他们直接劈成两半，扔到了船外去。他们搬走了炮架上的两门炮和所有的备用船具及补给品，却将系锚的绳索扔进了海中。他们带走了四十桶火药，强占了船上的小船。在劫掠的过程中，他们"不断地咒骂着，恶语连声，更像是一帮子魔鬼，不像是人"。海盗们告诉卡里船长，他们无意于领受国王的赦令，如果有朝一天，他们受制于人，宁愿一枪燃爆火药，"痛痛快快地共赴黄泉"。

将塞缪尔号洗劫一空之后，海盗们将注意力转移到了船员身上。除去一个爱尔兰人，所有船员都被用枪指着离开那条船，加入到了海盗的队伍中。正当海盗们争论着是要把这艘商船烧了还是凿沉的时候，他们在海平面上发现了另一条船，于是丢下塞缪尔号向新的目标进发了。卡里船长身边只剩下一名海员和三名乘客。在这些人的帮助下，他将船开到波士顿，向公证人约瑟夫·希勒汇报了这次遇袭。

在 18 世纪初期加勒比海及北美洲海域所发生的数十起劫掠中，上述的两次袭击事件是具有代表性的。两者之间存在着许多共同点：首先，遇袭者并没有试图对海盗进行抵抗；其次，海盗在逼近的过程中并没有伪装他们的丑恶目的。利用友好国家的旗帜来达到出其不意地攻击受害者的目的，这在海盗之中并不少见，不过在大多数的袭击行动中，海盗们还是会在枪顶上悬挂起某种黑色的海盗旗，然后用炮火来击溃对手。迫使对方停船之后，海盗们并不会马上并船，登上所劫商船；他们惯常采用的手段是命令商船那边放条小船下来，请船上的船长划着船到海盗船上来。这样做的目的无疑是想要先问出船上装了些什么货，然后在之后对船进行劫掠的时候把船长扣作人质。

这两次袭击事件的另一个共同点是海盗们在劫船时都很从容，毫不慌忙。人们常常说，海盗袭击的精髓就在于打了就跑。对于地中海地区的巴巴里海盗，这确实说出了他们的行动特征，今天在印度尼西亚海域发生的海盗活动也大多是以此为特点的，他们在遇袭者的船上可能只会待不超过九到十分钟。不过，在海盗大行其道的时代，西印度地区的情况可不是这样。根据卡里船长的报告，海盗们花了48小时来劫掠塞缪尔号，而袭击帆船王号的那些海盗同样也是不慌不忙的。

海盗们有充足的理由来放慢劫掠的速度。大多数袭击活动都发生在四处望不见陆地的海上，在无线电发明之前的日子里，遇袭者是没有办法向其他地方的人呼救的。即使某些船是在港湾里或是靠近港湾的地方遇袭的，而警报也已经拉响，但是获救的希望依旧是相当渺茫的。比方说，在1715年，整个加勒比海只有四艘海军军舰和两艘单桅帆船巡逻，而那地方的东西向宽度要超过两千英里，南北向长度则不下一万五千英里，其中还包括数百个岛屿。[1] 这就让海盗们捡了天大的便宜。以下是牙买加总督尼古拉斯·劳斯爵士1718年6月交给英国政府的报告中的几句丧气话："我必须忧心忡忡地再次知会各位殿下，我每天都会收到对于发生在这附近的海盗和抢劫活动的投诉，已经没有一艘船只或是船舰能够进出本岛而不受劫掠了。"南卡罗来纳的总督和政务委员会也反映了与之相似的情况，他们要求"派一艘战舰来协助我们维持治安，要不然我们的贸易肯定会被毁掉"。[2]

海盗袭击活动的另一个共同点是他们所抢劫的物品中有许多是船上用具及可以被称之为"家居用品"的东西。这一点我们在虚构的海盗小说中是看不到的。高个儿约翰·西尔弗和他的伙伴们心心念念想要得到的就只是宝藏。真正的海盗当然是对宝藏感兴趣的，大多数海盗劫掠活动就是以此为驱动力的，不过他们也需要吃的和喝的，也需要为自己的船弄来绳索和帆。与他们的劫夺目标商船不同，他们没法驶进海湾，到修船厂里整修他们的船只，他们也不可能缺了什么就能问船上用品杂货商和制帆人来买到。他们对船进行整修时需要远离文明世界，要么在海上，要么在一处僻静的海湾或是河口，所以他们总是不遗余力地将被劫

---

1 当时驻守牙买加的有一艘五级船舰和两艘单桅帆船，驻守巴巴多斯的有两艘五级船舰，驻守背风群岛的有一艘六级船舰。见《目前出海工作的所有皇家海军船舰部署情况》，收藏于伦敦档案局的海军部档案中，本书附录有部分节录。
2 以上两段引文皆来自《国家文献一览表》之"殖民地、美洲及西印度"部分。

获的船上的主要用具都搬来。1717年8月，斜桁纵帆船复辟号遇袭，海盗们拿走了船上所有的货物和食物，也带走了"帆、抽水机的螺栓、测速绳、针线、水壶、平底锅"[1]。单桅帆船满意号是1723年10月在巴巴多斯附近被夺下的，它被劫去的物品是"十四盒蜡烛、两盒肥皂，以及飞三角帆，飞三角帆的张帆杆和升降索，主帆升降索，锚，缆绳和一些木工用具"。[2]

本章开头所写到的那两次袭击事件在某个重要的方面却也存在差别，那就是用以追击遇袭者的兵力强弱。塞缪尔号那次事件中，海盗驾驶着两艘武装力量强大的船舰出击，人数总共有200人，而帆船王号那次就只有一条海盗船，船上的人员据估计在30至40人左右。一项对于1715年到1720年间在美洲及西印度地区所发生的76次袭击事件的调查显示，其中有五分之三的事件是由单艘海盗船所挑起的，有19起事件是由两艘海盗船共同挑起的，只有4起事件涉及三艘乃至更多的海盗船。换句话说，在绝大多数的袭击事件中（72%），一艘海盗船就足以构成威胁而使商船船长投降了。

而可能不足为奇的是，那些将战斗力集合在一艘船之上的海盗船长是很少会去袭击任何大型商船的。1719年，爱德华·英

---

[1] 见1717年8月12日至19日的《波士顿时事通讯》。
[2] 出自"单桅帆船满意号船长乔治·巴罗的证词"，收藏于伦敦档案局之殖民地部。

格兰驾驶皇家詹姆斯号在西非海岸一路肆意妄为而下，劫夺了不下十几条船，其中最大的一艘是布里斯托尔的本特沃思号，船上配备 12 门炮和 30 名海员。其他大多数都是配备 4 到 6 门炮的小型商船，船员也都只有 14 至 18 人。约翰·拉克姆（花衣杰克）一度在西印度地区引起了大范围的恐慌，不过他的攻击目标也只是那些相对较小的船。比方说，在 1720 年，他进入普罗维登斯之路，夺下了一艘 12 吨的单桅帆船，船上配备有四门安装在甲板上的大炮和两门回转炮。一年之后，他在牙买加海岸劫夺过往船只，结果夺下了三艘单桅商船、一艘纵帆船和七条小渔船（这里说的应该是那种无遮盖的独木舟，现在牙买加地区的渔民仍在使用这种船）。

虽说大多数遭到单艘海盗船袭击的商船都是小型船，不过也有个格外引人注目的例外。1717 年 3 月，萨姆·贝拉米正指挥着一艘 14 门炮的单桅帆船萨尔塔纳号在古巴与伊斯帕尼奥拉岛（今海地）之间的温德华航道中航行时，有一艘大型商船驶入了他的视线之中。那是奴隶船寡妇鸟号，在完成了从伦敦去往非洲装载奴隶和象牙，接着又穿越大西洋去到牙买加的航程之后，正在回英国的路上。贝拉米在后面追了它三天，最后终于在巴哈马的长岛附近赶上了这艘船。除了在追逐中发射两颗炮弹之外，寡妇鸟号并没有进行其他抵抗，很快就落入了海盗手中。贝拉米和他手下的人发现自己抢到了有史以来为海盗所劫获的战利品中最为丰厚的几单之一：船上的货物包括象牙、靛蓝染料、蔗糖、耶稣会士树皮（即金鸡纳树皮，用来制造奎宁），以及据后来估算价值在2到3万英镑之间的黄金白银。贝拉米当即将寡妇鸟号接管过来，成为自用船。加上从萨尔塔纳号上搬来的10门炮，他成了一艘拥有28门炮的大船的船长，这样的船可以与加勒比海上的任何一条商船相抗衡。

18世纪初期最为成功的那些海盗船长是指挥两艘及以上的船只作战的人，他们会将最大的那艘船作为自用船，而被他们劫过的船则多得旁人难以匹敌。巴塞洛缪·罗伯茨是这些人中的佼佼者。据说在他的海盗生涯中，他一共夺下过400条船，这个数字看起来是能够从殖民地总督的报告、新闻报道和遇袭者的证言那里得到证实的。罗伯茨又被人称作黑皮巴特，是个出色的海盗船长。他给人以不苟言笑、纪律严明的印象，具有天生的领导才能，并勇于作出大胆的决议。他最为成功的一次劫夺发生在巴西海岸，他在其中所表现出的十足的无畏精神可与德雷克袭击加的斯、摩根抢劫波托贝洛的那两次事件相比。

罗伯茨是在南美洲沿岸巡航时，赶上在洛斯托多斯桑托斯海湾之外的一支由四十二条葡萄牙商船组成的船队的。这些商船正在等待两艘战舰加入它们的队伍，以便在护卫下启程前往里斯本。罗伯茨大着胆子驶到其中一艘船边上，威胁这艘船的船员，如果他们敢发出求救信号，就把他们都杀掉。船上的船长听命来到了海盗船上，在那里接受了罗伯茨的盘问。

弄清楚这支船队中装货最值钱的是一艘配备40门炮和150名船员的强有力的船舰后，罗伯茨立马向这艘船开过去。他将那名葡萄牙船长作为俘虏带在身边，迫使他向那艘目标船舰喊话，请船上的船长过船一谈。那艘大商船的船长起了疑心，开始坚壁清野准备战斗。罗伯茨马上命人发射了一轮舷炮，他带人来到船边，将抓钩甩出去，登上了那艘船。在激烈而迅速的交锋之后，对方投降了。与此同时，其他商船则在绝望中发射警戒炮，以求引起停泊着的战舰的注意。然而，就在战舰起锚开过来的时候，罗伯茨已经驾驶着他的战利船扬长而去了。事实证明，他劫下了一个大单：船上载有9万枚葡萄牙金币，有一个准备献给葡萄牙国王的镶满钻石的十字架，有价值不菲的项链和珠宝，还有糖、皮革和烟草。

有意思的是，巴塞洛缪·罗伯茨居然不像黑胡子和基德船长那样名声大噪，其实比起这两个人，他要成功得多，而且是一个相当有魅力的人物。他个子很高，皮肤很黑，"天赋很好，胆子也大"，而且身上有种威严的长官气质。他穿衣服颇有品味，并且显然爱好音乐。与他同时代的绝大多数海盗不同，他不沉溺于饮酒，并劝阻他船上的人赌博。1682年前后，他出生在威尔士西南角上靠近哈弗福德韦斯特的地方。加入注册商船水手队伍之后，他慢慢做到了伦敦公主号上的二副之职。1719年11月，由普拉姆船长指挥的公主号启航向非洲西海岸进发，准备在那里拉一船奴隶送到西印度去。抵达几内亚海岸的阿纳博之后，公主号被一伙由同是威尔士人的豪厄尔·戴维斯率领的海盗夺下。几个星期之后，戴维斯被人杀死，而罗伯茨则被人推选为海盗船长，接替了他的位子；在相当短的时间内，他以自己作为一名水手和航海者的优异才能征服了一帮桀骜不驯的凶顽之徒，在与其他几位候选者的竞争中脱颖而出。约翰逊船长告诉我们，罗伯茨接受了船长的任命，"说他已经在泥水里弄脏了自己的手，除了做海盗，他别无选择，既然是这样，与其甘居平凡，不如成为一名领袖"。

罗伯茨不仅是个天生的领袖，而且事实证明，他更是彻头彻尾的冷酷无情。出击时，他动作迅速，凶残野蛮，为了达到目的，他不惜采取折磨和杀戮的手段，对此毫无顾虑。在接下来的三年时间里，他造成了大西洋两岸商船运输线上的恐慌。1721年正值其事业高峰期，罗伯茨指挥着一支由四条船舰组成的船队。他的旗舰是配备有42门炮的鸿运号，这艘船从前是法国战舰。他的护卫舰包括一艘配备30门炮的双桅帆船海王号、法国船漫游者号和一艘16门炮的小船，最后这艘船被作为"仓储舰，洗劫时用"。那时候，他手下总共有508人。

黑胡子是另一个麾下船只数量达到三条的海盗船长，有时甚至有四条。1718年5月，百慕大总督汇报说，新普罗维登斯岛附近海域中的海盗包括"一个叫塔奇的（即黑胡子），同他一起的是巴巴多斯的梅杰·邦尼特，他指挥着一艘配备36门炮和300名船员的船，与他们一伙的还有一艘配备12门炮和115名船员的单桅帆船和其他两艘船"。这一时期，黑胡子的旗舰几乎同巴塞洛缪·罗伯茨的一样令人畏惧，那原是一艘法国的几内亚商船，船上有36门炮，黑胡子将其改装为一艘40门炮的战舰，相当于皇家海军第五级战舰中的一种（此种船舰的详细说明见后文）。

文船长职业生涯中最成功的年份是1718年，那时候他手下有两艘船听从他的调遣：一艘配备12门炮的双桅帆船和一艘配备8门炮的大型单桅帆船，后者由耶茨船长指挥。那一年的十月，他在南卡罗来纳海岸夺下了八条船，其中包括一条几内亚商船，他从这艘船上劫到了90名黑人。

同一时期，威廉·穆迪指挥着旭日号在加勒比海巡航，同行的有一艘配备8门炮的双桅帆船，由弗洛德船长指挥，还有一艘配备8门炮的单桅帆船。正在巡行视察的汉密尔顿总督从圣克里斯托弗斯发出了他的报告，说"他们在该岛和桑塔克鲁斯之间劫夺、烧毁或致令搁浅了好几艘船只"。正是穆迪的攻袭活动促使汉密尔顿向英国当局提出要求，请他们派遣一艘40门炮的战舰前来保护这些岛屿。

此外，还有许多海盗结伴航行的例子：肯蒂什和爱德华兹、皮姆和斯普里格、纳朋和尼科尔斯。在其对于英美海盗的分析研究中，马库斯·雷迪克考察了海盗船员之间存在的诸多联系。据他估算，活跃在1716年到1726年间的海盗中有70%可以被归入到两个圈子之中，而这两个圈子也互有勾连：一个来源于霍尼戈尔德船长和海盗们常用的会合地巴哈马；第二个则是从乔治·劳瑟和爱德华·洛手下的船员在1722年一次偶然的相遇发展而来。雷迪克认为，这些联系使得海盗们具有了一种社交同一性和相同的思维意识。

海盗们会在这样的会面时交流信息，这种情况有助于说明为何他们的行为规范和结盟条约具有相似性。这也能够说明，黑色的海盗旗为何会以相对较快的速度在一帮活动在成千上万英里宽的洋面之上的人们之间流行开来，而且这也使某种形式的团队合作应运而生，虽说这种合作关系是脆弱的，易于分崩离析，不过这样合作所形成的海盗军团比起各自单打独斗来要令人畏惧得多。

虽然海盗们的大多数袭掠活动都是利用帆船完成的，不过他们有时也会选用另一种方式，那就是利用敞顶小船出击。如果是皇家海军要利用小船出击，他们无一例外地会使用船上负载的大汽艇和长船，不过在西印度地区活动的海盗们更爱使用从当地的渔民那里抢来的划子。这些划子是以树桩刻凿而成的独木舟，可以分为两类。大而重的那一类西班牙语叫做"皮拉瓜"，这个词有不止一种讹误形式，或是被说成"佩里瓜"，或是被说成了"佩里安格"，这种船可以载二十五人，既可以划桨，也可以架上一面帆来航行。小一点的那种独木舟就直接被称为划子，可以载五至六人。巴兹尔·林格罗斯的日记中就能看到他对某一种独木舟所进行的确切描述："在这海湾之中，每当有浪涛打在我们划子的两边时，都让我们觉得难以忍受，这是因为划子接近二十三英尺长，最宽的地方却只有差不多一英尺半宽，我们就只是刚好能够坐进去而已。"

利用敞顶小船进行攻袭活动是 17 世纪末期的海盗们爱用的战术。亨利·摩根爵士就是利用划子来实行他对于西班牙沿海殖民地那些毁灭性的攻掠的，波托贝洛之役可以说是其中最为辉煌的战绩了。摩根选择划子来作为海岸线附近最后登岸时的工具，这是因为，比起一支帆船船队来，岸上的人们想要察觉一批划子的动向可要难得多了。不过，在巴兹尔·林格罗斯的日记里记载着一次值得我们注意的攻袭事件，海盗们不单单是将划子作为交通工具，而更是作为作战用具，他们在可以望见巴拿马的地方以此攻击由三艘西班牙战舰组成的战队。1680 年 4 月 23 日，海盗们乘船去往锚地。他们有三十八人，分载于五只划子和两条重型皮拉瓜上。战舰上的人知道他们在这一区域活动，本来就有戒心，他们一发现这些海盗，就马上起锚跑路了。虽说划了几个小时的桨，海盗们已是精疲力尽，不过他们还是成功地来到了战舰的上风面。

就在这些颠簸着的极易受到攻击的划子上面，海盗们端起他们的长筒滑膛枪开火了，简直是百发百中，令人惊叹。第一阵群射之后，他们杀死了从他们面前掠过的那艘最近的船舰甲板上的几个人。接下来要承受猛攻的就是这个战队司令官的旗舰了。海盗们成功地打死了那个掌舵的人，船因此在逆帆的作用下滑向了逆风位置。他们从船尾爬上船去，同时保持着大火力的射击，造成了大量死伤。水手们试图把住船舵，但都被他们杀死了，而主帆和操帆索（控制主帆的绳索）也被枪弹给打飞了。

第三条船赶来援助舰队司令官，却被某一只划子截住，双方陷入了激烈的战斗。第一条船也掉转头来准备进行援助，不过海盗杀死了船上那么多的船员，以至于船上还活着的人简直都不够使船正常运作了。海盗们将旗舰上的舵给楔牢了，这下这条船更是动弹不得了。司令官、首席引航员和三分之二的船员被杀死之后，旗舰上的其他幸存者投降了。另一条船上发生了两次爆炸，于是这条船也落入了海盗们的手中。第三条船则逃跑了。

林格罗斯跑到那两艘被夺下的船舰上查看情况。在第一条船上，爆炸和枪击造成的后果令人瞠目："……我有生之年从未见过如此凄惨的景象，那里根本见不到一个好好的人，要么就是死了的，要么受了重伤，奄奄一息，或者就是被火药燎得面目全非，以至于他们黑色的皮肤有好几处都成了白色，而且在火药的作用下从底下的血肉和骨头上剥离开来。"在司令官的船上，原来编制定员的八十六人只剩下二十五人还活着："他们的血汩汩不绝地从甲板上流下去，船上简直没有一处未曾沾到血的地方。"

18世纪早期的海盗很少使用小船出击，不过偶尔还是会看到此类报告。1713年4月，百慕大副总督普莱恩称那里的群岛已经成了"三伙海盗的避难所，他们乘坐敞顶小船进行劫掠，每条船里大约有5至20人"。十二年之后，由托马斯·佩蒂指挥的单桅帆船咬人狗号也航行到了这片海域。海上风平浪静，正当他驶近巴哈马的拉吉德岛时，一伙西班牙海盗划着一条皮拉瓜来到了他的船边，袭击了他的船。领头的是奥古斯丁·布兰科船长，他夺下了这艘单桅帆船，驾驶它来到了一座近旁的岛屿，上岸之后，还抢劫了一户岛上的人家。1725年11月1日的《波士顿报》也报道了一起类似的事件，说是单桅帆船波士顿鸽子号遭到了一条"由圣杰戈·戴德维尼斯指挥的佩里安格的攻击，船上载着22名不同国家的海盗"。

在驶近劫掠目标的时候，海盗们总是占了先手的。他们可以跟着一条船开好几个小时，甚至好几天，保持一段安全距离，然后利用这段时间弄清楚这条船在大炮和船员方面可能具备的实力。如果事实证明，这条船是条实力强劲的印度商船或是战舰，海盗们就会调转船头，寻找下一个较弱的劫掠目标。如果他们发现这船软弱可欺，那么他们就可以做出选择：或是出其不意地将其拿下，或者就是干脆发起正面进攻。

如果要出其不意地拿下劫掠目标，最简单的方法就是挂假旗了，这是一种海军船舰在战时通常会采用的作战策略。在无线电和摩斯电码信号系统发明之前，一条在海上航行的船只识别其他船舰国籍的唯一方法就是看它所悬挂的旗帜。1700年前后，各国国旗的图片体系已经建设得相当完善了，一名经验丰富的海员可以根据船只桅顶或是旗杆上悬挂的旗帜来判别该船属于哪个航海国家。

海盗们也有自己的旗帜，或是红的或是黑的，上面饰有骷髅或是其他图案，不过他们也收藏着各式各样的其他旗帜。当他们想要掩藏自己的身份时，就会找一面合适的国旗挂上。有意思的是，英国海盗对于悬挂英国国旗或是圣乔治旗[1]那真是心安理得，而且他们常常这么做。1723年10月，单桅帆船鹰号的指挥官沃尔特·穆尔在荒无人烟的布兰科岛海滩上发现了劳瑟的海盗船，劳瑟在袭击了帆船王号之后，将船开到了这里进行整修。穆尔不得不将他这边的旗帜升起来，然后朝海盗们的那艘单桅帆船放了一炮，"以迫使他们亮出旗帜，对方便在中桅顶上升起了一

---

[1] 圣乔治旗的图案为白底红十字，这一图案自13世纪末起开始为英格兰士兵所使用，继圣乔治在14世纪成为英格兰的守护圣徒之后，代表圣乔治的白底红十字旗便成为了英格兰国旗。之后该图案在英格兰与苏格兰和爱尔兰联合时，分别与这两国国旗融合，于是形成了现在英国国旗的米字形图案。

面圣乔治旗来作为回答"。在攻击爱尔兰尖尾帆船玛丽·安妮号时，萨姆·贝拉米在寡妇鸟号的桅杆上挂的是英国国旗和三角旗。1721年，当皇家海军燕子号终于通过不懈的努力追踪到巴塞洛缪·罗伯茨时，罗伯茨已准备好迎接一切"在后桅上悬挂英国国旗、荷兰三角旗和黑旗"的来客。

在这之前，罗伯茨曾经蓄意欺瞒马提尼克岛附近的航船，他挂起荷兰旗，并发出通常由从几内亚海岸载运黑奴归来的荷兰船只所使用的信号。这套骗人招数帮助他夺下了十四艘载着大把的钱来找他买黑奴的法国单桅帆船。1723年3月，洛船长在洪都拉斯海湾遇上一艘西班牙商船的时候，也采用了挂假旗这个经典的作战桥段：海盗们"升起了西班牙国旗，而且一直就那么悬挂着，直到他们驶近那艘单桅帆船，跟着就拉下了那面旗，升起了他们的黑旗，在发射了一轮舷炮之后，他们强行登上了那艘船"。

两个多世纪以来，饰有白色骷髅和交叉股骨图案的黑色旗帜一直是西方世界里海盗的象征。它正是以这种形式出现在从沃尔特·司各特到罗伯特·路易斯·史蒂文森的所有的海盗小说中的，艺术家们也紧随作家之后，创作出了以此为元素的图案。霍华德·派尔《海盗之书》中那些登峰造极的画作以及1911年版的《金银岛》中N.C.韦思的插画无疑进一步确定了这个图案在人们心中的含义，而舞台和银幕上对其的使用更是不间断地强化了这种印象。在W.S.吉尔伯特执导的舞台剧《彭赞斯的海盗》

中，海盗王被安排在歌唱的同时展开一面绘有骷髅和交叉股骨图案的黑色旗帜，这首歌的开头两句是："哦，真愿就这样生来就这样死/在我扬起的这面华美黑旗之下。"那部由老道格拉斯·范朋克主演的1926年的默片《黑海盗》，开头和结尾都是一个表现传统意义上的海盗旗在风中招展的画面。几乎所有的海盗电影都会用到与此相同的画面，只是表现的程度不同而已。

说了这么多，可要是发现骷髅和交叉股骨起初不过是与海盗相关的众多图案之一，那么读者肯定要讶异不已的吧。在18世纪初海盗肆行无忌的时代，海盗旗上会出现的图案多极了，有流血的心、火球、沙漏、矛、短弯刀，以及整副骨架。直到18世纪中期之前，红色，或说"血红的"旗帜被提及的次数不下于黑旗。

所有这些海盗旗都有一个共同点（英美海盗是这样，巴巴里海盗同样如此），它们要在那些作为海盗劫掠目标的商船海员心中激起恐惧之情。旗帜上的图案通常就如马库斯·雷迪克所描述的那样，是由一组"三种意象连缀而成的画面，即死亡、暴力和有限的时间"所构成的，海盗们以之来凸显这样的信息，他们希望对方马上投降，要不然死亡就是他们的下场。

究竟是何人从何时开始使用具有辨识度的海盗旗的，关于这一点是有着一些争论的。一只头骨，或者像人们更常说的那样是一只"骷髅头"，底下加上交叉的骨头，这个图案从中世纪以来就被认为是死亡的象征。它经常出现在教堂或是天主教堂里的坟墓上,乡下的教堂墓地中的墓碑上也能看到,有时人们甚至会因此产生一种错误的想法,认为那墓中的死者肯定是个海盗。船长们有时会用这个符号在他们的航海日志中记录船员们的死亡。在1700到1720年之间的某个时间,有些海盗将这个符号用为恐吓工具,他们通常还会将之与一只沙漏或是一些武器结合在一起。海盗活动最为猖獗的时代,海盗船长们一个个地创造出了属于他们自己的旗帜。巴塞洛缪·罗伯茨命人制作了一面旗帜,上面的图案是他本人踩在两个头盖骨上,那分别代表巴巴多斯人的头骨和马提尼克人的头骨,这是为了向这两个想要捉拿他的岛屿上的政府显示他的愤怒。花衣杰克的旗帜则是两把交叉的短弯刀上放着一个骷髅头。

到了1730年,黑旗之上的骷髅与交叉股骨图案似乎已经将其他的象征符号给挤兑掉了,活动于西印度地区的英国、法国与西班牙海盗都以之为海盗旗图案。在此之前,也还有全红或是全黑的旗帜被使用的例子,这是因为,根据一般人认知体系中的颜色寓意,黑色代表死亡,而红色代表战斗。虽然弗朗西斯·德雷克通常会在他的船上悬挂英国的圣乔治旗,不过根据记载,他在1585年袭掠卡塔赫纳时,船上"飘扬着黑色的旗帜和长幡,以此威吓对手,他将战斗至死"。在巴兹尔·林格罗斯记录的他与巴塞洛缪·夏普船长率领的一帮海盗航行的日记中,他提到了发生在1681年1月的一件事。海盗们那时正驾驶着他们的捕获物特立尼达号，在靠近胡安·费尔南德斯群岛的时候遇上了三条西班牙战舰。"他们一看到我们，就马上挂起了那些血红的旗帜，而我们，为了显示自己并未被他们吓到，也如法炮制，挂起了我们的旗"。

全红或是全黑的旗帜还有另一层含义。在一本1721年的法国旗帜书中，我们可以看到一些手动上色的海盗旗版画图，其中有一面绘有诸多纹章符号的黑色旗帜，还有一面全红的旗帜，与一面红色三角旗并排罗列。红旗之下有这样的文字："Pavillon nomme Sansquartier（名为'绝不手软'的旗帜）。"红旗这种"绝不手软"的含义在理查德·霍金斯船长那里得到了证实。1724年，他曾被海盗俘获。他后来写下了自己的那段经历，描述海盗们是如何"全体来到甲板上，升起快乐罗杰旗[1]（他们就是这么叫他们的黑旗的，那面旗中间是一具巨大的白色骨架，骨架一手拿着飞镖，正刺向一个流着血的心脏，另一只手则拿着一只沙漏）。他们要是升起这面快乐罗杰旗去战斗的话，他们是会饶恕降敌的，若是在红旗或是血红旗帜下战斗的话，他们可是绝不会手软的"。

埃克斯奎梅林的经典著作《美洲海盗》中并没有提到过黑

---

[1] "快乐罗杰旗"（Jolly Roger）如今即为海盗旗之意，一般直接译作"海盗旗"，本章为了体现各种称呼之间的差异，因此按照字面意思直译。

色海盗旗或是那个象征死亡的骷髅头。在为数不多的提到海上的旗帜的片言只语中，我们能够知道的是，英国海盗会悬挂英国国旗出航，这其中还包括亨利·摩根爵士，尽管他作为海盗声名远播，但他一直是把自己当作英国的私掠船船长来看待的。不过，巴兹尔·林格罗斯的日记里倒有那么一段很有意思的内容，他写的是 1680 年 4 月，来自几条不同的船上的船员们走在圣玛丽亚城中时，他们手中所举的旗帜。那得有差不多三百名左右的海盗，想想他们朝内陆方向前进时的样子，肯定是好一片五彩斑斓的景象：

> 首先是巴塞洛缪·夏普船长和他的同伴，他们举着一面红旗，还拿着一团白色与绿色的丝带。第二分队是由理查德·索金斯船长和他的手下带领的，他们举着一面带黄条的红旗。第三和第四分队由彼得·哈里斯船长率领，他们拿着两面绿旗，这位船长的船员被分成了好几个分队。第五和第六分队是由约翰·考克森船长带领的……分成了两个分队，每个分队手里都有一面红旗。第七分队领头的是埃德蒙·库克船长，他们是一面带黄条的红旗，上面还饰有一只持剑的手，这是库克船长专属的图案。他们所有人，至少是大多数人，身上都配备着导火索、手枪和短剑这些武器。

值得注意的是，大多数旗帜都是红色的，或者是带条纹的红旗。埃德蒙·库克所采用的持剑之手的图案后来出现在了托马斯·图和克里斯托弗·穆迪的海盗旗上，在 18 世纪的一张表现巴巴里海盗旗的插画中，这个图案也是其中所反映的几个符号标志之一。

　　西印度海盗之后，英美海盗开始兴盛起来，正是在他们之中，带有死亡标志的黑旗才逐渐确立了优势地位。最早的记载之中，包括一条出现在约翰·奎尔奇船长的审判记录中的文字，这位船长于 1702 年与他的海盗船员们一起在波士顿被处死，这条资料是这么说的："三个月之后，海盗们来到了巴西海岸线附近，像飘扬的旗帜老罗杰那样逍遥奔逃，这种旗帜上饰有一副人骨，一手拿着沙漏，一手拿着飞镖，这飞镖刺中了一颗心，有三滴血从中滴流而出。"这是"老罗杰"这个词最早可见的记载之一，该词最终演化成了快乐罗杰。对于这个词的起源，有几种不同的说法。一种说法是这个词是"Jolie rouge"英语化的结果，后者就是用来形容红旗或是血红旗帜的。持另一种说法的人认为这个词是由阿里·拉亚变化而来的，后者是在印度洋活动的一名泰米尔海盗船长的名字。第三种说法可能是最有说服力的了，他们认为这个词源自魔鬼的昵称"老罗杰"。

　　在 1717 年的文献资料中，出现了许多对于活动在西印度地区和美洲海岸沿线的海盗们所使用的旗帜的详细描述。1717 年 8

月12日的《波士顿时事通讯》刊载了一则报道，叙述了纳撒尼尔·布鲁克船长的斜桁纵帆船复辟号是如何在从伦敦去往波士顿的航路上遭到两艘单桅帆船上的海盗的攻击的。其中一艘单桅帆船是由纳朋船长指挥的，"他的旗子上饰有一只骷髅头和一个沙漏"；另一艘船则由尼科尔斯船长指挥，"他的旗子上是一只飞镖和一颗流血的心"。在审判萨姆·贝拉米的船员的过程中，托马斯·贝克的供述曾被提及。1717年5月6日接受审问时，贝克曾经说过，贝拉米手下的人"展开了一面大黑旗，上面绘有骷髅头和交叉的股骨，就在这面旗帜之下，他们前去追赶普林斯船长"。在杰里米·泰勒《生得伟大，死得光荣》这书的一本旧书扉页上，我们可以看到相似的图案，只不过是用黑笔画在白色背景上，一旁的手写题签写着："1717年9月28日早八点于纬度32度8分160里格处：我们在马德拉西面遭到法国海盗的袭击，他们挂着中心饰有黑色骷髅的白色旗帜，多亏上帝庇佑脱险。"

在此以后的文献资料中，我们可以接连不断地看到对于海盗旗的描述。这些旗帜大多都是黑色底子上加以白色图案，不过红旗依然还是存在的。1718年，当黑胡子的船队在洪都拉斯海湾袭击新教徒恺撒号的时候，有两艘海盗船上飘扬着饰有骷髅的黑旗，三艘船上飘扬着红旗。鉴于虚构文学在建立人们心中的海盗形象上往往具有较现实更为有力的效果，我们应当提请读者注意一下，笛福在《辛格尔顿船长》中有两处对于海盗旗的描述性文字，这部小说问世于1720年，就是《鲁滨逊漂流记》问世后的第二年。印度洋上的海盗在投入战斗之前，会升起一面印有交叉匕首图案的黑色旗帜，若是在其他时候，他们会"在船尾挂黑旗，在中桅顶上挂血红旗帜"。

海盗们对于战胜劫掠目标是如此的自信满满，以至于他们在发起进攻时通常根本不需要挂假旗，或是采取其他欺骗策略。这种自信来自于，他们知道自己在火力和人数上是具有优势的，他们知道自己有着令人闻风丧胆的名声，而且这种名声并非空穴来风。商船水手很少有作战经验，被一艘海盗船攻击就跟被一艘海军战舰攻击没什么两样，即使在战斗时幸存下来，还有肉体折磨和死亡的额外风险在等着他们。有些海盗还会向劫掠目标投掷致命武器，这加剧了第一次遭遇海盗的人对他们的惧怕。1718年12月，牙买加总督劳斯派出两艘单桅帆船去捉拿一条由汤普森船长指挥的海盗船，因为后者居然胆敢在罗亚尔港视线范围之内劫掠一条商船。第一条驶近海盗船的单桅帆船被海盗们"投掷了大量的火药筒、格拉纳多弹和臭弹，好多人被炸死炸伤，其他人则跳船逃命"，船上人惊吓过度，只得投降。第二条单桅帆船见此情景，士气全无，跟着就逃回了港口。

"格拉纳多弹"（又叫格莱纳多）是手榴弹的一种早期形式，在1700年时已经得到了广泛的应用。这个名字源自西班牙语词汇granada，意为"石榴"。它又被称作"火药筒"。海盗们所使用的手榴弹为中空的圆球，大约两盎司重。这些手榴弹是以铁或木头制成的，中间填入了火药。球身上有一个点火孔和一根导火索，在将手榴弹扔到商船甲板上的水手们中间之前，海盗们会先将导火索引燃。他们的意图就是想利用随之而来的爆炸来炸死炸伤一些人，使得那些没有任何战斗经验的人完全丧失斗志。值得一提的是，海盗船寡妇鸟号的残骸中就挖出了15只手榴弹，也是颇有意思的事。

同样令人惊恐、却更具有杀伤力的就是舷炮了。海盗们很少使用舷炮，因为他们不想破坏一艘可能成为捕获物的船，不过如果情势需要他们发炮，以便使劫掠目标臣服的话，他们发射起舷炮来是绝不会手软的。1717年7月，约翰·弗罗斯特船长被一艘海盗船追赶了十二个小时。晚上九点的时候，海盗们来到了和他并排的位置。这艘海盗船是由法国人拉布斯船长指挥的，船上有20门炮，170名船员。它发射了一轮舷炮，"有双发炮弹及散弹，另外进行了一轮小型枪弹的射击"，这说明船身两面各10门炮，门门炮都安上了双发炮弹，还有一袋散弹。在近距离交锋中，这样的火力是足以置人于死地的，更别说还有滑膛枪和手枪齐射带来的威力。炮击将甲板上的人都炸飞了，将弗罗斯特那艘船的船壳、船具和帆也炸得粉碎，他也只能放弃抵抗投降了。

海盗们并不会对商船方面的英勇反抗抱以嘉赏，他们不管心里想的还是嘴上说的，就是希望对手马上投降。1718年2月15

日，罗伯特·伦纳德船长正在巴哈马附近纬度23°的地方，驾船向西北方向行进，这时有条船向他靠近，朝他的船开了两炮。伦纳德船长停下船，对方要求他马上到海盗船上来，要不然他们就向他的船发射舷炮。他刚踏上海盗船的甲板，就被海盗船长爱德华·英格兰用短弯刀暴打一顿，"就为他没在第一发炮弹射出之后即刻停船"。

如果商船是不战而降的，那么海盗们通常就会克制自己，不对船上的船员施暴。说真的，有些海盗的行事作为甚至可以说是相当绅士的。斯通船长曾经被一个叫詹宁斯的海盗俘虏，他后来汇报说，詹宁斯待他礼貌有加，还告诉他，海盗是不会伤害英国人的。这伙海盗只劫了他二十加仑朗姆酒，除此以外别无所取，他们还给了他好大一笔酒钱。托马斯·奈特曾是塞拉特山商人号这艘船上的一员，1717年11月29日，他们在尼维斯岛附近与三艘船相遇。奈特和其他的三名水手因为不知道对方是海盗，划着船上的长船过去问对方有没有带什么信来（在大航海时代，到异国海域出海的船只通常会为本国人传递信件，并带去国内的新闻）。就在他们划到船边的时候，却发现有艘船的船尾悬挂着一面绘有骷髅头的旗帜。海盗们要他们上船来，他们不太情愿地照做了，登船后听到海盗们说的第一句话却是"欢迎你们上船"。海盗们还请他们吃东西，他们却拒绝了。这让海盗们不太高兴，在放他们走之前，海盗们对他们进行了审问，要他们说出该区域内的堡垒分别都安装了多少门大炮。

在绝大多数情况下，遭到海盗袭击的商船会选择不战而降，不过，也有一些勇敢的船长在忠心的船员帮助下奋勇反击的例子。1710年，一艘来自利物浦的小型帆船遭到了一艘法国私掠船的攻击，那是在它刚从安提瓜岛驶出一天的时候。帆船船长在船的甲板上铺满了破碎的玻璃瓶，在私掠船靠上来的时候，他用船尾炮放了一炮，炮弹打得不偏不倚，正好"在法国人的甲板上从船头到船尾炸出了一条路"。私掠船上的人依然紧追不舍，并最终强登上了帆船，不过在破碎玻璃瓶和船上守卫者枪弹齐发的合力之下撤离了帆船，放弃了这次袭击。

1723年8月在纽芬兰被一艘纵帆海盗船俘获的来自伊普斯威奇的约翰·菲尔莫为我们记下了格外激烈的一次交锋。这艘纵帆海盗船是由约翰·菲利普斯指挥的，船上的船员不多，其中包括船主约翰·纳特和枪炮军士长詹姆斯·斯帕克斯。在纽芬兰抢夺和劫掠了一些船之后，海盗们向南航行到了西印度。在多巴哥岛北面几英里的地方，他们夺下了一艘单桅帆船安德鲁·哈拉丁号。这船上被俘获的人们决心要打败这些海盗，他们将行动时间定在了正午时分。木匠把他的工具带上来，放在了甲板上，假装他要用它们来干活。约定的时间一到，木匠抓住那个正在甲板上散步的海盗头头纳特，将他扔下了船。哈拉丁操起木匠的扁斧，当头一击将另一名海盗砍倒在地。约翰·菲尔莫瞄准了另一个目标,"趁着对方擦拭武器的工夫,用宽刃斧朝他劈去,一下就使其毙命"。那位枪炮军士长斯帕克斯也被杀死,扔到海里去了,于是战斗就这样结束了。

在本章开头所提到的帆船王号遇袭事件中,值得注意的是,海盗们逼迫船上的两人加入了他们的队伍,那便是木匠助手和外科医生的副手。像这样劫获、并以武力扣留具有专业技能的人是海盗袭掠活动的一个常见特征。招募普通水手加入他们的行列之中,这对于海盗们来说并不是什么难事,不过他们也需要那些有专业技能的人员。在这之中,需求量最大的就是木匠和制桶匠了。在一艘海军战舰上,木匠是船员中最有价值的人之一。他们通常在造船厂里当过学徒,因此具备船只修理方面的技能。他们负责船只所有木头部件的保养工作,这包括从龙骨到桅杆和圆杆在内的大部分船体构件。因为恶劣天气对船只造成的损伤是相当大的,所以木匠们总是忙碌的,不过要说显示出他们不可或缺的作用的时候,那就是在战斗之时或者说战斗之后了,木匠和助手会受托修补船壳上的小洞,修理被损坏的船具,及替换断裂的圆杆。对一条航行在加勒比海的没有什么修船厂可去的海盗船来说,木匠就显得尤为至关重要了。那地方要么酷热难耐,要么就是暴雨如注,很容易造成船体开裂,使木头腐烂。除了在船底积聚的海藻和蓬壶之外,温暖的海水也助长了船蛆的来袭,这使得定期修整成了保证行船安全极为重要的一条。

制桶匠对于行船安全就没那么重要了，不过对于船员的粮食储备来说，却是一个关键人物。除去活禽活畜之外，在17和18世纪的帆船上，几乎所有的食品和饮品都是用桶来储存的。如果看一下商船或是战舰的横剖面就可以知道，船体下半部的大部分空间都塞满了各种尺寸的桶，那些桶分别是用来装牛肉、饼干、水、啤酒、红酒和烈酒。这些桶就是由制桶匠制造和修理的，他们在船只的粮食供应上起到了相当重要的作用。

因此，海盗们夺下一艘船之后，会留意寻找船上有没有这些具备专业技能的匠人。斜桁纵帆船巴巴多斯商人号在1724年10月被海盗法林顿·斯普里格斯夺下之后，"他们强行掳走了大副约翰·毕比、木匠约翰·琼斯和制桶匠理查德·弗利特"。韦德快帆船号上的木匠詹姆斯·布卢瓦在该船于1718年2月遇袭之后，劫数难逃地被那些法国海盗选中。后来被问及此节，他说"那些海盗强行掳去了他，将他作为木匠在他们船上扣留了六月之久"。当黑胡子在1717年12月夺下单桅帆船玛格丽特号之后，船上只有两人被迫加入了海盗的队伍，其中一人就是爱德华·拉特，他是个制桶匠。

1725年11月29日的《波士顿时事通讯》上刊载了一则报道，充分说明了海盗们是如何需要那些有专业技能的人员，在众多的资料之中给人留下了深刻的印象。单桅帆船欢喜号正在从波士顿开往西印度的路上，有一艘叫做"海中宁芙"的海盗船向它靠近，这艘船是由菲利普·莱恩指挥的。看到那艘船上挂着黑旗之后，他们意识到对方是海盗船，埃比尼泽·莫厄尔"比我们所有人都显得更为忧心忡忡，他哭喊着，说他知道他们肯定会逼他加入，因为他是个制桶匠"。莫厄尔是波士顿人，三十岁，"身材矮小，模样瘦削，面色黝黑"，他的担忧不是没有道理的。海盗们一夺下这艘船之后，就决定逼迫莫厄尔加入他们。他们使用了一些让他别无选择的法子：

有一个海盗用斧柄在莫厄尔头上打了好几下，打得他头上瘀青一片，鲜血淋漓，这之后，还是这个海盗，强迫莫厄尔将头枕在舱口围板上，并将斧头举在他头上，斩钉截铁地说，要是莫厄尔不马上在他们的条约上签字，那他就要把他的脑袋给砍下来了，莫厄尔只得连声求他饶命。这之后，这个海盗又把莫厄尔带到了艉楼甲板舱里，他们在那里待了不长的一段时间，莫厄尔出来之后，告诉本声明人和其他俘虏，他被毁了，没救了，在他们的强迫之下，他已经在条约上签了字。

关于莫厄尔后来的命运，我们无从得知，我们只能希望，他不要像理查德·伦特利那样。伦特利是个木匠，他的船在非洲几内亚海岸航行之时，被海盗豪厄尔·戴维斯夺下了，他本人也被掳走。经历许多奇事险情之后,伦特利成了巴塞洛缪·罗伯茨麾下的海盗中的一员,"我们这些被迫加入的人被他们以武力驱使,去做一些我们的良知以为是非法的事"[1]。一天晚上,他和其他被迫加入的人商议着要将他们所在的这艘船拿下,并开到西印度去,然而他们的谈话却被一名海盗听到了。海盗向罗伯茨和他的军需长汇报了他们的计划,"马上所有的人都被召集起来,他们讨论着要怎样处置我们,有些人认为应该将我们枪杀,其他人则不这样认为,于是他们折中意见,决定将我们弃到一个荒岛上"。一艘去英国的船把他们救了出来,但可怜的伦特利却被拖到了苏格兰的海事法庭,最后以海盗罪被判处死刑。1721年1月11日,他在利斯河岸边被绞死。

---

[1] 见《斜桁纵帆船鹰号上的木匠理查德·伦特利的死前陈词与临终遗言》(爱丁堡,1721)。该书有一本存在国家海洋博物馆的凯尔德图书室中。

酷刑、暴力与放荒滩

1724年11月3日，一艘叫做乔治舰的船上发生了一起野蛮的哗变事件，当时这艘船正在从加那利群岛的圣克鲁斯前往直布罗陀海峡的路上。夜里十点钟，船员中的七人发动了惨无人道的袭击。外科医生、大副和文书在睡梦中遭到攻击，被切断了喉管。船长奥利弗·费诺正在甲板上，这个上了年纪的男人是出了名的卑鄙和乖戾。两名哗变者抓住了他，试图将他扔到海里，他奋起反抗，从他们手里挣了出去。他发现自己面前又出现了一个抄着刀的哗变者，那把刀是从甲板下面的屠宰房里拿来的，上面还有鲜红的血迹。船长被那人在咽喉上划了一刀，并再次被他们抓住了，就在他挣扎的时候，有人用手枪近身射击，打中了他。他奄奄一息地趴在地上，而其他三名受害者则强撑着爬上了甲板，鲜血从他们的伤口喷涌而出。那名文书丹尼尔·麦考利请求哗变者们让他多活片刻，以便说完他的祷告。"去你的，"他得到这样的回答，"我们可没有时间听你祷告。"他们开枪打死了他，还有其他两个受伤的人。四具尸体被扔进了海中。

在这次哗变中领头的是约翰·高，又名约翰·史密斯，一个三十五岁的苏格兰人。[1] 他是一名经验丰富的水手，在战舰和商船上都待过。几个月前，他在鹿特丹加入了这艘乔治舰，被任命为二副和枪炮军士长。他之所以选择这艘二十门炮的商船，其实就是准备要煽动一次哗变，然后接管这艘船的。

杀死船长费诺和其他高级船员之后，高和他的帮凶们迫使其他船员跟着他们做了海盗。他们将船重新命名为复仇号，开始了他们的劫掠之旅。在西班牙和葡萄牙的海岸边，他们劫夺了一些商船，并召开了一次讨论会，研究接下来应该去西印度、几内亚海岸，还是苏格兰。高出生在苏格兰东北海岸上靠近瑟索的地方，后来随父亲搬到了奥克尼本岛的斯特罗姆内斯。他知道奥克尼群岛那个天然的大型港湾斯卡帕湾是船只躲避冬季暴风的避风港，而且在那些人迹罕至的海滩上，他们可以安闲自在地整修他们的船只。因此，他说服其他船员，将船开往苏格兰，并告诉他们，可以把船伪装成一艘由正直可信的商人们驾驶的船只，只是因为天气的关系，所以才来到了北方。

1725 年近 1 月末，他们来到了奥克尼群岛，在"离卡里斯顿有一段距离的一个小岛的背风处"下锚停船。高上岸去找一个

---

[1] 高的生平资料来自 1724 到 1725 年的《伦敦报》；约翰逊的《海盗简史》；及丹尼尔·笛福的《已故的约翰·高即史密斯的所作所为及受审经过记录》（伦敦，1725）。笛福此书曾由约翰·拉塞尔编订过一个限量版本（伦敦，1920），该书注释也很有价值。

他出海前一直在追求的女人。那女人看他现在当上了船长，显然是被打动了，答应要嫁给他。不过，之后的事情却开始朝坏的方向发展。高手下一个年轻的船员趁这个海盗头子不注意，溜走了，他雇了一匹马，来到奥克尼的首府城市柯克沃尔，向地方长官汇报了有一艘海盗船在这附近的消息，以此引起当局的注意。另有十二名船员划着船上的长船逃跑了，他们最后成功抵达苏格兰本岛，同样向当局作了报告，要他们进行防备。虽然高明明知道警戒信号已经拉起，他还是派人去劫了当地行政长官的房子，这才起锚，驶到了一个叫卡瓦的小岛。他们拐走了那里的三个女人。根据记载，这几个女人"在船上被拘了一段时间，受到了灭绝人性的对待，等这些人再把她们放回岸上的时候，她们已经迈不开步走路，甚至连站都站不起来了。我们还听说，其中的一个女人就死在了他们扔下她的那片海滩上"[1]。

高接着向另一个岛屿驶去，准备去抢劫那儿的一个有钱地主费先生的家，他很小的时候就听过这个人的名字。谁知在卡尔夫海湾冲刷而过的急流给他的船带来了不小的麻烦，这帮海盗还不得不向那位费先生请求援助。2月14日风起了，海盗船被吹上了卡尔夫岛的岸边。高还想跟费先生讲价钱，可他完全不是费先生的对手，最后他和船上还剩下来的所有海盗都被逮捕了。海军

---

[1] 笛福《已故约翰·高即史密斯的所作所为及受审经过记录》。

部派出一艘战舰到苏格兰来,把这些海盗带回伦敦受审。选定的船舰是皇家海军灰狗号,由索尔加德船长指挥,这艘船曾经在三年前于长岛附近将以洛为首的海盗擒获。索尔加德形容这段向北的航程寒冷而麻烦,不过到了3月25日,他已经押着三十名囚犯驶回了泰晤士河中,而那条海盗船也并排停在了边上。

犯人被转到马夏尔西监狱候审。高拒绝选择辩护方式,他的手指因此被用鞭绳绑在了一起,鞭绳抽紧,教他疼痛难当。虽然行刑者与另一位警察一起拉绳子,一直拉到绳子都断了,可高还是不肯配合。他被带到了纽盖特监狱,将被带到压力场中折磨至死。他们会让他俯卧着,在他身上慢慢增加重量,使他痛苦难耐,最后不堪重负而死。这种缓慢而痛苦的死法让高的心理防线崩溃,他同意进行无罪辩护。审判在老贝利街进行,由海事法庭的法官亨利·彭里斯爵士主持。高所面对的指控是谋杀和海盗罪。同他手下的九名海员一样,他被认为有罪,并被判处死刑。行刑之后,高和他的副手威廉斯的尸体被下令用铁箍套悬挂起来示众,"一个在格林尼治对面,一个在德特福德对面"[1]。

撇开他作出去苏格兰的决定,而没有去加勒比海或是非洲海岸这一点来说,对于海盗活动极端猖獗的时代的许多海盗来说,约翰·高这个人是具有代表性的。他从前是海员,相对而言,他

---

[1] 1725年6月5日的《伦敦报》。

1773年位于伦敦萨瑟克区的马夏尔西监狱外景图。

除去被囚禁在纽盖特监狱的基德船长外,所有被送到伦敦受审的海盗都被囚禁在这里。

比较年轻,他的海盗生涯很短,而且涉及极端暴力的行为,不管是他自己这方面,还是政府方面。当时的英国报纸较为详尽地报道了他的生平,也因此引起了两位英国最伟大的作家的注意。1725年,丹尼尔·笛福写了一本小册子,并由约翰·阿普尔比出版,书名是"关于因在乔治舰上所犯下的谋杀和海盗罪而被处决的海盗们的船长已故的约翰·高即史密斯的所作所为和受审经过的记录"。这本书严格按照报章报道和庭审记录的内容,辅以笛福自己搜集到的高与其从犯的资料,是一篇原汁原味的猎奇文字。

一个世纪之后,沃尔特·司各特爵士将高的故事敷衍成章,完成了一部题为"海盗"的完全意义上的历史小说。1814年,司各特与罗伯特·史蒂文森游览了奥克尼群岛的一些相关地点,后者是一位灯塔工程师,也是罗伯特·路易斯·史蒂文森的祖父。司各特是作为灯塔委员会干事的客人而到此游览的,他将自己的所见所闻巧妙地运用在了他的书里,并对奥克尼地区荒凉而神秘的风光海景进行了长篇累牍的描写。高在书中所对应的人物是克利夫兰船长,他显然要比高本人有魅力得多。小说中充斥着当地人关于美人鱼和野兽的传说,性格怪异的人物也比通常小说要多得多。司各特抓住了报道中所说的高向一个当地姑娘求爱的这一节,在此基础上构建出了以一个具有贵族血统的富有的设德兰人马格努斯·特洛伊的两个美丽女儿为中心的复杂情节。思想崇高而富于想象力的明娜爱上了身为海盗的克利夫兰船长，而她性格欢快且更为讲求实际的妹妹最后则与小说英勇潇洒的主人公莫当特双宿双飞了。

司各特创作的这个奇险故事富于戏剧张力和浪漫色彩，无疑会使他成千上万的忠实读者爱不释卷，不过就像之前和之后的许多作家一样，对于海盗他还是因袭了那种乏味陈腐的大俗套。克利夫兰船长是个悲剧人物，就像拜伦笔下的那位海盗一样，他受到女人的爱慕和船员的敬仰——这可离那些以劫掠行为使商船水手和乘客胆战心惊的野蛮人相去甚远。海盗们的真实生活与其说有一点像是同时代那些书籍和戏剧中所表现的样子，不如说倒是同现今的某些恐怖片更为接近。曾经遭到查尔斯·文为首的海盗的攻击的两名水手的证言为我们提供了窥视海盗暴力手段的鲜活资料，这样的暴力手段在加勒比地区的海盗中是极为普遍的。

1718年5月，纳撒尼尔·卡特林在百慕大登岸，去见了贝内特总督。他告诉总督，他是百慕大一艘单桅帆船钻石号上的一名船员。4月14日，他们正在巴哈马的拉姆礁附近航行的时候，被文船长率领的海盗船漫游者号给截下了。海盗们将钻石号的船长和所有船员暴打一顿，并劫去了一名黑人和300枚八个里亚尔。他们挑中了纳撒尼尔·卡特林，勒住他脖颈，把他吊了起来，直到他们以为他已经死了。把他放下来之后，他们发现他又活过来了，一名海盗于是操起短弯刀照着他锁骨位置横着就砍了一刀，如果不是另一名海盗劝他说"太残忍了"，他会一直砍下去，直到把卡特林给砍死。海盗们最后的还放火焚烧了钻石号。

卡特林陈情后才过了五天，百慕大一艘单桅帆船威廉和玛莎号的船长爱德华·诺思也跑来见总督，向他讲述了相似的事件。他说，就在钻石号被劫后三小时内，他的船也在拉姆礁附近遭到了文的袭击。海盗们强行登上了他的船，毒打了他和他的船员，然后把一名水手拉到船头，将他手脚捆住，绑在了船首斜桁上。就在他无助地仰面躺在那儿的时候，海盗们将点燃的火柴棍放到了他眼睛里，还把装满火药的手枪枪口塞到了他的嘴里，"以此逼迫他交代出船上都有些什么值钱货"。这一次他们没有放火烧船，不过诺思船长报告说，他们在船上的时候，嘴里连声咒骂国王和当权的高官，并诅咒总督该死。

尽管殖民地总督上报的某些海盗暴力行径其实是施虐者的虐待行为，或者说那些个施暴者只是厌倦了自己平淡的生活而想找点刺激，不过情况也不总是如此。许多海盗使用折磨或是杀人的手段就是为了达到他们一些特定的目的。最常见的情况是，他们希望凭借暴力手段尽快找出船长、船员和随便哪个乘客藏匿贵重物品的处所；他们也会刻意使用暴力来为自己塑造令人畏惧的形象。他们希望，海盗杀人不眨眼的名声传扬出去之后，未来碰到的劫掠目标都会不战而降。上报的许多暴力行径还存在着另一个动机，那就是复仇。对于阻碍他们劫掠活动的行为，海盗们总是睚眦必报，他们的许多暴力行径就是为了向新近囚禁或是绞杀过海盗的那些岛屿或是国家的船只实施报复。根据爱德华·诺思所述，查尔斯·文在上文提到的两次在巴哈马地区发生的袭掠事件中使用暴力，是因为某个叫做托马斯·布朗的人因涉嫌犯有海盗罪而被巴哈马政府拘留了一段时间。巴塞洛缪·罗伯茨对待马提尼克岛和巴巴多斯岛的水手残忍无情，这是因为这两个岛的政府多方设法想要捉住他。1721年，他在马提尼克岛附近劫夺过往船只，俘虏船上的船员。根据1721年2月18日发往伦敦的报告，"有些人几乎被他们鞭打至死，另外一些人被他们割掉了耳朵，还有一些人被他们将手臂绑在帆桁上，然后作为靶子开枪射击"。1721年，罗伯茨想要强登一艘停泊在圣卢西亚的荷兰船。船员们放下张帆杆和护舷木，希望能够借此逃过一劫，然后还开了火。在将近四个小时的时间里，他们击退海盗的进攻，杀了好些敌人。当这艘荷兰船最后终于被打败时，为了替他们死去的同伴报仇，海盗们进行了凶残的屠杀，一个活口也没有留下。

如果船长藏匿贵重物品，或者拒绝说出贵重物品的下落，那么海盗们对他是不会手下留情的。爱德华·英格兰手下的船员曾经对一名船长这么说，如果他敢把钱藏起来，他们就马上弄沉他的船，还要在他脖子上缠一条链弹[1]，把他给扔到海里去。这位

---

[1] 链弹：帆船时代海战所用的一种炮弹，由两个以链条连接的炮弹半球组合而成。

船长权衡之后，决定还是不要冒这个险。另一位船长则错误地冒犯了那位施虐狂爱德华·洛，后者的残酷行径简直成了加勒比海的地方特色。这里有哈特总督于1724年3月25日从圣基茨岛写给伦敦的贸易与种植园委员会的一段话。他叙述了洛是怎样"劫下正从巴西返家的一艘葡萄牙船的；这艘船的船长将装有11 000枚金币的袋子悬挂在舱室的窗外，就在洛要将他抓住的时候，他把绳子剪断，金币掉入了海中；为此洛将这位船长的嘴唇给割了下来，并在他面前烤这两片嘴唇，之后还将船上的三十二名船员尽数杀死"。哈特总督是从尼古拉斯·刘易斯那里知道洛施暴的这些详细内容的，包括刘易斯在内的十六名海盗当时被抓了，并在由哈特主持的海事法庭受审。他们中的十四人最后被判处死刑，然后被绞死。

在海盗肆行无忌的时代，即从17世纪到18世纪初期的这段时间里所留下的资料中，我们看不到任何关于"走板子"的记载，大部分海盗研究者因此就轻率地视之为子虚乌有之物，认为它那么深入人心不过是因了那些文学作品。然而，关于走板子的例证这才要浮出水面。1829年7月23日的《泰晤士报》中包含一则关于加勒比地区海盗袭掠的报道[1]。荷兰船范·弗雷德里克号是一艘200吨的双桅横帆小帆船，4月12日从牙买加出发，开

---

1 其他关于"走板子"的记载，请参看《航海者之镜》第80册（1994）。

霍华德·派尔一幅版画中的走板子场景。

事实上，海盗迫人走板子的例证非常少，很可能是巴里的剧作《彼得潘》和与这幅书籍插画类似的其他画作促使人们在脑中将海盗与这种惩罚方式联系在了一起。

往荷兰的哈勒姆。正到它驶到背风航道，离开古巴才不过两天光景的时候，被一艘纵帆船给截住了。船员们竭力想要甩开那艘船，不过最后还是被赶上了。那艘船挂着布宜诺斯艾利斯的旗帜，朝他们开了一炮，迫使他们停下了。三十名海盗登上了范·弗雷德里克号，并开始劫掠这艘船。荷兰人发出了抗议声，"却只是惹得那帮流氓大笑，他们开始强迫那些可怜的人像他们说的那样去'走板子'"。这些人被绑住双臂，蒙上眼睛，脚还被和炮弹捆在了一起，然后被逼走向大海。有一名乘客逃过一劫，他说出了金子藏在哪里，海盗们后来在古巴把他放上了岸。很可能还会有其他例证被找出来，不过就现在所能搜集到的资料来说，走板子并不像是很多书籍、电影和连载漫画所表现的那样，在海盗中是一种相当普遍的惩罚手段。

　　大多数英美海盗使用着在17世纪末期的海盗中比较常见的折磨手法。埃克斯奎梅林记录下了其中的一些：

> 当时使用的其他折磨手段之中，有一种是用绳子拉紧四肢，同时用棍子或是其他器具打他们。还有将导火线放在他们的手指缝中，然后活生生地把他们烧死。还有将细绳或是导火线缠绕在他们头上，直到他们的眼珠子从头颅中蹦出来。

最后一种手法被称为"绕毛线",因为他们之前已经这么来称呼绕着桅杆捆绳索的动作了。海盗们最喜欢这种折磨手法了,因为它便捷有效,只需用到那么一小段绳子即可。有些海盗的折磨手法就要复杂得多。虽然亨利·摩根一直坚持说,他对俘虏,尤其是女士,是相当尊重的,可是西班牙方面的说法却满不是那么回事儿。1668 年波托贝洛城被夺下之后,许多市民惨遭暴行的摧残。堂·佩德罗·拉德隆·德·格瓦拉坚持说那些女性俘虏遭到了虐待和压迫,有些还被"火烧身体某些部位,至于是哪些部位,他无法启齿"。另有一条记录描述了这些俘虏中的一个所面对的那骇人的命运:"那儿有一个女人被几个人脱光衣服,放在烤炉上烤,因为他们觉得她有钱,而她自己却不肯承认。他听到有几个人称述时还对此颇为自得,一个病着的倒是对自己的所作所为感到懊悔。"一位来自卡塔赫纳的船主讲述了海盗们是如何折磨波托贝洛的第一夫人堂娜·奥古斯丁·德·洛加斯的。她被扒光了衣服,被迫站在一只空的红酒桶中。桶里跟着被灌满了火药,有一名海盗将点着了的导火索举到她面前,质问她将自己的财物都藏在了哪里。[1]

构想最为巧妙却最令人作呕的暴力场景少不了隆格多克的蒙特巴尔斯贡献的这一幕。他会将受害者的肚子切开,抽出那人肠

---

[1] 本段几条引文资料均来自厄尔《洗劫巴拿马》。

子的一端钉在柱子上,然后用一根烧着的原木敲打那可怜人的后背,迫使他不断跳舞直到死去。埃克斯奎梅林的书中记载了摩根手下的人在夺下直布罗陀之后对一个葡萄牙人所采取的长时间的折磨。他们在地上竖起了四根柱子,用绳子绑住那人两手的大拇指和两个大脚趾,并将绳子拴在柱子上,使这人悬在四根柱子之间:

> 然后他们抡起大棍子,使出全身气力击打那几根绳子,在如此剧烈的疼痛折磨之下,这个可怜人的身体仿佛要在随便哪一次击打之后就分崩离析了。他们却还嫌这样的酷刑不够,搬来一块超过200磅的石头,将石头放在那人的肚子上,简直是存心要让那个人死。与此同时,他们还点燃了一片棕榈叶,将火举到那个不幸的葡萄牙人的脸上,那张脸上所有的毛发,胡子还有头发,都跟着烧了起来。

海盗们后来解开了将他捆在柱子上的那几根绳子,将他带到了近旁的一座教堂,他们把他绑在教堂的柱子上鞭打,之后又饿了他好些天。那人虽然申明自己只是个客栈老板,最后却设法筹到了1 000枚八个里亚尔,这才恢复了自由,"可是他的身体已经受了这样可怕的重伤,简直难以令人相信,他还能活到几个星期之后"。

虽然海盗们的暴行是罄竹难书，不过我们也有必要认识到，海上并不只有海盗在逞凶施暴。对于一名普遍水手来说，如果他所在的船是由一位酷爱欺侮手下人的船长所统率的话，那么注册商船上的生活也是人间地狱。马库斯·雷迪克在他的书《在恶魔与蓝色深海之间》中为18世纪早些年里海上那些商船船长的暴行记下了一份使人不安的清单。其中包括哈斯金斯船长的案例，他是"拉文东大帆船"上的总指挥，在约翰·菲利普斯睡觉的时候攻击了他。他挥拳对他一顿好揍，又用扩索锥打了他十几下。菲利普斯开始出现惊厥症状，不过他还是在船长的逼迫之下上了甲板，向桅杆上爬去。在冰冷的暴雨中，只穿着衬衫和马裤的他被命令张开前顶桅帆。这是前桅上的三面帆中最高的一面，距离动荡不定的甲板有120英尺左右。单人操纵那面沉重、湿漉漉的帆布对于一个状态良好的人来说已经是够危险的活了，而当时的菲利普斯头晕眼花，伤口中还流出大量的血来。他紧紧贴着帆的时候发作了另一阵惊厥，一些船员想上去帮帮他，不过哈斯金斯船长斩钉截铁地说，如果有谁胆敢帮忙，他就射死他。菲利普斯设法完成了任务，保住了自己的命。

欧罗巴号上的水手理查德·贝克却没能保住自己的性命。1734年，在从圣基茨岛到伦敦的航程中，他生了病，身体太过虚弱，以至于船长让他到甲板上来，他都没法遵命。恶毒的船长故意安排他在掌舵位置站了两班岗，等他工作四小时之后，他鞭打了他，还把他绑在后桅上，让他在那儿吊了一个半小时。四天之后，贝克就死了。

现代人通常会认为帆船是富于美感的事物，不过一位具有施虐倾向的船长会教它变成一座刑场。有钩的篙子、扫帚和铁条可以用来打人。斧子、锤子和短弯刀可以使人重伤。不同尺寸的绳子可以用来鞭打、勒死他人，或者拉拽这个人的身体和四肢。船上的帆樯索具和桅杆的左右支索是将一名顽固分子双臂绑起在上面吊几个小时的理想处所。等到把一个人打得皮开肉绽的时候，那里有成桶的海水可以浇到伤口上，另有充足的盐可以加到这些海水中去，以便增加那人的痛苦。最高海事法庭的档案里充斥着对水手施加暴行的恐怖故事。

他们不得不忍受的某些惩罚的野蛮程度简直令人瞠目结舌。约翰·克雷西受命将他的中指放进木块上的一个洞里。托马斯·布朗船长下猛劲将楔子塞进了那洞里，致使克雷西的手指被压伤，连手臂都肿了起来。那个木块有将近55磅重，克雷西在接下来的半个小时中被迫抱着它到处走。因为偷了一只鸡，安东尼·科默福德被绑在左右支索上接受鞭打，而且被判定要被船上每个船员抽上两鞭子。临死之前，科默福德原谅了船上所有人对他做的事，除了船长和大副。爱德华·哈姆林被鞭打之后又被锁上了镣铐，在卡蒂斯港他那条船的甲板上承受了八天八夜的风吹、日晒和雨淋。

我们不知道，在海上，到底有多少商船水手因此而丧命，或者留下残疾，不过这些更为暴虐的船长所施加的野蛮行径肯定也是一些人落草为寇的原因。海盗约翰·阿彻在1724年被处决之前，曾经这样说道："我希望船长们不要如此苛待他们手下的人，要知道他们中的许多人都这么干，这只能让我们这行变得魅力无穷。"1722年，在审判巴塞洛缪·罗伯茨手下的海盗成员时，约翰·菲利普斯指责他曾经待过的一艘船上的船长让手下人挨饿："就是他那样的混蛋让大家走上海盗这条路的。"

对于皇家海军中的一名普通水手来说，生活就完全不像商船上的水手那么难熬了。海军船舰上配备的船员要比商船多得多，这意味着他们有更为充裕的人手来分担重活，而有施虐倾向的船长更有可能面对的是军事法庭的审判。一个船长有权作出的最重的惩罚是鞭打受罚者十二下。不过，海军生活也有艰苦危险的一面，若是违法犯纪较为严重，是会受到残酷的惩罚的。在于1758年进行的仅仅一场军事审判中，有一人因擅离职守被判处两百鞭刑，有一人因策动哗变被判处三百鞭刑，还有一人因偷窃被判处五百鞭刑。鸡奸罪通常会被判处死刑，但也有过一次被判一千鞭刑的例子。

17、18世纪的生活在很多方面同中世纪生活一样严酷而充满暴力，而英国本土和其他殖民地政府所采用的惩罚手段有些也同海盗们挖空心思想出来的手法一样灭绝人性。处理那些拒绝在有罪辩护和无罪辩护中作出选择的男人或者女人的办法通常是将他们送到纽盖特监狱的压力场或者马夏尔西监狱受刑。他们会让这些人伸开四肢躺在地上,并在他们仰面躺着的时候,在他们胸膛上放置重物。重物会持续不断地被放到那人身上,直到他同意选择一种辩护方式。如果他还是拒绝作出选择,那他就会被慢慢地压死。这整个过程会花上好些天的时间,他们会给囚犯喂很少的一点硬面包和水,使他不至于饿死。

女人也是一样这么处置。1721年,当玛丽·安德鲁斯拒绝选择辩护方式出庭时,她得"按照古法受压而死;不过公共行刑人刚把她的大拇指给拽出来,要绑到一根粗鞭绳上去的时候,她就表示愿意配合出庭了"。因为证据不足,她被判无罪。凯瑟琳·海斯可不是这样,她被判了死刑,因为谋杀自己的一个儿子,又与另一个儿子乱伦同寝,她受命在泰伯恩被烧死。同日被处决的还有其他九人:三名鸡奸犯,一名谋杀犯,两名入室盗窃犯,一名重罪犯和两名公路抢劫犯。每当泰伯恩行刑的时候,两三千人跑来看那是常有的事,不过这次特别搭起的看台边簇拥了那么多人,以至于连脚手架都被挤塌了,掉下来砸死了五、六个人,另外还有许多人被压断了胳膊和腿。

凯瑟琳·海斯被装在囚笼里押运到了泰伯恩,"听闻如此可怖的罪行后,围观群众纷纷惊惧变色",根据指示,海斯要被活活烧死,而不是像通常那样,先勒毙后再焚烧。《伦敦报》上的报道记下了她最后那副惨不忍睹的样子："她颈上箍着铁圈，身上缠着铁链，就这样被固定在火刑柱上，还有一只抑制圈被绕在她脖颈上（那是穿过火刑柱与外部相连的），她要开始尖叫的时候，行刑者就拉这个使她不叫。大约一个小时之后，她就被烧成了灰烬。"

将鸡奸犯同谋杀犯和高速公路抢劫犯一起绞死并不是常见的事。虽说在那个时代，皇家海军和平民生活中的鸡奸罪本就是应当判处死刑的，不过更有可能的是，犯罪者会被禁锢起来，或者戴上颈手枷示众。

在众多被归到海盗们头上的恶行之中，放荒滩是最确凿无疑的了，这是指将受害者弃到荒岛上的一种行为。在西印度地区的海盗中，这种做法尤其常见。1718年，十名海盗在拿骚受审，他们被指控在一个叫做格林岛的岛上集结起来，抢劫了一批船只，"并且用武力强迫商人詹姆斯·克尔，及其他各色人等，被弃于上述之荒岛岸上"。布里斯托尔的罗杰·史蒂文斯于1724年在去牙买加的路上遭到海盗攻击，海盗们烧毁了他的船，将船长和水手长放到了拉滕岛的岸上。

海盗们也会用放荒滩来惩罚自己人，如果说这个人犯下了某些特定的罪状的话，像是在作战时离船而去或者离开自己的岗位，以及偷窃其他海盗的物品。在约翰逊船长《海盗简史》中所记载的十一条海盗守则（见第五章）中，第二条就说道，如果有哪个海盗从其他船员那里骗取金钱、珠宝或镀金银器，那么他就要受到放荒滩的惩罚。黑胡子有一次还用放荒滩的法子来甩掉了他的一些船员。那是在他们成功地劫掠了南卡罗来纳的查尔斯顿之后，他打定主意要解散掉船队，自个儿独享战利品。他把船队里的两艘船带搁浅了，利用一条作为他的战舰"安妮女王的复仇"的补给船的单桅帆船逃了出来。然后，他将手下的十七名船员放到了"一个距离本岛有一里格路的小沙洲上，那里既没有鸟兽，也没有草木，他们根本活不下去……"

在罗伯特·丹杰菲尔德1684年于卡罗来纳被录下的证言中，我们能够看到私掠船船员们用放荒滩作为解决争端的方法的一个例子。丹杰菲尔德加入了一艘由杰里米·伦德尔统率的三桅帆船，这艘船从牙买加出发，开始了它的私掠之旅。在驶向洪都拉斯海湾的时候，船上爆发了一场纷争。伦德尔和另外三个人认为应该到坎佩切湾去，而以船上医生约翰·格雷厄姆为首的其他船员则决心要穿过大西洋，向几内亚海岸进发。按照少数服从多数的原则，不幸的伦德尔和他的支持者们就被弃到了"一个小岛上，给了一张捉海龟的网，一条独木舟和随身武器，以便他们能够自己想办法生存下去，这个岛上没有人住，离开本土或其他住人的地方大概有10里格远"。

虽然放荒滩可能意味着慢慢被饥饿或日晒雨淋给折磨死，有时情况也正是如此，不过人们却为其添上了一重与事实大不相符的浪漫主义色彩。毫无疑问，这一部分是因为在这中间牵涉到了岛屿，要知道岛屿从来就对人的想象具有相当大的影响力。我们中的大多数人会记得自己游玩过的某些特定的岛屿，不过我们心里也不乏那些出现在传说和浪漫小说中的岛屿：弥诺陶洛斯所在的克里特岛；奥德修斯遇见塞壬、独眼巨人和女巫喀耳刻的其他一些希腊岛屿；莎士比亚在《暴风雨》中创造的"充盈着杂音、声音和甜馨的空气"的小岛；格列佛发现船在那里搁浅，自己被绑在海滩上的那个小人国岛；珊瑚岛；金银岛；还有彼得潘把温蒂、约翰和迈克尔带去的那个永无岛。

说得具体一点，我们也可以把那个映现在人们脑海中的荒岛的样子给描画出来。有意思的是，对我们大多数人来说，荒岛绝不是像沙漠那样除了黄沙别无一物的地方，那是一个有着僻静的海湾和林木覆盖的山丘的热带小岛，虽然无人居住，却长着棕榈树和野莓果，可以看到鹦鹉和山羊。被扔在这样一个小岛上，人可能会感到寂寞，不过只要动动脑筋，人还是有可能生存下去的。这种关于荒岛生活的极为深入人心的印象几乎完全来自于1719年初版的一本书，那一年，书的作者已年届六十。该书第一版扉页上题词的全文如下：

约克郡水手鲁滨逊·克鲁索的生平和奇异经历：此

人在美洲海岸靠近奥卢诺克河河口的一个无人岛上独自生活了二十八年；因为遭遇海难，他漂流到了这个岛的岸边，船上的其他人都在海难中丧生了。附记他最后是如何奇异地获得海盗们的解救的。本书由此人亲自撰写。

丹尼尔·笛福最为知名的作品并不是关于海盗的，而是写一个年轻人出海之后经历诸多奇遇，然后发现自己被冲到了一个无人岛的岸边，面对身体和心理的考验，他是如何应对的。这部作品不仅着意于考究道德与精神所面对的困境，同时也说明了一些像是怎样找食物和如何搭帐篷之类的更为基本的问题，是一部多维度的复杂作品。许多人认为这是英国的第一部小说，这本书也因此受到了学者们不遗余力的研究，不过如果不去考虑太过复杂的问题，这其实就是一篇引人入胜的野外生存报告，关注细节而极具信服力，使得我们对于主人公颇具认同感，甚至不太能相信，这部作品本身是虚构的。

《鲁滨逊漂流记》第一版印刷了一千册，甫一问世就大受欢迎。第二版在相隔不到两周的时间内又印行了一千册，之后的两版也以相当快的速度相继出版。不到一年时间，这本书就被译成了法文、德文和荷兰文。除去一些评论家因妒忌而进行的恶意中伤外，这本书获得了普通读者与文艺圈子内的一致好评。约翰逊博士与亚历山大·薄柏对此书大为称扬，并且正是在此书影响之下，《格列佛游记》和柯勒律治问世于一个世纪之后的《老舟子行》才得以形成它们现在的样子。1806年，一位牧师这么写道："我从不知道有哪个通情达理的人会不喜欢它。卢梭赞美这部小说，在他的带动下，所有法国人都是如此。"[1]

　　虽说海盗在这本小说中并不占据显著地位，不过小说与海盗之间却依然存在着一些勾连。笛福自己对海盗相当着迷。在从哈里奇到荷兰去的航程中，他曾经碰上过一次阿尔及利亚的海盗，而且海盗也是他好几本作品的题材，最著名的就是那本出版于1720年的《大名鼎鼎的辛格尔顿船长的生平、奇遇与海盗行径》了。这是本虚构作品，不过部分是根据埃弗里船长的生平改编而成的，埃弗里船长的故事也出现在了一部脍炙人口的传记作品《海盗王》中，许多学者认为这本传记就是笛福的作品。《鲁滨逊漂流记》与海盗之间更进一步的联系体现在我们所知道的亚历山大·塞尔扣克的故事里，他是个苏格兰水手，在智利海岸周边的胡安·费尔南德斯群岛之中的一个岛屿被放了四年荒滩。亚历山大·塞尔扣克无疑是鲁滨逊·克鲁索其人的原型，至于笛福在何种程度上受到这个苏格兰水手故事的启发，那就无法确知了。一般认为，笛福从未与塞尔扣克见过面，具有重大关联的线

1　马克·诺布尔牧师。转引自约翰·罗伯特·穆尔《丹尼尔·笛福，现代世界的公民》。

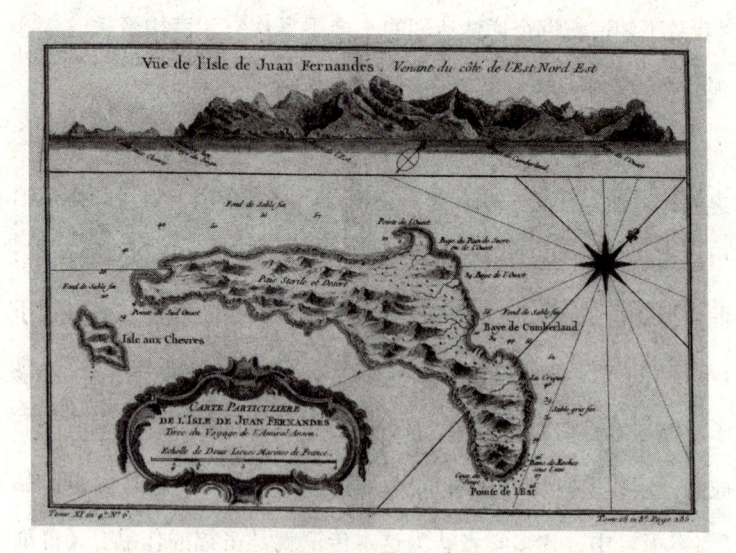

太平洋上的胡安·费尔南德斯岛,位于美洲南海岸以西350英里的地方。1704到1709年间,鲁滨逊·克鲁索的原型亚历山大·塞尔扣克就是在这里被放荒滩的。

索是，伍兹·罗杰斯船长关于救出这位被弃水手的文字记录的第二版出版于 1718 年，就是《鲁滨逊漂流记》问世的前一年。

那时候，塞尔扣克同海盗威廉·丹皮尔结伴航行，要去南海展开私掠活动。两艘叫做圣乔治号和五口岸号的船于 1703 年 9 月离开英国，第二年 2 月的时候，他们已经绕过合恩角，在智利海岸周边航行了。经历各种不尽如人意的出击行动之后，两艘船终于分道扬镳。五口岸号在斯特拉德林船长的指挥之下，载着塞尔扣克这位行船舰长，向胡安·费尔南德斯群岛进发，准备在那里对船体进行整修。他们在那里最大的岛屿马萨铁拉岛岸边下锚，这里偶尔会被海盗们当作避难地，许多年以来，也见证了若干次有心或者无意的放荒滩事件。

斯特拉德林船长是个不得人心的首领，塞尔扣克和他发生了争执。起航的命令下达之后，塞尔扣克表示反对，认为船还不适于航行，他要求他们把他留在岛上。斯特拉德林把他的话给当真了，他们自己开着船走了，没有带上塞尔扣克。这是 1704 年的 10 月初。

塞尔扣克就这样一个人在这岛上待到了 1709 年 2 月 2 日，那天，伍兹·罗杰斯率领的私掠船队在那儿的海湾下锚了。乘坐船上的小型帆船上岸的水手们碰到了"一个披着羊皮的人，看起来比他们的船长还要粗野"。威廉·丹皮尔当时是船上的引航员，他认出了塞尔扣克，保荐他是一名极为出色的水手。伍兹·罗杰斯同意任命这个被弃荒岛的人为他手下的船公爵号上的大副。他们是在 2 月 12 日起航的，劫夺了一些船只之后，便开始返程。当塞尔扣克最终于 1711 年 10 月 14 日踏上伦敦的土地时，他离开英格兰已经有八年多了。

　　塞尔扣克在胡安·费尔南德斯群岛独力求生的经历被记录进了伍兹·罗杰斯的书《环球巡航》中，该书问世于 1712 年。人们惊叹于岛上的风貌，以及塞尔扣克努力克服在这样一个荒凉的地方独处时所产生的忧闷与恐惧的那份勇气。他们尤其佩服他的奇思妙想。他在被弃到岸上的时候，"身边只带了衣物被褥，一把燧发枪，一些火药和子弹，烟草，一把短柄小斧，一把刀，一个烧水壶，一本圣经，一些实用物件，还有他的计算工具和书"。他的水手服穿烂了之后，他用钉子当针，将山羊皮缝起来，做了一顶帽子和一件褂子。夜里老鼠会啃他的脚，他就驯养了岛上的几只野猫，它们可以同他作伴，也能为他除去鼠患。他用树干支起了两间小屋，屋顶上铺着的是长茅草。他将两根多香果树枝放在膝盖上摩擦，以此来生火。除去现实部分之外，这个故事也包含着一层道德训喻，塞尔扣克以阅读、祈祷和吟唱赞美诗来战胜心中的恐惧与厌倦，"因此他说，在孤寂之中，他成了一个比他从前任何时候都要更好的基督教徒"。

海盗岛与其他居留地

1692年夏末,牙买加岛遭到灾害侵袭的消息开始在英国传扬开了。据报道称,罗亚尔港遭遇的这次地震相当猛烈,所有的房子都被大地吞没,城市的大部分地区都淹没在了海水之中。据说有三分之二的居民被淹死,或是埋在了木材及砖石之下,浸没在水中的教堂墓地中的坟墓洞开,那些多年的陈尸就在这座港市中漂来漂去。还有说水手驾着自己的船打家劫舍,并从浮尸身上把戒指和贵重物品给扒下来的。一位当地的牧师说有"一帮他们称之为私掠船船员的下流胚动手去把那些跑光了人的房子和仓库给撬开,就在脚下的土地还在震动的时候,他们抢劫和枪杀自己的邻居,也不管房子的碎块会掉在身上;那些胆大的妓女还赖在这地方不走,她们就跟从前一般厚颜无耻、烂醉如泥"[1]。许多人将这次天灾视为上帝对一个恶贯满盈而不知悔改的城市的审判,这个聚集着海盗与妓女的港市是基督教世界里德行最为卑劣的地方。

1　伊曼纽尔·希思《当地牧师对于罗亚尔港发生的可怕地震的完整记录》(伦敦,1692)。

等到亲历者的信件和报道抵达英国之后，事情开始明朗起来，所有的传言都是真的。一场大型地震于 1692 年 6 月 7 日中午十一点到十二点之间袭击了牙买加，罗亚尔港整座城都被掀翻了。两场余震接踵而至，地面连续起伏，使得未铺砌的街道上的泥沙像波浪一般上下涌动。包括教堂在内，砖石建筑都倒塌了，挨着港口的码头和整整两条街的房子和商店都被倾入了海中。地震之后，潮汐来到，海水灌进了这座城。"放眼所见，尽是死了的或快死的人，倾耳所闻，尽是尖叫和哭喊。"[1] 那一天有超过两千人遇难，之后因为受伤或感染疾病和热病死去的又有两千人之多。那里只有很少的一部分人活了下来，因此在很长的一段时间内，尸体就随着潮水漂来漂去，或者被海浪冲到岩石或沙滩上之后，就在那儿停放着，也没有人掩埋。约翰·派克是一位细木工人，他写信给他的兄弟，告诉他，他的房子沉到了海底。"我失去了我的妻子，我的儿子，一名学徒，一个白人女仆和六名奴隶，还有我在这世界上拥有的一切。我那块地，我本打算要在上面盖五间房子的，那里还有地方再盖十间呢，现在都沉到海底了，一艘漂亮的单桅帆船能像驶过罗经点一样从它头顶上开过。"[2]

---

[1] 埃德蒙·埃德林于 1692 年 6 月 20 日发自牙买加的信件，转引自《牙买加历史评论》上刊载的由 H. J. 卡德伯里撰写的《1692 年罗亚尔港发生的地震及当地的贵格派教徒》一文。

[2] 约翰·派克于 1692 年 6 月 19 日发自牙买加西班牙镇的信件，出处同上。

大航海时代牙买加地理示意图

被地震毁坏至此的这个城市曾经是美洲最富庶与繁忙的港市之一。1655年，英国人把牙买加从西班牙人的手里抢过来之后，他们在这个岛南边海岸弯曲伸向加勒比蔚蓝海面的一片狭长地块的一端建造了一座城堡。这块岬角形成了一处天然的大型港湾，而城堡的位置正好可以用来保卫港湾免受外来袭击。在四年的时间里，城堡周边聚集起了两百幢房子，包括工厂和仓库。查理二世王政复辟时期，这座港市被命名为罗亚尔港，它逐渐成了来自英国与美洲殖民地的船只通商贸易的一个繁荣的商业中心。同时，它也成了西印度地区主要的奴隶口岸之一，1671年到1679年间，有将近12 000名非洲黑人从停泊在港湾里的奴隶船上来到这片土地。到1680年的时候，白人与黑人加起来，共有2 850人生活在城中[1]。其中包括木匠、金匠、白镴器匠人、制帆人、造船工和水手。不过最重要的还是那些商人，他们过得"奢华极了，富裕安适，衣装华丽，黑奴伺候左右，听其差遣"。

这座城市看起来，很大一部分就像是那时候的布里斯托尔、波士顿，或英美其他繁忙的港市一样。砖石或是木质结构的房子紧密地挤簇在街道两边，而那些街道起的也都是耳熟能详的英国名字，像是泰晤士道、莱姆道、女王道、史密斯街和费什街。那里有一座英式教堂、一座罗马天主教小教堂、一座贵格会聚会所

---

[1] 迈克尔·波森和戴维·比塞里特合著的《牙买加的罗亚尔港》(牛津，1975)。

和两所监狱。那里有为数极多的酒馆和妓院,也有"一帮淫妇和娼妓"。约翰·斯塔尔经营着那里最大的妓院,手下有二十一名白人妓女和两名黑人妓女。罗亚尔港最知名的妓女要算是玛丽·卡尔森了。她于1634年前后出生在坎特伯雷,曾经是个少年犯,后来登上了伦敦的舞台,出演了一部专门为她写作的剧《德国公主》。1671年,她因偷窃罪和重婚罪被捕,然后被永久流放到了牙买加。她在罗亚尔港做起了皮肉生意,两年来过着丑恶可耻的生活。别人说她"像理发店的椅子那样向所有人开放,前面一个刚起身,后面一个又坐下了。狡黠、阴险、诡计多端,不达目的,誓不罢休"[1]。

要说罗亚尔港与布里斯托尔和伦敦不同的地方,那当然是气候,作为酒馆常客的海盗们的数量显然也不一样。在俯瞰金斯敦的蓝山山坡上,热带气候让人感觉心旷神怡,可在无风的日子里,人们只会感到酷热难当,时而出现的风暴和飓风更会极大地危害到人们居住的房屋,航船也是一样。不过说到海盗,这些人虽然给这座城市带来了坏名声,也为它带来了巨额的财富。对于海盗们将罗亚尔港作为他们的活动基地这件事,岛上的历任总督都表现出颇为积极的鼓励态度,他们认为这些全副武装的船只在此地逗留,可以让西班牙人和法国人闻风丧胆,再不敢妄图夺下

---

[1] 见克林顿·布莱克《罗亚尔港史纲要》(牙买加,1970;作者所据为1988年修订版)。

该岛。事实证明,这一策略是相当成功的。牙买加从未遭到过哪方面真正的攻击,而罗亚尔港的商人和商店老板也因为海盗们劫掠西班牙船只和城市而涌入的大笔财富而富裕起来了。

这一安排也正中海盗们的下怀。将地理位置极好的牙买加作为活动基地,正可以向位于中美洲的那些西班牙城市以及往来于西印度地区的航船发动攻击。罗亚尔港为他们提供了一处停泊船只的上佳港口,更附带有整修船只所需的场地和设备。17世纪60年代,海盗们度过了一段美好的时光。亨利·摩根就是在那个时候以罗亚尔港为基地,向波托贝洛、马拉开波和巴拿马发动进攻的。光是波托贝洛一役,就为他们带来了数不胜数的财富,这些钱大多都被挥霍在了罗亚尔港的酒馆和妓院里。海盗们挥金如土是出了名的,查尔斯·莱斯利在他出版于1740年的牙买加历史著作中对此作了相当生动的描绘:

> 醇酒妇人简直榨干了他们兜里的每一分钱,以至于不多久之后,他们中的一些人就沦落成了乞丐。据说他们一个晚上能花两到三千枚八个里亚尔,有人还为了看一个妓女脱光衣服就给了她500枚八个里亚尔。他们曾经买过一桶最大桶装的红酒,放在路边,请每一个过路的人都喝上一口。

1671 年，巴拿马被洗劫之后，摩根和牙买加总督托马斯·莫迪福德爵士被召回了英国，海盗们这种放浪的生活也走到了尽头，英国法庭不再支持以西班牙为目标的海盗活动了。时间过去二十年，让我们说回到地震之后，许多幸存者将家搬到了港湾对面的金斯敦，也把商铺和生意给搬了过去。那个伸向罗亚尔港的岬角有一部分沉到了海底，在接下来的七十年中，罗亚尔港这座城市就只是那残留下的一个小岛了。不过，从金斯敦出发的渡船还是照样在港湾里来回穿梭，而船只也照样在那个小岛的背风面下锚停泊。皇家海军将这座城作为他们的基地，罗亚尔港也渐渐重整旗鼓，虽说往日的繁华是再不会有了。这里不再欢迎海盗们光临，汉密尔顿总督甚至向私掠船船主们发布委任状，授权他们"抓捕、攻取及拘捕一切海盗船，包括船上的指挥者、高级船员及其他船员"。

　　如今使罗亚尔港臭名昭著的，并不在于这里是个海盗窟，而是海盗们会在这里被绞死。查尔斯·文其人曾于 1718 年在巴哈马附近带领手下人对两艘单桅帆船上的船员实施了恶意折磨，还曾袭掠加勒比海来往的航船，他后来遭遇海难，漂到了洪都拉斯海湾的一个小岛上，一艘开往牙买加的船救下了他，他最后却被一个从前当过海盗的人给认了出来，并被送交法办。1720 年 3 月 22 日在西班牙镇开庭的代理海事法庭对文进行了审判，他被认定犯有海盗罪，并在绞刑角被绞死，绞刑角是毗邻罗亚尔港的一片荒凉的滩涂，这一年的 11 月，花衣杰克也是在这里被绞死的。

之后又有许多海盗在绞刑角被处决。1722年5月,某条海盗船上的58名海盗中,有41人被绞死在这里。约翰·埃莱斯是罗亚尔港的一名木匠,他在1724年9月到1725年5月间搭建了五座用于处决海盗的绞刑架,为此向牙买加行政委员会递交了一张25英镑的账单。一个世纪之后,罗亚尔港仍然是行刑地。1823年,皇家海军格洛斯特号的船长博特勒目睹了20名西班牙海盗被绞死的场面:

> 清晨,格洛斯特号上的几条船配备人手,带上一班击鼓吹笛的军乐仪仗队,出发去金斯敦,回来的时候,各船后面都拖着载有船长和九名海盗的汽艇,列队前进,军乐队奏着"扫罗之死亡进行曲"、"齐来崇拜歌"等。在这之后,另外十个人也被处决了,都是在早上——那场面真吓人。没有人能够像他们那样面不改色地去死。最先走上处决台的是船长,他上去之前,对他手下的人说,别忘了他们是在外国人面前去死,死也要死得有西班牙人的样子。[1]

在海盗的居留地中,印度洋的马达加斯加岛是另一个拥有传

---

[1] 《牙买加的罗亚尔港》。

奇地位的岛屿。从东方回来的水手向人们讲述着一个叫做利比塔利亚的热带王国的故事,那儿的一帮海盗想出了自己的一套规章制度,像亲王那样过着常人难以想象的奢华生活。"他们娶那些最漂亮的黑人女人,不是一个两个,而是爱娶几个就娶几个,所以他们每个人都像君士坦丁堡的大领主那样拥有一个庞大的后宫:那里还有他们雇来种稻、捕鱼、打猎,及做其他事的奴隶,除此之外还有不计其数的其他人,可以这么说,这些人都在他们的保护下生活"[1]。就像许多关于海盗的传说一样,这故事里有真实的成分,不过现实场景可不像这里面描绘的那么温馨恬淡。

马达加斯加是个大岛,比加利福尼亚州还要大,是大不列颠岛的两倍,1506 年,葡萄牙探险家们发现了它,从此地图上才有了这个岛。从印度出发或者到印度去的船有时会在马达加斯加周边的海湾下锚,17 世纪时,该岛逐渐成了海盗们的基地,他们将东北海岸边圣玛丽岛上的天然海湾取为己用。1691 年,曾经当过海盗的亚当·鲍德里奇来到这个岛上,建立了一个贸易站。在六年的时间里,他做着一桩富得流油的买卖,为海盗们提供食物和饮品,以此换取他们劫来的黄金、白银、丝绸和奴隶,再将这些货发给纽约的商人。基德船长于 1698 年踏上圣玛丽岛时,爱德华·韦尔什已经接替了鲍德里奇的位子,成了岛上的特派商。

---

[1] 《海盗简史》。

位于马达加斯加最南边多凡堡的另一个海盗聚居地是由亚伯拉罕·塞缪尔在 1696 年前后建立的。他是一艘海盗船上的军需长，驾驶着几艘捕获物船中的一艘，将它停靠在了圣玛丽岛。因为遭到当地土著人的攻击，他只好逃到了被法国人遗弃的居留地多凡堡。这里的土著人倒是很欢迎他，他们拥戴他成了这个王国王位的继承人。他于是称自己为塞缪尔王，开始做起了生意，并为自己组织了一支武装警卫队，娶了成群的老婆。圣玛丽岛以北数英里的兰特湾有着另一个小王国，统治者是詹姆斯·普兰坦，他将自己称为兰特湾之王。像塞缪尔一样，普兰坦同"许多对他绝对服从的老婆住在一起……她们穿着最为华贵的丝绸所制作的衣裳，其中一些人还拥有钻石项链"[1]。

1695 年，亨利·埃弗里正是从马达加斯加出发，带领着一支由六艘船组成的船队劫下了莫卧儿人的大运宝船至尊宝号。而托马斯·图则是从罗得岛出发来到了马达加斯加，这才在海盗与纽约和波士顿的商人们中间做起了一本万利的生意。有个 1700 年到过这个岛的人说在那里见到了十七艘海盗船，他估计那地方住着一千五百人。

正如弗莱彻·克里斯琴与皇家海军赏金号的哗变者们发现他们在皮特凯恩岛上与塔希提女孩们的生活渐渐演变成为一场残酷

---

[1] 戴维·米切尔《海盗》（伦敦，1976）。

的生存斗争，马达加斯加的海盗王国也开始分崩离析。这之中有他们自身存在的敌对问题，也有与当地人产生的纠纷，热带疾病更是造成了他们大量的人员伤亡。伍兹·罗杰斯船长于1711年造访开普敦时，他同与马达加斯加的海盗们一起待过几年的一个英国人和一个爱尔兰人谈了几句。"他们告诉我，那些悲惨的可怜人虽然曾在外面兴风作浪，声名大噪，现在人数已经缩减到了60至70人之间，他们中的大多数人即使同那些与他们通婚的土著人相比，也显得相当可怜而可鄙。"[1]

海盗们经常光顾的还是中美洲海岸沿线地区。坎佩切湾和洪都拉斯湾附近聚集着几拨洋苏木伐木工。许多海盗会临时性地到这些人当中去躲避风头，而那些洋苏木伐木工本来就时不时地会跟这一地区的西班牙殖民者发生冲突，很多时候他们也会直接加入到海盗们的队伍之中。

纳撒尼尔·尤林船长同那些在洪都拉斯湾伯利兹河两岸工作和生活的洋苏木伐木工一起度过了四、五个月的时间。这段经历并不使他感到愉快。他形容那帮伐木工是"一群粗野的酒鬼，有些人之前就当上了海盗，大多数人是水手；他们的乐趣主要就在于喝酒"。[2] 他们会就着大桶喝朗姆潘趣酒、红酒、艾尔啤酒和苹果酒，直到他们毫无知觉；等醒来之后，他们就又开始喝酒

---

1 罗杰斯《环球巡航》。
2 《纳撒尼尔·尤林船长的航行之旅》（伦敦，1928）。

了。有时候，他们一个礼拜都是这样的状态，根本不会离开酒桶半步。坎佩切湾的伐木工也是一样，他们只是更活跃、更吵闹一些而已。根据丹皮尔的记载，他们会巴巴地等着那从牙买加来采集洋苏木的船，那船一到，他们就跳到船上，花个 30 或者 40 英镑狂饮欢闹一回。这样的狂欢一次总要持续个三、四天，在狂欢中，每当众人举杯为某人的健康祝酒的时候，船上鸣炮致意总是少不了的，气氛也会因此达到高潮。

　　人们对洋苏木伐木工们的看法其实与伊斯帕尼奥拉岛上最开始出现的那些猎牛的海盗没有什么不同：他们是些强悍的家伙，在原始的生活条件下辛苦地过活，完全不受文明社会的各种道德约束。两者的相同点还不止于此。就好像西班牙人把伊斯帕尼奥拉岛的猎人们驱逐出去而造就了一帮为求复仇抢夺掳掠的海盗一般，洋苏木伐木工们也是被逼之下铤而走险，最后才走上当海盗这条路的。在 1720 年写给贸易与种植园委员会的信中，杰里迈亚·达默汇报说，乌得勒支协议签订之后，劫船越货的西班牙人开始染指那些在坎佩切湾和洪都拉斯湾从事洋苏木贸易的船只，他们对这种贸易构成了极大的破坏，使得"约 3 000 名受雇于此的水手转而当上了海盗，开始侵害我们所有的海域"。

　　情况并不像这里描述的这么简单。正如尤林船长所提到的，许多洋苏木伐木工本来就是海盗，而且很显然，有些人抽出他们原本用来伐木的时间，去抢劫来往的商船和海岸沿线的印度村落了。更何况，洋苏木买卖的从业者也不太可能多于1 000人。1676年，丹皮尔与洋苏木伐木工们一起工作了一年，他估计特尔米诺斯泻湖[1]周边地区有260至270个从业者，那里可是洋苏木贸易的中心。

也难怪那些洋苏木伐木工们会开始酗酒、当起海盗来，因为坎佩切湾周边的生活实在是不尽人意。那里的大部分地区是由红树沼泽和蚊虫成灾的湖泊和咸水湖构成的，水里还都是短吻鳄。像是麦地那龙线虫之类的讨人厌的寄生虫会钻到脚皮及脚踝的皮肤下面，而且那里到处都是会咬人或者螫人的飞虫。人们在溪流两岸搭建简陋的棚屋，那里是洋苏木生长的地方。他们睡在离地三英尺高的木架子上，因为到了雨季，这里所有的地方都会被大水淹没。他们得从他们的床上爬下来，踏进两英尺深的水里，接下来的一天时间里，他们需要将原木搬到划子上，或者搬到那些船只采收木材的地方。到了旱季，他们就砍树。这可是个吃力气的活。那些树的树干得有五六英尺那么粗，有时候需要用火药引爆，才能把一棵树撂倒。砍倒的树干会被截成原木，树皮会被扒下来，露出红棕色的内里。珍贵的红色染汁就是从这里榨出来的，这种染汁可以用来给布料上色。洋苏木木材（学名是Haematoxylon campechianum）同时也有药用价值。

---

[1] 特尔米诺斯泻湖位于墨西哥西南部尤卡坦半岛上，西隔卡门岛与坎佩切湾相接，属坎佩切州管理，面积2 007平方公里。

丹皮尔认为，洋苏木买卖是英国最赚钱的生意之一，不过它远远比不上奴隶买卖和烟草买卖所带来的收益。根据一份政府报告，在从1713年到1716年的四年间，大约有4 965吨洋苏木被运到了英国，折算下来，每年有不少于60 000英镑进账。比较一下，弗吉尼亚和马里兰这两处殖民地每年向英国输出的烟草共计70 000豪格海[1]，价值300 000英镑。伐木业永远只是在地球上一个遥远的角落里由几百个曾经的水手或者海盗运作的无足轻重的小生意而已。

坎佩切湾的买卖做不下去之后，许多洋苏木伐木工去了巴哈马。新普罗维登斯岛上拿骚城的海湾逐渐成了那里另一个海盗群体的总部，在加勒比海和大西洋上来往活动的海盗船也将这里作为他们的集合点。詹宁斯船长虽没有职衔，却统率着这帮人，他是"一个才识优异、地位尊崇的人"。根据约翰逊的《海盗简史》，1716年时以拿骚城为基地的海盗船长包括本杰明·霍尼戈尔德、爱德华·蒂奇、约翰·马特尔、詹姆斯·法伊夫、克里斯托弗·温特、尼古拉斯·布朗、保罗·威廉斯、查尔斯·贝拉米、奥利弗·拉布歇、梅杰·彭纳、爱德华·英格兰、T.伯吉斯、托马斯·科克林、R.桑普尔和查尔斯·文。曾经以拿骚城这片优良的天然港湾作为集会地的海盗还有斯特德·邦尼特、豪厄

---

[1] 豪格海是英国扩张殖民地时代用来装运烟草的大桶。标准毫格海大桶长48英寸，桶口直径30英寸，装满烟草后可重达1 000磅（454公斤）。

尔·戴维斯、尼科尔斯、米勒、纳朋、福克斯、波特、马卡蒂、邦斯、莱斯利、约翰·拉克姆，以及玛丽·里德和安妮·邦尼。

当局对于此地不断被指称为"海盗巢穴"感到相当震恐。汇报西印度地区海盗袭掠事件的函件成倍增长，而伦敦的贸易与种植园委员会也在报告中示警，认为巴哈马不具备任何一种形式的防御能力，大多数居民只能选择逃走，任凭那些岛屿"被海盗抢劫蹂躏，甚至可能从我大英帝国手中被夺去"[1]。

1717 年 9 月 3 日，国务大臣艾迪生先生宣布国王已经下令，要对西印度地区的海盗采取三项抑制措施：其一，三艘战舰将被派往加勒比海；其二，政府将发布公告，保证国王陛下将对投诚的海盗颁布赦令；其三，任命巴哈马总督，"令其将海盗从他们位于哈伯岛和普罗维登斯岛上的居留地赶走"。[2]

有幸获选担此重任的那个人就是伍兹·罗杰斯船长，他是在与海盗的战斗中取得骄人战绩的英雄之一。伍兹·罗杰斯是一位海船船长的儿子，1679 年出生于布里斯托尔。虽然被按照海员的方式教养长大，不过他似乎在布里斯托尔的社交生活中占据着举足轻重的地位。1705 年，他娶了将军威廉·惠茨通爵士的女儿萨拉，同年当选为他出生地城市的荣誉市民。1708 年，他组

---

[1] [2] 《国家文献一览表》之"殖民地，美洲及西印度"。

织了一支私掠船队，亲自担任船队统领，并在接下来的航行中环游了全世界。这次出航得到了布里斯托尔市长和市政委员会的赞助，特级上将还给伍兹·罗杰斯颁发了许可状，授权他攻袭法国和西班牙船舰。他还请到了五十六岁高龄的威廉·丹皮尔担任船上的引航员，这位曾经的海盗和探险家已经环球航行过两次，是一名经验极为丰富的航海家，有了他，这次的航行可谓万无一失。船队中共有两艘船，其中一艘是 310 吨、配备 30 门炮的公爵号，另外就是 260 吨的公爵夫人号。1708 年 8 月 2 日，他们起锚出发，向南边的加那利群岛开去。

事实证明，伍兹·罗杰斯确实是一位强悍而有能力的指挥官。他镇压了好几次哗变，不管是暴风雨还是平静无风的天气，他都安然度过，还劫夺了大约二十艘船。在加利福尼亚海岸附近发生的一次激战中，他伤得很重："我的左脸颊被击穿了，子弹打掉了我绝大部分的上颚，还有好些牙齿，那些东西一部分就掉在我倒下的甲板上。"几天之后，在同一艘 900 吨级、配备六十门炮的巨型西班牙船舰作战的时候，他又被击中了，这次是一块木片刺穿了他的脚踝，还把他一部分的足跟骨给撞了出来。他意志坚定地继续发号施令，约束着那帮时而不服管教的船员。

船队于 1711 年回到英国，并带回了一大笔财富，有金条、宝石和丝绸，都是他们从沿途遇到的船上打劫来的。战利品的总价值经估算为 800 000 英镑。这笔钱的三分之二归了船主和赞助人，三分之一在高级船员和船员们之间进行分配。伍兹·罗杰斯为这次航程撰写了一份秉笔直书的记录，展现了一名优秀海员的航海技巧和风范，这本书于 1712 年出版，题名为"环球巡航"。因为颇受欢迎，此书在面世不过数年的时间内就印行了三版。而伍兹·罗杰斯则带着他脸上留下的那块大疤，因为脚踝受过伤，想必也是一瘸一拐地，回到了他位于布里斯托尔市皇后广场的家，与家人团聚了。

这就是那个受命出任巴哈马总督的人。也难怪伦敦和布里斯托尔的商人们会向国王报告说，他们认为他是"完全能够胜任这项工作的那个人"[1]。他接到的谕令命他采取一切他以为必要的措施镇压海盗活动。赴任之时，他还带去了国王的一纸赦令，他可以向任何一个在 1718 年 9 月 5 日前向他投诚的海盗颁发赦令，对于他以往的罪责一概不予追究。

1718 年 4 月 11 日，罗杰斯乘坐曾经的东印度商船德利西亚号起航了，同行的有皇家海军米尔福德号、玫瑰号和其他两艘单桅帆船。他是在 7 月 26 日抵达新普罗维登斯岛的，刚到就发现有一艘法国船在拿骚港中燃着熊熊大火。原来是文手下的海盗把船给点着的，他们妄图将皇家海军玫瑰号给引出来，玫瑰号开在航行队伍的最前面，是昨天傍晚到的。德利西亚号和皇家海军米

---

[1] 1717 年 9 月 3 日国务大臣艾迪生致贸易与种植园委员会的报告，《国家文献一览表》。

尔福德号驶入港口之后，文觉得敌强我弱，实力差距太大了，于是就溜了。他放了一炮，表示对敌人的轻蔑，还在他那艘单桅帆船的桅顶上升起了一面黑旗。

新总督上了岸，控制了堡垒，"在那里当着我的官员、士兵和大约 300 名岛上人的面儿宣读了国王陛下的委任状，他们手持武器接纳了我，欣然归服，对于政府重新收复该岛当即表现出至为欢悦之情"[1]。那里正是百废待兴。他首先成立了政事委员会，任命了一位秘书长和一位首席法官。他命人修缮堡垒，城堡当时已经破败不堪，面海的棱堡最近还刚刚坍塌了。为了保卫港口，他安排架起大炮。他还派霍尼戈尔德船长去抓文和他手下的那些海盗。霍尼戈尔德从前也是个海盗头子，他已经归降，并领受了国王的赦令。

文所指挥的单桅帆船是一条出了名的快船，霍尼戈尔德追击失败之后，继续在周边巡查。10 月里，他在新普罗维登斯岛东南 130 英里的埃克苏马岛抓住了一伙海盗。他们都是领受过国王赦令的人，却又做起了海盗的营生，罗杰斯总督决定要用他们来杀鸡儆猴。1718 年 12 月 9 日星期二，海事法庭在拿骚城皇家警卫室开庭进行审判。七位委员在总督的统领下共同审理此案，他们是海事法庭法官威廉·费尔法克斯，三名平民，以及温盖特·

---

[1] 1718 年 10 月 31 日罗杰斯总督致贸易与种植园委员会的报告，《国家文献一览表》。

盖尔船长、乔赛亚斯·伯吉斯船长和彼得·库兰特船长。书记员宣读了总督基于议院最近发布的镇压海盗的法案而召集本次庭审的特别命令,开始了整个议程。

受审的共有十个人:约翰·奥格尔,原单桅帆船"普罗维登斯岛的玛丽"的船主;威廉·坎宁安,纵帆船"单身汉奇遇记"的枪炮军士长;约翰·希普斯,单桅帆船兰开斯特号的水手长;以及水手丹尼斯·麦卡锡、乔治·朗西维尔、威廉·道林、威廉·刘易斯、托马斯·莫里斯、乔治·本多尔和威廉·林。被告受到的指控只有一条,不过却是致命的一条:领受国王的赦令之后,他们重操旧业,又干起了抢劫和海盗的无耻勾当,并于10月6日"在一个叫格林贝的荒岛上"集合起来进行哗变,以海盗之行径窃走了"玛丽"、"单身汉奇遇记"和兰开斯特号这三艘船,及船上的货物和索具;另外,他们还将商人詹姆斯·克尔及其他人放荒滩,弃于格林贝上,而他们自己则出发前往埃克苏马岛。

被告选择的是无罪辩护。法庭在听取了几位证人的证言之后,对被告逐一进行了询问。只有约翰·希普斯一人能够证明自己是被迫加入海盗队伍的,他因此被判无罪。其他人都被裁定为有罪,并被宣判死刑。行刑的时间被定在12月12日早上十点钟。官方的行刑过程记录可能是所有那些描写海盗受绞刑的文字中刻画得最为细致生动的了:

为此，约十点钟左右，犯人们被去掉了镣铐，交由受命处理今日事务的宪兵队长托马斯·罗本森先生负责。罗本森先生按照惯例将他们双手反剪绑住，下令让接到指派的警卫员们协助他将这些人带到面海的防御土墙顶上，那里已由总督带领士兵，外加约100个其他的人团团围住。由犯人点名，所有在场的人一起朗读了几篇祈祷文和赞美诗。仪式结束之后，宪兵队长接到命令，带领犯人走下专门架设的梯子，来到土墙底。那里矗立着一座绞刑架，绞刑架顶上飘扬着一面黑旗，底下是由三只大桶撑起的一个高台。他们将攀另一部梯子登上高台，在那里有位刽子手会将绳索套在各人的脖颈上系牢，那手法灵巧得就好像他从前是在泰伯恩供职的一样。他们获准可以在绞刑架下待三刻钟，于是他们唱着赞美歌和训喻诗，给他们曾经的伙伴们听，也给那些一直走到绞架底下却并没有被宪兵队长手下的警卫员们赶走的围观群众听。之后总督就命令宪兵队长做好准备，就在所有的犯人即将被处决的时候，总督觉得应当为乔治·朗西维尔解缚，那人被领下高台之后，人们拉动大桶上缠绕的绳索，将大桶拖走，上面架着的高台也就跟着倒了下来，那八个人就被吊死了。[1]

---

1 伦敦档案局之殖民地部门档案。

在罗杰斯总督的报告末尾，我们可以看到对于那八个被处决的人的描述，文字虽然简短，却也是相当生动的。那里面说到，约翰·奥格尔大约四十岁，在指挥海盗船之前是牙买加地区一位颇有名气的船主。对于自己的罪行，他显得悔恨不已，行刑之前都未曾洗漱和换去自己身上的旧衣服。在堡垒的防御土墙上，有人给了他一杯酒，他一边祝愿总督和巴哈马群岛前程似锦，一边把酒喝下了肚。威廉·坎宁安，年纪有四十五岁，他曾是黑胡子手下的枪炮军士长，对于自己犯下的罪行，他同样感到歉疚不已，悔恨难当。

丹尼斯·麦卡锡的表现则与此截然不同。二十八岁的他从前是民兵团的掌旗官，行刑那天，他换上了一身干净衣服，衣服的领口、手腕和膝盖处以及帽子上都装饰着长长的蓝色丝带。他兴高采烈地登上防御土墙，说他还记得这岛上从前有许多有胆量的家伙，他们是不会让他像一条狗那样去死的。他踢掉了脚上的鞋子，将鞋子踹下了土墙，说他曾经立过誓，绝不穿着鞋死。登高台的时候，他身手敏捷地一跃而上，就好像他是来参加职业拳击赛的一样，他身上那些飘扬在风中的丝带仿佛职业拳击手争夺的蓝绶带，这一点也更加深了之前他给人的那种印象。

威廉·道林二十四岁，他被说成是个已经在邪恶的生活中变得麻木不仁的海盗。威廉·刘易斯三十四岁，也是个悍匪，他从前是个职业拳击手。面对死亡，他毫无惧色，在高台上还要来了酒，同其他犯人及一旁的人共饮。托马斯·莫里斯二十二岁，罗杰斯觉得他是个不可救药的年轻人。审判时，他曾多次发笑，在防御土墙上亮相的时候，他穿得就跟麦卡锡一个德行，只是把蓝丝带换成了红丝带。就在他快被绞死的时候，他还毫不悔改地宣称道，他本可以对这里的这些岛屿造成更为巨大的破坏的，还说他现在真希望他能够做到这一点。乔治·本多尔十八岁，他说自己以前从没当过海盗。这个人表现出一副闷闷不乐的样子，按照罗杰斯报告中的说法，他身上"恶习种种，最放荡无耻的年轻人也不过如是"。威廉·林三十岁，其他倒是没什么可说的，不过刘易斯要酒来喝的时候，他在一旁接口道，对于现在的他们来说，喝水会比喝酒更为合适。

拿骚城处决海盗的这次事件表明，新普罗维登斯岛已经不再是海盗们的安乐窝了，不过这并不表示巴哈马地区从此就没有海盗袭掠活动了。伍兹·罗杰斯雄心勃勃，采取了各项举措来加强岛上的防御力量。他选派了三支民兵队伍，用于抵抗海盗们出其不意的袭击。他为闲置的大炮架设了炮台，在堡垒外围搭起了铁栅栏，并除去了街道上疯长的热带植物。不过很不走运，可供他调遣的不过是那一小支军队，而且很多跟着他出来的士兵和水手都染上了热病和其他疾病。更糟糕的是，他觉得自己已经被那个对他委以重任的政府当局抛弃了。他向英国本土请求援助，却一直也得不到回应，他越来越觉得孤立无援了。

1720年2月，他写了封信给贸易与种植园委员会，言辞激愤，抱怨说他因"那几艘英国船而陷于极度苦恼之中"，那些船扔下他一人在这岛上，同一班病弱之人在一起，要对付的海盗却有五百人之多。南卡罗来纳的总督证实了罗杰斯确实处在朝不保夕的境地，并告诫伦敦当局说，如果再不派军舰驻守到拿骚港湾中的话，不是海盗就是西班牙人，他们就要入侵港湾，控制整座岛屿了。"到现在被驱逐的海盗估计有将近2 000人，其中包括文和萨奇，其他人则下定决心要在短时间内重新拿下普罗维登斯。"罗杰斯加紧推动加强岛屿防御力量的计划，居民们却表现出了冷淡而漠不关心的态度，英国政府那边也迟迟没有回音。他竭尽全力，鞠躬尽瘁，两年之后却因为恶劣的身体状况不得不返回英国。乔治·芬尼接替了他的总督一职，此人缺乏罗杰斯那种不屈不挠的精神，并且像许多殖民地官员一样收受贿赂。

看到从拿骚发回的报告，罗杰斯感到相当失望，他于是向国王请愿，请他让自己重新出任巴哈马总督。他的请愿得到了29位政界要人和社会名流的支持，其中有汉斯·斯隆爵士、蒙太古勋爵，以及包括弗吉尼亚总督亚历山大·斯鲍茨伍德和马萨诸塞总督塞缪尔·舒特在内的好几位美洲殖民地现任的和卸任的总督。芬尼被召回了，1729年夏天，伍兹·罗杰斯在他的儿子和女儿的陪同下，起航向新普罗维登斯岛进发。他手上的兵力增加了，而且作为总督兼船舰总长，他每年可以领到一笔400英镑的薪水。他又一次投身到了为这个岛屿防御力量的增强和人民福利的提高出谋划策的工作中去，还推行了鼓励棉花和甘蔗种植的规划方案。可问题主要还在于这个岛的人口极少，只有446个白人男女，489个白人孩子，275个能够干活的黑人，以及178个黑人孩子。他的一些计划遭到了岛上议会的反对，不过他还是成功地为堡垒的守军修筑了新的营房。只是恶化的健康状态再一次把他给撂倒了，尽管他去了一次南卡罗来纳，想要换换环境，不过他的身体再也没能回复到跟从前一样。1732年7月15日，他在拿骚去世。

在他于1729年最后一次离开英国之前，罗杰斯请威廉·霍加斯为他画了一张全家福，霍加斯那时候还只是个三十出头的年轻人。这幅画现在收藏于伦敦的国家海洋博物馆，虽然尺寸不大，却相当迷人。画中，这位新上任的总督端坐于拿骚城堡垒之外，这是曾经他修缮，并且曾经审判和处决过海盗的地方。他手中拿着一把象征他精湛的航海技术的卡尺，身边放着一个地球仪，表明他曾环游世界。他的儿子威廉手持一张半打开的地图，那上面描画的是普罗维登斯岛。他的女儿萨拉坐在另一边，身边是一只西班牙猎狗。一位女仆捧着一碗水果站在背景中。伍兹·罗杰斯身后上方的堡垒墙面上装饰着涡卷，内中包含着一句表现出极为相宜的果敢和乐观精神的铭言"Dum spiro, spero"（"一息尚在，便存希望"），而画面上方可以看到港湾中正有一艘船

伍兹·罗杰斯船长及家人，威廉·霍加斯绘于 1729 年。

在鸣放礼炮。这幅画作为对罗杰斯的纪念,毫不造作过火,让我们记住,就是这个人将海盗从他们位于巴哈马群岛的总部赶走,并且在结束海盗们在加勒比地区的霸权地位中扮演了重要的角色。

单桅帆船、纵帆船和海盗片

一艘海盗船需要具备三个方面的优势：要快，要适于航行，船上还要有充足的武器和人员装备。有了一艘快船，海盗们就能追上他们的劫掠目标，或者迅速开溜，用约翰逊船长的话来说，"不管是你追人，还是人追你，一艘跑得快的船总能派上大用场"。因此，西印度地区的许多海盗驾驶的都是百慕大或牙买加制造的单桅帆船，这种船是出了名的快，而且绝不是浪得虚名。海盗们将自己的船照管得很好，他们会定期整修船只，以保持船壳光滑，没有海藻缠缚，这样他们往往可以比派来追捕他们的任何一条船都跑得更快。1718 年，海盗文的单桅帆船在位于巴哈马新普罗维登斯岛中的港湾袭掠过往船只，当局因此派船去追捕他，"不过当他开进外海，我们的几艘单桅帆船只好放弃了追击，因为我们发现，我们的船才开一英尺，他的船就可以开两英尺，他比我们快太多了"[1]。

---

[1] 见发自米尔福德号的信件，该船是护送伍兹、罗杰斯前往拿骚就职的船舰中的一艘。此信刊载于 1718 年 10 月 18 日伦敦的《白厅晚报》。

地中海的巴巴里海盗驾驶的是一种由奴隶划桨、依靠桨的动力前进的大帆船。这种体型纤长的船只是以速度而著称的,那些在地中海无风的天气里停滞不前的帆船见到它们根本毫无还手之力。桨就好比是这些船上的引擎,船因此可以活动自如,并能够全速前进,直到追上劫掠目标。若是起风了,海盗们也会在船中间的唯一一根桅杆上升起一面大三角帆。大帆船会在船头安装一门或更多的大型炮,船边横杆上也会安装回转炮,不过这种船上主要的攻击力量还在于定额为一百人的战士队伍,这些人乌泱泱地涌到被劫船上,任谁都不是他们的对手。

海盗船同样需要适于航行——要能够抵挡住当地的暴风雨,要能够越海航行,在某些情况下,还得要能越洋航行。说到18世纪早期的海盗,有一点让人印象非常深刻,那就是他们竟然能够航行那么长的距离去寻找劫掠目标。他们巡航过北美洲海岸,从纽芬兰航行到了加勒比海。他们穿越大西洋去到非洲的几内亚海岸。为了要劫夺印度洋的船只,他们还绕过好望角去了马达加斯加。

挑选船只的时候,海盗们通常只看船快不快,是否适于航行,至于船上的武器装备就没那么重要了,这是因为大炮总是可以后来再加的。他们会在远离当局势力的僻静地点进行武器的安装组配,所以官方文件中找不到任何相关记载,不过如果仔细阅读约翰逊的《海盗简史》会发现,海盗们惯于在将某条船夺下为己所用之后,让木匠和枪炮军士长上来大干一番。爱德华·英格兰船长夺下过一条叫做珍珠号的船,"按照海盗船的标准对它进行了改造",将这条船重新命名为皇家詹姆斯号,然后出发去亚速尔群岛劫掠其他船去了。1721年,爱德华·劳瑟和同他一起发动哗变的水手们控制了冈比亚城堡号这艘船,他们"敲掉了船舱,这样一来就有了从船头直通到船尾的平甲板,他们还备下了黑旗,给船取了个新名字叫投递号",然后出发去"找找他们海上的财路"。

约翰逊写巴塞洛缪·罗伯茨的一章中可以看到关于改造船只最完整的一条记载。罗伯茨和他手下的人1721年夺下昂斯洛号之后,他们决定要将这条船留作己用。那是一条漂亮的样子像是快速帆船的船,原来属于皇家非洲公司所有,并为这家公司所用。他们开始动手"做一些改造,以便使这艘船能够符合一艘海盗船的要求,他们推倒舱壁,弄成平甲板的样式,这样不管从哪个方面来说,这艘船就跟他们能够找到的其他任何一艘船那样能够完美地为他们的目的服务了;他们为这艘船取名时沿用了鸿运号这个名字,然后给它装上了40门大炮"。就像劳瑟的船那样,海盗们拆掉了船的舱壁,也就是位于主甲板之下的船体内墙,那原是用来区隔出放货的舱室的。这样一来就为操作大炮腾出了地方,就像军舰的构造那样。"弄成平甲板的样式"这句话说明海盗们还拆除了船头舱,并且把上层后甲板区的位置变低了。所谓平甲板的船，指的就是那种不在露天甲板上设置任何隔断和台阶的船。这样的船能够为海盗们提供一个平坦开阔的战斗平台。巴兹尔·林格罗斯在 1681 年 4 月的日记中也写到海盗们对船进行了相似的改造。

将甲板上的地方腾出来之后，罗伯茨手下的人本可以将原来那艘鸿运号上的大炮搬过来，安装在昂斯洛号本来就配备的大炮边上。当然这样他们就需要在船体上多凿几个炮眼了，不过这对船上的木匠来说并不是什么难事。若是这样，一艘无敌战舰就横空出世了，足可以与最庞大的东印度商船相抗衡，在它面前，那些穿越大西洋去做生意的普通商船根本不堪一击。不过罗伯茨很不走运，夺下昂斯洛号不到几周，他就碰上了一艘由一位行动果决的指挥官所统领的海军军舰。

速度快、适于航行及武器装备充足之外，海盗船的大小也是很要紧的。如果其他条件都相同，那么比起小船来，大船会开得更快一些，而且更能抵御狂风暴雨的侵袭。大船上也有地方来安装更多的大炮。不过对于海盗来说，拥有一艘小船也是有一些好处的。整修船只的时候，把一艘小船拖上岸，再倾侧过来可要容易得多了。吃水浅的船只还可以开到沙洲之中藏匿起来，溪流和河湾里也可以，而这些地方军舰是开不进去的。在 1712 年发自纽约的报告中，亨特总督写道："海岸沿线几次三番遭到许多小型私掠船的骚扰，他们摇着船桨在浅水中来去，英国战舰鞭长莫及。"

与皇家海军、东印度公司，或者伦敦和波士顿的商人不同，海盗们不可能请人为他们建造一艘船。他们能够拥有的只是那些刚巧被他们碰上了的船，而且，他们得有足够的实力去战胜并夺下那条船。因为他们所有的船都是抢来的，所以他们自然是一帮机会主义者。绝大多数海盗船都是捕获物，也就是以武力征服的船只。海盗们本来干的就是违法的勾当，他们当然不可能到捕获法庭去把夺下的船只估价卖出去，这通常是私掠船船主们才能做的事。他们劫完一艘船之后，要么就放火把它烧掉，要么就任其随波逐流。不过，如果海盗船长喜欢那艘船的样子，他就会把它留下来，要么就当自个儿的船用，要么就作为护卫舰。

有一些海盗船就是船上的一部分船员合起伙来密谋夺下的，他们把船长和那些忠于船长的人给制服了。人们最先想到的肯定是亨利·埃弗里的例子。他是商船查尔斯号上的大副，趁着船在科伦纳附近下锚，船长醉得不省人事的当儿，他发动了一次哗变，控制了这艘船。将船重新命名为"喜爱"之后，他去了马达加斯加，开始了大规模的劫掠行动，最后成了他那个时代最为知名的海盗。原来那位船长就这么失去了职权，他们在非洲海岸将他放上了岸。1715年到1737年间一共出现了48次哗变，其中有三分之一的哗变者走上了当海盗这条路。这说明在这段时间内，有不超过19或20艘的海盗船是船员们通过哗变取得的。

虽然大多数海盗在他们短暂的职业生涯中会对一艘船从一而终，不过也有一些更为成功的海盗是换过好几次船的。比如1718年时在西印度地区攻袭过往船只的文船长，他开始的时候指挥的是配备6门大炮和60名船员的漫游者号，后来却换成了配备12门大炮和90名船员的一艘双桅帆船。贝拉米船长最初是从夺下霍尼戈尔德的单桅帆船玛丽·安妮号开始做起海盗来的，那艘船配备有8门大炮，到他因风暴而丧生于科德角外，他指挥的则是寡妇鸟号，这艘庞大的三桅帆船从前是艘奴隶船，有300吨重，配备有28门大炮。

在三年的时间里，巴塞洛缪·罗伯茨指挥过六艘船。他最开始指挥的是30门炮的海盗船号，原来的船长豪厄尔·戴维斯被船员罢免，由他接管了那艘船。几个星期之后，他在非洲乘坐一艘小型的单桅帆船沿河而上进行勘察，船上半数的船员却合起伙来把海盗船号开走了。罗伯茨驾驶这艘单桅帆船穿越了大西洋，对纽芬兰海岸的一个海湾进行了劫掠。他夺下了一艘布里斯托尔的大帆船，给这艘船安上了16门大炮，成为了船上的指挥官。在这艘船上，他成功地夺下一艘26门炮的法国船，并将其取名为好运号。1720年，他又夺下了一艘配备42门炮的法国战舰，这艘船后来就成了鸿运号。有了这艘无敌战舰，他逐渐对西大西洋的过往航船造成了巨大的破坏。然而他并没有就此止步，1721年在非洲海岸外的海域巡航时，他夺下了皇家非洲公司所属的昂斯洛号，正如上文所述，他将该船留为己用，并且同样将它命名为鸿运号。

检视一下对于 1710 年到 1730 年间发生在加勒比海和北美洲海岸线的海盗袭掠事件的文献记载，我们会发现在 55% 的袭掠事件中，海盗们是驾驶单桅帆船出击的，在 45% 的事件中，他们以其他船只进行攻击，其中 10% 是双桅横帆小帆船或者双桅帆船，5% 是纵帆船，3% 是敞顶小船，2% 是斜桁纵帆船。[1] 看来，最为典型的海盗船莫过于由这个颇为难解的词"单桅帆船"所指代的那种船型了。

今天，"单桅帆船"这个词有着明确的释义，指的就是那种只有一根桅杆，桅杆上装备纵向索具，悬挂一面主帆和单单一面船首三角帆的帆船。不过在 18 世纪早期，这个词并没有那么严格的界定，所指的类型相当广泛，包括装备各式索具的许多船型。近年来，海洋历史学家们考索了单桅帆船在美洲和北欧的演化史，尽管还有一些细节模糊不清，不过我们已经有足够的证据可以为海盗们可能曾经驾驭过的许多种单桅帆船的样式勾勒出较为准确的面貌了。

先说说隶属于皇家海军的那些单桅帆船吧，这会是一个有所

---

[1] 这些数据是根据当时的新闻报道，殖民地总督发回的报告，庭审记录和被海盗袭击过的水手的证词以及约翰逊《海盗简史》的记载中关于海盗袭击事件的内容进行整理统计而得。

助益的开始，因为海军部档案中的文件巨细靡遗地记载了该部拟造的单桅帆船的尺寸、吨位，以及船上大炮和人员的配置情况。有一艘单桅帆船最初出现在 1656 年的海军部名单中，这是一艘俘虏来的船，初次进口之后便被命名为敦刻尔克号。这艘船的龙骨有 40 英尺长，横梁宽 12 英尺 6 英寸，船上有两门大炮。17 世纪 70 年代第三次英荷战争期间，皇家造船厂建造了 18 艘单桅帆船，这些船大多配备有四门架设的大炮和两门回转炮，龙骨长度在 35 到 60 英尺之间，重量在 38 到 68 吨之间。船上多数有两根桅杆，主桅上悬挂一面与龙骨和桅杆成直角的比较大的主帆和一面与龙骨和桅杆成直角的上桅帆，另有一面比较小的船首三角帆，船首斜桁上有时会悬起一面撑杆帆。在威廉·凡·德·维尔茨的素描和油画中，我们可以看到一些这种样式的单桅帆船的形象。

  1711 年时，有七艘单桅帆船正在建造中。海军部为 1711 年投建的皇家海军费雷号所绘制的原始草图被保存了下来，这是已知的英国单桅帆船的平面图中最早的一张了，我们可以由此清晰地看到费雷号那优美的线条。船上放置大炮的甲板有 65 英尺 7 英寸长，龙骨长 55 英尺，船壳外板之间的最大间距是 20 英尺 10 英寸，底层舱深度也有 9 英尺。关于吨位的记载，有写成是 113 吨，也有写 117 吨的。这艘船上有八处桨眼，无风天里，船就可以凭借划桨产生的推动力前进。船上配备 12 门大炮。对于船上的索具，学者们存在一些争议。美国船舶研究方面的权威霍华德·夏佩尔曾经为这艘船画过一张重构图，图中的船只有一根桅杆，这大概是因为在海军部的平面图中，只有供一根桅杆使用的支索和三眼木饼吧。在《战线：帆船军舰》这本书中关于单桅战舰、木帆海防舰和双桅横帆小帆船的一章里，罗伯特·加德纳旁征博引，考据详实，他认为费雷号应该有两根桅杆，并指出，1716年的档案就已经说明了这艘船确实有两根桅杆。

对于18世纪早期活动在美国海域的单桅帆船上的索具的样式，一幅题为"波士顿之光外的单桅帆船"的版画为我们提供了最佳的图片证据。这幅画是由威廉·伯吉斯所作，问世于1729年。尽管画作的本意是要为自1716年起矗立在比肯岛的波士顿灯塔存像，不过我们却可以从中清晰地看到一艘停泊中的英国单桅帆船。船上配备有12门炮，桅顶上飘扬着一面带有海军标识的三角旗。W. A. 贝克在他的书《单桅帆船和斜桁横帆双桅船》中，对这艘船的索具作了如下的描述：

> 船上那面下缘松垂的主帆是那种上缘斜桁很短，下桁却很长的类型，至于说艏斜帆嘛，这船是以支索帆即三角帆充当的，在风力微弱的时候，中桅支索上可能还会同时挂上一面飞三角帆。尽管船上那根固定帆桁是用踏脚索来架设的，不过下部那面与龙骨和桅杆成直角的

停泊在波士顿灯塔之外的一艘配备 12 门炮的英国海军单桅帆船。

该幅版画由威廉·伯吉斯作于 1729 年。我们可以从中看到 18 世纪早期巡行在美国海域的单桅帆船的索具样式。

帆还是可以先拉升到帆桁上再展开的，而不是像通常看到的那样将帆直接卷在帆桁上，展开的时候再任其垂下。一面轻盈的直角中桅帆会被悬挂在中桅上，不过需要注意的是，那是用硬木钉固定在下桅顶上的。

贝克跟着将我们的注意力引到了威廉·伯吉斯创作于1717年的《纽约风光》上，画中描绘了约二十艘装配有各式索具的单桅帆船。他还引用了一段文字，写的是1729年时被发现倾覆在科德角外的一艘单桅帆船。后者格外令人惊叹，因为连船体刷涂的颜色也都被写了出来："建造于罗得岛，船尾是蓝色的，有两扇舱室窗，尾部突起处被刷成了黄色，还有两个黑色椭圆点，他感觉船的两侧应该是漆成黄色的，船的龙骨有40英尺长，底部上过蜡。尾部突起处用软木塞填补过，在外漆之上还涂上了一层沥青，以确保木塞不会被刮掉。船的边线都是白色的。船上的桅杆、船首斜桁和舵都已不知去向。"

1700年前后，来往于加勒比海的商船纷纷遭到海盗和法国私掠船的袭击，这使得市场上对于快船的需求应运而生，人们希望能够借此逃避被劫掠的厄运。于是牙买加的造船工们便开发出了一种拥有使人艳羡的速度和航海适应度的单桅帆船。这种牙买加单桅帆船是用雪松制造而成的，干舷很低，桅杆竖得极陡。

轮廓、索具相似，并且同样以速度著称的是百慕大单桅帆船，这种船建造的数量相当大，在商人和私掠船船主那里需求量也很大。1715年，在牙买加总督派出进行私掠活动的十艘船中，有四艘是单桅帆船，一艘是大帆船，一艘是斜桁纵帆船，其他船的类别并没有点明。贝克指出，从皇家海军费雷号的平面图来看，百慕大单桅帆船与之存在许多相同之处。根据查普曼出版于1768年的那本著名的船只平面图合集《海洋工程》中百慕大单桅帆船的图样，皇家海军费雷号确实与这种船型存在很高的相似度。

凭借现有的证据，我们无法确定最常为海盗们所驾驶的究竟是哪一种类型的单桅帆船，这主要是因为文献中缺乏对于他们船上索具的细节描述。不过，我们知道海盗们需要速度快、武器装备充足的船，因此可以作出一个合理的推断，他们所驾驶的单桅帆船同百慕大或者牙买加单桅帆船是有着极大的相似性的。当海盗们为这样的商船装配更多的大炮之后，这些船同皇家海军费雷号这样的军用单桅帆船，以及"波士顿之光"中的那艘单桅帆船几乎就是彼我难辨了。

"船舰"这个词现在泛指所有能够出海的大型船，不过在大航海时代，这个词有着更为确切的含义，它指的是装配有三桅乃至更多桅杆，并且悬挂清一色的与龙骨和桅杆成直角的帆的帆船。18世纪时，绝大多数的战舰和所有由东印度和西印度公司运营的大型商船都是这样的船舰。小型船则会被装配相应的索具而成为双桅横帆小帆船、双桅混合式帆船、斜桁纵帆船、单桅帆船和纵帆船。

包括很多大名鼎鼎的海盗船长在内的许多海盗都使用船舰进行掠夺活动。其中的一些船有200吨甚至更大，安装的大炮有30至40门，是相当大而且战斗力极强的船。18世纪早期，从伦敦驶出的商船的平均吨位在150至200吨之间；从英国地方口岸驶出的商船在100吨左右；在波士顿、查尔斯顿和牙买加的罗亚尔港这样的港口驶进驶出的海岸巡航舰大多在20至50吨之间。也就是说，海盗们的船要比许多他们的劫掠目标更大。不过，海盗船与商船之间决定性的区别还在于船上大炮的数量和船员的多寡。

即使是大型商船，船员也可能少得出奇。阿瑟·米德尔顿在《烟草海岸》这本书中细致入微地再现了1700年6月9日从弗吉尼亚出发到英国去的一支烟草船队中所有船只的情况。船队中共有57条船，船员最多的那条船是18人，最少的则是10人。武装力量最强大的船上配备了10门炮，每条船上平均有6门炮。这些数字同出现在约翰逊《海盗简史》中的一份有趣的数据清单颇为相合。后者提到，1719年春天，英格兰船长指挥海盗船皇家詹姆斯号在非洲西海岸夺下了九艘船，这些船中战斗力最强的是一艘12门炮的船舰，最弱的则是一艘两门炮的单桅帆船，每条船上平均安装有4至6门炮，船员平均在16人左右。

这些数字同以它们为劫掠目标的海盗船的数据形成了鲜明的

对比。很少有海盗船会配备少于 30 人的船员，许多船上的船员在 150 至 200 人之间。这就使得海盗们在强登他船的时候有了压倒性的优势，100 多名武装到牙齿的海盗出现在眼前的景象无疑足以使大多数船长低头认输。不过，海盗船上庞大的船员队伍并不只是为了在短兵相接时占据人数上的优势而配备的，海盗船就跟军舰一样，是需要有足够多的人手来操作大炮的。

举例来说，一艘配备 32 门炮的海军五级船舰的船员定额是 220 人，一艘配备 44 门炮的四级船舰的船员定额是 250 到 280 人。这样看来，海盗船上庞大的船员队伍就变得合情合理了。一位拥有一艘 20 门炮的船舰的海盗船长如果没有足够的人手来填弹发炮，那么他即使再为自己这条船装上 10 门炮又有什么意义呢。除了那种极小的架设在炮架上的炮之外，所有的大炮都需要四至六个人通力合作，完成装填、瞄准、发射，以及反冲之后将炮推回原位的一整套动作。除此之外，船上还得预留人手来操作比较小的回转炮，及操控整条船。

亨利·博斯托克是单桅帆船玛格丽特号的船长，1717 年 12 月 5 日，玛格丽特号在克拉布岛外被黑胡子夺下，这位船长在海盗船上被扣留了八个小时。两个星期之后，他在接受问询时提供了一些有价值的信息。博斯托克认为"这船应该像我想的那样是荷兰制造的，一条法国的几内亚商船（他在船上听人说的），当时船上装有 36 门大炮，满满当当的都是人，他觉得得有三百人，他们告诉他，这船是他们六周还是七周前夺下的，他们好像并不缺粮食"。

黑胡子和霍尼戈尔德是在西印度纬度 24 的地方劫下这艘船的，那时候它正驶在去往法国马提尼克岛的路上。黑胡子搬到这艘船上坐镇指挥，将其命名为"安妮女王的复仇"。他一定对自己手下的船员进行过相当出色的训练，因为在他移驻这艘船不久之后，就与皇家海军斯卡伯勒号不期而遇，那是一艘 32 门炮的五级船舰，"与他缠斗了几个小时，待对方发现海盗这边人员配备充足，自己也已经竭尽全力之后，就放弃了战斗，回到了驻地所在的巴巴多斯"。

这之后的那一年，黑胡子大张旗鼓地对南卡罗来纳的查尔斯顿市进行了劫掠。在三艘单桅帆船的陪同下，他指挥"安妮女王的复仇"来到了该市港口外的沙洲处。在五天的时间里，他封锁住了这个港湾，凡是开到他面前的船都遭到他的劫掠，他还以此向当局讨要赎金。根据总督约翰逊发往伦敦的报告，海盗们：

> ……出现在我们这座城可以望得见的地方，夺下了我们的领航船之后，跟着又是八九艘帆船，船上载着本地区最杰出的一些市民，他们还叫人带话给我，说我如果不马上给他们送一个药箱过去，他们就会杀死所有的俘虏，为了这些人的生命安全考虑，我只得照办，他们抢走了俘虏身上所有的东西，这才把人放上了岸，那时

黑胡子的旗舰"安妮女王的复仇"

候他们几乎已经是一丝不挂。这伙人的头目是一个叫做蒂奇又名黑胡子的人，这人指挥着一艘四十多门大炮的船舰，及三艘从旁护卫的单桅帆船，他们的总人数在400人以上。

黑胡子这次的舰队中有一艘配备10门炮的船叫做冒险号，1718年11月，当他在奥克拉科克港被梅纳德中尉逼得走投无路的时候，就是在这艘相对较小的单桅帆船上完成了自己的最后一次战斗。

能够在尺寸和力量上同黑胡子的"安妮女王的复仇"相提并论的海盗船也只有巴塞洛缪·罗伯茨、威廉·穆迪和亨利·埃弗里的船了。我们已经说到过罗伯茨指挥的一些船。有一位丹麦水手曾经是罗伯茨的俘虏，他为我们极为详尽地提供了罗伯茨最大的那艘船，即第一艘鸿运号的武器装备和人员配置情况：

……上述罗伯茨船舰配备有约180名白人和48名法国克里奥耳黑人，安装有12门18磅炮弹大炮、4门12磅炮弹大炮、12门6磅炮弹大炮、6门8磅炮弹大炮和8门4磅炮弹大炮，并有7门大炮安装在主桅和前桅上，为2磅和3磅炮弹大炮，后桅上另有2门回转炮。[1]

---

1 伦敦档案局之殖民地部门资料。

1718年在西印度地区劫夺来往航船的威廉·穆迪是一名出生在伦敦的海盗,他指挥着一艘叫做晓日号的船舰。根据在卡罗利纳海湾停泊他的双桅帆船时遭到穆迪劫掠的约翰·布朗后来的证言,那艘海盗船"包括回转炮在内,安装有35门炮,船上共有130人"[1]。

船型较小,不过从火力的角度而言同样令人畏惧的是威廉·基德、爱德华·英格兰、爱德华·洛和萨姆·贝拉米指挥的那几艘船。

基德船长的船是287吨的冒险号大帆船。这艘船1695年建造于德特福德,船上配备有152名船员和34门大炮。[2] 如同这一特殊时期的其他一些船只一样,船边是有用于划桨的桨眼的(配备的那些长桨适于无风天使用),这也说明了虽然从各个方面来说这艘船都像是一艘常规意义上说的三桅帆船,为何又会被叫做大帆船的原因。它应该同凡·德·维尔茨曾经用素描和油画的方式表现过的那艘皇家海军查尔斯大帆船非常相似。查尔斯大帆船建造于1676年,用于担负在地中海地区对抗巴巴里海盗的职务。该船配备有32门大炮,龙骨长度是114英尺,船宽28英尺6英寸,船深8英尺7英寸,下水之时被定为四级船舰。

---

1 伦敦档案局之殖民地部门资料。
2 罗伯特·C. 里奇《基德船长与抗击海盗之战》(剑桥、伦敦、马萨诸塞,1986)

小威廉·凡·德·维尔茨绘于 1676 年的油画中的皇家海军查尔斯大帆船号。这艘 32 门炮的船舰建成于 1676 年，1693 年曾在德特福德重造过，同基德船长那艘 1695 年修造于德特福德的冒险号大帆船外形十分相似。两艘船的船侧都有在无风天时用于划桨的桨眼。

爱德华·英格兰的船上有 26 门固定的大炮和 4 门回转炮，1718 年时"船上有大约 130 名白人，50 名非白种人，其中有西班牙人、黑人和印度人"。而爱德华·洛的船财富号则配备有 28 门炮和 80 名船员。

最有意思的可能要数萨姆·贝拉米的海盗船寡妇鸟号了。1984 年时，人们在科德角外的海域发现了这艘船的残骸，如今它是唯一一艘被公认为海盗船的船只。考古学家们从遗址中发掘出了一些令人赞叹的玩意儿，这些同文献研究的结果一起为我们绘出了一幅这艘船及船上船员的生动画卷。寡妇鸟号是以非洲西部黄金海岸上的一个商业口岸的名字命名的。这艘船建造于英国，1716 年投入使用，受雇为奴隶买卖行业服务。这艘三桅帆船重达 300 吨，约 100 英尺长。被贝拉米夺下的时候，船上配备有 10 门炮，不过海盗们将它改造成了一艘 28 门炮的船舰，包括 18 门固定大炮和 10 门回转炮。我们已经从残骸上找到的 27 门炮中，有 5 门 6 磅炮弹大炮、15 门 4 磅炮弹大炮和 7 门 3 磅炮弹大炮。除了大量的球形弹（加农炮弹）之外，考古学家们还找到了袋弹[1]、杠弹[2]、加长型杠弹和 16 枚铁质的手榴弹。[3]

1　袋弹：应该就是前文提到的"葡萄弹"。
2　杠弹：以一根铁杠连接两个半球的炮弹。
3　阿瑟·T. 范德比尔特《沉没的宝藏：海盗船寡妇鸟号的财富与命运》（波士顿，1986）；巴里·克利福德、彼得·特奇《海盗王：发现沉船寡妇鸟号上的无价财宝》（纽约、伦敦，1993）。

相对而言，受到如此多的小说家们钟情的海盗纵帆船却是后来才登场的。尽管荷兰人在17世纪时就开始用悬挂纵帆的双桅帆船来承担快艇的职能，不过"纵帆船"这个词是直到1717年才开始出现的，那一年的《波士顿时事通讯》有两期提到了这个词。数年之后，开始有报道提到海盗使用纵帆船，这也是最早的几条相关报道之一。1723年8月，《波士顿报》报道说，一艘由约翰·菲尔莫指挥的开普安纵帆船在纽芬兰附近被约翰·菲利普斯指挥的一艘海盗纵帆船给夺下了。同年10月，由乔治·巴罗船长指挥的单桅帆船满意号在巴巴多斯附近被一艘配备4门炮和25名船员的海盗纵帆船给夺下了。不过这些报道并不会经常见诸报端，直到18世纪下半叶，纵帆才开始成为北美海岸惯常可见的帆具类型。到了1800年，那里已经可以见到纵帆领航船，纵帆军舰，数十种纵帆商船和纵帆渔船了。最为著名的几种纵帆船船型当属切萨皮克湾纵帆船、马布尔黑德纵帆船和大浅滩纵帆船了，只是当这些优美的帆船渐渐开始登上历史舞台之时，加勒比海和北美海岸海盗横行无忌的时代也已经过去了。

不过，偶尔还是会有海盗在加勒比海袭掠航船的消息出现在19世纪的报章中，可能也就是这些报道引起了小说家们的注意。比方说，就有两次袭击事件大范围地见诸报端，后来还被写成书出版了。事件一的主角是阿伦·史密斯，1822年，此人于老贝利街因海盗罪接受审判。他被控在古巴附近海域劫夺了两艘商船,不过他为自己辩护,使法官相信,他只是因为前一年被海盗俘虏,才被迫同他们一起行动的。无罪释放之后,他将自己的遭遇写成了一本书,书名是"海盗暴行:真实记录作者受俘与古巴海盗共处期间所经受的天大苦痛;附记凶蛮海盗惨无人道的暴虐行径"。这本书出版于1824年,书中包含着对于海盗施暴场景的极为骇人的描绘,在当时引起了极大的轰动。而那些将史密斯掳去的海盗就是利用一艘纵帆船来进行劫掠活动的。

同样轰动一时的还有柳克丽霞·帕克的故事,在从圣约翰斯去安提瓜岛的路上,她所乘坐的一艘英国单桅帆船遭到海盗的袭击,她目睹了当时血腥的场面。柳克丽霞的故事于1826年在纽约出版,书名是"海盗暴行,或被俘虏的女人"。这一次,海盗们驾驶的还是纵帆船。可能就是这些报道中的一条触动了马里亚特船长,让他写出了初版于1836年的《海盗》这本小说。马里亚特最初供职于皇家海军,在结束自己奇险连连、功勋卓著的职业生涯之后,转行写起了小说,他撰写的航海小说超过十五本,《海盗》就是其中之一。除了《马斯特曼·雷迪》和《海军准少尉伊西先生》之外,他的作品今天已经很少有人知道了,不过在维多利亚时代的英国,他还是有许多仰慕者的。马里亚特的书中有一段对于海盗纵帆船复仇者号的文采斐然的描写,纤毫毕现,令人感觉如在目前,那时是无风天,这艘船正停泊在非洲西海岸的一个小海湾里:

她停在那儿,像一位沉静的美人,低浅的舷侧被漆成黑色,上面绘有一条红色的窄边小丝带——那成倾角的桅杆被擦得锃亮——中桅、桅顶横桁、桅帽,甚至是活动滑轮都被漆成了纯白色。天篷从船头张到船尾,船员们便可免受毒辣的阳光炙烤;绳索都是拉紧的;不管从哪一点来说,这看起来都像是一艘由经验丰富而纪律有素的船员操控的船。在那波平如镜、清澈透亮的水面映衬之下,船上的铜质部件放射出耀眼的光辉;若是你倚着船尾的舷栏,伸出头去向下张望,透过那平静无波的蓝色海水,你可以清晰地看到船体下方那铺在海底的沙子,以及置于船尾突起处之下的锚。

纵帆船复仇者号从前是一条奴隶船,后来被凯恩船长和一帮嗜杀成性的海盗船员给夺下了。船的正中央放置着一门发射32磅炮弹的长型铜质大炮,甲板两边则架设着八门口径较小的铜炮。船上的绳索是由马尼拉麻制成的,甲板由窄边的冷杉木条铺成,舷墙则被漆成了鲜绿色。滑膛枪和强登时用的长矛就摆放在主桅边,供船员们随时取用。

复仇者号似乎成了后来一系列小说中出现的海盗船的原型,那些船都具有流线型的灵巧外观,船体也都是漆成黑色的。外形最为相似的要算是 R. M. 巴兰坦《珊瑚岛》中的海盗船了。《珊瑚岛》出版于 1858 年，是一本写给男孩子看的冒险小说。这个《鲁滨逊漂流记》的少年版本说的是船在太平洋的一个荒岛搁浅之后，三个男孩子如何求生的故事。他们在荒岛上独自生活了几个月之后，看到一艘帆船驶近了岸边。让他们惊恐万分的是，他们发现"那艘纵帆船斜桁外端挂着的是一面黑旗，上面还有骷髅头和交叉股骨标志"。小说的叙述者拉尔夫被海盗们抓住了，他在那艘纵帆船上待了好几个星期，就像马里亚特船长写复仇者号那样，书中也以饱含赞赏的口吻细细地描绘了这艘船。同复仇者号一样，这艘船帆布雪白，铜质部件锃亮，简直是白璧无瑕："从低低的黑色舷侧上的那根窄边红色饰带到末端渐窄的桅杆顶上的桅冠，无处不彰显出船上人审慎的用心和严谨的风纪，即使这是一条在皇家海军中服役的船，也足以为自己邀来赞誉。"

《珊瑚岛》出版之后 25 年，小说中最为知名的海盗船登场了。那就是伊斯帕尼奥拉号，罗伯特·路易斯·史蒂文森《金银岛》中的一颗明星，也是一艘纵帆船。这是一艘 200 吨的船（跟复仇者号的吨位完全一样），乡绅屈利劳尼在布里斯托尔买下了它。出发前往西印度之后，对于穿越大西洋过程中所遭遇的狂暴天气，这艘船应付起来真是游刃有余。在金银岛下锚不久，伊斯帕尼奥拉号就被高个儿约翰·西尔弗带领的一帮海盗给控制住了。吉姆·霍金斯从西尔弗手里逃了出来，开始勘察这座岛屿。巧遇一名被放荒滩的水手本·甘恩之后，他又回到了岸边："处在骷髅岛背风面的锚地呈现铅灰色，平静无波，就跟我们进来的时候一样。伊斯帕尼奥拉号就停泊在这片波平如镜的水面上，从桅冠到吃水线，包括斜桁外端上悬挂的海盗旗都映照得清清楚楚。"

我们同样可以从这段文字中感觉到马里亚特的回响，尽管史蒂文森在谈到灵感来源的时候从来没有提到过他。他说他写作的时候想到的是爱伦坡、笛福、华盛顿·欧文，还有"伟大的约翰逊船长的《臭名昭著的海盗们的历史》"。

那些在阿瑟·兰塞姆的《燕子和女战士》中利用暑假时间假扮海盗的孩子们所驾驶的不过是十三英尺高桅杆的小划艇，可到了出版于1932年的《彼得·达克》，他们就开始围绕着一艘纵帆船展开行动了，那是一次到西印度去的寻宝之旅。孩子们乘坐野猫号出航，却遭到了一艘叫做蝰蛇号的海盗纵帆船的追击。就像许许多多出现在小说中的海盗船那样，蝰蛇号是漆成黑色的。

也不是所有小说家都把他们书中的海盗船写成了纵帆船。在沃尔特·司各特1832年的小说《海盗》中，克利夫兰船长驾驶的就是一艘三桅船舰，不过司各特的这部小说是建立在高船长真实人生的基础上的，许多细节都是他从报纸报道和庭审记录中采集而来的。《彼得潘》中胡克船长的船是一艘双桅横帆船，船的大小跟纵帆船相似，不过两根桅杆上悬挂的是横帆而不是纵帆。J. M. 巴里生动地描绘了这艘船在一处以1719年被绞死于死刑坞的基德船长名字命名的小湾中停泊着的样子：

> 就在靠近海盗河口的地方，一道绿光斜斜地照进基德湾，照亮了那艘低低地倚伏着的双桅横帆船，就是那艘海盗船周遭的水面；流线型的船体外壳爬满了海藻和藤壶，就好像落满了羽毛的鸟糟糟的地面一样，每一根横梁都令人憎厌。这艘船是海上的食人兽……

虽然写作海盗小说的作家们钟情的是相对较小的船型，像是纵帆船和双桅横帆船，不过那些惊险传奇式的海盗片的导演通常会选择大型的三桅帆船和西班牙大帆船来进行拍摄。这是有一些实际原因的：大船出现在大荧幕上会显得更震撼；主人公需要有足够的地方来跟坏蛋进行一对一的打斗；索具上闪转腾挪的惊险动作放到大船上会更带劲，也更容易演出效果；有了宽敞的甲板才能拍摄出包括数百名水手和海盗在内的群体戏。实际上，很少有海盗会驾驶跟电影中的船舰差不多大小的船，这也是另一个人们对于海盗的错误观念占了现实上风的例子。

就好莱坞而言，海盗这个主题提供了一种机会，让他们可以拍出那种身为海盗的男主人公在异域风情的场景中从奇形怪状的恶棍手里解救漂亮女人的片子。同西部片一样，这种片子不过是为了表现那些激烈的动作片段，只是将枪换成了剑，用索具上的惊险动作来代替了马背上的追逐而已。可是要将那些应对海上特殊状况或者进行海战的大型帆船摄入镜头，比起拍西部片来是更加棘手，幸好使用模型，或者干脆在摄影棚里建造一两艘等比例的实体模型，就可以解决大部分的问题。这些海盗片的故事情节通常取材于那些在加勒比海地区活动的私掠船船主或是海盗，而不是地中海的巴巴里海盗。弗兰西斯·德雷克和亨利·摩根的生平成了相当有用的资料，约翰逊船长的《海盗简史》也是，不过真实从来就不是这些电影的目的。20世纪20、30年代和40年代早期的海盗片表现的都是一些脱离现实的冒险故事，影片本意就是用于消遣，并不希望有谁去认真考究。[1]

第一部值得一提的惊险传奇式的海盗片是《黑海盗》，一部由联艺公司摄制于1926年的默片。主演老道格拉斯·范朋克身兼制片人一角，剧本还是根据他写的小说改编的。范朋克当时已经四十二岁了，要起剑来依然是呼呼生风，特技动作也完成得不打折扣，从《佐罗的标记》到《巴格达窃贼》的一系列超长电影都是以此为看点的。一段时间以来，他就想拍摄一部海盗片，那时正好开始有人引入双色联艺七彩技术来拍摄彩色电影了，他于是决定用这种技术来拍一部从所有可以想到的海盗故事中节选

---

[1] 关于海盗片和惊险传奇片的研究，可以参考杰弗里·理查兹《荧幕上的剑客》（伦敦、波士顿，1977）；詹姆斯·罗伯特·帕里什、唐·E. 斯坦克《惊险传奇片》（纽约，1976）。

老道格拉斯·范朋克在《黑海盗》中的形象

部分情节杂糅而成的影片。范朋克饰演的是阿诺尔多公爵,为了向杀死他父亲的海盗复仇,公爵不惜改头换面,以"黑海盗"之名掩饰身份。在人迹罕至的海岸上,他以决斗的方式杀死了海盗船长,成了海盗们的首领。成为海盗后,他精彩的首秀就是单枪匹马夺下了一艘巨型大帆船。他先是打中了大帆船的船舵,爬上了有三层楼那么高的尾部,攀住一根由桅顶悬下的绳索,然后表演了一个被奉为经典的特技动作,他用刀在帆上捅了一个洞,在他从高处跃下的过程中,帆就顺势被割成两半了,后来至少有两部电影原样照搬了这个动作。接下来,他在主桅桁端停留了片刻,然后重复刚才的特技动作,滑到了甲板上。霸占了两台回转炮之后,他将炮转过来对大帆船上的人开火,迫使他们投降,近旁的海盗船真是欢声雷动。这艘西班牙船上囚禁着一位美丽的公主(由比利·达夫饰演),范朋克饰演的黑海盗爱上了她,想要助她脱离险境。他的计划被海盗船上一个邪恶的副手给发现了,于是他被逼走了板子,却死里逃生,游回了岸边,并带着一帮拥护者杀回去,重新夺下了那艘船。无数回合的刀剑交锋之后,海盗们终于被打败了,公主也得救了。评论家们觉得这个故事无甚可观,却很欣赏影片的色彩和打斗场面。"片名不落俗套,彩色画面极佳,这部影片仿佛具有一种在史蒂文森的木酒桶里放陈了的巴里香气,"莫当特·霍尔在《纽约时报》上如是说,"它标志着电影业的一大进步,孩子们和他们的母亲都可以观看这部影片,这是一部适合各年龄段人士的内容健康的片子。"

《黑海盗》成了开路先锋,此后一大波海盗片席卷而来。其中最为出色的要算那几部由拉斐尔·萨巴蒂尼的历史小说改编而来的片子了,尤其是他的三本航海小说:初版于1915年的《海鹰》、1922年的《布拉德船长》和1932年的《黑天鹅》。萨巴蒂尼于1875年出生在意大利中部的耶西,他的父亲是一位意大利贵族,母亲是英国人。1904年,他出版了自己的第一本小说,在之后长达四十年的写作生涯中,他保持着平均每年出一本书的速度。1905年,他娶了露丝·狄克逊,并搬到英国生活,终其一生都居住在那里。萨巴蒂尼的书如今已经淡出了公众视野,不过在两次世界大战之间的时间段,他的小说相当风行,其中有六部被拍成了电影。1925年,维塔格拉夫制片公司摄制了默片版本的《布拉德船长》,由 J. 沃伦·克里根出演布拉德。这部奢华巨制获得了观众和舆论的一致好评。《凯恩周刊》刊发的评论文章指出"干净利落的武打动作与该片的艺术理念及逼真追求切合无间",而《每日图片报》认为片尾的海战是"默片荧幕上所见到过的最庞大也最嘈杂的场景"。不过自从华纳兄弟1935年的版本问世之后,维塔格拉夫的这部片子就再也无人提起了。1935年的版本之所以为大家所津津乐道,不仅是因为该片捧红了其中的两位主演,而且这是后来成为最伟大的电影配乐作曲家之一的埃里克·沃尔夫冈·科恩戈尔德首次担纲配乐的作品。这部电影也奠定了导演迈克尔·柯蒂兹（他的名字已与他后来执导的《卡萨布兰卡》紧密相连）惊险传奇类史诗片大师的地位。

杰克·华纳最初是想请罗伯特·多纳特来演彼得·布拉德船长的，不过在签订合同的时候碰到了一些麻烦，使他最终放弃了。他心里这个角色其他的人选还有莱斯利·霍华德、克拉克·盖博和罗纳德·科尔曼，可是他们之中没有一个人当时有档期，他于是让迈克尔·柯蒂兹帮埃罗尔·弗林准备试镜，这个二十六岁的无名小卒到好莱坞才不过数月光景。弗林来自澳大利亚，是一位卓有成就的海洋生物学教授的儿子，在悉尼辍学之后，精力过剩的他过着一种动荡不定的生活。他曾经在新几内亚当过一个椰子种植园的经理，他曾经淘过金，出洋当过水手，在英国时，他在诺桑普顿演剧公司当过一年的演员。他后来弄到了泰丁顿的华纳兄弟电影工作室的一个小角色，凭着这次表演，被送到了华纳公司位于加利福尼亚的伯班克工作室。他本来是要在《布拉德船长》中饰演一个配角的，不过他在试镜中表现得太过抢眼，公司高层于是决定冒险让他出演主角。同样籍籍无名的奥利维娅·德·哈维兰被找来与他演对手戏，出演阿拉贝拉·毕晓普夫人一角。她当时只有十九岁，不过她那种超越时间范畴的美特别适合古装剧。巴兹尔·拉斯伯恩饰演的是那个邪恶的法国海盗勒瓦瑟，每次出现他都能成功地抢镜头。

华纳公司花了 100 万美元来拍摄《布拉德船长》。影片的大部分镜头是在摄影棚里完成的，工作人员搭建了模拟牙买加甘蔗种植园、罗亚尔港街道和三桅帆船甲板的场景。海战是用十八英尺长的帆船模型在摄影棚的水箱里拍摄完成的。外景镜头则是摄制于拉古纳比奇，让人印象最深的就是弗林和拉斯伯恩在海岸上一对一决斗的场景了。柯蒂兹是个完美主义者，除非他得到自己想要的效果，否则他可以日复一日地不停拍下去。"我不明白为什么我们还要拍大炮发射和舷炮的特写镜头，"制片人哈尔·沃利斯抱怨说，"我们之前拍的并没有什么不好啊。"对于电影中过量的暴力场景，也有人表示了担忧。编剧罗伯特·洛德写了张便条给沃利斯，提醒他说："为什么你要让《布拉德船长》里出现那么多的鞭打、受刑和施暴？你喜欢这样吗？还是迈克喜欢，要不然就是你们觉得观众会喜欢？人们会告诫女人和小孩远离这部电影的——他们是对的。"[1] 不过电影顺利上映了，而且获得了成功。影片总收益将近150万美元，还提名了奥斯卡最佳影片（最终败给了另一部航海史诗片，米高梅拍摄的《赏金号上的哗变》，主演是克拉克·盖博和查尔斯·劳顿）。埃罗尔·弗林和奥利维娅·德·哈维兰这一对神仙眷侣般的组合受到了观众们的热情追捧，他们之后又一起拍摄了九部电影，不过最让人难忘的要算是1938年的《罗宾汉奇遇记》了。

---

[1] 鲁迪·贝默《走进华纳兄弟公司》（纽约，1985）。

1924 年，第一国家制片公司拍摄了一部由萨巴蒂尼的小说《海鹰》改编的默片，米尔顿·西尔斯演出海鹰一角。这是好莱坞极少的几部以巴巴里海盗为题材的影片。在原著萨巴蒂尼的小说中，主人公是一位英国的贵族，他被错控谋杀，又被卖为奴隶。在他沦为一艘西班牙船上的划桨奴隶之后，被巴巴里海盗搭救，于是加入了海盗的队伍。他很快就成了海盗们的领袖，带领他们作战，有了令人闻风丧胆的"海鹰"的名头。这个人物显然是作者受到伊丽莎白时代的贵族弗兰西斯·弗尼爵士和亨利·梅因沃林爵士的生平的启发而创作的，这两位贵族都是海盗。华纳兄弟收购第一国家制片公司之后，决定利用 1939 年《伊丽莎白和埃塞克斯的私生活》这部片子奢华的服装道具和布景来重拍《海鹰》。

他们委托西顿·米勒写一个新剧本，并且决定要完全改写萨巴蒂尼的小说故事。主人公成了索普船长，他指挥着一艘私掠船，奉伊丽莎白一世女王的命令在加勒比海同可恨的西班牙人进行战斗。虽说索普船长的原型其实就是德雷克，不过米勒很清楚，他在塑造这位英国的国民英雄的时候必须小心谨慎。"尽管我是按照德雷克、霍金斯和弗罗比舍的原型来创作索普的，"他在备忘录中写道，"可我认为在字幕中公然将索普等同于德雷克的做法是错误的。袭击巴拿马一役确实是取自于德雷克，不过索普的故事在其他方面同德雷克的生平大相径庭，英国人看到他们海上英雄的生平忽然横生枝节，可能会觉得反感，如果预先设定这是一个虚构人物的话，他们就不会有这种想法。"[1] 随着欧洲和美国向纳粹德国宣战，这部影片也开始成为政治宣传的工具，片中用西班牙来影射德国，并让索普这个人物发表了一些激动人心的爱国演说。

迈克尔·柯蒂兹再次受邀担纲导演，科恩戈尔德也被请来创作配乐，埃罗尔·弗林依然是电影的主角，只是这次的女主角换成了布伦达·马歇尔，弗洛拉·罗布森还从英国飞来演出伊丽莎白女王一角。华纳公司在旗下所属的一个摄影棚中新造了一台深水水箱，这次拍海战正好派上用场。他们建造了两艘原尺寸的大帆船，让船漂在深达12英尺的水箱里，并用液压千斤顶来制造船左右颠簸的效果，同时还绘制了一块海天交接的半圆形天幕来作为背景。

《海鹰》于1940年上映。在票房上它取得了成功，尽管拍这部片子花了一大笔钱（据说是175万美元），电影公司还是赚进了977 000美元。几年之中，评论家对此片褒贬不一。有人认为这是有史以来最伟大的惊险传奇片之一，也有人说，这部片子舞台痕迹太重，显得矫揉造作，剧本也写得华而不实。几位主要演员的演出倒是获得了一致赞誉：弗洛拉·罗布森就像伊丽莎白女王本人一样器宇轩昂，具有皇家气派，克劳德·雷恩斯演的西班

1　鲁迪·贝默《走进华纳兄弟公司》。

1940年《海鹰》中饰演索普船长的埃罗尔·弗林正持剑刺向对手

牙大使坏得让人心服口服，不过真正的明星还要数埃罗尔·弗林，他当时可以说是如日中天。虽说他拍戏永远迟到，还总是记不得自己的台词，不过他英俊的外表和精湛的演技依然如故，完全没有受他那种人尽皆知的放荡生活的影响。他大踏步地走在船的甲板上，昂首挺胸，眼神招摇，而在宫殿中由烛光照亮的大厅里，他与奸诈小人沃尔芬汉殿下展开的一场决斗可以说是所有电影中拍得最好的场景之一了。

很少有海盗片能够像老道格拉斯·范朋克和埃罗尔·弗林主演的这几部片子那么派头十足、眩人眼目，不过也还是有一些片子拍得不错。最有名的几部包括1942年的《黑天鹅》，主演是蒂龙·鲍尔和莫琳·奥哈拉，该剧根据萨巴蒂尼关于亨利·摩根手下的海盗们的小说改编而成；1938年版的《海盗》，由塞西尔·B.德米尔担任制片人，弗雷德里克·马奇出演；以及50年代最好的海盗片《红海盗》，伯特·兰开斯特奉献了自己作为主角最为出色的演出，他还亲自表演了特技动作，伊娃·巴尔托克则饰演了一位活泼勇敢的女主角。

罗伯特·牛顿在1952年的《海盗黑胡子》中塑造的那个海盗头子的形象令人过目难忘，不过那部电影除此之外便乏善可陈。琼·彼得斯在《印度的安妮》中演出了一位靓丽的女海盗，同样是在这部影片中，路易斯·乔丹饰演了一名法国海军军官，而詹姆斯·罗伯逊·贾斯蒂斯则饰演了一个独眼的苏格兰海盗。

饰演黑胡子的罗伯特·牛顿和饰演黑胡子继女的琳达·达内尔在1952年由拉乌尔·沃尔什执导的影片《海盗黑胡子》中。

基德船长的生平看起来似乎具备一切可以拍大片的元素，却成了一些史上最糟糕的海盗片的题材。查尔斯·劳顿在 1945 年版的《基德船长》中操着一口伦敦东区口音，将这个角色夸张地演绎成了一个滑稽漫画人物。1954 年，他在《阿博特和科斯特洛遇见基德船长》中再次挑战该角，不过这部片子要比之前那部更加糟糕。同一年拍摄的《基德船长和奴隶女孩》预算不高，不过演员们的表演都还不错，只是编剧编起故事来太不考虑历史真实，居然让安妮·邦尼爱上了基德船长，早已作古的海盗洛罗奈居然起死回生地出现在了故事里，另外该剧还半卖半送地附赠了黑胡子、亨利·埃弗里和花衣杰克一干人等。

有七十多部影片是取材自海盗的。虽然有些电影导演和制片人花了大力气来建造海盗船，精心设计海战场面，不惜跑到西印度和其他地方找合适的外景地来取景，不过让人觉得不可思议的是，这之中很少有哪部片子是真正按照历史事件的真实性来拍摄的。大多数影片依据的也就是虚构作品，或者将真实海盗的人生经历随意拿来使用，丝毫不理会历史真相如何。当然这样做也没有什么错。罗伯特·路易斯·史蒂文森、沃尔特·司各特、拜伦、丹尼尔·笛福和拉斐尔·萨巴蒂尼虚构的海盗故事已经成了一代又一代读者的精神食粮，电影工作者没道理就不能这样做。不过我们要知道，有些历史上确有其人的海盗和海盗猎人的人生故事同样非常精彩，富于戏剧性，比起虚构故事来毫不逊色。

基德船长与被埋藏的宝藏

切萨皮克湾位于北美洲东部海滨,是一片被无数海湾和河湾围绕着的辽阔的内海。1720年11月,布里斯托尔的尤金王子号进入了这个海湾,向约克河入口的方向开去。到达河口之后,它并没有继续溯流而上,去往数英里外的约克敦,而是在原地下了锚。这天晚上,长船被从船边放到了水中。六个装满银币的袋子被塞进了长船的艉座板,六个沉重的木箱子则被放在了船中央。船在黑暗中被划到了岸边。木箱子被搬了下来,抬到了海岸上,并用沙土给掩埋了起来。当长船划回到停泊的船边时,斯特拉顿船长下令开船。起锚,扬帆,尤金王子号拖着后面的长船,慢慢地向上游开去。

这船上有个叫做摩根·迈尔斯的船员,二十岁年纪,是个威尔士人,来自斯旺西。船到约克敦之后,他偷偷地溜上了岸,向当局报告,说他们船长曾在马达加斯加与一个海盗做过交易。他告诉他们,尤金王子号曾经开到马达加斯加岛北部的海盗港圣玛丽,与海盗船龙号的船长康德尔接头。一船的白兰地都被卸下来搬到了海盗船上,还有商船运载的其他货物。他看到斯特拉顿船长在树下同那个海盗船长一起喝酒,还看到大量的西班牙银币被搬到了尤金王子号上。船上的木匠还受命制作几个木箱来装这些钱。

斯特拉顿船长在约克敦被捕了,警方对他进行了审问,然后把他投进了监狱。几个星期之后,英国战舰赖伊号押他回到了英国。船上的另一名船员,来自德文郡的约瑟夫·斯珀莱特告诉当局,他觉得斯特拉顿从海盗那里弄来的西班牙银币价值 9 000 英镑(相当于超过 500 000 英镑)。[1] 至于那些被埋藏的银币后来怎么样了,并没有相关的记录。这些钱大概是被约克敦政府挖了出来,然后充公了吧。

尽管在那些以海盗为题材的小说中,被埋藏的宝藏是一个备受钟爱的主题,不过文献中极少会看到有真正的海盗将他们的战利品埋起来的记载。大多数海盗更喜欢回到港口之后就纵酒豪饮和狂赌烂嫖,将他们劫来的钱挥霍一空。上面说到的斯特拉顿船长的故事是少有的几个埋藏宝藏的例子,不过尽管这批宝藏确实是海盗劫来的,斯特拉顿本人却不是海盗,只是个不那么正派的海船船长而已。另一个在文献中记载得清清楚楚的例子发生在 150 年前。在诺博德迪奥斯袭击骡队之后,弗朗西斯·德雷克和他手下的人来到岸边,发现他们的船为了躲避一支西班牙船队,

---

[1] 这个埋藏宝藏的例子来自伦敦档案局中的最高海事法庭档案资料。

已经驶离了岸边。德雷克于是命令他手下的人把那一大笔金银财宝给埋了起来，留下一部分人看守埋藏的宝藏之后，他和其他人利用一只临时搭成的筏子出发去联络他们的船。经过六小时的航行，他们终于找到了那几艘船。他们弃筏登船，就在这天夜里，回到了埋宝藏的地方，重新挖出宝藏，出发回英国去了。虽然德雷克在诺博德迪奥斯的劫掠行动为他赢得了财富和声名，不过他埋宝藏这件事却并没有引起多少人的注意。

有一位海盗在很大程度上促成了埋宝藏这种传闻的产生，那就是基德船长。有传言说，基德在被捕之前，把他从克达商人号上劫来的金银财宝都埋在了纽约附近的加德纳斯岛。因为基德在印度洋的劫掠行动及他后来受审和处决的过程受到了人们极大的关注，他一跃成了历史上最有名的海盗之一，于是被埋藏的宝藏这一说也就跟着风行起来，获得了不太应当的高关注度。这整件事情最讽刺的就是，基德从没想过要当一个海盗，直到临死之前，他对于自己的所有罪行都矢口否认，坚称自己是清白的。他成了政治游戏中的一个棋子，这是他的悲哀，也只能被伦敦、纽约和印度的玩家们耍弄于股掌之上。[1]

基德是大环境的受害者，不过他也被自身的性格缺陷害得不

---

[1] 本章有关基德船长的资料来自于格雷厄姆·布鲁克斯《审判基德船长》（伦敦、多伦多，1930）；约翰逊《海盗简史》；查尔斯·希尔《东部海域的海盗活动》（孟买，1923）；罗伯特·C. 里奇《基德船长与抗击海盗之战》。

浅。在某些方面，他的个性似乎同赏金号的布莱船长有些相似之处。他是一名优秀的海员，只是脾气暴躁，无法得到船员们的尊敬，而这一点是致命的。布莱个头不大，这一点基德跟他不像，基德块头很大，身强力壮，老是欺负他手下的人。他常常与别人发生争执，总是口角不断。一位在非洲口岸卡尔瓦尔见过他的当地代理人形容他是一个"相当强壮的人，不分场合就跟他手下的人开架，若是有谁胆敢说一句违逆他意思的话，他往往就直接掏出手枪来对着他，威胁要将那人的脑袋打开花，这都是为了使他们怕他……"他态度傲慢，老是吹嘘自己结交了什么权贵，弄得船坞里的修船工人和海上的船长们都很不痛快。在印度洋干起了海盗的营生之后，他还自欺欺人，不肯承认自己做过的事和心里真实的想法，因此一位下院议员在他受审时对他作出的刻毒评价还真是实至名归，那人说："我从前以为他只是个恶棍，现在我明白了，他还是个傻瓜。"

威廉·基德1645年出生于格里诺克，那是位于苏格兰克莱德河口的一个口岸。他的父亲是个长老会的教士。对于他早年的生活，我们一无所知，只知道他那时就出了海，到了1689年，他已经是加勒比海一艘私掠船的船长了。他指挥着"有福的威廉"这艘船加入了皇家海军休伊森船长领导的船队，向法属玛丽-加朗特岛发动进攻，随后在圣马丁岛附近与五艘法国战舰展开了一场对阵战。不幸的是，比起为他们的国家效力，基德船上的船员们对当海盗更感兴趣，在尼维斯下锚后不久，他们就控制了这艘船，抛下基德驾船走了。不过，尼维斯总督对基德与法国人作战的义举相当赞赏，将一艘新近夺下的法国船送给了他，这艘船之后被重新命名为安提瓜号。

1691年，基德坐着他的新船来到了纽约。5月16日这天，他娶了一个有钱的寡妇萨拉·乌厄特，他们最后终于搬到了曼哈顿岛最南端珀尔街的一栋漂亮的住宅里，那里临近从前的港口码头。在以后的四年中，基德开始投资商业，结交政要和商人，偶尔也会从事一些私掠活动。他似乎又渐渐厌倦了这样的生活，在1695年时驾船来到英国，希望靠私掠活动来发一笔财。

在与他差不多时间来到伦敦的纽约企业家罗伯特·利文斯通的帮助下，基德开始寻找赞助商为自己的私掠之旅投钱。经过好一番游说，他们争取到了下院议员贝洛蒙特勋爵的支持。贝洛蒙特是执政党辉格党派的忠实拥护者，他当时也非常需要钱，而且此人将在这个故事里扮演一个重要的角色，因为他刚刚被委任为马萨诸塞湾的总督。这三人聚在一起，策划了一条不寻常的赚钱妙计：他们将组成一个小集团，买下一艘具有战斗力的大船，让这船开到印度洋去，打劫那些将过往航船上的货物劫来卖给纽约商人的海盗。贝洛蒙特答应为这次行动寻找财政上的支持者，而基德则接下了指挥这船的活，并且以劫掠活动惯常遵循的"没有捕获，就没有收获"的原则为约定来招募船员。

贝洛蒙特说服了四位辉格党的盟友来提供财政支持，他们分别是萨默斯勋爵、奥福德勋爵、罗姆尼勋爵和施鲁斯伯里勋爵。富有的伦敦金融区商人，同时也是东印度公司经理的埃德蒙·哈里森也同意参加，他们于是开始找海军部要私掠船许可证。那时候英国与法国还处于战时关系，要搞到一张针对法国船舰的捕拿许可证并不是什么难事。只是这样的许可证并不包含捕拿海盗船这一项，不过这一漏洞靠着国玺保管人签发的一份盖有国玺的特许状就顺利解决了，因为国玺保管人恰好就是萨默斯勋爵。这第二份许可证授权基德猎捕"各种意义上的海盗"，尤其是那四位在文件中被点名的海盗：托马斯·图船长，约翰·爱尔兰船长，托马斯·韦克船长和威廉·梅兹船长，或称梅斯船长。

整件事最出人意料的莫过于连国王本人都被说服参与了进去。威廉三世公开对这次行动给予首肯，并且签署了一份许可状，同意基德劫来的所有财物都归参与者所有，这也就是说，在海事法庭公开所有捕获物的这道常规手续就可以免去了。国王之所以会答应这个不寻常的安排，完全是受了施鲁斯伯里勋爵的利诱，后者保证将全部收益的 10% 预留给他。

获选参加这次私掠之旅的船只是配备 34 门炮的冒险号大帆船。1696 年 4 月 10 日，冒险号路经南部大峡谷，泰晤士河的引航员就在他们停泊时下了船。在普利茅斯稍作逗留之后，他们出发穿越大西洋，来到了纽约，基德希望能在这里补足所需的船员人数。私掠行动的消息很快就在海岸传遍了，基德毫不费力就另外招到了 90 个人。当他在 1696 年 9 月 6 日离开纽约的时候，他船上已经有 152 名船员了。纽约的弗莱彻总督形容他们是"一帮倒运的穷鬼，为了赚大钱什么都做得出来"。

他们在马德拉群岛停留了一天，采集淡水和食物，然后向南方开去。1697 年 1 月 27 日，他们在马达加斯加西海岸的一个小型口岸图雷尔（即图利亚拉）下锚。基德在那里停留了一个月，给他的船员一些时间从长途航行的劳顿中恢复过来，他们中有些人已经得了坏血病。在这之后，他向北航行，来到了科摩罗群岛的约翰纳，跟着又去了附近一个叫莫希拉的岛，在那里整修他的船。因为热带疾病，他手下有 30 人在这岛上丧命，活下来的人也开始变得不服管教。在印度洋上的各处停留时，基德吸收了更多的人，有些从前做过海盗的人就这样加入了他的船员队伍。根据"没有捕获，就没有收获"的原则，他们要么赶快劫下一条捕获船，要么就只能身无分文地滚回家去。

基德决定开到红海去，看看能不能从朝圣船队里劫下一条船来。他告诉船员们，他们正在向红海口的莫查岛进发："来呀孩儿们，我会从那支船队里弄出足够的钱来。"可这并不在他所领受的谕令之中，他带在身边的那两张私掠许可证没有一张授权他干这种事，所以说他要想向自己的那帮赞助商们辩白这种行为是合理合法的，那可是做不到的。朝圣船队是在 1697 年 8 月 11 日这天离开莫查岛的,护航的是三艘欧洲船,其中有一艘是配备36门炮的权杖号,船长爱德华·巴洛是新近从大副的位子被提拔上来,顶替死去的原船长的。巴洛今天备受海洋历史学家们的推崇,因为他在日志中活灵活现地记录下了自己在海上的生活,还配上了插图。[1] 8月14日清晨,巴洛发现冒险号正同他的一条护卫舰短兵相接。令他生出不祥的预感的是,冒险号的桅顶上飘扬着红色海盗旗。巴洛放炮向其他船示警,并且升起了东印度公司的旗帜。当时风力微弱,基德于是命人划起了船上配备的桨,转向一艘马拉巴船,发射了舷炮。巴洛没有想到会失去一条护卫舰,他放下小船,让船员划着小船,拖着权杖号来到了基德船所在的位置。他命令手下的人在桅杆上向对方喊话威吓,并开了炮。基德吓破了胆。他撤到了对方的射程范围之外,过了一会儿,干脆放弃了所有关于夺下一艘捕获船的念想,开船逃走了。

他的境况迅速朝坏的方面发展。船开始漏水,食品供应短缺,船员们也越来越桀骜不驯。他们在马拉巴海岸外碰上了一条小型商船,基德放了一炮,炮弹横向穿过了那条船的船头,他们跟着将船靠了上去。接下来发生的事就是基德这次航行的转折点了。商船上悬挂的是英国国旗,而就在基德同指挥商船的帕克船长谈话的时候,他手下的一些人对帕克手下的船员实施了折磨,

---

[1] 《巴洛在英国军舰、东印度和西印度公司商船及其他商船上度过的海上生活日志(1659—1703)》(伦敦,1934)。

要他们说出贵重物品都藏在什么地方。有几名船员被绑在绳索上吊了起来，用短弯刀抽打。基德跟着抢走了帕克船上的食物，还逼他留在自己船上当引航员。

基德袭击朝圣船队和在商船上胡作非为的消息在这一区域内的港口间传开了，果阿总督于是派出两艘葡萄牙战舰去搜寻冒险号。然而基德也终于被上天眷顾了一回。他射出的炮弹使得这两艘船中那较小的一艘无法动弹，而他自己则毫发无伤地逃掉了。不过当他们来到拉克代夫群岛的时候，船员们当时那种缺乏纪律、海盗一般的作风完全暴发了出来。他们抢来当地人的船，劈开了当柴烧，还强奸土著女人，当这些女人的男人为了报复，将他们船上的制桶匠杀死之后，他们向岛上的村子发动攻击，对村民实施了殴打。这些暴行传到英国本土之后，基德头上的罪名也就更多了。

另有两件事决定了基德后来的命运。10 月 30 日，基德和他船上的枪炮军士长威廉·穆尔发生了争执。后者正在抱怨没什么船可劫的时候，基德突然就发作了，他跑到在甲板上磨着凿子、要把凿子磨尖的穆尔身边，骂他是条丧家狗。穆尔回应道："我要是条丧家狗，也是你让我变成这样的；都是因为你，我才断送了前程，做什么事都不顺。"基德听到这话，大为光火。他举起一只箍了铁环的水桶，咚的一声朝枪炮军士长的脑门砸去。穆尔倒在了甲板上，人们听见他说，"再见，再见吧，基德船长要了我的命"。[1] 船上的外科医生将穆尔带到了船舱里，不过他也无能为力。穆尔的头盖骨被砸碎了，第二天他就死了。基德毫无悔意。他说他不必为此担责，他英国的那些好朋友会帮他摆平这件事。

1698年1月30日，冒险号终于碰上了一艘值得一劫的船。在印度马拉巴海岸上一个叫科钦的港口外面，它拦下了一艘400吨的商船克达商人号。船上载有丝绸、白棉布、蔗糖、鸦片和孟加拉铁材等一大批货物，正在一位英国船长约翰·赖特的指挥下向北行驶。基德挂着法国旗驶近了那艘船。当时跑长途的商船都会在船上备有好几个国家的通行证，以免被某国的私掠船认为是敌船而遭到劫掠，于是当赖特船长看到基德船上的法国旗之后，自然就向其出示了法国通行证。这一下正中基德下怀，要知道他手里就有张许可证授权他袭击并夺下法国船舰。其实克达商人号的船主是亚美尼亚人，而且船上相当一部分的货物属于印度莫卧儿王国皇宫中的一位高级官员所有。

基德告诉赖特船长，他的船对他来说是敌船，他将作为捕获物而拿下，然后二话不说就押着这艘船来到附近的港口，准备将船上的一些货物卖掉，换来急需的现金。有人估计，克达商人号上的货物价值在200 000到400 000卢比之间。基德在加里奎龙

---

[1] 布鲁克斯《审判基德船长》。

港把大部分货物都卖掉了，拿了大概 7 000 英镑，然后又回到了海上，希望能找到更多的捕获物。他夺下了一艘小型葡萄牙船舰，劫走了船上的财物，然后将其作为护卫舰。他花了好几个小时去追赶东印度公司的塞奇威克号，却还是让它逃走了。这以后，他又向马达加斯加开去，1698 年 4 月，冒险号在圣玛丽这个海盗湾下锚了。那里已经停了一艘叫做决心号的海盗船，船长是罗伯特·卡利福德，在过去的一年中，他一直都在印度洋上劫掠航船。卡利福德本是东印度商船莫查号上的一名船员，他同其他船员一起发动哗变，将船长杀死，夺下了这艘船。如果基德不是已经沦为海盗的话，他本可以逮捕卡利福德，并夺下他的船的，要知道这就是许可证上写着要他做的事啊。可基德只是向卡利福德保证，说他无意加害于他，然后就跟他一起喝酒去了。

基德在马达加斯加待了好几个月，以便从长时间航海产生的疲劳中休整回来，一边等待有利的风向再度出航。他手下的人一再提出，他们可以进行最后分赃了，还有些人干脆脱离他的队伍，加入到卡利福德手下。基德决定要抛弃漏水且朽坏的冒险号，驾驶克达商人号出航，并为这艘船重新取了"冒险捕获物"这个名字。1699 年最初几月里的某天（具体日期不得而知），他带领人数锐减的一船 20 名船员和一些奴隶出发了。他向西印度开去，在四月初到了安圭拉这个小岛上。他在这里听说，英国政府应东印度公司的要求，已将他公示为海盗。当局绝不会给他颁发赦令，他们会派人抓捕他，然后送他归案受审。他匆忙储备了一些食物和水，前后不到四个小时，他就重新起锚出发，去找避难地了。

他选中了丹麦的圣托马斯岛，这里从来就是海盗们出售他们劫来的物品的地方，他在4月6日这天驶进了该岛的港湾，跑去找岛上的总督，想要说服他为自己提供保护，使他不至于被皇家海军抓住。劳伦茨总督可不准备拿他的岛去冒险，万一被英国方面实施海路封锁可就难办了，他于是拒绝了基德的请求。伦敦的报纸后来添油加醋地报道了这次会面："库拉索地方发来函件，说那位指挥着一艘配备30门炮和250名船员的船舰的知名海盗基德船长向托马斯岛总督提出，只要他能够为他提供一个月的保护，他就将45 000枚纯金八个里亚尔和一大堆物品作为礼物拱手奉上，而总督拒绝了。"

基德回到他的船上，起锚出发，继续向前航行。他逃到伊斯帕尼奥拉岛的最东面，在伊圭河口躲了起来，并将他那渗水的船停泊在了河岸边的树林之下。他与一个叫做亨利·博尔顿的无良商人走到了一起，这人从前劣迹斑斑，因此与如今臭名昭著的海盗为伍并不会教他良心不安。博尔顿有个朋友，同意将那艘从前的克达商人号底层舱里剩下的几捆布料买去，后来还把整艘船都给买下了。而基德则买下了博尔顿的单桅帆船圣安东尼奥号，他带着他剩下的那些个船员，还有几次卖货所赚来的钱，搬到了这艘船上。

到了这个时候,基德明白自己已经是穷途末路了。加勒比海所有的英殖民地政府都在留心着他的踪迹。还在 11 月里的时候,本博将军就已给每一位美国殖民地总督写过信,要求他们"格外留神,不管上述之基德与其同犯逃至何处,必须将其捉拿归案"。当尼维斯总督得知基德在本区域活动时,他便派皇家海军皇后区号到波多黎各去拦截他。基德觉得他唯一的希望就是回到美国去,与他的生意伙伴贝洛蒙特勋爵进行谈判,毕竟他现在也是纽约的总督,就在新罕布什尔的马萨诸塞湾。他于是出发向北方驶去。

圣安东尼奥号在 6 月里到达了长岛,分别三年后,基德终于与他的妻子和两个女儿团聚了。他去找波士顿的贝洛蒙特谈判,不过这位总督一心想着玩弄诡诈的权谋之术,他一只眼睛盯着自己的官位,另一只眼睛盯着基德手里的财宝。基德先后同贝洛蒙特和马萨诸塞委员会面谈,详细交代了自己劫掠得到的物品和现金。这份清单中包括成捆的丝绸、平纹细布和白棉布;成吨的蔗糖和铁材;50 枚加农炮弹;80 磅银子和一袋 40 磅的金子。贝洛蒙特知道,如果他不能妥善处理当前的局面,基德这个人一定会严重威胁到他将来的升迁之路。作为殖民地的中将,对他来说最令人满意的解决方法莫过于以海盗罪将基德逮捕,这样他就能与基德的掠夺活动撇清关系,还可以从基德的财宝中拿走一份。当基德来到坐落在波士顿的委员会再次进行会谈时，他发现警察就等在门口。警察走上前来，要逮捕他，基德见状，冲进大楼，大声喊叫着要找贝洛蒙特。警察随后追了进来，抓住了他，将他押进了市里的监狱，一路上基德吼叫抗议不断。尽管贝洛蒙特一开始答应基德，会帮他弄到国王的赦令，如今他改变心意却也不是没有什么说辞，因为他接到了英国方面的特别指示，要他逮捕基德。被唯一能够救他的这个人抛弃之后，基德的命运已经无法改变了。如果他选择在加勒比海的某个岛屿上躲起来，或者直接逃到美洲大陆去，他或许可以保住这条命，像其他许多海盗设法做到的那样，可是他现在却成了整整一代海盗在印度洋犯下的所有罪行的替罪羊。

　　基德掠夺活动的消息在伦敦得到了相当及时的报道，这也难怪，毕竟包括国王、大法官和好几位辉格党成员在内的许多有权势的人最初都为此行动进行了投资。当消息传来，说基德当起了海盗时，许多托利党成员看到了制造一出大丑闻，将执政党中的几大政要赶下台的好机会。有传言称，基德的掠夺所得总价值超过400 000英镑，这也极大地提升了人们对此事的关注度。东印度公司要求从这笔财富中抽出一部分，用来弥补它在印度所遭受的损失，并为一些遭到基德劫掠的受害者提供赔偿。12月里，下院就这整件事展开了讨论，并且对处理此事的辉格党进行了不信任投票。结果是托利党输了，不过国务大臣詹姆斯·弗农爵士的一番话让人有了不祥的预感:"国会开始吹毛求疵了,如果风暴无法平息,总得有人像约拿那样被扔到海里去。"[1] 不消说,基德就是这个约拿。

9月里,贝洛蒙特勋爵已将基德被捕的消息送到了伦敦,海军部派一艘战舰前往波士顿,将基德带回英国。皇家海军劝告号是1700年2月抵达波士顿的,正赶上了极严酷的一阵寒潮。基德被押上了船,与其他31名囚犯一起,开始了返英之旅。等到劝告号在泰晤士河下锚的时候,他病得已经不轻了。然而,他还是挣扎着给劫掠之旅赞助商之一的奥福德勋爵写了封信,选择性地陈述了自己在印度洋上的所作所为,公然为自己开脱。他坚称只夺下过两艘船,船上悬挂的都是法国旗,还说是手下的船员逼他做了海盗,他们还抢他的钱,毁掉了他的航海日志和所有其他的记录文件。他最后说:"我希望殿下您和其他几位尊贵的绅士,我的主子,能够说明我的清白,使我不必遭受不公正的对待。"

就在那帮政客、海军部的长官、律师和商人们收集证据、约见证人的时候,基德被皇家海军劝告号移交给了格林尼治的海军舰艇凯瑟琳号。数月来的幽闭和劳病把他弄垮了,当局又不允许他聘请法律代表,或者接触任何相关文件,他开始陷入绝望,并

---

[1] 里奇《基德船长与抗击海盗之战》。约拿是《圣经》中写到的一名先知,上帝命他前往尼尼微宣示神谕,约拿却抗命不往,乘船向反方向而去。结果海上起了大风暴,水手们抓阄发现罪在约拿,他们将约拿扔进了海里,风浪于是平息了。

想到了自杀。因为害怕被绞死,他求看守给他一把小刀,来结束自己的生命。可是人们不会让他这么快就轻轻松松地去死。4月14日,海军部派了他们的大划艇到格林尼治来,载着基德来到了河上游的白厅。那天下午,他被带到位于白厅的海军部大楼里,接受海军部首席法官查尔斯·赫奇斯爵士的盘问,在场的还有将军乔治·鲁克爵士,布里奇沃特公爵,及其他权豪政要。基德重复了自己在致奥福德殿下的信中的辩解之词。经过七个小时的询问,他被送往纽盖特监狱关押,在接下来的十一个月里,他一直都被囚禁在那里。

即使按照18世纪的标准,纽盖特都是囚犯的噩梦。坐落在霍尔本街与纽盖特街的交界处,这栋砖石建筑看起来阴森可怕,专为关押伦敦底层罪民而设置,这些人或将接受审判,或将在泰伯恩被绞死。娼妓、小偷与杀人犯、拦路强盗在此济济一堂。犯人可以接受老婆孩子的探视,并且这里对于喝酒、赌博和性交的态度相当随便,也可以随意豢养宠物和家禽,不过地方拥挤,臭气熏天,人们的尖叫声和咆哮声此起彼伏。1719年,亚历山大·史密斯船长形容纽盖特是痛苦的渊薮,"一个暴力行为的无底洞,一座巴别塔,所有人都在说话,却没人在听"[1]。

1701年3月27日,基德终于有机会暂时逃离这个地狱般的

---

[1] 转引自彼得·莱恩博《吊死的伦敦:18世纪的罪民社会与平民阶层》(伦敦,1991)。

地方。他被押着穿过几条街，来到了白厅，要在下院作为被告接受审问，他也因此成了英国历史上第一个，也是唯一一个在全体下院议员面前说明自己的所作所为的海盗。不过他当时的状态很糟，简直不像能接受审问的样子。他头发凌乱，情绪沮丧，在骇人的环境下被关押了两年多，看起来肯定像个可怜虫。审问的记录没能被保存下来，我们只知道，有人想趁此机会弹劾萨默斯勋爵和奥福德勋爵，但是没有成功。3月31日，下院议员又进行了第二次审问，之后基德依然被送回到了纽盖特。

这时候，律师们已经准备好了案件所需的材料。他们找到了那位在伊斯帕尼奥拉岛从基德手里买下克拉商人号的亨利·博尔顿，并将其带至英国接受询问。基德袭击克拉商人号时，有一位叫做柯基·巴巴的亚美尼亚商人就在船上，他所有的货物后来都被劫去了，东印度公司派人把他从印度带了来，为检方提供证据。基德手下的两名奴隶邓迪和弗图拉也接受了询问，还有贝洛蒙特勋爵及所有与本案有关的人，材料文件都堆成了山。现在就只等最后的审判了，日子被定在了5月8日和9日两天，地点在老贝利街。

基德有两周的时间为自己准备辩护。他要求将相关材料发还给他，尤其是他的那两张私掠许可证、他最初从海军部领受的谕令，以及他从克达商人号和其他一艘被他夺下的船上的两位船长那里拿到的法国通行证。他们给了他一些文件，不过那两张法国通行证却神秘地失踪了。

审判终于在首席法官巴伦·沃德与另四位法官的主持下召开，基德发现自己所面对的是一长串骇人的指控。他被控谋杀了威廉·穆尔，那个被他用箍着铁环的水桶砸死的人；被控以海盗行径抢劫了克达商人号；被控以海盗行径袭击并夺下了其他四艘船，并劫走了船上的货物。对于谋杀指控这一项，基德坚称当时他手下的船员正处在哗变的边缘，是穆尔惹怒了他，他绝不是存心要杀死他的。对于海盗罪的指控，基德辩称自己手上是有一张劫夺法国船的许可证的，而且坚持说，如果能够找到那两张法国通行证，他就可以证明自己的清白了。然而，检方搜集到的证据却是不容置辩的，证人为检方作出的案情陈述也是有力的。在庭审的过程中，基德一直口出狂言，但是他逃避不了最后的裁决。陪审团认为他的所有罪名都成立，法官于是判他被绞死。听到判决之后，基德说："大人，这是一个相当重的判决。就我来说，我是他们所有人中最清白无辜的那个了，完全是这帮作伪证的人诬陷的我。"

那么，基德的那些战利品后来怎么样了？还有被埋藏的宝藏的传闻是怎么来的呢？基德在印度洋的一个口岸卖掉了一些货，剩下的大部分他都在伊斯帕尼奥拉岛卖给了亨利·博尔顿。他花了3 000枚八个里亚尔买下了圣安东尼奥号，购入了相当于4 200枚八个里亚尔的外汇纸币及价值4 000枚八个里亚尔的金条和金沙。他于是带着这些相当于8 200枚八个里亚尔的便携式货币及一船数额不清的货物和财宝，驾驶那艘新购入的单桅帆船航向了北方。到达纽约之后，他有可能就把他的一些财富交给了基德太太和他的朋友埃莫特。

虽然初步的谈判是在他与贝洛蒙特总督之间进行的，基德却将船从纽约港驶到了长岛的最东面，并在那里的加德纳斯岛附近开来开去。有几个星期，船徘徊在加德纳斯岛和布洛克岛之间，就在这段时间里，有三条单桅帆船驶近并船，带走了基德手下的一些船员，他们扛着自己的水手箱和分到的货物。我们知道，基德给贝洛蒙特夫人送去了一只珐琅盒，其中有四件珠宝首饰。我们也知道，基德夫人送了一袋6磅重的八个里亚尔给托马斯·韦，基德还给康涅狄格的梅杰·塞莱克送去了几磅的金子，据信价值10 000英镑。不过最大的一笔钱是到了约翰·加德纳手中，他是加德纳斯岛的所有者，这也是基德埋宝藏的传闻的由来了。基德有两次登上了这个岛；他从加德纳那里买来食物，留下了五捆布料、一箱上好的纺织品和一个装有52磅黄金的盒子。这很可能是他担心万一事情有变，为自己准备下的后路。

把基德牢牢地锁进波士顿监狱之后，贝洛蒙特总督马上就使出浑身解数来找财宝的下落了，他要把如今这些散处纽约、波士顿和西印度各地的财富都收回来。坎贝尔先生在波士顿的房子被搜了个遍，463盎司黄金和203盎司白银被找出来带走了。约翰·加德纳上交给贝洛蒙特11袋黄金和白银。最后，贝洛蒙特共收集到1 111盎司黄金、2 353盎司白银、41捆纺织品、成袋的银币和各式珠宝首饰，这些东西都被装到皇家海军劝告号上，发往了英国。据估计，这些财宝价值14 000英镑，确实是很大的一笔钱，不过比起之前贝洛蒙特从基德那里了解到的40 000英镑的数字，还是差了好多，更不要说当时的传言称，基德在印度洋上劫到了400 000英镑的战利品，与之相比，现在的收获真是微不足道。尽管皇家海军福伊号的船长抓到了那个亨利·博尔顿，不过他并没见到博尔顿在西印度时从基德手上买来的物品。克达商人号被弃在了伊斯帕尼奥拉岛，这艘船被人放火焚烧过，在河湾边的岸上，那具烧剩下的船壳已经开始腐烂了。多年以来，人们试着想找出基德余下的那些财宝，他们在加德纳斯岛和许多其他地方展开了搜索，不过却是一无所获。

比起与基德同时代的其他任何一个海盗，我们对于基德手里的财宝的事情会了解得更多一些，这只是因为公众对于他的劫掠行动和之后所受到的审判的关注度比较高而已。与他同时代的其他海盗可能聚集了比他多得多的战利品，但是我们看到的只是碎片式的资料。巴塞洛缪·罗伯茨收获的最大一单可能是他当海盗头一年里劫到的那艘葡萄牙船舰上的货。黑胡子在他两年的海盗生涯中劫掠过大概20艘船，不过他的战利品并没有壮观到要用宝藏这个词来形容。奥克拉科克一战之后，从他的船上和岸上一个帐篷里找到的战利品是"25 大桶蔗糖，11 个中桶和 145 袋可可粉，1 桶靛蓝染料和 1 捆棉布"。这些，加上黑胡子的单桅帆船，卖了 2 500 英镑——对于名气那么大的海盗来说，这个数字可并不怎么抢眼。

英格兰船长在印度洋上劫到过很值钱的几船货。1720 年，他在马达加斯加东面的马斯克林群岛之中发现了一艘停泊着的 70 炮的葡萄牙船舰。这艘船在风暴中受到了严重的损伤，在海盗们发动攻击后就不战而降了。果阿总督当时也是船上的乘客之一。根据约翰逊《海盗简史》的记载，船上那些钻石的价值在 300 万到 400 万美元之间。他说海盗们之后又航行到了马达加斯加，在那里修整他们的船，然后分赃，每个人分到了 42 颗钻石。与此级别相似的是亨利·埃弗里劫到的至尊宝号，人们对船上的财宝总值有各种猜测，具体在 200 000 到 350 000 英镑之间。而大多数海盗就只好满足于比这少得多的战利品了。

除了基德的那批财宝，我们对于海盗横行的时代中他们所拥有的掠夺物了解得最清楚的要算是萨姆·贝拉米手里的财物了。考古学家在挖掘贝拉米那艘叫做寡妇鸟号的船时，从海底打捞起了大量的货币、金条和非洲首饰，让人叹为观止。其中有 8 397 枚各种面额的货币，包括 8 357 枚西班牙银币和 9 枚西班牙金币，合计达 4 131 枚八个里亚尔。另有 17 根金条、14 块金锭、6 174 块小金块和一定数量的金沙。非洲金饰中包括将近四百件阿肯族的首饰，大部分是金珠、坠子和镶饰物。没有人能说出这些东西的确切价值，报道中说寡妇鸟号上的财宝价值4亿美元，也不过是一种夸张的猜测，尽管如此，这些出土文物无疑向我们显示出，某些海盗确实曾将大量的黄金白银收入囊中。

金银财宝永远是诱使人们成为海盗的最有效验的动机之一。如果有了像亨利·摩根、亨利·埃弗里、基德船长和萨姆·贝拉米这些人所拥有的财富，不管是谁，都不用再忍受海上艰苦的生活了。他可以花钱去找妓女，可以在酒馆里呼朋引伴，纵酒欢宴，消磨自己的时光。他再不用在他的船等着一批奴隶被运来的工夫，冒着得疟疾或是黄热病而死的风险在非洲海岸逗留了。他可以甩开腮帮子饱食新鲜肉类，畅饮美酒，而不用可怜巴巴地去吃船上那被压碎了的饼干、咸猪肉，喝那味道难闻的啤酒了。

水手们会被马达加斯加和西印度那种海盗王国的传说所吸引。据说在那里，所有人都是平等的，每个人都有投票决定海盗团体中的事务的权利，而且战利品也是平分的。而比较富于冒险色彩的想法是，有人认为做海盗就能让这些人离开北海或者纽芬兰大浅滩那里冰冷的灰色海域，去探索加勒比海温暖的蓝色海洋了。

有些人当海盗仅仅是因为被逼无奈。历史上出现过两次海盗活动最为明显的激增现象，那都是在政府结束了海上长时期的战争局面，突然宣告和平，而大量水手因而失业之后。英国与西班牙长达50年的敌对局面终于于1603年终止之后，成百上千原本供职于皇家海军或者私掠船的海员开始流落街头。他们唯一的技能就是驾驶船只，因而有许多人转而做起了海盗。在之后的30年里，海盗们对英吉利海峡、泰晤士河湾和地中海的航运造成了严重的破坏。

海盗活动的第二次飙升发生在1713年乌得勒支协议签订后的几年中。英国、法国和西班牙三国因此协议而获得了和平，皇家海军的规模却从1703年的53 785人缩减到了1715年的13 430人，40 000海员失去了工作。[1] 没有证据表明这些失业的海员就干起了海盗的勾当，而且马库斯·雷迪克指出，大部分海盗来自于具有海军编制的商船而非皇家海军，不过当时有许多人认为，乌得勒支和平协议之后那几年中的海盗袭击事件增多就是因为这庞大的失业海员队伍。他们特别指出，在乌得勒支协议签订之后，西班牙不该将坎佩切和洪都拉斯海湾的洋苏木伐木工给赶走，他们认为之前的私掠活动也是造成现在海盗活动飙升的原因。17世纪最后那些年，私掠许可证签发得太多，尤其是对西印度地区。和平之后，私掠活动失去了存在的立场，也就无法再继续下去，牙买加总督曾以可能出现的后果向英国政府示警："自从我们的私掠船被召回以后，我发现罗亚尔港和金斯敦这两

---

[1] 马库斯·雷迪克《在恶魔与蓝色深海之间》。

座城市里已经出现了为数众多的失业水手，我非常担心，这些人要是没有相关的工作可做，可能没多久就会脱离我们，去当海盗的。"[1]

　　已经接受判决的海盗在行刑之前说的话也为我们提供了参考，让我们了解到人们为什么会当海盗的一些更深层次的原因。一些人将此归咎于船长的残暴，不过更多的人认为是酒醉导致他们走上了歧路。在他于1724年在波士顿被绞死之前，威廉·怀特说是醉酒毁了他，还说他之所以被哄上海盗船，就是因为喝醉了酒。同一天被绞死的约翰·阿彻承认是酗酒让他变得麻木不仁，以至于走上犯罪的道路，现如今这些比死还要使他痛苦。不过，当海盗最主要的诱因还是战利品和财富，正如历史上的任何一起偷窃和抢劫案件一样。

---

[1] 1720年8月24日牙买加总督劳斯发出的报告，《国家文献一览表》。

猎捕海盗

黑胡子的故事及他可怖的死已经被传言渲染得太过分了，以至于我们会有些相信，那都是约翰逊船长挖空心思想出来的。不过，故事中出现的两位海军高级船员那盐渍斑斑的航海日志却是颇为有益的资料，提醒我们黑胡子是确有其人的。位于丘[1]的伦敦档案局中保存着皇家海军莱姆号的船长日志，其中提到他们那次被派出行动是"为了抓捕北卡罗来纳的那个叫蒂奇的海盗"，而格林尼治的国家海洋博物馆里则收藏着罗伯特·梅纳德的航海日志，他是指挥皇家海军珍珠号的海军中尉，就是他带领海军官兵消灭了历史上最为出名的海盗。梅纳德在1718年11月17日的日志里是这样写的：

> 中风，晴天，今天我接到戈登船长的命令，要我率领国王陛下的珍珠号和莱姆号上的60人驾驶这两艘小

1　丘（Kew）是伦敦西南部泰晤士河畔列治文区中的一个地区，1977年伦敦档案局因越来越庞大的资料库而在此地建造了另一栋大楼存放档案。

型单桅帆船去消灭一些居住在北卡罗来纳的海盗。我于是就在这天指挥着那两艘单桅帆船起锚出发，船上配备着执行该任务所需的各式武器弹药。

这次抓捕黑胡子的行动之所以能够被组织起来，还是得益于弗吉尼亚总督亚历山大·斯波茨伍德。斯波茨伍德接到了许多商人对于北卡罗来纳海盗劫掠活动的投诉，他认为这一地区的殖民地政府太过软弱，竟无力镇压海盗，而让他格外忧心的是，他怀疑海盗们准备在奥克拉科克湾设防，将此地作为这一地区所有海盗船的常规集会地。1718年11月24日，他发布了一则公告，悬赏招募能够令海盗们伏法或者使他们毙命的人：

> ……爱德华·蒂奇，常被人称作蒂奇船长或者黑胡子的，100镑；除他之外的任何一艘海盗船舰、单桅帆船，或是其他船只上的指挥者，每人40镑；副船长、船主，或军需长、水手长，或木匠，每人20镑；其他低级船员，每人15镑；及任何在这些船舰、单桅帆船，或其他船只上活动的海盗，每人10镑。[1]

---

1 《海盗简史》。

黑胡子受死之地的地理示意图

斯波茨伍德去找了驻扎在弗吉尼亚的两艘英国军舰的指挥官，皇家海军珍珠号的戈登船长和皇家海军莱姆号的布兰德船长，询问他们是否能够且愿意"铲除这个蛇窟"。两位船长指出，他们的船无法在奥克拉科克周边低浅而难行的水道中航行，而且他们所领受的命令中也不包括出钱雇小型船这一项。斯波茨伍德表示自己可以出钱雇两艘单桅帆船，而且他还会派人去找来卡罗来纳地方的引航员。话说到这份儿上，两位船长也就同意提供人手。

梅纳德中尉，"一位阅历丰富的军官，英勇坚毅的绅士"[1]，受命担任此次行动的指挥官。他手下是珍珠号上调来的35人，莱姆号上调来的25人与一名准少尉。雇来的单桅帆船是漫游者号与简号。梅纳德在简号上坐镇指挥，而指挥漫游者号的则是一位被称为海德先生的人。这两条船都没有安装大炮，梅纳德能够用来打仗的就是那些小型武器、剑和手枪。

梅纳德从那些经过的船上听说，黑胡子的单桅帆船冒险号就停泊在奥克拉科克岛靠里的一边，面向帕姆利科湾那片隐蔽的水域。这是个绝佳的躲避处，周边众多的浅滩和沙洲正好为其提供了掩护。梅纳德手下的两艘单桅帆船在当地引航员的指引之下，

---

[1] 《海盗简史》。罗伯特·梅纳德是1707年1月14日被委任为中尉的。他从1709年开始担任英国船贝德福德号上的第三中尉，1716年成为英国船珍珠号上的第一中尉。1739年，他被提升为海军准将。他是在1750年去世的。

于11月21日星期四的黄昏时分到达了这个地方,他们决定等待潮汐,并于第二天早晨发动进攻。

天刚蒙蒙亮,两艘单桅帆船就起了锚,慢慢地向奥克拉科克岛逼近。风很小,梅纳德让手下的几个人坐到一条小船上,划桨带着单桅帆船前进,并让他们测量所经之处的水深。当他们靠近海盗船的时候,对方枪弹齐发,给他们来了个迎头痛击。小船赶忙躲到两艘单桅帆船的后面去了。

不过,这时候也还是梅纳德更有胜算。根据布兰德船长呈给海军部的报告,海盗船上只有19人,"13名白人和6名黑人"。而且,黑胡子和他手下的几个船员昨天大半个晚上都在喝酒。不过海盗船长熟悉这里的浅滩和河道,他船上还安装有9门大炮。做好战斗准备之后,他砍断锚绳,往一处狭窄的水道开去,那条水道两边都是被水浸没的沙洲。梅纳德挂起英国国旗,向前追去。

风力微弱,单桅帆船必须划桨才能前进。这时候,梅纳德的船却搁浅了,他于是与黑胡子两个大声嚷嚷,展开了一场骂战。关于他们互骂的内容,也有好几种不同的版本。最简洁的要算是梅纳德自己写下来的了,三言两语就说完了:"我们之间的初次问候,是他举起酒杯祝愿我和我的人去死,他把我的人称作是怯弱的小狗崽,说他决不会向我们求饶,同样也不会饶恕我们。"而约翰逊的版本似乎是在当时报纸报道的基础上加工而成的,显得更是活灵活现：

  黑胡子就这么粗鲁地招呼他：托恶棍们的福，去死吧，你们是谁？从哪儿来？中尉回答他说：你从我们挂的旗就可以看出，我们可不是海盗。黑胡子让他坐小船过来，这样他就能看清他是谁了，不过梅纳德先生这么回答：我的小船有别的事要做，不过我会尽快登上你们的船，用我的单桅帆船来登。听到这话，黑胡子端起一杯酒，并以下面的这番话为自己祝酒：我要是饶了你，或者要是我去向你求饶，就让我的灵魂下地狱。梅纳德先生答言道：他并不指望从他那里求得什么饶恕，也完全不准备要去饶恕他。

  开始涨潮了，而手下人划桨又划得格外卖力，梅纳德的两艘单桅帆船终于顺风漂行，距离冒险号越来越近了。等他们驶到近处时，黑胡子下令船上舷炮齐发，那弹药里还被他放进了大号子弹、钉子和废铁片。结果是毁灭性的。用梅纳德的话来说，"海德先生不幸丧命，他手下有五个人在船上受了伤，这下那条小单桅帆船就没人指挥了，一下子落到了后面，一直到战斗快结束的时候，它都没能赶上来协助我"。根据《波士顿时事通讯》刊载的更为详尽的报道，舷炮轰击之后，共有六人丧生，十人受伤。

梅纳德指挥简号继续前进，成功地打掉了冒险号上的船首三角帆和前升降索，迫使这艘船上了岸。他命令手下所有的人都躲到底层舱里去，只留两人在甲板上，在他最终靠到冒险号船边之前，他们都要在那里拿着武器随时准备着。简号上前并船之后，黑胡子想当然地以为他的大炮已经把船上大部分的船员都给炸死了，他于是决定带十名海盗登上梅纳德的船。他们爬到了简号上，可就在他们爬过来的当儿，水手们从躲藏的地方跑出来了。对于接下来发生的事，刊载在《波士顿时事通讯》上的报道是记载得最为完整的：

> 梅纳德和蒂奇两人挥剑打了起来，梅纳德挺剑一刺，剑尖抵在了蒂奇的弹膛上，剑都弯到柄了。蒂奇击破了那把剑的防护罩，划伤了梅纳德的手指，不过并没有教他吃大亏，梅纳德反身跃回，扔掉了那把剑，拔出手枪来，一枪打伤了蒂奇。德梅尔特仗剑来到了他俩中间，把蒂奇的脸刺得面目全非。他们打斗的时候，两队人就在梅纳德的单桅帆船上开仗，梅纳德手下有个高地人，他手持宽刃剑向蒂奇进攻，在他脖子上砍了一剑，蒂奇说，小子，干得好啊，那高地人答道，要是不够好，我也可以再来一下。话音刚落，他又是一击，这回把蒂奇的脑袋给砍了下来，这么一来他两个肩膀上面就是平的了。

《黑胡子的最后一战》，由霍华德·派尔绘于1895年。

这张小幅油画为我们展现了在梅纳德中尉那艘单桅帆船的甲板上，黑胡子受到一帮英国水手围击的场景。我们可以看到，画面中间穿着深色外套、举起短弯刀抵挡对手攻击的就是黑胡子。

按照梅纳德的说法,黑胡子是"身中五枪,身体各个部位凄惨地被砍了二十多道伤口后"倒下的。就像历史上另一个长着胡子的怪物拉斯普京[1]一样,他似乎无法被彻底杀死,直到高地人用他的宽刃剑挥出那致命一击。难怪当地的传说中会有这样的说法,说黑胡子的尸体被扔到水中之后,那无头身还绕船游了好几圈。

海盗船长被杀,并不代表战斗就此结束了。所有的记录显示,海盗的残余力量进行了一场殊死顽抗。等漫游者号载着其余攻袭队伍赶到船边时,甲板上已是血流成河,到处是已死的和奄奄一息的人。关于最后的伤亡情况,文献中的记载也不尽相同。布兰德船长在对海军部的报告中说,11名海员战死(莱姆号有2人,珍珠号有9人),超过20人受伤。有些海盗跳进了水中,然后在水中丧命。一大群鸟就在船的上空盘旋,因此几天之后,只有一具尸体被找到。海盗方面最终的死亡人数在9人到12人之间,另有9名重伤者被俘。

死亡人数本来会更高,因为黑胡子曾向他船上的一个黑人下令,要是中尉和他手下的人登上他的船,就引燃炸药库,炸掉整艘船。幸好两队人在打斗的时候,有两个昨天晚上同黑胡子一起

---

[1] 拉斯普京(1869—1916),俄国东正教教徒,20世纪初时在圣彼得堡传播神秘教义,拥有大批信徒。据说他经历遭人行刺下毒、枪击和刀砍等袭击,竟然都大难不死,最后被扔进了涅瓦河。

喝酒的商船上的人一直都躲在甲板下面,他们没有让那个黑人完成任务。

梅纳德留下了黑胡子的头颅,将它悬挂在他那艘单桅帆船船首斜桁的下面。以此方式来展示这恐怖的战利品在很大程度上反映了当时的时代精神,那时反叛者的头颅会被叉在矛头,摆在伦敦大桥的入口处,罪犯的尸体会被悬挂在显眼的位置,作为对其他人的警示。梅纳德同时也要用这个头颅来当做证据,表明他确实是杀死了那个臭名昭著的海盗,可以去领赏了。1727年4月22日的《伦敦报》上的一则消息记录下了与之相似的做法:德拉奇船长将"一个臭名昭著的海盗"尼古拉斯·布朗的头颅带到了牙买加,"那里的政府承诺将500英镑的酬金授予抓住他的人"。

战斗结束之后,为了料理伤者,梅纳德穿过帕姆利科湾,将船驶到了巴斯镇。几个星期之后,他乘坐海盗船冒险号出发,同行的是雇来的单桅帆船简号。他向北面的弗吉尼亚开去,要在那里同他的船珍珠号回合,并向他的顶头上司戈登船长报告行动胜利的消息。1719年1月3日,两艘单桅帆船沿詹姆斯河而上,向威廉斯堡而去。这是一个晴朗的冬日,微风轻拂,吹皱了水面。在皇家海军珍珠号对面下锚之后,梅纳德命手下人燃放了九响礼炮。战舰上的大炮鸣炮回应之时,船员们可以清晰地看到那颗挂在海盗船船首斜桁之下的长满胡子的头颅,它的主人就是美洲海岸上人人费尽心机想要抓住的那个海盗。那天晚间,在他航海日志中以"引人瞩目的事件及其他"为题的一栏中,梅纳德以那种在海军军官中相当常见的实事求是的口吻记录下了这天发生的事:

> 小风,晴天,今天我从北卡罗来纳坐冒险号单桅帆船过来停泊在这里,这船从前的船长爱德华·撒奇(一个海盗)的头颅被我悬在了船首斜桁下端,以此献给弗吉尼亚殖民地,该海盗的财物,我一并交予我的指挥官处置。

因为黑胡子可怕的名声,他的死以及接下来对他残存的那些船员所进行的审判和处决被认为是当局与海盗作战中一个主要的华彩篇章。对于英国政府来说,这次胜利在政治宣传上的重要性不输1701年时审判和绞死基德船长的那次行动。

黑胡子在奥克拉科克湾最后的生活成了海盗传奇的一部分,而梅纳德中尉与外形骇人的黑胡子在船的甲板上所展开的打斗也被刻画成了善恶势力进行交锋的经典场景。当时的报纸颇为详尽地报道了战斗的经过,约翰逊船长的《海盗简史》也对此作了极为生动的描绘,为后来许多以海盗为题材的书籍提供了原始资料,还成了好几部剧本、叙事诗和电影的灵感来源。黑胡子死后

80年,一部由詹姆斯·克罗斯撰写的名为"黑胡子,或被俘虏的公主"的世俗剧首次登上了伦敦舞台;这是一部在后来许多年中备受观众喜爱的剧作。被称为"一部以两幕演出的亦庄亦谐的动作芭蕾",这出戏的剧本提纲包含了多达十页的歌曲和详细的舞台调度。1798年复活节的星期一,这部剧首演于皇家马戏场,在剩下的这个季度里又演出了100场。故事取材于记录黑胡子最后岁月的那些历史文献,不过对于其中人物的塑造和地点的设置显得相当随意。为了引人入胜,故事中还加入了爱欲的成分,借鉴自亨利·埃弗里的故事的一位美丽公主出现在了剧中,而复杂的舞台布景设置,众多激励人心的歌曲,以及包括笛声、鼓声、枪声和炮火声在内的各种声响也为这出戏增添了活力。

场景一设置在这位海盗的船舱内,黑胡子和他手下的一些人正在纵酒欢闹。他的黑人仆从西泽从望远镜里看到海平线上出现了一艘帆船,船员们于是做好了作战的准备。他们夺下了那艘船,两名俘虏被带进了船舱。首先出现的是伊斯梅娜,莫卧儿王国的公主,随后出现的是她的爱人阿布达拉。场景移到了马达加斯加岛的海滨,黑胡子的妻子奥拉正在等待这位海盗的归来。一个黑人男孩唱着一首歌谣,并带入了一段奴隶舞,黑胡子从他的特级大游艇上下来,来到岸上,身边是那位被俘虏的公主,现在已经成了他情欲的目标。在黑胡子堡垒中的一个房间里,奥拉指

1798年上演的《黑胡子,或被俘虏的公主》的剧目单

责伊斯梅娜偷走了她丈夫的爱，公主却说她厌恶这个海盗。奥拉于是安排公主和她的爱人逃跑。场景又转到了西印度，黑胡子和西泽正在一条小路上追着那两个女人。奥拉后来被黑胡子刺死，而阿布达拉在与西泽的搏斗中受了伤。回到海盗船复仇者号上，我们看到黑胡子正企图强暴伊斯梅娜公主，不过先是奥拉的鬼魂显灵，后来又传来了敌人逼近的消息，他只得罢手。黑胡子听说"敌人是英国人，他们不成功便成仁"。而此时西泽正在弹药库里，他准备炸掉整艘船，幸亏伊斯梅娜和阿布达拉合力阻止了他。最后一个场景发生在海盗船边上的那艘梅纳德中尉的珍珠号上，梅纳德与黑胡子在船上展开了一场激战。梅纳德受了伤，阿布达拉也来参加战斗，并且打败了黑胡子，后者跃入了水中。海盗们投降了，伊斯梅娜公主和阿布达拉拥抱在了一起，帷幕降下，人们欢呼"胜利万岁"。

19世纪时，这部剧一次又一次地被拿出来翻演和改编，它之所以如此受欢迎，在很大程度上无疑是因为剧作本身的航海主题和其中包含的爱国歌曲，在那个仿佛只有纳尔逊率领的海军才能抵御以拿破仑为首的法国人所进行的侵略行动的时代，英国民众忧心如焚，该剧使他们获得了愉悦。剧作胜利的结局让伦敦的观众明白了这一点，大不列颠的敌人永远会是英国水手的手下败将。这部剧的某个舞台版本还成了波洛克的玩具剧场中最受欢迎的场景之一，直到今天还能在市场上买到。至于说北卡罗来纳奥克拉科克的那个村子嘛,黑胡子的故事确实为此地引来了大批游客。在岛上观光的时候,我们可以见到一家名叫"黑胡子客栈"的小旅馆,一间叫做"蒂奇窟"的海盗纪念品商店和一家海盗旗酒吧。

1720年前后,海盗活动达到了一个高峰。从波士顿到巴巴多斯,报告的内容统统都是一样的。南卡罗来纳的约翰逊总督在他1718年5月写给伦敦当局的信件中表达了各殖民地人民共同的心愿:"这一值得同情的地区由于海盗而遭受到的难以用语言形容的巨大灾难使我不得不将此事告知阁下,以便使此情能够上达国王陛下,或许陛下会因此而对我们施以援手,派一艘或两艘快速帆船到此地巡航也未可知,因我们一直处在惊惶不安的状态之中,船舰皆被夺去,商业陷于全面瘫痪。"[1] 1720年9月,马修中将在他从圣基茨岛发回的报告中说海盗们"确实已经进入了巴斯特尔路",并且就在炮台底下放火焚烧船舰。[2]

"我觉得海盗每天都在增加,大多数到这个岛来的船都遭到了他们的劫掠,"[3] 牙买加军事总司令在1717年12月时这么写道。他向政府示警,表示现在已经没有一艘去大不列颠的船敢

---

1 2 3 《国家文献一览表》之"殖民地、美洲及西印度"部分。

在护航舰缺席的情况下动身了。波士顿总督舒特说得是直截了当:"海盗们仍继续活动在附近海域,如果没有一支足够强大的军队被派来将他们赶走的话,我们的贸易肯定会陷入停滞。"[1]

有人估计,这段时间活动在加勒比海和北美洲海域的海盗在1 500到2 000人之间。一艘海盗船上通常会有80名左右的船员,也就是说,这些地方应该有15艘至25艘海盗船在海上航行。乍看之下似乎会觉得这个数字微不足道,并不至于引起如此大的恐慌,并且威胁到各殖民地的贸易。但是我们要知道,被海盗们当作劫掠目标的那些岛屿和海岸地区都是人口稀疏的地方,他们对于全副武装的船舰所发动的不留余地的攻击是毫无还手之力的。牙买加的罗亚尔港在1700年时的人口数是3 000人左右;纽约这座城市的人口是18 000,查尔斯顿大概是5 000。当时纽芬兰总共也只有不超过2 000人。正如前文已经提到过的,在这些殖民地港口驶进驶出的绝大多数商船只配备有10到20名船员,顶多只安装有8至10门小型炮,比这更多的简直是凤毛麟角。如果有两艘海盗船,而这两艘船上又总共安装了50门炮的话,那么它们的火力就相当于一支小型舰队了,除了军舰之外,再没有什么船能够与之抗衡了。

---

[1] 《国家文献一览表》之"殖民地、美洲及西印度"部分。

伦敦当局对于海盗问题心知肚明，他们也确实采取了一些举措来应对海盗和某些极端恶劣的私掠活动的职权滥用问题。然而想想也可以知道，比起殖民地的海盗劫掠来，欧洲的战事肯定具有更为重要的优先地位。直到1713年乌得勒支条约签订，英法两国长期以来的战争局面才算平息，在那之前，皇家海军船舰上的需求才是海军部的大臣们需要应对的急务。不过，1700年到1720年之间，还是有一系列的举措获得推行，并取得了显著的效果。令人极感意外的一点是，那个海盗肆行无忌的时代居然就这么戛然而止了。海盗人数从1720年2 000人的高峰跌到了1723年的1 000人左右，然后又在1726年时锐减至不超过200人。而海盗袭掠事件的数量也从1718年的40到50起之间急降至1726年的6起。

政府应对海盗问题的方法有许多：颁布新的法令；发布赦令，以期使海盗们放弃自己罪恶的营生；增强受害最为严重的地区的海军巡逻力量；悬赏捉拿海盗，或者颁发许可证授权私人船只袭击并夺下海盗船；以及将缉捕归案的海盗审判处决，绳之以法。这些举措所收到的效验不尽相同，不过政府希望借由它们的共同作用来消除海盗对于大西洋和加勒比海上的商贸活动所构成的严重威胁。

一直到1700年之前，那些被抓住的海盗依然是按照议会于1536年通过的"旨在对海上的海盗行径及强盗行为施加惩罚"

罗伯特·多德的一幅版画作品，描绘了一名海盗在伦敦泰晤士河畔的死刑坞被绞死的场景。左边骑在马背上的是带队执行本次任务的宪兵队长，他手里拿着的是代表海事法庭权威的银桨。站在脚手架上，正对即将受刑的海盗说着什么的是一位监狱牧师。画作的背景中还可以见到罗瑟西斯区的圣玛丽教堂。

的法例来进行司法程序的。[1] 该法例规定，所有在公海中或者在特级上将管辖范围内的任何一处港湾或是河道发生的海盗案件都需在海军部由三四位大法官所任命的公共法法官进行审理。这就是说，海盗活动不再适用国家法令中的条款，而是由海军部的高等法庭审理裁决。对于殖民地的总督们来说，他们的问题在于必须将抓住的海盗押回伦敦，在老贝利街开庭的巡回审判庭受审。泰晤士河上的死刑坞因此时而会有一帮海盗被绞死，这让住在沃平区和罗瑟西斯区的人们常有好戏可看，不过对于那些在非洲海岸停泊，或者顶着加勒比海上空的炎炎赤日巡航在巴哈马地方的海盗船船员来说，此举的警示作用其实是微乎其微的。

1700年，一项"旨在更有效地镇压海盗活动的法例"带来了改变。按照新法，海盗们无须再被带回英国受审，海外的代理军事法庭同样有权进行审判。新法授权代理法庭宣判死刑，并且规定那些被认定为有罪的人要在海边或是靠海的地方被处决。抗击海盗袭掠的水手则将得到他所保住的一定百分比的财物以为奖赏。

法例虽然提供了立法上的支持，但接下来并不是马上就有一

---

[1] 关于英国政府对于海盗活动所采取的举措，请参看里奇《基德船长与抗击海盗之战》中的精彩述评，并可参考由 R. 马斯登编订的《海洋法令与惯例》第二卷（海军文献学会，1916），菲利普·戈斯《海盗史》（初版于1932年；里奥格兰德出版社重出平装本，新墨西哥，1990）和《英国法令》。

大波海盗被处决，因为在开庭审判之前，总得先把他们抓住才行。在英国本土外审判的最初几桩案子中就包括这么一件，起因是那位海盗船长带着他的船员们又回到了他们之前通过哗变而夺下某艘船的那个港湾来了。1704年5月，约翰·奎尔奇经过在巴西海岸长达数月的劫掠活动之后，驶进了马萨诸塞湾的马布尔黑德。几天之后，他和其他25名海盗就被逮捕，关进了波士顿的监狱。审判在6月13日这天进行，主理海事法庭的是总领马萨诸塞湾和新罕布什尔各地区事务的总督和海军总司令约瑟夫·达德利。法庭被设置在波士顿的市政厅里，就在现在被称作斯泰特街的那条路的最顶上。奎尔奇和他手下的六名船员被判死刑。这批死刑犯的行刑日期被定在了6月20日的星期五，而在这之前的那段时间里，海盗们受到了来自科顿·马瑟教士狂轰滥炸式的布道、祈祷和训诫。

行刑当天，海盗们在宪兵队长、该市的警察和40名火枪手的押解下，列队由监狱向水滨走去。绞刑架被竖立在靠近哈得孙角的岸边，需要用船将海盗们和教士划到海湾的另一边。休厄尔法官在他的日记中记下了这最后的一幕：

看到河边站满了人，我跑出去看，被那情景惊呆了。有人说河里有100条船……平台被升高到一个合适的位置之后，七名罪犯站了上去。马瑟先生就站在船上为他们祈祷。绳索都被牢牢地绑在了绞架上（除了被获准暂缓行刑的金）。平台被放下的时候，女人们发出了那样尖利的叫喊声，以至于我那坐在果园边上门厅里的妻子也听到了，她对此感到相当吃惊；虽说风向其实是东南，而我家距离这地方足足有一英里呢。[1]

奎尔奇手下有13名海盗获得了缓刑判决，后来还被赦免了。这样的处理方式之后变得相当常见。在按照规章制度冷冰冰地审结了海盗案件之后，法庭通常会将某些被告判成缓刑，即使他们被认定为有罪。而最有可能获得赦免的就是那些较为年轻的船员，可能就是一些十五六岁的男孩子。

至于那些逍遥法外的海盗，对他们颁发赦令就是一种旨在抑制海盗活动的手段了。1717年9月5日，乔治一世国王发布皇家公告，宣布任何在指定时间内向政府投降的海盗都"可以获得他最为仁慈的赦令"。这份公告被送到了西印度和美国殖民地的总督们手里，他们因此而担起了将消息传递给海盗们的责任。最开始的一批海盗对于公告的反应是令人振奋的。百慕大总督贝内特派出一艘单桅帆船，去向普罗维登斯的海盗们宣布消息，聚集在那里的三百名海盗听闻之后"欣悦不置"，大多数人愿意向总督

---

[1] 道、埃德蒙兹《1630至1730年间新英格兰海岸的海盗们》。

投降。詹宁斯船长和另外七名海盗适时地来到了百慕大，向当局投降。他们获得了一张由贝内特签发的赦书。

牙买加总督彼得·海伍德派了两艘船去向霍尼戈尔德和一两艘他的护卫舰传递消息，海盗们给他写了封信作为答复："写这封信是为了告知阁下，我们先前已经见过库克船长，他把乔治国王陛下颁布赦令的好消息带给了我们，我们对此欣然接受，并向他致以我们同样诚挚的谢意。愿上帝保佑国王。"

1718年7月，伍兹·罗杰斯船长到拿骚城担任总督一职，他在用赦令招安这方面也取得了一些成绩。根据约翰逊的《海盗简史》，除了文船长和他的手下，"这个恶棍遍地的殖民地"里所有的海盗都归顺了，并接受了赦书。六个月之后，肯定有其他海盗进入这一地区，因为1719年1月，伍兹·罗杰斯告知伦敦的国务大臣克拉格斯，有个叫康根船长的，指挥着两艘海盗船，他愿意投降，并"接受国王陛下仁慈的赦令"。

如何检测这一特定的举措是否有效呢，那就要看接受赦令的那些海盗是否永久放弃了海盗营生，而海盗袭掠事件的数量是否急剧下降了。数据显示，皇家公告在某些地方可能是起到了作用，比如说是巴哈马，但是在其他地方就没什么用。舒特总督从波士顿发回报告，说国王的公告并没有产生意想中的作用，仍然有大批海盗在活动。新近蒙受黑胡子封锁港口之耻的查尔斯顿总督约翰逊明白地说道："我并不觉得国王陛下的赦令能对他们起什么用，有那么些个人确实来投降了，就那么着拿了一纸赦书，然后他们中有几个人又干起了那个勾当……"

英国政府誓将海盗扫除，这份决心进一步表现在了他们为捉拿海盗所标示的巨额赏金中。在1717年发布的一份皇家公告中，抓住一名海盗指挥官能够得到100英镑的赏金，抓住一名海盗船上的高级军官是40英镑，"低级军官"是30英镑，普通船员是20英镑。在亚历山大·斯波茨伍德于1718年发布的那份悬赏捉拿黑胡子的公告中，赏金标准显然就是根据这份较早的公告而来的。不过说起来，殖民地的商人、委员会和总督们最希望从政府那里得到的还是军舰。英国方面极少对他们的这种要求予以回复，不过军舰最终还是被派了出去，皇家海军与海盗之间的战斗便随之而来，这也是海盗史上最为激动人心的篇章之一。

1718年，皇家海军在编的风帆战列舰有67艘，五级和六级船舰有50艘，单桅帆船有7艘，海员有13 000人左右。[1] 这是一支强大的战斗力量，是英国政府对付东躲西藏的海盗们最有力的武器。即使是规格最小的风帆战列舰也装备有50门炮，同黑胡子的"安妮女王的复仇"势均力敌，而后者已是最大的海盗船

---

[1] 见戴维·莱昂《海军清单：1688至1860年间皇家海军的所有船只——建造的，购得的及俘获的》（伦敦，1993），布赖恩·莱弗里《军舰》第一卷《1650至1850年间的战队形制》（伦敦，1983）及克里斯托弗·劳埃德《英国海员》（伦敦，1968）。

了。正如前文已经提到过的,大多数海盗船只不过是配备 10 到 20 门炮的单桅帆船,如果碰上配备 70 门炮的三级船舰,他们肯定会被炸得片甲不留。

海军可以将舰队派到世界上任何地方,他们也经常这么做。比方说在 1702 年,本博将军就在西印度地方指挥着六艘风帆战列舰,这其中包括他的旗舰、70 门炮的布雷达号,还有 48 门炮的红宝石号。航行在南美洲海岸外靠近卡塔赫纳的地方时,他们遭遇一支规模较小的法国舰队,随之发生了战斗。这场战役后来被称作圣玛尔塔之战,虽说不是什么决定性的战役,但却相当令人难忘,这主要是因为它展现了本博将军那英雄主义的作战风格。他的右腿被链弹炸得粉碎,但却不愿离开上层后甲板的指挥区。后来,他就是因为伤重不治而过世的。在《金银岛》中,史蒂文森以他的名字命名了吉姆·霍金斯的父亲开的那家客店,本博将军的名字也因此永久地被留在了文学经典之中。

六年之后,同样是在这片海域航行的时候,海军准将查尔斯·韦杰在卡塔赫纳外拦截下了一支西班牙运宝船队。韦杰一共指挥着四艘船舰:70 门炮的探索号、60 门炮的金斯敦号、50 门炮的波特兰号,以及一条火攻船。而西班牙船队的护卫舰则由两艘 34 门炮的船舰、两艘五级船舰和八条小型船构成。交战 90 分钟之后,西班牙方面最大的一艘船圣约瑟号被打穿了,沉入了海底,将近 600 名船员随之丧生,一大批财宝石沉大海。另有一艘西班牙船被夺下,还有一艘搁浅了。

面对相同力量的海军舰队,海盗们是毫无招架之力的,他们之所以能够在那么多年的时间里杀人越货而逍遥法外,原因之一就是因为海军部未曾派出此种级别的军队去消灭他们。政府的对策仅仅是在特定的战略位置派驻守卫船舰,并为穿越大西洋的商船提供护卫舰加以保护而已。1715年时,纽约驻有一艘24门炮的六级船舰,弗吉尼亚驻地有一艘,用以保卫切萨皮克湾,新英格兰驻地有一艘,马里兰也有一艘。在西印度地方巡逻的,背风群岛那里有一艘20门炮的船舰,巴巴多斯驻地有两艘船舰,牙买加有一艘42门炮的船舰和两艘14门炮的单桅帆船。[1] 这样的配置是完全不够的,只要看看海盗猎捕地分布图,就知道为什么了。

美洲海岸从波士顿到南卡罗来纳的查尔斯顿这一段是一片河湾、海湾、小港和小岛星罗棋布的地区。在这样辽阔而复杂的地形中,四艘船舰根本无法提供什么实质性的保护,顶多只是装装样子而已。加勒比海的情况就更为严峻了。且不说那里有成百上千个不设防的岛屿,就是海图未曾准确描绘过的无人岛也多得很。这就为许多船提供了难以穷尽的躲藏之处。在从安提瓜发给贸易与种植园委员会的一份报告中,汉密尔顿中将把这个难处解

---

1 见伦敦档案局收藏之海军部档案。

释得明明白白。他指出，一艘军舰根本无法保卫一个"各岛之间互不交通且相隔极远"的地方。海盗和私掠船船员可以跟海军玩捉迷藏的游戏："他们密切注意军舰的动向，只要军舰驶到了上风面，他们通常就会到背风面，甚至出现在我们那些个港湾的入海口。"

非洲海岸虽然没有那么多可供躲藏的地方，不过同西印度地区一样，欧洲海员到那里常常是有去无回。疟疾、痢疾、黄热病和其他疾病虎视眈眈，就等着扑向那些停在热带海岸的船上的船员们了。奴隶买卖中黑人的惨状众所周知，但是白人海员的死亡率与他们贩运的黑奴不相上下这一点恐怕就不为人所知了。根据一项统计结果，初到非洲四个月内，平均三名白人中就有一人死去。[1] 1721年，在抵达非洲海岸数周后，皇家海军韦茅斯号的船员们就病得非常厉害，以至于船都无法出海了，他们也就无法加入到搜寻巴塞洛缪·罗伯茨的海盗船的队伍中去了。西印度也好不到哪儿去。1716年皇家海军斯卡伯勒号在派驻巴巴多斯期间，死了20人，有40人病着，这艘船只好"拖着元气大伤的残躯出海去了"[2]。1726年，由霍西尔将军率领的一支加勒比行动队损兵折将得如此厉害，以至于有好几辈的水手都将去西印度驻守看成是一次亡命旅程。在两年的时间内，霍西尔那支原本有4 750

1　雷迪克《在恶魔与蓝色深海之间》。
2　《海盗简史》。

人的队伍中居然有 4 000 人因为热病而失去了生命。[1]

除去守地面积大而难以防卫，热带地区疾病肆虐这两点之外，海军还有另一难题，面对武装力量充实的叛乱者、游击队员或恐怖分子，所有维持治安的正规军都会碰到这个问题：他们不知道下一次袭击会在什么时间、什么地点发生。他们能够做的一点就是增加军舰数量，命令这些军舰的指挥官以追捕海盗为头等要务。1717 年 9 月，国务大臣艾迪生从他位于白厅的办公室写信给贸易与种植园委员会，说考虑到西印度地区发回的报告中所提到的海盗问题，"对于海军部诸位大臣将一艘四级军舰和两艘五级军舰派往这片海域镇压海盗、保护贸易的行动，国王陛下表示欣慰"。[2]

从海军部开列的关于"目前出海工作的所有皇家海军船舰部署情况"的表格中可以清清楚楚地看到，该部大臣确实认为海盗问题需要严肃对待。正如前文所说，1715 年时，美国东海岸驻有四艘船舰，而加勒比地区则有五艘。到了 1719 年，纽约依然只有一艘，新英格兰也只有一艘，不过曾遭受黑胡子海盗船及其护卫舰侵袭的弗吉尼亚的守舰从一艘变成了两艘。两艘 40 门炮的船舰和一艘单桅帆船被派驻到了牙买加，并领命要"协同合作，一致对抗海盗"，巴巴多斯和背风群岛则被派驻两艘军舰；此外另有三艘军舰，它们的任务是"对西印度地区海盗进行镇

---

1 罗杰斯《环球巡航》。
2 《国家文献一览表》。

压,特别是那些在牙买加岛周边活动的海盗"。

1717年11月,《波士顿时事通讯》报道说,皇家海军菲尼克斯号和珍珠号已抵达纽约。第二年的8月,皇家海军珍珠号和莱姆号在特拉华海岸外为商船护航。战场已经备下,一系列惊心动魄的海盗追击战即将鸣锣开打。

第一场战斗就是发生在奥克拉科克海湾的那一战,自此之后,黑胡子和他手下的人就不能四处为害了。就帮助英国政府树立自己的威信而言,奥克拉科克之战是一次莫大的胜利,不过它对抑制其他海盗的袭掠活动并没有起到什么特别大的作用,海盗活动还是有增无减。真正要说对海盗群体形成重击的是巴塞洛缪·罗伯茨手下的船员在非洲西海岸的被捕。

1721年2月6日,皇家海军燕子号在斯匹特黑德起锚,出发前往非洲。它与皇家海军韦茅斯号一起,担负着护卫六艘商船的重任,这六艘船分别是寡妇鸟号、玛莎号、海岸角号和三艘单桅帆船。燕子号是一艘强悍的双层甲板战舰,配备50门炮,由查塔姆造船厂建造,前年才刚试水成功。指挥这艘船的是查洛纳·奥格尔船长,一位经验丰富而且足智多谋的军官,"来自一个古老且受人尊敬的家族"[1],他在成功缉拿海盗之后不久,就被授予爵士的荣衔。

---

1 约翰·查诺克《英国海军将领列传》(伦敦,1795)。《国家传记辞典》里也有一条有用的记录。

船队于 4 月 9 日来到塞拉利昂河的河口，并于 6 月 18 日在海岸角城堡外下锚，城堡的守军为他们鸣放了 15 响礼炮。在那些商船卸下货物，然后将奴隶装上船的当儿，两艘战舰向南航行到了王子岛，岛上有一座小型堡垒，还有一处优良的海湾，距离那片热病流行的海岸有 200 英里。他们在这里待了七周，然后又行驶到了圣托马斯岛，在接下来的四个月里，他们就在那里的海岸巡行。[1]

1 月 7 日，燕子号又回到了海岸角城堡，奥格尔船长从总督那里听说，有两艘海盗船在这片活动。这时候，韦茅斯号上的船员都因为热带疾病而病倒了，这艘船也因此极不适宜出海，于是燕子号便独自出发，搜寻海盗去了。1 月 15 日，贸易站寡妇鸟向燕子号呼救，这家繁忙的站点是差不多两百英里海岸线上的奴隶交易中心。在这里，燕子号的船员们亲眼见到了海盗袭掠之后的现场，就在三天前，巴塞洛缪·罗伯茨劫了这里，贸易站的人们到现在还是惊魂未定。

六七月前，罗伯茨离开西印度，指挥着他 1720 年夺下的 42 炮法国战舰鸿运号和双桅帆船好运号开向了非洲海岸。尽管（或

---

[1] 奥格尔船长追踪巴塞洛缪·罗伯茨及双方最终战斗的资料来自：海军部档案中奥格尔船长于 1722 年 4 月 5 日、7 月 26 日和 9 月 8 日写给海军部的信件，英国船燕子号的船长日志与中尉日志；最高海事法庭档案中的"英国船燕子号擒获的 100 名海盗在非洲海岸受审的庭审记录"；1725 年 4 月 3 日的《伦敦报》；《海盗简史》。

者应该说是正因为）这几个月来劫得相当顺手，战利品无数，海盗们却变得越来越难以管束了："差不多一天到晚都是疯疯癫癫的，有时候是因为喝醉了酒，他们胡言乱语，毛手毛脚，总是闹得收不了场，人人都觉得自己是船长、王爷，甚至是国王。"我们可以想见，他们每天的生活就是劫掠、肆意施暴和无休止的饮酒，长此以往，表面上的纪律自然不复存在了，就像约翰逊说的，成了"一帮放肆粗野、心肠冷酷的家伙"。距离非洲海岸还有大概400里格的时候，由安斯蒂斯船长指挥的双桅帆船上的船员进行了表决，他们全票通过脱离罗伯茨的决议，并在半夜时分离开了。

对于这种公然挑战自己权威的行为，罗伯茨表现出满不在乎的样子，他指挥着鸿运号继续前进，一直来到了法属非洲海岸上的塞内加尔河。他在那里遭到了两艘法国船舰的查问，这两艘船是为防止外国人擅自闯入进行贸易而在该地巡逻的。看到罗伯茨挂起黑旗，伸出炮头，还没交战，对方便投降了。罗伯茨就带着这两艘捕获物上路，循着海岸来到了塞拉利昂，并在这里将两艘船派上了用场。16门炮的那艘大船被命名为漫游者号，另一艘装备有10门炮的就得了个小漫游者号的名字，被作为仓储船使用。

1721年6月，鸿运号在塞拉利昂河下锚，罗伯茨从河岸上的一处贸易站中获知，皇家海军燕子号和韦茅斯号一月前来过这里，不过预计年底之前不会回来。海盗们错误地以为这样他们就可以肆意妄为了，侧倾整修完船只之后，他们沿着非洲海岸向东南方向航行，一路开一路进行劫掠。在塞斯托斯，他们用一艘制造精良的形似快速帆船的船换下了鸿运号。这艘船叫做昂斯洛号，属于皇家非洲公司所有，在其船长和大部分船员都离开船去了岸上的时候，罗伯茨夺下了这艘船。他将这艘船作为自己的旗舰，为其重新命名为鸿运号。1722年1月12日，罗伯茨就是指挥着这艘船，并在漫游者号的合作下，袭击了寡妇鸟站的货运。

当他们挂着黑色的海盗旗和三角旗驶进这个贸易站的时候，那里正停泊着十一二艘船。所有的船都投降了，船上的指挥官还答应将他们的船作为赎金以换取人身安全，只有英国奴隶船波丘派恩号的指挥官弗莱彻船长拒不投降。海盗们因此大为光火，他们决定要将他的船付之一炬。一名海盗在波丘派恩号的甲板上浇上了沥青，以便使船更容易烧起来，跟着他们就点火烧船。令旁观者惊骇不已的，并且后来在燕子号的军官们听说整件事后让他们感到相当震惊的一点，就是船上的黑人那凄惨的下场。海盗们根本来不及为船上那些被用铁链两两捆绑起来的80名黑人松绑，这些可怜的俘虏"面临痛苦的两难选择，要么被火烧死，要么死在水里：跳进水里的那些人成了鲨鱼的美餐，这种胃口极好的鱼在这条河道里多得很，就在他们眼前，这些人活生生地被撕成了碎片"[1]。离开寡妇鸟站的锚地之前，罗伯茨选了最好的一条法国船以为己用，这艘帆船是出了名的快，以前在圣马洛外围海域还曾经被当做私掠船使用过。

奥格尔船长认为，罗伯茨下一步应该是在贝宁大湾找个合适的地方把他夺下的那些要派用场的船给掩藏起来："因此我断定他们会到大湾的某个地方清理那些法国船，并为之添加部件，然后才会考虑再出来巡航，正是在这种想法驱动下，我驾船向外航去，驶进了大湾，在那些我所知道的水域较为深广的地区搜寻……"

燕子号向南方航去，搜寻了三周以后，在2月5日的破晓时分找到了这帮海盗的所在。三艘罗伯茨的船停在了开普洛佩兹的背风面。当时吹着强劲的东南风，在进入海盗船的射程范围之前，为避免撞上一处叫做法国人滩的沙洲，燕子号不得不改变航向，向西北面顺风航行。海盗们看到这艘船先是靠近又改变航向，以为它是发现了他们因而引起了警觉。罗伯茨于是下令让他的那艘32门炮的护卫舰漫游者号上前追击。

奥格尔船长意识到海盗们并没有发现燕子号是一艘英国军舰，他故意放慢船速，让他们追上来。他并未改变航向，而是用转桁索转桁来分散掉一些吹到帆上的风，用滑轮将主帆帆脚索牵

---

[1]《海盗简史》。

到船尾，再把主帆和前帆的系帆索拉到了船上。到了上午 10 点 30 分的时候，漫游者号距离燕子号已经相当近了，足可以发射它的追击炮了。燕子号上的船员们发现，海盗们已经将他们撑杆帆的帆桁调整到船首斜桁之下，以便于他们强登他船；他们还注意到，海盗船上同时悬挂着一面英国国旗、一面荷兰三角旗和那种黑色的海盗旗。

上午 11 点的时候，海盗们将距离拉近到了滑膛枪的射程范围之内，奥格尔船长于是命燕子号的舵手向右转舵。这艘战舰横过来挡在了漫游者号的航路上，打开舷侧的炮眼，将底层甲板上的大炮伸了出来。燕子号舷炮震耳欲聋的轰击声第一次向海盗们发出了警示，他们所以为的劫掠目标其实是全副武装，随时准备着开战的。漫游者号从战舰船首擦了过去，燕子号的枪炮军士长们花了一些时间才将大炮转过来。可一等大炮都转过来了，后果就难以避免了。第一声炮响过后一个半小时，海盗们便投降了。他们船上的主中桅被炸倒了，26 名船员被打死或者打伤，船上的指挥官斯克姆船长也不例外，他的一条腿在战斗中被炸掉了。根据燕子号的航海日志，海盗船"确定我们是艘英国船之后就扯下了他们的黑旗，不过后来又把它挂了起来"。约翰逊记述道，战斗最后，海盗们将他们的旗子扔到了海里，这样在战败之后它就不会被敌人拿来炫耀自己的胜利了。

那天晚上热带风暴来了，电闪雷鸣，暴雨如注。英国水手们彻夜工作,第二天白天也没有休息,他们修补海盗船上的损毁之处,将俘虏稳妥地关押起来,处理死者和伤者。

2月7日凌晨两点,漫游者号载着一船捕获的船员出发向王子岛开去,而燕子号则调转船头,驶回开普洛佩兹。他们在9日的傍晚抵达了那里,远远地可以看到两艘船停泊着。天色已经太过昏暗,不适合出击,奥格尔船长不得不离岸驶开。天气越来越糟,他们转到顺风面之后,就必须开始与强风劲雨作斗争了。

2月10日天刚蒙蒙亮的时候,燕子号转回到开普洛佩兹,船员们准备好了,要与海盗们进行最终的交锋。等他们驶近前去,发现那里停泊着三艘船:罗伯茨的鸿运号、小漫游者号和一艘尖尾帆船。根据约翰逊书中的记述,那艘尖尾帆船是来自伦敦的尼普顿号,由希尔船长指挥。罗伯茨将希尔邀到了他的船上,战舰出现在视线范围内的时候,他们正在鸿运号的大船舱里共进早餐呢。希尔船长其人身份不详。他看起来不像是个海盗,而且奥格尔船长的报告显示,他的船受雇于皇家非洲公司。他在之后发生的战斗中没有起任何作用,不过趁着鸿运号出海作战的工夫,他劫去了小漫游者号上所载的财物。在战斗中幸存下来的那些海盗对此是怒不可遏,因为他们看到水手箱都被撬开了,里面的贵重物品不翼而飞。"海盗们告诉我,"奥格尔船长写道,"他们留在船上的箱子里存放着大笔的黄金。"

战舰向锚地靠近的时候,奥格尔船长挂起了一面法国旗,这让海盗们摸不着头脑，他们争论着，不知道这究竟是漫游者号回来了呢，还是来了一艘葡萄牙船，或是法国奴隶船。有一名叫罗伯特·阿姆斯特朗的水手是从燕子号上叛逃出来的，他准确无误地认出了那艘船，可是海盗们依然是半信半疑，直到战舰上的大炮探出头来，英国旗被挂了起来。巴塞洛缪·罗伯茨应该明白当时的情势是危急万分，不过他只是穿上了深红色的马甲和马裤，戴上了饰有红色羽毛的帽子，将一根两端各拴着一只手枪的丝带套在脖子上，然后无所畏惧地发号施令，就好像他对极有可能出现的结果完全无动于衷一样。

上午 10 点 30 分，鸿运号弃锚而走。对于接下来发生的事，两周后在对这些海盗进行审判时燕子号的军官们提供的证言说得最为清楚：

大概 11 点钟的时候，这艘船已经在我们的手枪射程之内了，他们的主中桅顶上挂着一面黑旗，或者说是三角旗，直到这时，我们才把旗杆上一直挂着的那面法国旗给降了下来，亮出了英国旗，同时对那艘船进行舷炮轰击，他们马上进行了回击，却并没有使我们的船出现他们那样的损伤，他们的后中桅倒了，有一些索具成了无用的摆设。

海盗船开起来比我们快，一溜烟地将距离拉大到了大炮射程的半程之外，而我们一直就是不停地开炮（从不间断），只要把炮口对准目标了就放……终于在风的帮助下，我们又一次开到了与他们并排的位置，双方继续互相开炮，大概一点半的时候，他们的主桅支撑不住，被炸到了索箍下面一点的地方。

两点时分他们降了旗，向我们求饶，我们得知那艘船是40门炮的鸿运号，也就是从前的昂斯洛号，俘虏们向我们保证说，留在后面的小船……叫做小漫游者号，属于他们团队所有……船上总共有152人，其中52人是黑人。

这篇案件报告没有提到的一点是，战斗是在暴雨中进行的，当时"电闪雷鸣，并伴有一阵小飓风"。罗伯茨本人就在燕子号的一次舷炮轰击中丧命，他的喉咙还被葡萄弹炸开了。他横着倒在一台大炮的滑轮组上，后来被他手下的一名船员发现了，那人见他死了，不禁掉下了眼泪。他的尸体被扔到了海里，正如他生前一直要求的那样。另有两名海盗被杀死，十人受伤。燕子号方面并无伤亡。

就像黑胡子宁愿将船炸得粉碎也不愿投降一样，罗伯茨手下的一些船员也曾经想过要做同样的事。在法庭上审讯詹姆斯·菲利普斯的时候，人们得以发现，这名醉醺醺的、郁郁不乐的海盗在鸿运号投降的时候正待在底层舱里。他当时手里拿着一根点着的火柴,准备引燃弹药库,"用非常粗鄙的语言骂着让所有人都下地狱"。船上两名最近刚被海盗们俘虏的水手阻止了他。

燕子号再度驶回开普洛佩兹,那里只剩下孤零零的一艘小漫游者号,船上大部分的财物都被劫走了。希尔船长的尖尾帆船不见了,大家很自然地就会觉得,是他和他手下的船员劫了小漫游者号。

接下来的几天时间里,燕子号的船员们忙碌极了,他们修修补补,将船倾侧整修,并收集柴火和淡水。一系列的飓风、雷暴和一阵接一阵的暴雨使他们的工作受到了阻碍。2月18日,带着鸿运号和小漫游者号,他们起航出发了。他们先是来到王子岛接上漫游者号,然后四艘船一同向海岸角城堡驶去。3月16日,燕子号在距离城堡不远的地方下锚,城堡那边鸣放了21响礼炮。第二天,囚犯们被带上岸,关在了城堡里。接下来进行的审判是政府与海盗作战中的里程碑。有52人被判处绞刑,17人被判监禁于马夏尔西监狱。

审判之后,奥格尔船长并没有直接回到英国,而是受命先去了西印度。他带着自己的两艘捕获物船,来到了牙买加。1722年8月20日,岛上受到了一场强飓风的侵袭,罗亚尔港中停泊的所有商船不是沉了就是撞到了岸上,其中包括鸿运号和小漫游者号,这两艘船不到一个小时就被风卷到了盐锅山下的岩石上,撞得粉碎。多亏船员们奋力施救,燕子号才算幸免于难,他们另外抛下了好几只锚,还将几根桅杆砍断,以免船被风掀翻。

因为抗击海盗所取得的胜利,查洛纳·奥格尔船长返回英国不久就被授予了爵士衔位。1739年他晋升为少将,而他最后的军衔是元帅。

另外,还可以为这段传奇补上一则轶闻。1725年4月3日,也就是事情过去三年多后,《伦敦报》报道说,在几内亚海岸参与抓捕巴塞洛缪·罗伯茨和他手下的那些海盗的燕子号军官和船员们获得了皇家公告中所公示的捉拿海盗应得的赏金。"值得注意的是,这艘船上所有的军官和船员都不知道他们有权领受这笔赏金,直到一本名为'海盗简史'的书出版之后,他们才留意到其中所载的那份公告。"这里说的当然就是约翰逊船长那本大名鼎鼎的书了,这本书初版于1724年。

击溃黑胡子及巴塞洛缪·罗伯茨和他手下的船员的这两次战役是政府与海盗作战中给人印象最深的海战了,不过也不是单单只有这两次战斗而已。1718年6月,两年前曾是黑胡子手下败将的皇家海军斯卡伯勒号夺下了由法国海盗勒布尔指挥的6门炮海盗船布兰科号。这次不能算是大获全胜,因为船上的80名海盗里只有17人被抓,船长和其余的人都逃走了。1722年5月,牙买加总督尼古拉斯·劳斯报告说,被派到伊斯帕尼奥拉岛西南端保护航运免受海盗袭击的 40 炮皇家海军朗塞斯顿号在坎德勒船长的率领下夺下了一艘由意大利人马修·卢克指挥的西班牙海盗船。俘获的海盗们被押到牙买加的法庭受审，58 名船员中有 41 人被绞死。

1723 年 5 月，圣基茨岛的哈特总督发回报告说，由奥姆船长指挥的皇家海军温奇尔西号在多巴哥岛抓住了芬恩船长和他船上的八名海盗。这被看作是了不起的一次胜利，因为众所周知，芬恩船长曾经是"恶名昭彰的海盗罗伯茨"的盟友，指挥过那艘双桅帆船好运号。这些捕获的海盗接受了审判，其中六人"在安提瓜岛圣约翰斯城的高水位线处"被绞死。哈特总督还提交了进一步的报告，说布兰德船长正率领皇家海军赫克托号的船员们在多巴哥岛继续追踪这批海盗的余党。"布兰德船长和奥姆船长忧心如焚，不畏艰难，只要听到海盗们的动静，就要前去一探究竟，这些地方的商业可保安全无虞了，绝不会再受那帮害虫的侵扰，说他们是害虫真的是一点也不过分……"[1]

不过说起来，除了终结黑胡子和罗伯茨的职业生涯的那两次血战，人们最为关注的海战要算是索尔加德船长指挥的皇家海军灰狗号和那个时代最为残酷无情的海盗爱德华·洛指挥的两艘船之间的较量了。这场战斗发生在长岛东面的海域，持续了八个多

---

[1] 《国家文献一览表》。

小时。皇家海军灰狗号装备有20门炮，1720年在德特福德试水，相对来说是条新船。两艘海盗船分别是由洛亲自指挥的装备10门炮的单桅帆船财富号和由哈里斯船长指挥的装备8门炮的单桅帆船漫游者号。

索尔加德是在1723年6月10日早上4点30分发现这些海盗的。[1] 不知道是巧合还是有意仿效，他采取了与奥格尔出其不意拿下罗伯茨护卫舰时使用的一样的战术：他抢风航行，驶离那帮海盗，诱使他们前来追击。此举也给了索尔加德时间，让他可以安排整条船做好迎敌准备。

早上8点，前后船的距离已经很近了，两艘海盗船都发射了一枚炮弹，并挂起了黑旗。见战舰这边没有任何投降的迹象，海盗们扯下黑旗，换上了红旗，以示他们不会手下留情。灰狗号一直没有开炮，直到海盗船驶到与其并排的位置，这才发射了球形弹和葡萄弹。一个小时左右，炮声交错往还，海盗们终于觉得他们讨不了什么好处，开始划桨从战舰旁边驶开。索尔加德安排了86名船员划桨，向前追去。下午2点30分，他们追上了两艘海盗船，用葡萄弹进行轰炸，把漫游者号的主帆给炸倒了。四点的时候，漫游者号投降。洛赶忙掉头逃跑。索尔加德必须分出人手来看管俘虏，尽管他还是去追了洛，却在布洛克岛附近跟丢了。

---

[1] 这场战斗的相关信息来自道与埃德蒙兹合著的《1630至1730年间新英格兰海岸的海盗们》及约翰逊的《海盗简史》。

抓到的海盗是在罗得岛纽波特市政厅里召开的海事法庭接受审判的。主持庭审的是马萨诸塞代理总督威廉·达默。1723年7月19日，26名海盗在纽波特港岸边的格拉弗利角被绞死。纽约的伯内特总督给国务大臣卡特里特写了封信，信的内容一定会让海军部的大臣们眉开眼笑：

> 我荣幸地将这个好消息告知阁下您，本地这艘由索尔加德船长指挥的驻舰于本月10日同时与两艘海盗的单桅帆船作战，每一艘都配备有70名船员和8门炮，而且其中一艘是由洛指挥的，傍晚时分我们打得其中一艘不能动弹，只得向军舰投降，只是夜越来越深，索尔加德跟丢了另一艘船，他写信给我了，说是得到线报，他认为可以在波士顿以东地方找到那艘船。这次打击，加上他们从奥格尔船长那里领教的那次，我相信可以将这些手段高明的歹徒从这片海域清除出去。这些人从前可是残忍得令人发指，对西印度地区造成了巨大的破坏。

索尔加德的胜利比起查洛纳·奥格尔爵士压倒性地击败罗伯茨船队的伟绩来说是微不足道的，不过因为这次战斗发生在美洲海岸附近海域而不是在遥远的非洲海岸，人们对它留下了更为深刻的印象。战斗过去一月之后，心存感激的纽约市政委员会授予索尔加德船长荣誉市民之衔，并赠予他一只黄金鼻烟盒，盒子的一面精心雕刻着该市的纹章，另一面则栩栩如生地刻上了灰狗号与海盗船作战的画面。[1]

从亨利十三那时候起，政府就会在战时向私人商船颁发许可证或说"捕拿特许证"，这成了一种惯例。有了这张证书，受到委任的船只的船长就可以攻击并夺下敌国船舰。这是扩充皇家海军力量的一种便宜而简单的方法，私掠船的船主和船长们也能得到他们所夺下的任何一条船的部分价值。1677 年，负责处理战时私掠船和海军船舰捕获物的牙买加代理海事法庭获得了审判海盗的特许令。不过这种特权并未延及其他殖民地，虽说有些总督和委员会偶尔会擅自审判和处决海盗。

1692 年的捕获法案及枢密院发布的 22 条法令共同为那些迄至当时为止仍然倾向于职权滥用，甚至往往与彻底的海盗行径无异的私掠行为提供了亟需的法律约束。私掠者对其夺下的捕获物享有合法权利，不过这些捕获物必须在正当的法庭上公开。捕获物对应的钱款如何在王室、船主与船上的管理者和船员之间进行分配也有了成文规定。正如里奇所指出的，法案的效用在于"进一步明确了私掠者的概念；任何缺少必要的照会、证书、规章、

---

[1] 1723 年 8 月 19 日至 26 日的《波士顿报》。

契约，甚至是旗帜的人都只能是海盗"。

乌得勒支协议的签订使政府不再发放捕拿法国和西班牙船舰的许可证，不过私掠活动并没有因此而完全停止。海盗成了新的敌人，美洲及西印度殖民地的总督在某些情况下会向私人船只发放许可证，授权他们猎捕海盗。

1715年11、12月，牙买加总督汉密尔顿向十艘船发放了许可证，船只大小不等，有90吨的勤勉号大帆船，也有20吨的单桅帆船玛丽号。这十名获得授权的指挥官中，有一位叫做乔纳森·巴尼特的，他是90吨的斜桁纵帆船老虎号的船长。这个人之所以格外重要有两个原因：第一是因为他的许可证和谕令被保存了下来；第二是因为就是他抓住了花衣杰克及女海盗玛丽·里德和安妮·邦尼。

巴尼特的谕令开篇是一段开场白，说明了西印度地区频繁发生的海盗袭击事件使得政府有必要"在国王陛下的战舰之外装备其他私人战舰并投入使用"。跟着，谕令便授权他与斜桁纵帆船老虎号"以武力控制、拿住并逮捕一切海盗船舰及其指挥官和船员"。之后则是一些具体的指示，包括将抓到的所有海盗都带到罗亚尔港去，每天详细地将事情的进展记录下来，船上悬挂与海军军舰所挂旗帜图案相同的英国国旗，只是旗帜正中饰有纹章的白色盾形或者方形标识不需加上。在这之后，巴尼特就出现在了牙买加新任总督尼古拉斯·劳斯爵士于1720年11月13日上呈英国政府的报告中，劳斯在其中简要地描述了那次将"花衣杰克"拉克姆缉捕归案并最终绳之以法的战斗：

> 两星期前，一艘隶属本岛的商用单桅帆船因为人员配备充足及一个名叫乔纳森·巴尼特的精神饱满的家伙的指挥，为我们办了一件好事。他在本岛背风的那面碰上了一艘由一个叫拉克姆的人指挥的海盗船，除拉克姆本人之外，船上另有18人被他拿下，现正关押在监狱中。

另外两次私掠船抗击海盗的战斗也相当重要。1718年8月，也就是黑胡子在查尔斯顿实行海上封锁两月之后，两艘分别由文和耶茨指挥的海盗船出现在港口处的沙洲之外，开始对进出港口的船只进行劫掠。从巴巴多斯驶来、满载着洋苏木的单桅帆船伊普斯威奇的科吉舍尔号，以及来自几内亚海岸、装载着90名黑人的一艘大型双桅帆船都遭到劫夺。南卡罗来纳的总督和委员会对于本地商业新近遭受的此种威胁及海盗们的公然欺侮之举感到震恐不已，于是委派两艘单桅帆船出外拒敌：由马斯特斯船长指挥的装备8门炮的亨利号与由霍尔船长指挥的同样装备8门炮的海中宁芙号。威廉·雷特上校自请担任本次行动的统领。

他们没有找到文，不过在查尔斯顿南部海岸搜寻的时候，他们偶然发现一艘海盗船与两艘该船的捕获物船一同停泊在开普菲尔河中。[1] 一次颇为混乱的战斗就这样发生了，使情况变得更为复杂的是，海盗船和私掠船都在河边的浅滩上搁浅了。就说亨利号吧，雷特上校就在这艘船上，它因为潮汐的作用在某个位置搁浅了将近六个小时，受到了来自海盗们的嘲笑和谩骂，有时还被投以炮弹。然而，等到涨潮的时候，雷特的两艘单桅帆船先漂了起来，比海盗船要早漂起一个小时，亨利号上的船员们因此有时间对船进行修补，并做好杀敌的准备。正当他们要强登海盗们的单桅帆船的时候，对方升起了白旗，投降了。伤亡惨重：私掠船方面有14人丧命，16人在战斗中受伤；海盗方面则有7人被杀，5人受伤。不过，雷特上校发现那艘海盗船的船长竟然是梅杰·斯特德·邦尼特，他曾经是黑胡子的盟友，在海盗团队中也是个响当当的人物。几周之后，邦尼特和他手下的33名海盗在查尔斯顿的法庭受审，在这之后，他和其他30人被绞死，这是英国人抗击海盗的战争中的又一个里程碑。

第三次私掠船抗击海盗之战发生在距离南美洲海岸90英里的一个遥远的岛屿上，一位著名的海盗因此丧命，而他手下的船员也被缉捕归案。1722年10月，单桅帆船鹰号航行在从圣基茨

---

[1] 这次战斗的相关信息见南卡罗来纳总督与委员会呈给贸易与种植园委员会的报告，《国家文献一览表》之"殖民地，美洲与西印度"部分；约翰逊《海盗简史》。

岛去往委内瑞拉库马纳港口的路上。[1] 这条航线有一段非常靠近布兰科岛，船上三十二岁的船长沃尔特·穆尔因此发现那岛上的一处湾状沙地上有一艘单桅帆船。他知道这个岛是个无人岛，而且守法的商人通常是不会到这种岛上去的，他因而怀疑那船是海盗船。穆尔肯定是考虑到了夺下海盗船能够领到赏金，于是便准备着要发动进攻了。当他向岸边靠近的时候，发现那艘单桅帆船正被倾侧过来进行整修，船上的大炮被搬到了岸上。他向那船上的人喊话，要求对方亮出旗帜。神秘船升起了一面圣乔治旗，并朝鹰号开火。在得到这样充满敌意的回应之后，穆尔准备强登那条船了，可是在他行动之前，海盗们砍断了他们的锚绳，将单桅帆船的船尾拖到了岸上。为了不至于搁浅，穆尔在浅水中下锚，使鹰号在海盗船对面停下，并开始用炮火猛击对方，以使其投降。

就在穆尔和他手下的人即将夺下那艘船之际，海盗船长和他手下的十或十二名船员从舱室的窗户里爬出来，跳到岸上逃走了。这个岛上长着繁茂的愈疮木、浓厚的灌木和林下灌丛，穆尔船长派到岸上追捕海盗的人在搜寻时遇到了一些麻烦。在岛上找了五天之后，他们抓到了五个人。另有一些海盗留在了船上，因此这次被抓住的海盗总数是 24 人。从俘虏的口中，他们得知这

---

[1] 见"鹰号船的沃尔特·穆尔的证词"，伦敦档案局之殖民地部门档案；《海盗简史》；道·埃德蒙兹《1630 至 1730 年间新英格兰海岸的海盗们》。

艘海盗船的船长是乔治·劳瑟,虽说他们没有抓住这个人。就是这个劳瑟最近刚刚袭击过伦敦的帆船王号,酷刑折磨那船上的船员,还逼迫外科医生的助手和一名木匠加入到了海盗的队伍中,并且劫走了船上的货物。

鹰号继续它的航行,来到了库马纳,穆尔向那里的总督作了汇报。夺下的这艘海盗船被当局宣布为不宜使用,然后交给了穆尔和他的船员。总督派出一艘小型的单桅帆船,来到布兰科岛,对岛上剩余的海盗进行围剿。他们抓到了四个,而劳瑟,另外三个人及一个小男孩还是没有被找到。后来有消息说劳瑟自杀了;穆尔船长"经人告知,得悉该单桅海盗船上的乔治·劳瑟在布兰科岛上饮弹自尽了,被发现的时候,尸体旁就放着他那把被打爆了的手枪"。1724 年 3 月 11 日,圣基茨岛上的海事法庭开庭,劳瑟手下的那帮残众在此受审。两名自愿加入海盗队伍的年轻水手原来是帆船王号上的船员,他们虽然被判有罪,不过获得了缓刑处理。11 名海盗于 3 月 20 日被绞死。

回过头去看,我们会觉得皇家海军和获得授权的私掠船在猎捕海盗的行动中真是发挥着惊人的作用。要知道海盗们巡航的各个地点之间隔着成千上万英里,北美洲和非洲海岸沿线及加勒比海地区也有数不清的地方来藏匿他们的船。但是,没有无线电也没有电话,某个海盗在某地出没的消息就是这样在成千上万航行于加勒比各海岛之间及北美和非洲海岸上下的船舰及小船之中传开了。这消息最终会传到某个殖民地的总督、海军船舰的船长，或是皇家非洲公司和东印度公司的某位船舶业务代理人耳朵里。然后会有一艘军舰被派出来，军舰上的人会进行一番耐心细致的搜寻，直至海盗被查获。皇家海军燕子号的奥格尔船长花了将近八个月才找到巴塞洛缪·罗伯茨，不过最终这位史上最为成功的海盗的劫掠生涯也就此划上了句号。世界开始变得太小了，被通缉的海盗要想找到一个安全的藏身之处是越来越难了。

审判、处决及以铁箍悬挂

四个多世纪以来,人们在泰晤士河北岸的死刑坞绞死海盗。拿出一张伦敦的老地图,就可以找到死刑坞的准确位置,它位于泰晤士河弯折处的沃平区,与其上游的伦敦塔相距一英里。今天,一家叫做基德船长的河岸酒吧就建在那里,俯瞰着原本架设绞架的地方。

18世纪初,当基德船长、约翰·高及其他臭名昭著的海盗在这里被绞死时,沃平区的河岸呈现由码头、木头吊车和贮木场形成的乱景。码头之外是狭窄的街巷,那里排列着水手、码头工人、造船工及他们的家人所居住的房屋。略微往上游走一段,就是伦敦主要港口的所在地,那是一片以海关码头为中心的地区。停泊在这里的船只从里往外会排上三四层,一眼望去,简直是桅杆和饱受日晒雨淋的风帆的森林,就这样一路绵延至老伦敦大桥。

绞架设置在岸边靠近低水位线的地方。海盗们被绞死之后,他们的尸体会慢慢地被涨潮时分回旋着的水流所淹没。通常要经过三次涨潮,尸体才会被带走。不管在大西洋这边的英国,还是在大西洋那边的美洲，海盗们都是"在高水位线之内"被绞死的，这是为了强调他们是在特级上将的管辖范围内犯案的这一点。特级上将有权对所有发生在公海或是低水位线以下的水路中的重罪进行惩罚。水位线以上的案件就得交由国民法庭审理了。

泰晤士河岸上那位于高水位线与低水位线之间的河滩是由烂泥和碎石组成的，散发出腐烂的木头、海草和污物的气味，不过低潮时分地面相当坚实，完全可以在上面行走，甚至赶马车经过也没问题。当有人要被处决时，就会有大批群众蜂拥而至，他们或者站在河岸上，或者乘坐小舟或是船舰停泊在河中观看。死刑犯会由一队人马带着从南岸的马夏尔西监狱出来，经过伦敦大桥和伦敦塔，来到死刑坞。带队的是海事法庭的宪兵队长或代其行使职权者，他手中持有的银桨代表着海事法庭的权威。海盗乘坐囚车前进，与他同车的是监狱里的牧师。队列抵达河岸之后，会有一段停留的时间，海盗可以趁此机会把要说的话冲着围观群众说出来。有些人会在牧师的敦促之下咕哝几句悔罪的话，其他人依然还是口出不逊，有时还会来一通长篇大论。

绞架的构造相当简单，一边一根木头柱子，上头再用根横梁连接起来。绞架上会靠上一架梯子，而带有索套的绳索就从横梁上悬垂下来。在行刑者的帮助下，海盗走上梯级，行刑者将索套套在他脖子上，待宪兵队长示意之后，就将他向外推去。这种坠落的力量并不总是能立刻致人死命，因此罪犯的亲友拉扯他的双

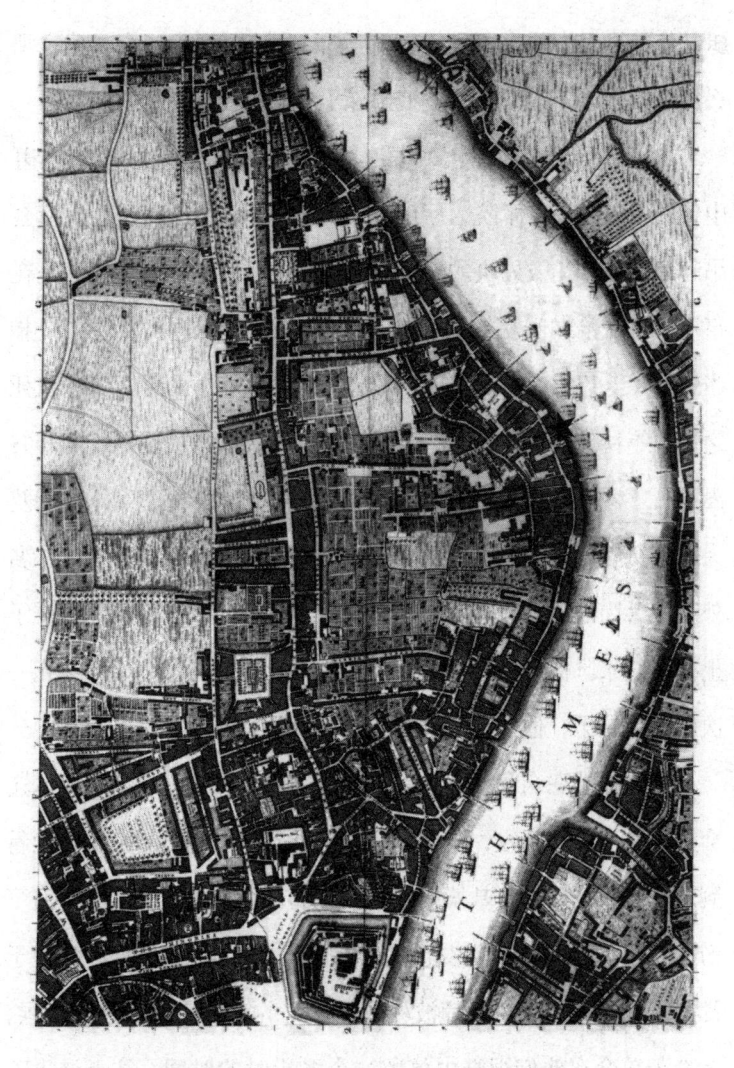

约翰·洛克于 1746 年绘制的伦敦地图的局部。

被判死刑的海盗将被押解着从马夏尔西监狱出发,经过伦敦塔(图片底部中央近圆形物体处)来到泰晤士河弯折处沃平区新船坞梯道与船坞梯道之间的死刑坞(标示五角星处)行刑。

腿以使其尽早解脱也不是什么稀罕的事。有时绳索还会断掉，那么那个意识迷蒙的人就得被拽到梯子上面再绞死一次。

被潮水浸没之后，尸体要么就是被带走，埋入一个无名墓中，或者送到外科学院大厅供解剖实验之用，要么就是用铁箍套吊起来示众。用被处决的罪犯的尸体来进行解剖实验的做法是在亨利十三统治期间获得授权的，到了18世纪，这种做法已经相当普遍了。1768年，曾在黑斯廷斯地方活动的一帮海盗被绞死之后，等待他们的就是这样的命运。也曾经有人被施以绞刑却并没有死。威廉·迪尤尔在1740年被绞死，然后被送到外科学院大厅等待解剖。在清洗他的尸体时，人们发现他仍有呼吸。一名外科医生为他放了血，两个小时之后，他苏醒过来，在一张椅子上坐了起来。他又被送回了纽盖特监狱，而当局显然认为绞死一次已经足够了，他获得了减刑，被判流放殖民地。[1]

那些极端恶名昭彰的海盗在沃平区被公开绞死之后，尸体还会被挂在河岸边示众，这样所有进出港口的船舰上的船员都能看到他们的下场。悬挂基德船长的尸体的示众架竖立在泰晤士河下游的蒂尔伯里角。作为该地一处显眼的地标，每当船舰在环绕于那个荒凉岬角周围的一片被称为锡里奇的宽阔河面开过的时候，示众架总会在他们视野中停留一个多小时的时间。往上游去一

---

[1] 阿瑟·格里菲思《纽盖特编年史》（伦敦，1884）。

悬挂示众的基德船长。在死刑坞被绞死之后,基德船长被用铁箍套住,并用铁链悬吊在了泰晤士河下游蒂尔伯里角的示众架上。这幅画的作者并没有真实还原场景,出现在画面背景中的布莱克沃尔的桅室虽然是泰晤士河畔的主要地标,但是从蒂尔伯里角这里是看不见的。

些,在伍利奇镇对面的地方,犯有谋杀和海盗罪的约翰·普里的尸体就在1727年时被用铁箍套吊起来示众。1725年,高船长和他手下的船员被捉拿归案并接受审判之后,高和他副手的尸体被命令用铁箍套吊起来示众,一个在德特福德对面,一个在格林尼治对面。

在大西洋的另一边,水手们可以从另一些例子上得到教训,明白成为海盗所需付出的代价。牙买加的罗亚尔港外有两个小岛或者说沙洲。1720年11月,花衣杰克·拉克姆被处决之后,他的尸体就悬挂在了其中之一的戴德曼斯凯的示众架上。四个月之后,文船长的尸体也在相邻的甘岛上被示众了。在往东约600英里的安提瓜岛,芬恩船长和其他四名海盗于1723年被绞死。海事法庭的判决是,将芬恩船长的尸体用铁箍套套起,悬挂在位于圣约翰斯港湾中央的拉特岛示众。

在美国东海岸,南卡罗来纳的查尔斯顿、弗吉尼亚的威廉斯堡和罗得岛的纽波特都曾处决过海盗,不过波士顿的水手显然能够看到更多海盗被绞死的场景。1724年6月的《波士顿报》刊载了如下报道:"本月2日的星期二,二十七岁的军需长约翰·罗斯·阿彻和二十二岁的威廉·怀特因海盗罪被处决:绞死之后,小船将他们的尸体运到了一个小岛上,怀特在那里被埋葬,而军需长则被用铁箍套吊起来示众,以儆效尤。"三年之后,在查尔斯河河口的尼克斯梅特岛,威廉·弗莱的尸体被悬挂在了示众架上示众。

为了确保示众的尸体能在尽可能长的时间里保持完整，人们会在尸身上涂满沥青。沥青通常会被用来保护船只的木头船壳，因此这种物质自然就具有防止尸体被日晒雨淋所破坏的作用。它也可以使小嘴乌鸦和鸥鸟不容易盯上尸体。涂覆沥青之后，尸体从头到脚会被安上一副特别定制的铁箍环套，以保证它的头、身体和腿不会挪动地方。萨塞克斯郡拉伊市的市政厅里就保存着一副铁箍环套，其问世时间可以追溯至1742年。那名为海盗阿彻的尸体打造铁箍环套的波士顿铁匠应该要花费好一番口舌，才能说清为什么他开出的价钱在那张对被绞死的尸体进行后续处理所产生的价目表中会是最为昂贵的一项。雇一条小船，请几个人来搭建示众架并为怀特挖坟，这两项花费为3镑15先令8便士，然而"为其中一个海盗约翰·罗斯·阿彻打造铁箍环套，以及雇一个人将他悬挂到伯德岛的示众架上"，这些要花去12镑10先令。[1]

那些被选出来将尸体在港口内外进行长时间展示的死刑犯在

---

[1] 援引自道、埃德蒙兹《1630至1730年间新英格兰海岸的海盗们》。将这些价码同海军部档案中留存的绞死基德船长一事的相关花费作个比较，也是颇为有趣的：海军部宪兵队将囚车运往绞刑地收取了4镑费用，詹姆斯·舍伍德为搭建蒂尔伯里的示众架收取了10镑；托马斯·舍曼分别为绞刑架收取了3镑2先令6便士，为运送尸体及将尸体悬挂起来收取了1镑5先令2便士；詹姆斯·史密斯为制造铁箍环套而收费4镑。

被绞死的海盗之中只是相当少的一部分。1716 到 1726 年间,有四百多人因海盗罪被绞死,平均每年 40 人。1723 年,打击海盗的战斗达到了顶峰,那一年被绞死的不下 82 人。早在 1617 年的时候,亨利·梅因沃林爵士就曾经抱怨过,人们之所以不忌惮成为海盗,是因为通常"只有船长、船主,可能还有团队中少数一些级别较高的船员,才会被判处死刑"。可到了 18 世纪初,就再也不是那么一回事儿了。1705 年,当托马斯·格林船长和他手下的 17 名船员在爱丁堡因海盗罪而受审时,只有一人幸免于难,其他人都被判处绞刑。1718 年,梅杰·斯特德·邦尼特手下的 34 名船员中有 30 人被绞死。1722 年,马修·鲁克手下的 58 名船员中有 41 人被绞死于牙买加。1723 年,巴塞洛缪·罗伯茨手下的 52 名船员在非洲海岸被绞死。同年,索尔加德船长抓获的 34 名海盗中有 25 人被处决于罗得岛的纽波特。在 1700 到 1728 年间进行的 27 次审判中,只有 5 个案例的死刑判决不涉及团队首领以外的船员。既然我们已经知道,1720 年时在大西洋各条海岸线上活动的海盗总数大约为 2 000 人,那就不难明白为何海盗肆行无忌的时代会这样骤然而止了。皇家海军对海盗的捕猎行动,以及抓获之后大规模的绞刑处理,有效地清除了大部分的海盗头子,并使得海盗团体中各职级的人数都大大减少。

不过,海盗活动的式微也不仅仅是因为有大批海盗被处决。审判所引起的关注度和处决的公开性使得水手及他们的家人清楚了解了成为一名海盗所当面临的惩罚。法官、检察官和牧师发表的声明强调了海盗行径的恶劣性，并让公众明白，海盗是所有人的公敌。审判、绞刑，以及教会和国家对海盗行径的强烈谴责对于任何一个准备加入海盗队伍的人来说都是有力的震慑因素。

审判的持续时间大多不会超过一两天，即使一次要审二三十名被告也是这样。之所以要赶快把事情办完，自然是有一些实际原因的。1700年授权殖民地政府设置代理海事法庭的法案推行之后，殖民地总督通常会亲自主持对海盗的审判，而当地名流及驻守该地的海军船舰上的船长就成了辅助总督审理案件的顾问团。总督日理万机，有许多其他的事务要处理，船长们不能离开他们的船太长时间，顶多也就几天，而那些杰出市民和商人也想早点回到他们的庄园去照管生意。不过审讯节奏快的主要原因还是因为辩方论争的缺失。根据那个时代通行的做法，被告是没有法律代表的，他们只能自己为自己辩护。而被控海盗罪的大多数受审者都是没有受过多少教育的水手，有的甚至是文盲，他们根本不具备为自己辩护的能力。有些人无法提出任何一条辩解的理由，有些人只是说自己当时喝醉了，大部分人则宣称自己是被迫的——他们的船被海盗夺下，他们被迫签下了海盗契约。最后一条辩护理由很难得到证明，那需要海盗船上其他船员的证词，或者受袭船上船员的观察证明。而水手本就是四海为家的，他们没办法找到从前工作过的某条船上的船长或者同船伙伴来为自己的品行作证。有时为了等待证人,被告会被延后宣判。1719 年,老贝利街的海事法庭以海盗罪对三名被告进行了审判,他们分别是劳斯、卡迪兹和蒂利尔。劳斯和卡迪兹被认为有罪,并被判死刑,"不过蒂利尔的审判被再一次推迟到了明年四月,因为他的证人有一些出海了"[1]。但这种情况很少见,而且法庭通常并无意愿延后审讯。

政府总是占据着完全的优势,何况它正急于要将审判和处决的政治宣传力作为海盗打击战中的武器呢。1722 年,41 名海盗在牙买加被绞死之后,劳斯总督写信给伦敦当局:"毫无疑问,这帮恶棍的下场足以使他人得到教训,近期恐怕不会有人再敢往这条路上走了。"值得注意的是,政府无一例外地为审判海盗而选派了强大的司法队伍。1704 年奎尔奇和他手下的 24 名船员在波士顿受审时,海事法庭的总裁是马萨诸塞湾各地区及新罕布什尔总督兼海军总司令约瑟夫·达德利,辅助他审理此案的有两位代理总督,托马斯·波维和约翰·厄舍;有海事法庭法官纳撒尼尔·拜菲尔德;有马萨诸塞湾各地区第一法官塞缪尔·舒特;有征税官布伦顿先生;有殖民地事务官阿丁顿先生;以及马萨诸塞湾殖民地委员会的十二位成员。1717 年,贝拉米手下船员在波士顿接受的审判也是一次要人云集的盛会。总督塞缪尔·舒特主

---

[1] 见 1719 年 2 月 17 日的《白厅晚报》。

审此案，陪审的有代理总督威廉·达默、代理海事法庭法官约翰·孟席斯、皇家海军松鼠号的船长、种植园捐税征收官和殖民地委员会的七位成员。

最不同寻常的司法阵容要算是 1701 年伦敦当局为审理基德船长和他手下的九名船员而召集的那批显贵了。庭审在老贝利街进行，不少于六名法官参与了案件的审理：财政大臣法院的首席法官沃德、助理法官哈特塞尔，高等法院的法官特顿、古尔德和鲍威尔，以及伦敦市法官萨拉西埃尔·洛弗尔。检方的律师由副检察长约翰·霍尔斯领衔，担任他助手的有海事法庭首席律师牛顿博士，以及科尼兹先生、纳普先生和考珀先生。从很多方面来说，对于基德的审判都是不具有代表性的。庭审之前，基德在狱中被关押了将近两年，这在海盗案件中是很少见的；而且因为前文已经谈到过的原因（见"基德船长与被埋藏的宝藏"），审讯本身成了政治威权的炫示。

基德接受的审判同其他海盗审判案例相同的一点是，他在被控犯有海盗罪的同时也被控杀人。基德坚持说，那个被他用水桶砸死的枪炮军士长穆尔惹怒了他，他是一时冲动才下的手，但法官们觉得穆尔的言行并无不妥之处，十二名陪审员也认为基德谋杀罪成立。海盗罪和谋杀罪都是要判死刑的重罪，不过在法庭看来，谋杀罪更为严重，如果谋杀罪成立的话，被告就绝无获得缓刑的希望了。在宣读梅杰·斯特德·邦尼特的判决时，法官这样说道:"然而你却在偷窃之外又加上一项重罪,那就是谋杀。你在犯下前项海盗罪的时候曾经杀过多少奋起反抗的人,这一点我无法知道。不过众所周知的是,除去伤者之外,政府派去镇压你们的正义军队中有不少于十八人被你所杀……"[1] 1705 年,托马斯·格林和他手下的 18 名船员在苏格兰的海事法庭受审,格林除被控犯有海盗罪之外,还被控谋杀了伍斯特号上的 10 名船员。1726 年受审时,威廉·弗莱被控谋杀了斜桁纵帆船伊丽莎白号的船主约翰·格林和大副托马斯·詹金斯,他把他们扔进了海里。

前文已经提到过花衣杰克与两名女海盗在牙买加受审时的情形及伍兹·罗杰斯总督在拿骚主持的那次庭审的具体细节,不过我们依然有必要了解一下 1722 年时发生在非洲西海岸的那次审判,因为这是历史上所有海盗审判中最为重要的一次。这份审判记录被保存了下来,如果我们细加研究,便能弄清楚代理海事法庭的工作方式,那些珍贵信息也能让我们从侧面了解那个时代政府对待海盗的态度。这次审判是在查洛纳·奥格尔船长攻克巴塞洛缪·罗伯茨的海盗船之后展开的。

奥格尔指挥的皇家海军燕子号一举抓获了 268 名嫌犯。其中有 77 人为非洲黑人,187 人为白人,有一些是罗伯茨在非洲海岸

---

[1] 《海盗简史》。

实施劫掠时新近掳获的水手和乘客。奥格尔船长把这些人统统带到了海岸角的贸易站，由那里的一个代理海事法庭对他们进行审判。除去因伤而在审判前毙命的19人之外，皇家海军燕子号带回的所有白人都受到了法庭的审问。绝大多数人被单独盘问。诉讼正式开始后的三周内，52人被绞死，20人被判在非洲服劳役，17人被送往伦敦的马夏尔西监狱服刑。

审判是在海岸角城堡中进行的。那是一座有着四座塔楼或者说棱堡的具有中世纪风貌的大型建筑，砌着雉堞的城墙有14英尺那么厚，城墙上架着70门左右的大炮，大炮大多向着海的方向，俯瞰着城堡前的那片锚地。这座城堡是瑞典人于1652年建造的，在1664年的时候被英国人占领，之后就成了皇家非洲公司的海外总部。这家公司的总代理就驻居此地，这里面还住着一大帮像是商人、职员、工人和士兵这样的人。长期驻守其中的士兵多的时候有100人，少的时候只有50人，这取决于他们有没有感染疫病，以及英国方面是不是及时补充兵力。[1]

与这座有着宽敞的房间、仓库和工场的城堡那令人胆寒的伟岸形象形成鲜明对比的，是不多远之外的一个美丽花园。尤林船长有一次出航时来到了海岸角，他对这个花园深为赞叹，说那里"长满了这个国家出产的各种水果，像是中国柑橘、塞维利亚柑

1　K. G. 戴维斯《皇家非洲公司》（伦敦、纽约，1970）。

橘、柠檬、香橼、甜瓜、石榴、椰子、罗望子、菠萝、葡萄、酸橙、番石榴和木薯,这些树木在种植园中都严整有序地被种植在山与山之间,种植面积大约有二十亩"[1]。当他顶着热带地区的骄阳行走在成排的果树之间时,恐怕很难会再记得人们建立这座城堡及城堡所守卫的那个小镇的原始目的吧。同寡妇鸟、埃尔米纳、阿克拉和非洲西海岸的其他一系列贸易站一样,海岸角是为了输出非洲地方的黄金、象牙、红木和奴隶而建立的。这片黄金海岸,有时又被称作奴隶海岸,出口的主要就是非洲黑奴,这些黑奴由商船载着运往北美洲和西印度的种植园。据估计,仅皇家非洲公司一家公司就在其存世的八十年中将 100 000 名奴隶运输到了殖民地。巴塞洛缪·罗伯茨在非洲海岸实施劫掠的那些年里,每年有 36 000 名来自各个贸易站的非洲黑人被运到了大西洋彼岸。[2] 毫无疑问,皇家海军燕子号抓到的那些人在审判之前就是被关在了黑奴在进行装船运输之前所暂居的那些院落和房舍中。

  1722 年 3 月 28 日,审判在城堡大厅中进行。作为擒获海盗的当事人,奥格尔船长不能参加本案的审理,皇家海军韦茅斯号的指挥官赫德曼于是被任命为该庭的法官。陪审团由六名成员组成:非洲海岸上将詹姆斯·菲利普斯阁下、皇家非洲公司书记爱

---

[1] 《纳撒尼尔·尤林船长的航程及游记》(伦敦,1928)。
[2] 《皇家非洲公司》;詹姆斯·沃尔文《奴隶买卖》。

德华·海德先生、商人亨利·多德森先生和弗朗西斯·博伊先生,以及因为人数不够被找来参与审理的巴恩斯利中尉和范肖中尉。整个审理过程简洁利落,完全是海员的作风,这可能是因为大规模的海军出庭阵容造成的(许多主要证人来自燕子号)。法律术语的运用率被降到了最低点,而且审判者们看起来确实有那么些想让被告们获得公平申辩机会的意思。

被告所面对的指控主要有两项。第一是指控他们恶劣地集合起来对付国王陛下从商的臣民:"你们两次来到非洲的这片海岸;第一次是在八月初,第二次是在一月末,弄沉、烧毁及以其他方式破坏刚巧被你们碰上的船只和货物。"第二项指控是说他们袭击国王陛下的船舰燕子号,并因此使他们自己成了"叛国者、强盗、海盗及人类的公敌"。

法庭上的书记员在宣读对于被告的指控之后,向漫游者号上抓来的那80人发问,要他们说明自己以何种方式进行辩护。所有人都选择无罪辩护。接下来,皇家海军燕子号上的三名船员,中尉艾萨克·桑、水手长拉尔夫·巴尔德里克及丹尼尔·麦克劳克林讲述了2月5日那天他们的船受到漫游者号袭击时发生的事。被告们承认在漫游者号袭击英属船舰时,他们都在那艘船上,而且他们也都在海盗条约上签了字。他们大多数人宣称自己是被迫加入的,在战斗中从未放过一枪一弹,他们之所以协助海盗进行战斗只是因为害怕被杀。这个时候,法庭采取了"仁慈的解决方法",他们将逐一听取有关各个被告的证据。

鸿运号的80名船员也受到了相似的指控,他们也都选择无罪辩护。法庭接着便挨个审讯了他们每个人,并听取了像是被这些海盗夺下的所罗门王号的特拉赫恩船长这类证人的证词。有关每一个被告的证据都听取完毕之后,法庭作出了判决:某人被宣判有罪,被判关押于马夏尔西监狱,或者无罪释放。看看这些人因为什么而被判有罪,又因为什么而被认为无罪,也是挺能说明问题的。

大多数被认为有罪、后来被绞死的人会被指责为表现得"积极主动"或者"振奋活跃",在大多数情况下,这说明他们已经与海盗一起生活了一年或者更长时间,会主动地参与到操控海盗船的工作中去。凡是在战斗中配备手枪或者短弯刀的人都被认为有罪,在船上发射过炮弹或者被人看到实施抢劫的那些人也是如此。有四个人因为被人看见同海盗们一起喝酒耍闹而被认为有罪。还有三个人之所以被判有罪是因为他们自发加入了海盗的队伍。漫游者号的船长詹姆斯·斯克姆以及被推选为船上的军需长、水手长和副水手长的那几个人被判有罪。考虑到海盗们恶劣的名声以及罗伯茨手下的船员从前的不良记录,这次居然只有四人被判犯有行为残忍或以武力相威胁罪,也是怪事。该庭法官对这些罪人宣判如下:

> 汝等各人皆经依法判决，获判被带回你们所来之地，并由彼处去往位于本城堡大门外之行刑点，在那高水位线之外的地方被绕颈悬吊，直到你们死亡，死亡，死亡。愿上帝宽恕你们的灵魂。此后，汝等各人将被从绞架上放下，你们的尸体将以铁箍被悬挂示众。[1]

那52名被判有罪的人在四月的不同时间点被分批绞死：3日绞死了6人；9日绞死了6人；11日14人；13日4人；16日8人；20日14人。

在马夏尔西监狱监禁的判罚是留给那些永远醉得神志不清、不适合服劳役的人；其中还包括"一个智力上有缺陷的家伙……总是在做着一些像猴子一样傻乎乎的动作"，以及一名被燕子号上的乘客伊丽莎白·特伦格罗夫指控为"相当粗野，咒骂不休，强行撕扯掉她身上那条带有裙箍的衬裙"的被告。

那些能够证明自己是被迫加入海盗队伍的人则被法庭宣告为无罪。这些人中最有意思的一个要算是亨利·格拉斯比了。他从前是一艘来自伦敦、由凯利船长指挥的船塞缪尔号上的大副，这艘船遇袭之后，他被海盗俘虏，因为拒绝在海盗条约上签名，他受到了谩骂和殴打。海盗船在伊斯帕尼奥拉岛靠岸的时候，他曾

---

[1] 最高海事法庭档案记录。

经逃走，靠一只小型指南针在树林中穿行。然而，岛上荒蛮的状况让他十分害怕，他最后还是决定回到海盗船上去。后来，在罗伯茨的逼迫之下，他当上了鸿运号的船长，不过好几位证人为他的品行作证，宣誓说他从未发射过炮弹，并且总是约束海盗们不要做出残忍的事情。

军事法庭保证了在审判海盗的过程中，庭上所有人都能够了解到海盗行为的邪恶性与实施这种行为的人的罪恶本质。而牧师的职责就是让那些被判有罪的人承认自己的罪行，并劝说他们悔悟，认识到自己那种生活方式的错误所在。这可不是一直都那么容易的。许多海盗对宗教信仰不感兴趣，更不喜欢牧师；没有什么比亚历山大·多尔泽尔的例子更能说明问题了，1715 年 12 月，他在老贝利街被定为海盗罪。

在纽盖特监狱的牢房里关押的时候，多尔泽尔与两个同他一起定罪的人受到了保罗·洛兰神父持续不断的来访，这位神父就是所谓的罪犯忏悔牧师，或者说监狱牧师。他用基督教教义来教导他们，"他们对此一无所知，更从未实行过"。行刑之前的那三个礼拜天，每天的早晨和下午他都要向他们布道，并将注意力放在那受到广泛应用的祈祷礼上。多尔泽尔船长是个麻木不仁的罪犯。几年之前，还是私掠船船员的他因叛国罪而被判死刑，行刑之前在纽盖特监狱里待过一段时间。但他之后获得赦免，被释放了。1720年11月，他袭击了一艘停泊在勒阿弗尔岸边的法国船。船员们都被绑了起来，其中一个人被扔到了海里，而且淹死了。这个四十二岁的苏格兰人多尔泽尔在这位罪犯忏悔牧师的口中是个危险的有害分子，他拒绝看《圣经》，威胁要将书撕烂，有一次他还说要将这位牧师踹到楼下去：

> 他如此粗野无礼，如此冥顽不灵，以至于我不管提供给他类似的一些什么，他都感到不满，嚷嚷着，他讨厌看到我这张脸，也绝不会到那座教堂（我侍奉上帝的地方）去，从我这里领受任何出于职责或者来自个人的训诫，只要他还有一口气在，就要说我才是使得他死的原因，他在死前总要让我吃点苦头，要不然就在死后来缠着我。[1]

在生命的最后一刻，多尔泽尔忽然改变了心意。当洛兰在绞刑台上说出最后的几句祈祷词的时候，多尔泽尔说他悔悟了，并为他过去粗鲁而不义的行为道歉。这位罪犯忏悔牧师并不为此所动："他的悔悟是否出自真心，是否还不算太迟，都是大可商榷

---

[1] 纽盖特罪犯忏悔牧师《亚历山大·多尔泽尔船长的言行与临终之语》（伦敦，1715）。

的问题。"

保罗·洛兰在纽盖特监狱当了二十二年的牧师，1701年时，他还做过基德船长的忏悔牧师。基德是个受过教育的人，他对教会并无怨恨之情，不过事实证明，他简直要比多尔泽尔更不服管教，因为他觉得自己是清白的，他所受到的那些谋杀罪和海盗罪的指控都是莫须有的。洛兰每天，有时是每隔一天，会去看望基德和那些被判刑的人。审判之后的一个星期天，洛兰进行了一次讲道，那题目恐怕无法为这些罪犯带来安慰，他选择的《圣经》文句是"这些人要往永刑里去"。

尽管已经竭尽了全力，洛兰发现基德还是不准备为自己已经被宣判的那些罪名向他忏悔。行刑那天，洛兰带着基德来到了监狱里的小教堂，以便为他诵念更多祈祷词和劝诫性讲道文，而"基德船长麻木的心对此还是无动于衷"。不过，基德承诺会在绞刑台边进行一番完整的忏悔。洛兰于是赶在那些海盗头里来到了死刑坞，他爬上绞刑架，希望能在这个恶人临死之际听到他的忏悔。基德让他失望了："我感到难以言说的悲痛，当他被带到那里的时候，已经醉得脸红耳热，在酒的作用下，他的情绪躁动不安，而他那时的身体又是那样虚弱不堪，非常不适合进行这项伟大的工作，可这项工作除去这个时候，就不可能再有机会来完成了。"基德向围观者们发表了一通冗长而不连贯的谈话。他一遍又一遍地说，他是因为一时冲动而砸了威廉·穆尔的头，从没想过要把他杀死。他为自己没能向他住在纽约的妻儿道别而悲伤不已，还说想到他这不名誉的死亡会给他妻子带来的伤痛，他比自己经受不幸还要更为难过。他劝诫所有的水手，特别是船长，要从他的事例中吸取教训，不要走上给他带来这样悲惨结局的老路。

当基德被推下绞刑台的时候，勒住他的那根绳子断了，他摔在了地上，却并没有失去意识。不知疲倦的洛兰抓住这个机会，希望这次能够让基德向他忏悔："他第二次被带上了绞刑台，那绳子也再次被绑在了木质构架上，我请求再到他身边去，并获得了允准。接下来，我便使他明白，这是上帝对他莫大的慈悲，他（出人意料地）赐予他暂缓行刑的时间，让他能够以更为虔诚和悔悟的心境来使这隆恩厚赐的最后时光变得更为完满。这次我发现他的态度比从前好多了。"原来的绞刑台已经倒了，基德第二次是要在梯子顶上被推下去的，洛兰于是爬到了梯子的半高处，这样他就可以诵念他的那些祈祷词和劝诫性讲道文。当基德被推下去，吊死在空中的时候，这位罪犯忏悔牧师终于觉得完成了他的工作，"带着比他心生悔悟之前更大的满足感"离开了这个地方。

像纽盖特监狱这位罪犯忏悔牧师那样认真负责的工作热忱，这世上是很难找出第二个的，不过却有一位美国传教士在劝服粗野的海盗表现出适宜程度的悔意方面显示出了相同的锲而不舍的精神。科顿·马瑟牧师于1685年至1722年间担任波士顿的北方第二教会的神职人员。他出生于一个杰出的新教领导人及政治家的家庭，年少时便表现出了对于宗教的热忱。十二岁时，他进了哈佛大学，十六岁时进行了他的第一次布道。因为天生精力过人，他为自己安排了繁重的工作。他每天要阅读十五章《圣经》经文。他讲道、斋戒、祈祷，照管穷病之人，马不停蹄地写作各种著作和小册子。在他所生活的时代与地域，海盗是威胁水手与航运的严重问题，他持续不断地向他的教众发出警示，要他们认识到做海盗是败坏道德的，他也在许多对于海盗的审判和处决中扮演了重要的角色。

在审判之后，奎尔奇和他手下的那些船员就被关到了监狱里，有好几位牧师想以他们的努力使这些海盗忏悔，而马瑟就是其中之一。"每天都有人在他们听得见的距离内进行布道，每天都有人为他们祷告，他们还被施以教义问答；还常常会有临时出现的训诫等着他们"。[1] 行刑那天，马瑟及另一位牧师就同这些海盗一起走在向绞架行进的队伍中，在行刑点对面河流中的小船中，他还为这些即将被绞死的海盗做了最后的祷告。

贝拉米指挥的那艘寡妇鸟号上的那些船员遭到围捕之后，被带到了波士顿受审，那个时候这帮海盗口口声声说要见的是马瑟。他同他们一起做祷告，为他们讲道，提醒他们说，"不义之

---

[1] 道、埃德蒙兹《1630 至 1730 年间新英格兰海岸的海盗们》。

财必将在上天正义的复原活动中归于无有,人们要做的是忏悔和等待救赎"。[1] 在那八名被判有罪的犯人走向行刑点的过程中,马瑟依次同他们每个人进行了交流。后来他将这些对话写在一本小册子里出版了,这本书还收录了他某次讲道的内容。[2] 虽然马瑟记下来的肯定是他记忆中的对话,不过这些文字清晰地反映出了他对于宗教的狂热信仰,也让我们从中了解到了那些正走向死亡的海盗们的所思所想。

"你觉得你现在心里在想什么?"马瑟向托马斯·贝克发问,这个二十九岁的荷兰人从前是做裁缝的。

"哦!我心里一团糟!天哪,上帝啊,看看我吧!"

"你很清楚你从前是个罪恶滔天的人。"

"哦!是的!不过,上帝有可能宽恕像我这样的一个罪人吗?哦上帝啊,求你饶过这样的一个罪人吧!"

"我的朋友,这是我要告诉你的最要紧的事。你将得到宽恕!注意我接下来要跟你说的每一个字。我看到你正处于极度痛苦之中,不过那扇窄门唯有凭借此种痛苦方能进入。"

---

[1] 阿瑟·T. 范德比尔特《沉没的宝藏:海盗船寡妇鸟号的财富与命运》。
[2] 科顿·马瑟牧师《以死之名对生者的示训》(波士顿,1717)。范德比尔特在其书中大量引用了该书。

科顿·马瑟从贝克身边走开，跟着向西蒙·范伍尔斯特发问，这个二十四岁的年轻人在纽约出生，后来外出航海，来到了西印度的圣托马斯岛：

"在你曾经犯下的所有罪责中，此刻是什么让你最为于心不安？"

"忤逆父母；亵渎安息日的教规。"

"你曾经接受过宗教教育却依然作恶，你所有的罪责将被无限放大。我请你，将这一层考虑在内。"

"好的，大人。"

"我希望你，还有这里你所有这些可恶的同伴们，能够更清楚地了解到究竟是哪一项罪责使你们即将在生者之中遭到索命。你们都是杀人犯！他们的血会对苍天控诉你们的罪行。还有那些可怜的俘虏们（有280名，我听说）的血，寡妇鸟号在风暴中迷失之后，你们上了岸，那些人却淹死了。"

"我们是被迫的。"

"被迫！不是；没有人能说他在光明的上帝面前犯下的罪过是被迫的。被迫！不是；你就算受下一切的苦，也不该犯下那样的大罪。你本该像个烈士那样，死在你这些凶残的同道手中，而不是成为他们之中的一个。现在说说吧;你怎样看待你这糟糕的人生,你是从何处偏离了上帝的指引?你就不能说一些让你那可敬的双亲(是你杀死的!)感到些许安慰的话吗!让他们在黑暗中看到些许光明?"

"我对自己糟糕的人生感到由衷的抱歉。我将带着期许去死,希望全能的上帝能够宽恕我。我很愿意今天下午就死,我宁愿死,也不要再继续过这样的生活,再去犯同样的罪。"

"你这番话说得很好,很了不起;不过我也曾听别人说过一样的话,这人被改判缓刑(你是不可能得到改判的)之后,重又作起恶来。我现在得从你身边走开,让上帝检视你的内心;请求他,哦!但愿你还有心!"

在古巴外围海域被海盗掳去的约翰·布朗今年二十五岁,是个牙买加人,马瑟同他之间的对话如下:

"布朗,过不了多长时间,死亡就要找上你了,你现在是怎样的心情?"

"糟透了!糟透了!"

"那么说,你知道自己是个极其卑劣的罪人了?"

"哦!卑劣极了!"

"你一直都麻木得令人吃惊。"

"是啊,越来越麻木了。我不知道自己是怎么了。自己都忍不住觉得吃惊!"

"再没有人能帮你,哪儿都没有,除了伟大的救世主,我要指引你走向的那个人。"

"哦!上帝宽恕我这样一个罪人吧!"

"一个罪人。唉,想想你说这话的因由!我请问你,此刻有没有一种罪让你觉得格外不安,是哪一种罪?"

"哪一种罪!哎呀,这世间所有能犯的罪我都犯下了,每一种都让我愧疚难当!我都不知道从哪儿说起了。从赌博开始吧!不,应该是逛窑子,然后再是赌博;赌博完了就喝酒;喝饱了酒就开始撒谎,赌咒骂人,干各种坏事;然后就开始偷东西;然后就是干这个勾当!"

就像在奎尔奇和他手下的人行刑时所做的那样,马瑟在那片竖立绞架的河岸外停泊的一条小船上为贝拉米手下的这些船员做了最后的祷告。威廉·弗莱和他手下的人于1726年被捕,这为科顿·马瑟牧师提供了又一次就海盗行径的邪恶性布道及对这些罪人进行专业辅导的机会。他一如既往地记录下了与海盗们的谈话内容和自己的讲道文,并将其印刷出版了。弗莱对他的工作不怎么配合。行刑之前的那个星期天,他拒绝到马瑟发表布道讲演的那个教众聚会所去,而且他根本没有像人们所要求的那样表现出一点悔悟之意。他公然捧着一束花走在前往行刑点的队伍中,还桀骜不驯地一路向围观群众喊着话。他迈开步子,一跃就登上了绞刑台,还批评刽子手不够专业,亲自示范怎样打绳结最易致人死命。面对法庭的判决和科顿·马瑟的劝说,他寸步不让,这种不屈的精神令人叹服,不过这样的人也并不少见。海盗中有相当多的一些人至死不屈,顽抗到底,拒绝像人们所期望的那样在悔悟中结束自己的生命。1724年,在处决了十一名海盗之后,圣基茨岛的哈特总督还说他们"比通常所见的这类卑劣之徒表现出了更为深沉的悲痛和悔悟之意"。

  人们通常会将这些在英国本地及殖民地地区被绞死的罪犯临刑前说的话和他们的忏悔编印成册,以相当大的印量在行刑之后的几天里发售。而要获取此类资料,最为庞大而集中的数据库就是18世纪一份名为"纽盖特监狱牧师对于被处决于泰伯恩的罪犯临刑时的言语、行为和忏悔的记录"的刊物。其中的大部分内容是那些被绞死于泰伯恩的窃盗和杀人犯的生平事迹,不过也有许多海盗的临刑之语被记录了下来。而在波士顿,正如上文所写到的那样,科顿·马瑟牧师记录下了在他担任神职期间被绞死的海盗们的临终遗言,并将其出版了。在其他绞死过海盗的口岸和港湾,类似的文献也有出版。

在生命中最后的时光里，那些定罪后被关押在监狱里的人在牧师的教导之下，以具有浓重的宗教气息的话语叙述着他们对于自身所犯罪行的悔恨之情。尽管经过教士与出版商的删改，我们从某些谈话中依然可以看出，有些水手是为了摆脱商船严酷的生活才当上海盗的，有些人在海盗条约上签字的时候根本醉得神志不清，之后才发现自己是走上了一条不归路，这些都足以令人动容。

索尔加德船长指挥皇家海军灰狗号拿下的那些海盗中，有人还在临刑之际吟诵了一首诗。作诗的这个人叫做约翰·菲茨杰拉德，一个二十一岁的爱尔兰人，来自利默里克郡，1723 年 7 月 19 日，他在南卡罗来纳的查尔斯顿与他的伙伴们一起被绞死了。这首诗写得并不出色，不过满可以作为所有这些因海盗罪而在大西洋两岸被绞死的人的墓志铭的。

> 在年轻蒙昧的年月，我开始做起；
> 海盗的勾当，寻求那不洁的利益。
> 我们一心向恶，为满足个人欲望；
> 在海上劫夺是目的，又坏事干光。
> 我恳求上帝佑护，能免你们一死；
> 任菲茨杰拉德一跃保全各位福祉。
> 我将灵魂献给上帝，祈愿他接受，
> 身体给大地，再见吧亲爱的朋友。

后记：海盗传奇

不管男人还是女人，只要遭受过海盗袭击，就会觉得那是一种令人极度惊恐的可怕经历。这其中包括激烈的过程和巨大的声响，因为海盗船在接近目标的时候会发射炮弹以示警告，突然并船时那船上的帆更是拍打得震天响。受害者要面对的是强悍粗野的年轻人，他们手持小刀、短弯刀和强登他船时用的大斧，只要有人表现出一点抵抗的意思，他们就从容不迫地将其撂倒，或者砍死。当海盗们将这条船翻个底朝天，审问船长和船员，频繁地使用酷刑来得到他们需要的信息时，整个场面是混乱而骇人的。更何况在整个袭击活动的最后，通常总会有一些受害者奄奄一息地躺在甲板上，或者有一些鲜血淋漓的尸体被扔到海里去喂鲨鱼。

今天，在世界上的某些地方，事情也是大同小异。在巴西海岸、加勒比海和非洲西海岸，海盗袭击活动相当常见，更不要说远东了，特别是马六甲海峡，那里是全世界商船活动最为密集的地区。1992年，新加坡与苏门答腊之间的国际海域发生了超过90起袭击事件。该地区的大多数海盗会选择印度尼西亚群岛中那些狭窄而曲折的水道来作为他们的基地。他们使用有舷外托架和大马力引擎的改装渔船来进行攻击，趁着夜色从后面靠近他们的目标，这样通常不会被目标船上的雷达发现。待他们来到目标船边上，他们便马上抛出带抓钩的绳索，或者通过架竹竿，爬到目标船上。

只消六名手持大砍刀、匕首或者手枪的斗志坚决的海盗，如今那些船员不多的商船就只能俯首听命了。海盗们会强迫船长打开船上的保险箱，抢走其中的财物，并带走船员舱室中零散的贵重物品。不到二、三十分钟，他们就已经完事儿，准备回自己的船上去了。等到当局接获报告，他们早就驶回那位于诸多岛屿之间的基地了。也有组织严密的团伙犯罪，这些人使的是机关枪和突击步枪，他们乘坐快速摩托艇而来，自行驾驶目标船而去。他们身边带着伪造的文件，以便在某个合适的口岸将整船货物统统卖掉，从中获取成百上千万英镑的利益。[1]

现代的海盗活动是毫无传奇色彩可言的，而且就跟从前一样，船长和船员要是不够配合，是会被海盗们折磨成重伤，甚至被杀死的。鉴于海盗活动不过是发生在公海中的强盗活动，历来还都伴随着一系列的残酷行为，所以海盗会在人们心中拥有这样

---

[1] 关于现代海盗的情况，可以参考埃里克·埃伦《海盗》（国际海事局；伦敦，1992）；罗杰·维勒《当今的海盗活动》（伦敦，1985）；商船通告第 1517 号《海盗及武装抢劫》（法令部；伦敦，1993）。

一个相对来说比较光辉灿烂的形象也是怪事。其中的部分原因可能是因为许多海盗进行掠夺活动的场景具有异域色彩。17和18世纪那些声名最为狼藉的海盗会在加勒比海的热带海域、非洲西海岸和印度洋这样的地方巡航。而珊瑚岛、泻湖和四周长满椰子树的沙滩对于在不那么温暖的高纬度地区长大的人们来说具有非同寻常的诱惑，这也解释了为什么像花衣杰克这样一个在牙买加附近海域攻击渔船的小海盗会比银行劫匪和以大城市主要街道的银行和店铺为目标的窃盗魅力更大。而海洋本身也是具有传奇色彩的。奥德修斯之旅的神话故事，哥伦布、麦哲伦和库克船长的航行事迹，以及康拉德和梅尔维尔的航海故事，让一代又一代生活在大陆上的读者为之痴狂。正是因此，那些为了寻找劫掠目标而在海上漫游的海盗就连带着获得了一种令人着迷的力量。

另一部分原因可能是因为海盗团伙那种无组织、无纪律的特点。大多数人注定要忍受单调乏味的生活。一年又一年，在机关单位、事务所、工厂、大公司和小公司里工作的人每天都按部就班地过着一样的日子。他们赶一样的公交或列车；他们沿着同样的路线开车上班，不管是交通拥堵还是其他迟到事由全都千篇一律。他们忍受数小时乏味的工作，通常做的是一份无法或者几乎无法为他们带来任何满足感的工作。回家后，等待着他们的是家庭生活那些可以预见的问题，或者是位于某个无聊地方的某间公寓里的孤单生活。这同海盗的生活何啻天壤之别？那些约束我们所有人的法律条文和规章制度，海盗们统统不用遵守。他们反抗权威，逍遥法外，自行建立他们的法则。他们将这个充斥着被雨水浇湿的街道的灰色世界抛在身后，向着阳光进发。在我们的想象中，他们都是手脚摊开躺在沙滩上，手里拿着一瓶朗姆酒，身边拥着个漂亮女人，还有一条黑得锃亮的纵帆船停泊在岸边，准备载着他们驶向那遥远的异国岛屿。

还有一个并不是那么显而易见的原因可以解释海盗的魅力从何而来。拜伦勋爵在他的长诗《海盗》中塑造了一位冷漠孤高、遗世独立的海盗，"一个孤独神秘之人"，有着不堪回首的过往和桀骜不驯的性子。所有女人都心知肚明，而有些男人却永远无法理解的一点是，在文学和历史中，最有意思的人物往往并非完人。英国人都敬慕威灵顿公爵，可是当纳尔逊子爵在特拉法尔加丧命的消息传到伦敦时，大街上的男男女女都在哭泣。而纳尔逊其实是一个虚荣、鲁莽、身材矮小的人，他抛弃自己的妻子，开始了与骄奢淫逸的汉密尔顿夫人那一段不明智且毫无理智可言的感情。比起作家约翰·巴肯[1]创造的那一类忠实可靠、勇敢果断的主人公，希思克利夫[2]、罗切斯特[3]和瑞特·巴特勒[4]的魅力更

---

1 约翰·巴肯（1875—1940），苏格兰小说家及政治家，曾任加拿大总督。名著《三十九级台阶》的作者。
2 希思克利夫是英国女作家艾米莉·勃朗特的小说《呼啸山庄》中的男主人公。
3 罗切斯特是英国女作家夏洛特·勃朗特的小说《简爱》中的男主人公。
4 瑞特·巴特勒是美国女作家玛格丽特·米切尔的小说《飘》中的男主人公。

大,特别是对于女人而言。海盗也是一样。在人们眼中,他们是凶残成性、盛气凌人、酒气熏天、没有心肝的坏蛋,不过让他们具有吸引力的反倒是这些缺点。许多女人把征服腐化堕落的男人看作是一种挑战,她们很难抗拒这种诱惑。她们觉得这些男人缺少爱,想把自己的爱给他们,她们还想着要改变他们邪恶的生活方式。一个意志坚决、外表冷酷的男人掳获了一个女人的芳心,不顾所有人的反对将她带走,去过另一种生活,这种设定也是相当具有诱惑力的。当然,这就是历史上大多数浪漫主义小说的基本套路。不过我们也因此了解到,为何海盗(以及小说中的海盗形象)一直以来不仅让男人着迷,也让女人神往。

现实中的海盗世界是严酷、艰苦与残忍的。海盗们大多是二十几岁的年轻人,比起什么贵族或者文化人,他们从前是水手的概率要大多了。海盗船长通常是些心狠手辣的坏蛋和施虐狂,他们的职业生涯少有超过两三年的。他们更有可能在一次风暴中淹死,或者被当局绞死,而不大可能靠着他们掠夺来的财富终其一生都过着穷奢极欲的生活。那些曾同海盗一起待过的人都会对他们脏字连篇,喝酒胡闹和杀人不眨眼的生活习性感到震惊不已。

时间的流逝缓和了人们因为那些遭到海盗袭击的水手留下的证言及丹皮尔和林格罗斯这样与海盗同船航行过的人写下的日志而产生的可怕印象。维多利亚时代的情节剧将海盗变成了舞台上的恶棍形象，他们也很吓人，不过并不完全真实。吉尔伯特和沙利文合作的《彭赞斯的海盗》及巴里的《彼得潘》这两部著作更进一步深化了人们心中的这种印象，海盗在他们笔下成了让人发笑的滑稽人物。沃尔特·司各特、马里亚特上校、R. M. 巴兰坦和罗伯特·路易斯·史蒂文森将这种印象又拉了回来，在他们的著作中，我们知道海盗为了找到财宝可以翻脸无情，他们可以对别人下各种毒手，甚至杀人。不过就算这些作家描绘得再怎么生动，我们很清楚，他们笔下的海盗只是虚构人物而已。20世纪三四十年代的电影从真实和虚构的海盗故事中汲取营养，并为其中的人物添上了光环。老道格拉斯·范朋克和埃罗尔·弗林饰演的那些侠盗主人公英俊潇洒，风度翩翩，只是同作为人物原型的加勒比海盗并无半点相似之处。

事实是我们愿意相信多年以来的那些冒险故事、戏剧和电影中所描绘的那个海盗世界。我们愿意相信这些编出来的故事，相信有所谓的藏宝图、被埋藏的宝藏，相信有走板子这回事儿，相信有手握短弯刀、戴着耳环的英勇果决的海盗船长，还有拖着一条木腿、养着一只鹦鹉的水手。我们更愿意忘掉那些野蛮的酷刑折磨，忘掉绞刑，忘掉在不适于航行的海岸遭遇海难的那些人所陷入的危险境地。对我们大多数人来说，海盗永远就是远离文明世界、生活在某些遥远的阳光海岸的带有传奇色彩的亡命之徒。

附录

一、1700—1730 审判及处决海盗记录

审判日期	受审海盗	审判及处决地	绞死人数	备注
1701/05/18	海盗船和平号的24名法国人	伦敦/死刑坞	24	—
1701/05/08	冒险号大帆船的基德船长及其他9人	伦敦/死刑坞	9	基德的尸体在蒂尔伯里角以铁箍悬挂示众
1704/06/13	查尔斯号的奎尔奇船长及其他25人	波士顿/查尔斯河	7	—
1705	沃赛斯特号的格林船长及其他17人	爱丁堡/利斯河滩	17	—

续表

审判日期	受审海盗	审判及处决地	绞死人数	备注
1715/11/09	多尔泽尔船长及其他2人	伦敦/死刑坞	1	—
1717/06	德蒙特、德考西、罗素和埃尔南多斯	南卡罗来纳的查尔斯顿/查尔斯顿港	4	主持代理海事法庭的是法官特罗特
1717/10/18	贝拉米船长船上的8人	波士顿/查尔斯河	6	科德角海岸船难中的幸存者
1718/12/09	霍尼戈尔德船长逮捕的10名海盗	巴拿马的拿骚/拿骚水岸	8	伍兹·罗杰斯船长主审此案
1718/03/12	黑胡子的单桅帆船冒险号上的15人	弗吉尼亚的威廉斯堡/绞架街	13	伊斯雷尔·汉兹和塞缪尔·奥德尔获得缓刑
1718/10/28	梅杰·斯特德·邦尼特及其手下34人	南卡罗来纳的查尔斯顿/查尔斯顿港	30	—
1719	海洛劳斯、卡迪兹和蒂利尔	伦敦/死刑坞	3	—
1719/02	沃利船长及其他1人	南卡罗来纳的查尔斯顿/查尔斯顿港	2	—
1720/11/16	拉克姆船长及其他10人	牙买加的西班牙镇/绞刑角	10	拉克姆的尸体在戴德曼斯凯以铁箍悬挂示众

续表

审判日期	受审海盗	审判及处决地	绞死人数	备注
1720/11/28	玛丽·里德和安妮·邦尼	牙买加的西班牙镇	—	两人都因为怀孕而获得缓刑处理
1721/03/22	文船长及其他1人	牙买加的西班牙镇/绞刑角	2	文的尸体在罗亚尔港外的甘岛以铁箍悬挂示众
1721	木匠理查德·伦特利	爱丁堡/利斯河滩	1	—
1722	意大利海盗卢克船长及其他57人	牙买加/绞刑角	41	皇家海军兰塞顿号在伊斯帕尼奥拉岛附近将这些人抓获
1722/10/11	布兰科船长手下的10名海盗	巴拿马的拿骚	5	被处决的所有人都是西班牙人
1722/03/28	巴塞洛缪·罗伯茨海盗船上的船员	海岸角坡堡垒城墙边的水岸	52	77人被宣告无罪;37人被送进监狱[1]

[1] 奥格尔船长在巴塞洛缪·罗伯茨的两艘海盗船上抓到187名白人和77名黑人。白人中,有52人被绞死,20人被判在海岸角的矿场里服七年劳役,2人获得缓刑,17人被判送往马夏尔西监狱监禁,77人被宣判无罪,另有19人在开庭之前死于狱中(根据奥格尔船长1722年4月5日的信件)。黑人没有上庭受审。

409

续表

审判日期	受审海盗	审判及处决地	绞死人数	备注
1723/07/05	马西船长	伦敦/死刑坞	1	—
1723/07/10	漫游者号的哈里斯船长及其他36人	罗得岛的纽波特/纽波特港	26	这些海盗由皇家海军灰狗号的索尔加德船长擒获
1723	芬恩船长及其他5人	西印度的安提瓜/圣约翰斯港	5	芬恩的尸体在港内的拉特岛上以铁箍悬挂示众
1723/07	菲利普·罗奇船长	伦敦/死刑坞	1	—
1724/03/11	劳瑟船长手下的16名船员	西印度的圣基次岛	11	这些海盗由鹰号的船主沃尔特·穆尔擒获
1724/05/12	阿彻、怀特及其他14人	波士顿/查尔斯河	2	阿彻的尸体在伯德岛以铁箍悬挂示众
1725/05	复仇号的高船长及其他7人	伦敦/死刑坞	8	高及其副手威廉斯的尸体在格林尼治和德特福德以铁箍悬挂示众
1726	莱恩船长及其他19人	库拉索岛	18	—

410

续表

审判日期	受审海盗	审判及处决地	绞死人数	备注
1726/07/04	威廉·弗莱及其他15人	波士顿/查尔斯河	3	弗莱的尸体在一个叫做尼克号大副的岛上以铁箍悬挂示众
1727/07	约翰·普赖	伦敦/死刑坞	1	普赖的尸体在伍利奇城对面以铁箍悬挂示众
1729	约翰·厄普顿	伦敦/死刑坞	1	—

二、1716—1726海盗袭击事件

本表数据限于发生在加勒比地区及北美东部海岸的袭击事件，具体内容包括海盗船的船型、船上配备的大炮和船员数量等。

日期	海盗船长	船型	大炮数	船员数	袭击地
1716/10	詹宁斯	单桅帆船	—	134	新古巴

续表

日期	海盗船长	船型	大炮数	船员数	袭击地
1717/05	贝拉米	船舰	30	200	南卡罗来纳附近
1717/07	拉布什	船舰	20	170	纬度36
1717/08	纳朋	单桅帆船	12	100	去波士顿路上
1717/08	尼科尔斯	单桅帆船	6	80	去波士顿路上
1717/10	蒂奇	单桅帆船	12	150	去费城路上
1717/11	肯蒂什	船舰	22	150	尼维斯岛
1717/11	爱德华兹	单桅帆船	8	50	尼维斯岛
1717/12	蒂奇	船舰	36	300	靠近克拉布岛
1717/12	(护卫舰)	单桅帆船	—	—	波多黎各
1718/01	罗博登	双桅帆船	10+2S	90	巴巴多斯
1718/02	英格兰	船舰	26+4S	180	牙买加
1718/04	文	单桅帆船	6	60	巴哈马

续表

日期	海盗船长	船型	大炮数	船员数	袭击地
1718/04	（未知）	单桅帆船	11	25	罗得岛
1718/04	蒂奇	船舰	40	300	特尼夫附近岛屿
1718/04	（护卫舰）	单桅帆船	10	—	特尼夫附近岛屿
1718/05	蒂奇	船舰	40	300	普罗维登斯附近
1718/05	（护卫舰）	单桅帆船	12	115	普罗维登斯附近
1718/06	蒂奇	船舰	40	300	南卡罗来纳的查尔斯顿
1718/06	（护卫舰）	单桅帆船3艘	—	100	南卡罗来纳的查尔斯顿
1718/10	文	双桅帆船	12	90	罗得岛
1718/10	耶茨	单桅帆船	8	20	罗得岛
1718/12	穆迪	船舰	24	—	圣克里斯托弗斯
1718/12	弗劳德	双桅帆船	8	—	圣克里斯托弗斯
1718/12	（未知）	单桅帆船	6	—	圣克里斯托弗斯

续表

日期	海盗船船长	船型	大炮数	船员数	袭击地
1719/02	英格兰	船舰	24+2S	200	安提瓜
1719/03	穆迪	船舰	35	130	卡罗利纳湾
1719/03	弗劳德	双桅帆船	4	60	纬度35，经度38
1720/07	罗伯茨	船舰	26	两船共200	纽芬兰大浅滩
1720/07	（护卫舰）	单桅帆船			纽芬兰大浅滩
1720/09	拉克姆	单桅帆船	4+2S	12	牙买加附近
1721/04	罗伯茨	船舰	32+9S	228	背风群岛
1721/04	斯特迪恩	双桅帆船	24+6S	140	背风群岛
1723/09	劳惹	单桅帆船	8	30	巴巴多斯
1723/10	（未知）	纵帆船	4	25	巴巴多斯
1725/06	派姆	单桅帆船	10+16S	—	纬度40
1726/06	弗莱	斜桁纵帆船	6	23	费城附近

注：S：即Swivel guns，回转炮（10+2S意为炮台上架设10门大炮，舷栏上另有2门回转炮）。

三、海军部发布的"目前出海工作的所有皇家海军船舰部署情况"节录[1]

1715 年 5 月 1 日

级别	船名	船员人数	炮数	现在何处
4	南安普顿号	—	—	由纽芬兰及直布罗陀海峡返回
5	福克斯通号	160	42	由牙买加返回
6	迪尔堡号	100	24	由牙买加返回
—	比迪福德号	100	20	由牙买加返回
5	斯皮德韦尔号	105	28	巴巴多斯
6	凤凰号	100	24	新英格兰
—	锡福德号	100	24	纽约

[1] 下列表格中不包括"在本土的船只"、"查塔姆及其他地方的守卫舰"和"驶往别国的"船只。

续表

级别	船名	船员人数	炮数	现在何处
一	胜利号	115	20	弗吉尼亚
一	夜莺号	115	24	马里兰
一	瓦靭号	100	24	在马里兰照应
一	海马号	100	20	背风群岛
一	索尔贝号	100	24	将由新英格兰驶往纽约
5	多尔芬号	110	30	驶往梅岛
4	安格尔西号	185	46	驶往卡塔赫纳
一	沃里克号	130	30	
5	罗巴克号	160	42	巴巴多斯
一	钻石号	160	42	牙买加
单桅帆船	特里亚尔号	60	14	
一	牙买加号	60	14	在牙买加照应

1718年5月1日

级别	船名	船员人数	炮数	部署
4	龙号	240	50	纽芬兰及其他地方
6	拉伊号	115	20	
5	钻石号	160	40	
—	拉德洛堡号	160	40	牙买加
单桅帆船	斯威夫特号	40	6	协同合作，一致对抗海盗
5	斯卡伯勒号	125	30	巴巴多斯
6	锡福德号	100	20	背风群岛
5	珀尔号	160	40	弗吉尼亚
6	莱姆号	115	20	纽约
—	凤凰号	100	20	协同合作，一致对抗海盗
—	松鼠号	100	20	新英格兰

续表

级别	船名	船员人数	炮数	现在何处
一	温奇尔西号	115	20	对西印度执行调查任务中
4	纽卡斯尔号	240	50	于纽芬兰
5	奇遇号	160	40	牙买加
一	肖勒姆号	125	30	弗吉尼亚
单桅帆船	特里亚尔号	60	6	背风群岛

受命返回

1719年5月1日

级别	船名	船员人数	炮数	部署
5	米尔福德号	155	30	对西印度地区海盗进行镇压，特别是那些在牙买加岛周边活动的海盗
6	玫瑰号	115	20	
单桅帆船	鲨鱼号	80	14	

续表

级别	船名	船员人数	炮数	部署	
5	钻石号	160	40		协同合作，一致对抗海盗
—	拉德洛堡号	160	40	牙买加	
单枪帆船	快活号	80	14		
5	斯卡伯勒号	125	30	巴巴多斯	
6	锡福德号	100	20	背风群岛	
5	珀尔号	160	40	弗吉尼亚，将在本月趁着七月末前的信风驶回	
6	莱姆号	115	20		
—	凤凰号	100	20	纽约	
—	松鼠号	100	20	新英格兰	
—	迪尔堡号	100	20	已将公告及他物带往种植园，此次将载纽约总督回国	

1720年5月1日

级别	船名	船员人数	炮数	部署
4	玛丽号	320	60	牙买加
5	奇遇号	190	40	
—	美人鱼号	135	30	
单桅帆船	快活号	80	14	
5	皇家安妮大帆船	190	40	在几内亚海岸巡航，与海盗作战
—	林恩号	190	40	
—	米尔福德号	155	30	巴巴多斯
6	玫瑰号	115	20	背风群岛
单桅帆船	鲨鱼号	80	14	

续表

级别	船名	船员人数	炮数	部署
6	拉伊号	115	20	弗吉尼亚
一	弗兰伯勒号	115	20	卡罗来纳
一	凤凰号	100	20	纽约
一	松鼠号	100	20	新英格兰
5	金塞尔号	135	30	被派往北美办事

协同合作

四、1686年威廉·丹皮尔在由墨西哥海岸往关岛路上的航海日志节录

日期	航向	行驶距离	南	西	纬度	风向
1	西南偏西 5	106	68	81	R. 19: 2	西北偏北北西
2	西南偏西 1	142	98	101	R. 17: 2	北偏西
3	西偏南	102	19	100	Ob. 17: 6	北

421

续表

日期	航向	行驶距离	南	西	纬度	风向
4	西偏南12	140	29	136	Ob. 16: 37	北偏北北东
5	西偏南20	160	54	150	Ob. 15: 43	北
6	西偏南10	108	18	106	Ob. 15: 25	东北
7	西偏南15	89	23	86	Ob. 15: 2	东北偏东北东
8	西偏南2	64	5	63	R. 15: 57	东北东
9	西偏南4	94	6	93	Ob. 14: 51	东北东
10	西偏南5	138	12	137	Ob. 14: 39	东北东
11	西偏南5	124	10	123	Ob. 14: 29	东北东
12	西偏南5	179	14	169	R. 14: 15	东北东
13	西偏南5	170	14	169	R. 14: 15	东北东
14	西偏南5	180	15	177	R. 13: 46	东北东
15	西偏南6	174	18	172	R. 13: 28	东北东多云

这张记录1686年4月上半月的每日行程的表格摘自威廉·丹皮尔的著作《新环球航行》。丹皮尔是这样来解释表格中的内容的:

表格由七栏构成。第一栏记的是该月的日期。第二栏记录本日的航向,或说我们在罗经上所行经的方位。第三栏以意大利里为单位记下了我们(以几近60的速度)在该方位上航过的距离或说长度,也即船每日的进度,并且该数据是以每日的正午为分隔点进行采集的。不过,因为我们的航线不可能呈现出像始终以同角度穿越经线的恒向线一样的轨迹,我就用第四栏和第五栏分别记录我们每天各向南航行了多少里,向西航行了多少里,这便包括了我们航行的主要路线……第六栏说明了我们每天所处的纬度,我用R来表示以测程仪进行航位推算所得到的数值,用Ob来表示观测所得的纬度数值。第七栏则记录了风向和天气。

图书在版编目（CIP）数据

黑旗之下 /（英）科丁利（Cordingly, D.）著；顾佳译.
--上海：上海书店出版社，2016.5
（海盗与大航海时代）
书名原文：Under the Black Flag：the romance and reality of life among the pirates
ISBN 978-7-5458-1256-5

Ⅰ. ①黑… Ⅱ. ①科… ②顾… Ⅲ. ①航海—交通运输史—世界—通俗读物 ②海盗—历史—世界—通俗读物 Ⅳ. ①F551.9-49②D59-49

中国版本图书馆 CIP 数据核字（2016）第 070427 号

David Cordingly
Under the Black Flag：the romance and reality of life among the pirates
Copyright © David Cordingly 1995

版权贸易合同登记号：
图字：09-2015-999 号

| 黑旗之下 | David Cordingly | 技术编辑 吴 放 |
| Under the Black Flag：the romance and reality of life among the pirates | 戴维·科丁利 著 顾 佳 译 | 责任编辑 顾 佳 装帧设计 郦书径 |

上海世纪出版股份有限公司
上海书店出版社出版
上海世纪出版股份有限公司发行中心发行
200001　上海福建中路193号　www.ewen.co
上海叶大印务发展有限公司印刷

开本 890×1240　1/32　印张 13.5　字数 254,000
2016 年 5 月第 1 版　2016 年 5 月第 1 次印刷

ISBN 978-7-5458-1256-5/F·31
定价：38.00 元

图书在版编目（CIP）数据

长腿爸爸：英汉对照/（美）韦伯斯特（Webster, J.）著；喻璠琴译. —北京：中译出版社，2012.7（2017.3重印）

（双语名著无障碍阅读丛书）

ISBN 978-7-5001-3438-1

I. ①长… II. ①韦… ②喻… III. ①英语—汉语—对照读物 ②书信体小说—美国—现代 IV. ①H319.4：I

中国版本图书馆CIP数据核字（2012）第149779号

出版发行 / 中译出版社
地　　址 / 北京市西城区车公庄大街甲4号物华大厦六层
电　　话 / （010）68359827；68359303（发行部）；53601537（编辑部）
邮　　编 / 100044
传　　真 / （010）68357870
电子邮箱 / book@ctph.com.cn
网　　址 / http://www.ctph.com.cn

出版策划 / 张高里
策划编辑 / 胡晓凯
责任编辑 / 胡晓凯　范祥镇
封面设计 / 潘　峰

排　　版 / 陈　彬
印　　刷 / 保定市中画美凯印刷有限公司
经　　销 / 新华书店

规　　格 / 710毫米×1000毫米　1/16
印　　张 / 19.75
字　　数 / 250千
版　　次 / 2012年7月第一版
印　　次 / 2017年3月第五次

ISBN 978-7-5001-3438-1　　　　定价：28.00元

版权所有　侵权必究
中译出版社

双语名著无障碍阅读丛书

第三级

长腿爸爸

Daddy-Long-Legs

[美国] 简·韦伯斯特 著
喻璠琴 译

中国出版集团
中译出版社

出版前言

多年以来，中译出版社有限公司（原中国对外翻译出版有限公司）凭借国内一流的翻译和出版实力及资源，精心策划、出版了大批双语读物，在海内外读者中和业界内产生了良好、深远的影响，形成了自己鲜明的出版特色。

二十世纪八九十年代出版的英汉（汉英）对照"一百丛书"，声名远扬，成为一套最权威、最有特色且又实用的双语读物，影响了一代又一代英语学习者和中华传统文化研究者、爱好者；还有"英若诚名剧译丛""中华传统文化精粹丛书""美丽英文书系"，这些优秀的双语读物，有的畅销，有的常销不衰反复再版，有的被选为大学英语阅读教材，受到广大读者的喜爱，获得了良好的社会效益和经济效益。

"双语名著无障碍阅读丛书"是中译专门为中学生和英语学习者精心打造的又一品牌，是一个新的双语读物系列，具有以下特点：

选题创新——该系列图书是国内第一套为中小学生量身打造的双语名著读物，所选篇目均为教育部颁布的语文新课标必读书目，或为中学生以及同等文化水平的社会读者喜闻乐见的世界名著，重新编译为英汉（汉英）对照的双语读本。这些书既给青少年读者提供了成长过程中不可或缺的精神食粮，又让他们领略到原著的精髓和魅力，对他们更好地学习英文大有裨益；同时，丛书中入选的《论语》《茶馆》《家》等汉英对照读物，亦是热爱中国传统文化的中外读者所共知的经典名篇，能使读者充分享受阅读经典的无限乐趣。

无障碍阅读——中学生阅读世界文学名著的原著会遇到很多生词和文化难点。针对这一情况，我们给每一本读物原文中的较难词汇和不易理解之处都加上了注释，在内文的版式设计上也采取英汉（或汉英）对照方式，扫清了学生阅读时的障碍。

优良品质——中译双语读物多年来在读者中享有良好口碑，这得益于作者和出版者对于图书质量的不懈追求。"双语名著无障碍阅读丛书"继承了中译双语读物的优良传统——精选的篇目、优秀的译文、方便实用的注解，秉承着对每一个读者负责的精神，竭力打造精品图书。

愿这套丛书成为广大读者的良师益友，愿读者在英语学习和传统文化学习两方面都取得新的突破。

译 序

我第一次读《长腿爸爸》是三十多年前上高中的时候。这本书信体的小说以它诙谐的笔调、引人入胜的情节以及有趣的插图打动了我，给我留下深刻的印象。后来，我从事英文翻译工作，尽管读了很多古典和现代的英文小说，这本书仍然时时浮现在我脑际，使我很想找来重读一遍。可惜未能如愿——一向少有空闲，自己又懒散，手头的书都读不完，也就没有费力去找它。

1985年7月正值我参加在烟台召开的全国文学翻译工作者会议回京，看到电视台正在播放《长腿爸爸》的动画片。这使我又想起我喜爱的这本书。可能是受到翻译工作者会议的激励，我决心把它翻译出来奉献给我国读者。

这次重读本书我仍和青年时代一样喜爱它。女主人公的身世经历吸引我，她在给长腿爸爸的信中对大学生活的描写也使我回忆起自己在美国大学的那段生活而感到很亲切。她对各种事物和人的看法及坦率的评论常常引起我的共鸣。作者简·韦伯斯特本人就是在孤儿院长大的，难怪她对孤儿的思想感情的描写能如此透彻。我尤其喜欢杰鲁莎·艾博特的性格。"她性格开朗,一点小事情也能把她逗笑",所以尽管她以为孤儿院管理员李培太太叫她到办公室去是要训斥她,也还能因为一位理事投在墙上的影子像摇摇晃晃的长腿大蜘蛛而感到可笑,带着笑脸去见李培太太。长腿爸爸要把她培养成为作家。她写了几篇小说都没有成功,最后又花了整个冬天的晚上和第二年暑假的空闲时间写了一本书。出版社又退回来了。她狠狠心把书稿烧掉了。在给长腿爸爸的信中,她说:"昨晚上床,心绪紊乱。我觉得我将一事无成……今晨醒来,脑子里又出现新的构思……我决不悲观失望。如果哪天我的丈夫和十二个孩子都在地震中丧生,第二天我又会微笑着打起精神,开始我的新生活。"

　　这次重读,我还从一个翻译工作者的角度去读它。我觉得这本书文字深入浅出,对大学的生活描写详尽,不但是学习英语的好读物,还可以学习写信,学习如何生动有趣地描述身边发生的一切,因而我决定不但要翻译它,而且要出一本英汉对照本,因其或将有益于我国广大的英语爱好者。

译　者

Jean Webster

Blue Wednesday

The first Wednesday in every month was a Perfectly Awful Day—a day to be awaited with **dread**① endured with courage and forgotten with haste. Every floor must be spotless, every chair dustless, and every bed without a wrinkle. Ninety-seven **squirming**② little orphans must be **scrubbed**③ and combed and buttoned into freshly **starched**④ **ginghams**⑤; and all ninety-seven reminded of their manners, and told to say, "Yes, sir," "No, sir," whenever a trustee spoke.

It was a distressing time; and poor Jerusha Abbott, being the oldest orphan, had to **bear the brunt of it**⑥. But this particular first Wednesday, like its **predecessors**⑦, finally dragged itself to a close. Jerusha escaped from the **pantry**⑧ where she had been making sandwiches for the **asylum's**⑨ guests, and turned upstairs to accomplish her regular work. Her special care was room F, where eleven little **tots**⑩, from four to seven, occupied eleven little **cots**⑪ set in a row. Jerusha assembled her charges, straightened their **rumpled**⑫ **frocks**⑬, wiped their noses, and started them in an orderly and willing line towards the dining room to engage themselves for a blessed half hour with bread and milk and **prune**⑭ pudding.

恼人的星期三

① dread /dred/ n. 恐惧

② squirm /skwɜːm/ v.（因不舒适、羞愧或紧张而）蠕动
③ scrub /skrʌb/ v. 用力擦洗
④ starch /stɑːtʃ/ v. 给……上浆
⑤ gingham /ˈɡɪŋəm/ n. 方格花布，条格平布

⑥ brunt /brʌnt/ n. 主要的压力
bear the brunt of it 首当其冲
⑦ predecessor /ˈpriːdɪsesə/ n. 前一个
⑧ pantry /ˈpæntrɪ/ n. 食品室
⑨ asylum /əˈsaɪləm/ n. 孤儿院

⑩ tot /tɒt/ n. 小孩
⑪ cot /kɒt/ n. 幼儿床
⑫ rumple /ˈrʌmpl/ v. 弄皱,弄乱
⑬ frock /frɒk/ n. 罩衣

⑭ prune /pruːn/ n. 梅子

每月第一个星期三都是个极端可怕的日子。你得战战兢兢地等着它的到来，硬着头皮挨过去，又迅速把它忘掉。这一天，地板要光洁照人，椅子要一尘不染，床铺不能有半点皱褶，还要把九十七个活蹦乱跳的小孤儿刷洗一遍，梳理齐整，给他们穿上浆好的花格布衣服，并一一提醒他们注意礼貌，回答理事的问题时要说："是，先生"，"不，先生"。

这真是一个令人沮丧的日子。可怜的杰鲁莎·艾博特是孤儿里年龄最大的，当然更加倒霉。这个特殊的星期三，和以往一样，总算挨到头了。杰鲁莎终于从食品室里逃了出来，不用再为孤儿院的客人做三明治了。她上楼去做她的日常工作。她负责第六室，那里有十一个四至七岁的小东西和十一张排成一行的小床。杰鲁莎把他们拢到一堆儿，帮他们整理好揉得皱巴巴的衣服，擦了鼻涕，排成一行，然后领着这些急巴巴的小东西到

Daddy-Long-Legs

Then she **dropped down to**[1] the window seat and leaned **throbbing**[2] temples against the cool glass. She had been on her feet since five that morning, doing everybody's **bidding**[3] **scolded**[4] and hurried by a nervous **matron**[5]. Mrs. Lippett, behind the scenes, did not always maintain that calm and **pompous**[6] dignity with which she faced an audience of trustees and lady visitors. Jerusha **gazed**[7] out across a broad stretch of frozen lawn, beyond the tall iron **paling**[8] that marked the confines of the asylum, down **undulating**[9] ridges **sprinkled**[10] with country estates, to the **spires**[11] of the village rising from the midst of bare trees.

The day was ended—quite successfully, so far as she knew. The trustees and the visiting committee had made their rounds, and read their reports, and drunk their tea, and now were hurrying home to their own cheerful firesides, to forget their bothersome little charges for another month. Jerusha leaned forward watching with curiosity—and a touch of **wistfulness**[12]—the stream of carriages and automobiles that rolled out of the asylum gates. In imagination she followed first one **equipage**[13] then another, to the big houses dotted along the hillside. She pictured herself in a fur coat and a velvet hat **trimmed**[14] with feathers leaning back in the seat and **nonchalantly**[15] **murmuring**[16] "Home" to the driver. But on the **doorsill**[17] of her home the picture grew **blurred**[18].

Jerusha had an imagination—an imagination, Mrs. Lippett told her, that would get her into trouble if she didn't take care—but **keen**[19] as it was, it could not carry her beyond the front porch of the houses she would enter. Poor, eager, adventurous little Jerusha, in all her seventeen years, had never stepped inside an ordinary house; she could not picture the daily **routine**[20] of those other human beings who carried on their lives **undiscommoded**[21] by orphans.

① drop down to 疲惫地坐下
② throb /θrɒb/ v. 悸动
③ bid /bɪd/ v. 命令，吩咐
④ scold /skəʊld/ v. 责骂，训斥
⑤ matron /ˈmeɪtrən/ n. 妇女，主妇
⑥ pompous /ˈpɒmpəs/ a. 傲慢的，自大的
⑦ gaze /geɪz/ v. 凝视，注视
⑧ paling /ˈpeɪlɪŋ/ n. 木栅，围篱
⑨ undulate /ˈʌndjʊleɪt/ v. 波动，使……起伏
⑩ sprinkle /ˈsprɪŋkl/ v. 散落

⑪ spire /ˈspaɪə/ n. 尖顶

⑫ wistfulness /ˈwɪstfəlnɪs/ n. 渴望，惆怅
⑬ equipage /ˈekwɪpɪdʒ/ n. 马车

⑭ trim /trɪm/ v. 装饰，修剪
⑮ nonchalantly /ˈnɒnʃələntlɪ/ ad. 不激动地，冷淡地
⑯ murmur /ˈmɜːmə/ v. 低语，低声而言
⑰ doorsill /ˈdɔːsɪl/ n. 门槛
⑱ blur /blɜː/ v. 使……模糊
⑲ keen /kiːn/ a. 敏锐的，强烈的

⑳ routine /ruːˈtiːn/ n. 例行公事，常规
㉑ undiscommode /ˌʌndɪskəˈməʊd/ v. 没有使不方便，未使为难

餐厅去。在那里他们可以幸福地度过半个小时，喝牛奶，吃面包，再加上梅子布丁。

她疲惫地跌坐在窗旁的椅子上，把涨得发疼的太阳穴靠在冰凉的玻璃上。她从早上五点就手脚不停地忙，听从每个人的吩咐，被神经质的管理员李培太太横加指责，催得晕头转向。在私下里，李培太太就不能像她在理事们或女客人面前那样，始终保持镇静，一副庄重模样。杰鲁莎的目光掠过孤儿院高高的铁栏杆外面一片上了冻的开阔草地，望到远处那起伏的山峦，山上散落着村舍，在光秃秃的树丛中露出了房舍的尖顶。

这一天过去了，在她看来总算没出什么差错。理事们和巡视委员会的成员照例看了孤儿院，读了报告书，喝了茶，现在，他们正急着回到自家暖人的炉火旁。起码要再过一个月才会想起他们照管的这些磨人的小东西。杰鲁莎探出身子，带着一丝渴望，好奇地望着那一连串马车和小汽车挤挤挨挨地开出孤儿院大门。在想象中，她随着一辆车又一辆车，来到坐落在山坡上的一幢幢大房子里。她想象自己穿着裘皮大衣，带着有羽毛装饰的丝绒帽子，靠在车座上，漫不经心地对车夫说："回家"。但是到了家门口呢，她的想象就模糊了。

杰鲁莎喜爱想象，李培太太告诉她，这样子不加约束地想来想去，总会给她带来麻烦。但是不管她的想象力有多么丰富，都不能带她进到她想去的那些房子里，她只能停

Daddy-Long-Legs

> *Je-ru-sha Ab-bott*
> *You are wan-ted*
> *In the of-fice,*
> *And I think you'd*
> *Better hurry up!*

Tommy Dillon, who had joined the choir, came singing up the stairs and down the **corridor**①, his **chant**② growing louder as he approached room F. Jerusha **wrenched**③ herself from the window and refaced the troubles of life.

"Who wants me?" she cut into Tommy's chant with a note of sharp anxiety.

> *Mrs. Lippett in the office,*
> *And I think she's mad.*
> *Ah-a-men!*

Tommy **piously**④ **intoned**⑤, but his accent was not entirely **malicious**⑥. Even the most hardened little orphan felt sympathy for an **erring**⑦ sister who was summoned to the office to face an annoyed matron; and Tommy liked Jerusha even if she did sometimes **jerk**⑧ him by the arm and nearly scrub his nose off.

Jerusha went without comment, but with two parallel lines on her **brow**⑨. What could have gone wrong, she wondered. Were the sandwiches not thin enough? Were there shells in the nut cakes? Had a lady visitor seen the hole in Susie Hawthorn's stocking? Had—O horrors! —one of the **cherubic**⑩ little babes in her own room F "sauced" a trustee?

留在门廊上。可怜的充满冒险精神的小杰鲁莎，在整整十七年的岁月里，从未步入过任何人的家。她想象不出那些没有孤儿打扰的人们每天是怎样生活的。

> 杰鲁莎·艾博特
> 办公室找，
> 依我看，你还是
> 快点为妙！

唱诗班的汤米·迪伦唱着上了楼，从过道走向第六室。声音越来越近，越来越响。杰鲁莎不得不扭头离开窗口，再次面对人生的烦恼。

她打断汤米的咏唱，急切地问道："谁找我？"

> 李培太太在办公室，
> 我想她很恼火，
> 阿门！

汤米仍然虔诚地唱着，他的音调并不带有恶意。即使是最冷酷的孤儿也会同情犯了错儿而被叫到办公室去见生气的管理员的姐妹，何况汤米还是喜欢杰鲁莎的，尽管她有时使劲扯他的胳臂，给他洗脸时几乎把他的鼻子擦掉。

杰鲁莎默默地去了，额上平添了两道皱纹。出了什么差错？三明治切得不够薄？果

---

① corridor /ˈkɒrɪdɔː/ n. 走廊
② chant /tʃɑːnt/ n. 圣歌，赞美诗
③ wrench /rentʃ/ v. 猛扭

④ piously /ˈpaɪəslɪ/ ad. 虔诚地
⑤ intone /ɪnˈtəʊn/ v. （以拖长的单调音）吟咏
⑥ malicious /məˈlɪʃəs/ a. 怀恶意的，恶毒的
⑦ erring /ˈɜːrɪŋ/ a. 做错的
⑧ jerk /dʒɜːk/ v. 急拉，急推

⑨ brow /braʊ/ n. 眉毛，额

⑩ cherubic /tʃeˈruːbɪk/ a. 天使（似）的，无邪的

The long lower hall had not been lighted, and as she came downstairs, a last trustee stood, on the point of **departure**① in the open door that led to the porte-cochere. Jerusha caught only a **fleeting**② impression of the man—and the impression consisted entirely of tallness. He was waving his arm toward an automobile waiting in the curved drive. As it sprang into motion and approached, head on for an instant, the **glaring**③ headlights threw his shadow sharply against the wall inside. The shadow pictured **grotesquely**④ elongated legs and arms that ran along the floor and up the wall of the corridor. It looked, for all the world, like a huge, **wavering**⑤ daddy-long-legs.

Jerusha's anxious **frown**⑥ **gave place to**⑦ quick laughter. She was by nature a sunny soul, and had always **snatched**⑧ the tiniest excuse to be amused. If one could **derive**⑨ any sort of entertainment out of the oppressive fact of a trustee, it was something unexpected to the good. She advanced to the office quite cheered by the tiny episode, and presented a smiling face to Mrs. Lippett. To her surprise the matron was also, if not exactly smiling, at least appreciably **affable**⑩; she wore an expression almost as pleasant as the one she **donned**⑪ for visitors.

"Sit down, Jerusha, I have something to say to you."

Jerusha dropped into the nearest chair and waited with a touch of breathlessness. An automobile flashed past the window; Mrs. Lippett **glanced**⑫ after it.

"Did you notice the gentleman who has just gone?"

"I saw his back."

"He is one of our most **affluent**⑬ trustees, and has given large sums of money toward the asylum's support. I am not at liberty to mention his name; he expressly **stipulated**⑭ that he was to remain unknown."

① departure /dɪˈpɑːtʃə/ n. 离开
② fleeting /ˈfliːtɪŋ/ a. 飞逝的

③ glaring /ˈgleərɪŋ/ a. 闪耀的,炫目的
④ grotesquely /grəʊˈteskli/ ad. 奇异地,荒诞地
⑤ waver /ˈweɪvə/ v. 摆动,摇曳
⑥ frown /fraʊn/ n. 皱眉
⑦ give place to 让位于,变为
⑧ snatch /snætʃ/ v. 夺取,侥幸获得
⑨ derive /dɪˈraɪv/ v. 得自,起源于

⑩ affable /ˈæfəbl/ a. 和蔼可亲的,友善的
⑪ don /dɒn/ v. 穿

⑫ glance /glɑːns/ v. 瞥闪,瞥见

⑬ affluent /ˈæfluənt/ a. 富裕的

⑭ stipulate /ˈstɪpjuleɪt/ v. 规定,约定

仁饼里有果壳？还是哪位女客人看见苏西·豪桑的长袜上有破洞？噢，天呀！是否她管的第六室的娃娃冒犯了哪位理事？

楼下的长廊没有点灯。她下楼时望见最后一位理事正要离去，他站在通向车辆出入门道的那扇门口。杰鲁莎对他只留下一个短暂的印象——除了高高的身材之外别无其他。他向停在弯弯的车道上的一辆汽车招手。当小汽车起动后向他直驶而来的一瞬间，刺眼的车前灯把他的影子投射到大厅的墙上，影子的腿和手臂给滑稽地拉长了，从地板一直延伸到走廊的墙壁之上，就像一只人们俗称"长腿爸爸"的摇摇晃晃的大蜘蛛。

杰鲁莎的额头舒展开，轻快地笑了起来。她性格开朗，一点小事情都能把她逗笑。从使人感到压抑的理事身上发现笑料，确是件意外的好事。这小插曲使她高兴起来。她到了办公室，给李培太太一个笑脸。杰鲁莎意外地发现，李培太太也显得相当和蔼，即使不能说是在笑。她几乎像对待来访的客人那样满面喜色。"杰鲁莎，坐下。我有事要对你说。"

杰鲁莎在最靠近她的一张椅子上坐下，略微紧张地等待着。一辆汽车在窗外驶过，李培太太望着远去的车子，问道：

"你注意到刚才离开的那位先生了吗？"

"我看到他的背影。"

Jerusha's eyes widened slightly; she was not accustomed to being summoned to the office to discuss the **eccentricities**① of trustees with the matron.

"This gentleman has taken an interest in several of our boys. You remember Charles Benton and Henry Freize? They were both sent through college by Mr.—er—this trustee, and both have repaid with hard work and success the money that was so generously expended. Other payment the gentleman does not wish. Heretofore his **philanthropies**② have been directed solely toward the boys; I have never been able to interest him in the slightest degree in any of the girls in the institution, no matter how deserving. He does not, I may tell you, care for girls."

"No, ma'am," Jerusha murmured, since some reply seemed to be expected at this point.

"Today at the regular meeting, the question of your future was brought up."

Mrs. Lippett allowed a moment of silence to fall, then **resumed**③ in a slow, **placid**④ manner extremely **trying**⑤ to her hearer's suddenly tightened nerves.

"Usually, as you know, the children are not kept after they are sixteen, but an exception was made in your case. You had finished our school at fourteen, and having done so well in your studies—not always, I must say, in your conduct—it was determined to let you go on in the village high school. Now you are finishing that, and of course the asylum cannot be responsible any longer for your support. As it is, you have had two years more than most."

Mrs. Lippett **overlooked**⑥ the fact that Jerusha had worked hard for her board during those two years, that the convenience of the asylum had come first and her education second; that on days like the present she

① eccentricity /ˌeksenˈtrɪsɪtɪ/ n. 古怪,怪僻

② philanthropy /fɪˈlænθrəpɪ/ n. 慈善事业,善心

③ resume /rɪˈzjuːm, reˈzuːm/ v. 再继续,重新开始
④ placid /ˈplæsɪd/ a. 平静的,平和的
⑤ trying /ˈtraɪɪŋ/ a. 难受的,费劲的

⑥ overlook /ˌəʊvəˈlʊk/ v. 忽视,忽略

"他是我们最富有的理事之一,向孤儿院捐了很多钱。但他特意讲了不愿让人知道此事,所以我不能透露他的姓名。"

杰鲁莎微微睁大了眼睛。她不习惯被叫到办公室来同管理员谈论理事们的古怪脾气。

"这位先生关照过孤儿院的几个男孩。你记得查尔斯·本登和亨利·弗雷兹吗?他们都是,呃……这位理事送去上大学的。两人都很用功,用良好的成绩报答了他的慷慨资助。这位先生不要求其他报偿。到目前为止,他只资助男孩,从来也没法子使他对女孩留一点心,不管她们有多么出色。可以告诉你,他不喜欢女孩。"

"是的,太太。"杰鲁莎轻声说,因为李培太太似乎在等待她做出一些反应。

"在今天的例会上,有人提起你的前途。"

李培太太略微停顿了一下,然后又慢条斯理地说下去,这对听者骤然绷紧的神经更是一种难以忍受的折磨。

"你知道,一般情况下,孩子们到了十六岁就得离开孤儿院,但你是个例外。你十四岁读完孤儿院的课程,成绩优良——我不得不说,你的操行并非一向优良——我们送你到本村中学去继续求学。现在你快毕业了,孤儿院不能再负担你的费用。就这样,你已经比大多数孩子多受了两年教育。"

李培太太全然不提在这两年里,杰鲁莎

was kept at home to scrub.

"As I say, the question of your future was brought up and your record was discussed—thoroughly discussed."

Mrs. Lippett **brought accusing eyes to bear upon**[①] the prisoner in the **dock**[②] and the prisoner looked **guilty**[③] because it seemed to be expected—not because she could remember any **strikingly**[④] black pages in her record.

"Of course the usual **disposition**[⑤] of one in your place would be to put you in a position where you could begin to work, but you have done well in school in certain branches; it seems that your work in English has even been brilliant. Miss Pritchard, who is on our visiting committee, is also on the school board; she has been talking with your **rhetoric**[⑥] teacher, and made a speech **in your favor**[⑦]. She also read aloud an essay that you had written entitled 'Blue Wednesday.'"

Jerusha's guilty expression this time was not assumed.

"It seemed to me that you showed little **gratitude**[⑧] in holding up to **ridicule**[⑨] the institution that has done so much for you. Had you not managed to be funny I doubt if you would have been forgiven. But fortunately for you, Mr. —, that is, the gentleman who has just gone— appears to have an **immoderate**[⑩] sense of humor. On the strength of that **impertinent**[⑪] paper, he has offered to send you to college."

"To college?" Jerusha's eyes grew big.

Mrs. Lippett nodded.

"He waited to discuss the terms with me. They are unusual. The gentleman, I may say, is **erratic**[⑫]. He believes that you have **originality**[⑬], and he is planning to educate you to become a writer."

"A writer?" Jerusha's mind was **numbed**[⑭]. She could only repeat Mrs. Lippett's words.

① bring accusing eyes to bear upon 以责备的眼神看着
② dock /dɒk/ n. 被告席
③ guilty /ˈɡɪltɪ/ a. 有罪的,内疚的
④ strikingly /ˈstraɪkɪŋlɪ/ ad. 显著地,突出地

⑤ disposition /ˌdɪspəˈzɪʃən/ n. 处置

⑥ rhetoric /ˈretərɪk/ n. 修辞,修辞学
⑦ in one's favor 支持某人,对某人有利
⑧ gratitude /ˈɡrætɪtjuːd/ n. 感谢的心情,感恩

⑨ ridicule /ˈrɪdɪkjuːl/ v. 嘲笑,嘲弄

⑩ immoderate /ɪˈmɒdərɪt/ a. 无节制的,过度的
⑪ impertinent /ɪmˈpɜːtɪnənt/ a. 鲁莽的,无礼的

⑫ erratic /ɪˈrætɪk/ adj. 不稳定的,奇怪的
⑬ originality /əˌrɪdʒɪˈnælɪtɪ/ n. 创意,独创性
⑭ numb /nʌm/ v. 使……麻木,使……昏迷

为了她的食宿卖力地干活儿。孤儿院的事情总要先做完,才能顾上她的学业。遇到像今天这样的日子,她都被留下打扫卫生。

"我刚才说了,有人提出你的前途问题,会上讨论了你的表现,各方面都谈到了。"

李培太太用责备的目光盯着被告席上的犯人。犯人看来自觉有罪,倒不是她能想起做过什么坏事,而是觉得李培太太似乎认为她应当有此表示。

"当然,一般情况下,给你安排一个工作就行了。但你在某些科目上成绩很不错,英语甚至可以说非常出色。普利查德小姐是巡视委员会的成员,也是校务委员会的成员。她同你的修辞学老师谈过,在会上夸了你,还读了你的一篇作文,题目是《恼人的星期三》。"

这回杰鲁莎可真的知罪了。

"我认为你取笑养育过你的孤儿院是忘恩负义的。若不是文章写得俏皮,我怕你决不会取得谅解。幸运的是,呃——刚才离开的那位先生有强烈的幽默感,那篇无礼的文章使他决定送你去上大学。"

杰鲁莎瞪大了双眼,"上大学?"
李培太太点点头。

"他留下和我讨论了条件。很不寻常的条件。让我说,这位先生真有些古怪。他认为你有创见,他要培养你成为作家。"

"成为作家?"杰鲁莎的头脑麻木起来,

Daddy-Long-Legs

"That is his wish. Whether anything will come of it, the future will show. He is giving you a very **liberal**① allowance, almost, for a girl who has never had any experience in taking care of money, too liberal. But he planned the matter in detail, and I did not feel free to make any suggestions. You are to remain here through the summer, and Miss Pritchard has kindly offered to **superintend**② your outfit. Your board and tuition will be paid directly to the college, and you will receive in addition during the four years you are there, an allowance of thirty-five dollars a month. This will enable you to enter on the same standing as the other students. The money will be sent to you by the gentleman's private secretary once a month, and in return, you will write a letter of acknowledgment once a month. That is—you are not to thank him for the money; he doesn't care to have that mentioned, but you are to write a letter telling of the progress in your studies and the details of your daily life. Just such a letter as you would write to your parents if they were living."

"These letters will be addressed to Mr. John Smith and will be sent in care of the secretary. The gentleman's name is not John Smith, but he prefers to remain unknown. To you he will never be anything but John Smith. His reason in requiring the letters is that he thinks nothing so **fosters**③ **facility**④ in literary expression as letter writing. Since you have no family with whom to **correspond**⑤, he desires you to write in this way; also, he wishes to **keep track of**⑥ your progress. He will never answer your letters, nor in the slightest particular take any notice of them. He **detests**⑦ letter writing and does not wish you to become a burden. If any point should ever arise where an answer would seem to be **imperative**⑧—such as in the event of your being **expelled**⑨ which I trust will not occur—you may correspond with Mr. Griggs, his secretary.

① liberal /ˈlɪbərəl/ a. 慷慨的

② superintend /ˌsjuːpərɪnˈtend/ v. 主管，管理

她只能重复李培太太的话。

"这是他的愿望，能否成为现实，日后自然明白。他给你很大一笔津贴，对一个从未理过财的姑娘来说，似乎是太大了。他安排得很周全，我也不便说什么。这个夏天你还留在这里，普利查德小姐自愿帮你添置衣装。你的学费和食宿费由那位先生直接付给校方，在校四年期间，你每月还会收到三十五美元的零用钱，这足够使你跻身其他学生之间。这位先生的私人秘书每月把钱汇给你，而你每月收到钱后也要写信给他，不是感谢他给你钱，他不想让人提起此事，而是详细叙述你的学习情况和日常生活，好比给你活着的父母写信那样。

"这些信写给约翰·史密斯先生，由秘书转交，这不是他的真名，他宁愿隐姓埋名。他对你永远只能是约翰·史密斯。他要你写信，因为他认为这是培养文学素养的最佳途径。既然你没有家庭，他希望你这样写信给他，而且，他也希望随时知道你的进步。他不回信，也不会专门去注意你的信。他厌恶写信，不希望你成为他的负担。如有事急需得到他的答复——比方说，你被开除学籍，我想这不会发生——你可以写信给他的秘书格里格斯先生。每月写一封信是你的义务。这是史密斯先生要求的唯一报偿。因此，你必须按时写信，就像按时付款一样。我希望你在信上永远保持谦恭，体现你所受到的良

③ foster /ˈfɒstə/ v. 养育，培养
④ facility /fəˈsɪlɪtɪ/ n. 灵巧，熟练
⑤ correspond /ˌkɒrɪsˈpɒnd/ v. 通信
⑥ keep track of 留意
⑦ detest /dɪˈtest/ v. 厌恶

⑧ imperative /ɪmˈperətɪv/ a. 急需的

⑨ expel /ɪksˈpel/ v. 驱逐，逐出

· 015 ·

These monthly letters are absolutely **obligatory**① on your part; they are the only payment that Mr. Smith requires, so you must be as **punctilious**② in sending them as though it were a bill that you were paying. I hope that they will always be respectful in tone and will reflect credit on your training. You must remember that you are writing to a trustee of the John Grier Home."

Jerusha's eyes longingly sought the door. Her head was in a **whirl**③ of excitement, and she wished only to escape from Mrs. Lippett's **platitudes**④ and think. She rose and took a **tentative**⑤ step backward. Mrs. Lippett detained her with a gesture; it was an **oratorical**⑥ opportunity not to be slighted.

"I trust that you are properly grateful for this very rare good fortune that has befallen you? Not many girls in your position ever have such an opportunity to rise in the world. You must always remember—"

"I—yes, ma'am, thank you. I think, if that's all, I must go and **sew**⑦ a **patch**⑧ on Freddie Perkins's trousers."

The door closed behind her, and Mrs. Lippett watched it with dropped jaw, her **peroration**⑨ in midair.

The Letters of
Miss Jerusha Abbott
to
Mr. Daddy-Long-Legs Smith

① obligatory /ɒˈblɪɡətərɪ/ a. 义务的，必须的
② punctilious /pʌŋkˈtɪlɪəs/ a. 精密细心的，一丝不苟的

③ whirl /(h)wɜːl/ n. 回旋，旋转
④ platitude /ˈplætɪtjuːd/ n. 陈词滥调
⑤ tentative /ˈtentətɪv/ a. 试验性质的，暂时的
⑥ oratorical /ˌɒrəˈtɒrɪkəl/ a. 演说的，雄辩的

⑦ sew /sjuː/ v. 缝纫，缝合
⑧ patch /pætʃ/ n. 片，补丁
⑨ peroration /ˌperəˈreɪʃ(ə)n/ n. 结语，结论

好教养。你要牢记你的信是写给约翰·格利尔孤儿院的一位理事的。"

杰鲁莎的眼睛转向房门。她兴奋得有些晕头转向了，她巴不得尽快逃脱李培太太的这番絮叨，她需要思索。她起身试探着退了一步。李培太太举手示意她留下来，这么好的宣讲机会怎能随便放过呢？

"我相信你对这凭空而来的好运一定感恩不尽。像你这样地位的姑娘很少能有机会出人头地。你必须牢记……"

"我……是的，太太。谢谢你，如果没有其他事情，我想我该去给费莱迪·波金斯补裤子了。"

杰鲁莎带上房门走了。李培太太目瞪口呆地望着房门，她的长篇大论刚说到兴头上呢。

杰鲁莎·艾博特小姐给长腿爸爸史密斯的信

215 FERGUSSEN HALL
24th September

Dear Kind-Trustee-Who- Sends-Orphans-to-College,

Here I am! I traveled yesterday for four hours in a train. It's a funny **sensation**①, isn't it? I never rode in one before.

College is the biggest, most **bewildering** ② place—I get lost whenever I leave my room. I will write you a description later when I'm feeling less **muddled** ③; also I will tell you about my lessons. Classes don't begin until Monday morning, and this is Saturday night. But I wanted to write a letter first just to get **acquainted**④.

It seems **queer**⑤ to be writing letters to somebody you don't know. It seems queer for me to be writing letters at all—I've never written more than three or four in my life, so please overlook it if these are not a model kind.

Before leaving yesterday morning, Mrs. Lippett and I had a very serious talk. She told me how to behave all the rest of my life, and especially how to behave toward the kind gentleman who is doing so

亲爱的送孤儿上大学的仁慈理事：

我到了学校！昨天我坐了四小时火车。心中充满新奇的感觉，不是吗？我还从来没有坐过火车呢。

校园大极了，我常感到手足无措，一离开房间就会迷失方向。待我对周围环境熟悉一些再对你描绘我的校园，并汇报我的课程。此刻是星期六晚上，要到下星期一上午才开始上课。但我想先写封信互相认识一下。

给陌生人写信总有点怪。对我来说，写信这事本身就很怪，我一生写的信不超过三四封。要是写得不规范，请您多多原谅。

昨天上午离开孤儿院前，李培太太和我作了一次严肃的谈话。她告诫我今后一辈子该如何为人处世，特别是如何对待那位好心

① sensation /sen'seɪʃən/ n. 感觉，感情
② bewildering /bɪ'wɪldərɪŋ/ a. 令人困惑的，使人混乱的
③ muddled /'mʌdld/ a. 混乱的，乱七八糟的
④ acquainted /ə'kweɪntɪd/ a. 知晓的，了解的
⑤ queer /kwɪə/ a. 奇怪的

much for me. I must take care to be Very Respectful.

But how can one be very respectful to a person who wishes to be called John Smith? Why couldn't you have picked out a name with a little personality? I might as well write letters to Dear **Hitching**①-Post or Dear Clothes-**Prop**②.

I have been thinking about you a great deal this summer; having somebody take an interest in me after all these years makes me feel as though I had found a sort of family. It seems as though I belonged to somebody now, and it's a very comfortable sensation. I must say, however, that when I think about you, my imagination has very little to work upon. There are just three things that I know:

I. You are tall.

II. You are rich.

III. You hate girls.

I suppose I might call you Dear Mr. Girl-Hater. Only that's rather **insulting**③ to me. Or Dear Mr. Rich- Man, but that's insulting to you, as though money were the only important thing about you. Besides, being rich is such a very **external**④ quality. Maybe you won't stay rich all your life; lots of very clever men get **smashed up**⑤ in Wall Street. But at least you will stay tall all your life! So I've decided to call you Dear Daddy-Long-Legs. I hope you won't mind. It's just a private **pet name**⑥—we won't tell Mrs. Lippett.

The ten o'clock bell is going to ring in two minutes. Our day is divided into **sections**⑦ by bells. We eat and sleep and study by bells. It's very **enlivening**⑧; I feel like a **fire horse**⑨ all of the time. There it goes! Lights out. Good night.

① hitching /ˈhɪtʃɪŋ/ n. 系，拴
② prop /prɒp/ n. 支柱，架子

③ insulting /ɪnˈsʌltɪŋ/ a. 侮辱的

④ external /eksˈtɜːnl/ a. 外部的，表面的
⑤ smash up 撞毁，击毁
⑥ pet name 昵称，爱称

⑦ section /ˈsekʃən/ n. 部分
⑧ enliven /ɪnˈlaɪvən/ vt. 使活跃
⑨ fire horse 20世纪初英国的马拉救火车

的先生，因为他帮了我那么大忙。我必须对他特别尊重。

叫我如何尊重一位愿意被称为约翰·史密斯的人呢？你为何不选择一个有点个性的姓名？我好比在给亲爱的拴马桩或衣服架写信。

整个夏天，我想了很多关于你的事。在孤儿院待了这么多年，忽然有人关心我，我好像找到了一个家似的，开始有了归宿。这是一种令人陶醉的感觉。但我不得不说，每当想到你时，我的脑子里总是空荡荡的。我只知道三件事：

1. 你很高。

2. 你很富有。

3. 你讨厌女孩。

我想我应称你为讨厌女孩的先生，但这有伤我的自尊。称你为有钱的先生，又侮辱了你的人格，好像只有钱才与你有关。此外，富有是一种外在的特征。可能你不会终身富有。很多聪明人在华尔街栽了跟头。但是，你的身高是改变不了的。我决定称你为亲爱的长腿爸爸。希望你不介意。这是我们之间的爱称，不必告诉李培太太。

十点的铃再过两分钟就要响了。我们的时间由铃声支配。按铃声吃饭、就寝、学习。很有生气。我一刻不闲，像救火车一样。听，铃响了！该熄灯了。祝你晚安。

瞧我多么遵守规矩——这得归功于约翰·

Observe with what **precision**① I obey rules—due to my training in the John Grier Home.

Yours most respectfully,
Jerusha Abbott

To Mr. Daddy-Long-Legs Smith

1st October

Dear Daddy-Long-Legs,

I love college and I love you for sending me—I'm very, very happy, and so excited every moment of the time that I can **scarcely**② sleep. You can't imagine how different it is from the John Grier Home. I never dreamed there was such a place in the world. I'm feeling sorry for everybody who isn't a girl and who can't come here; I am sure the college you attended when you were a boy couldn't have been so nice.

My room is up in a tower that used to be the **contagious**③ **ward**④ before they built the new **infirmary**⑤. There are three other girls on the same floor of the tower—a **senior**⑥ who wears **spectacles**⑦ and is always asking us please to be a little more quiet, and two **freshmen**⑧ named Sallie McBride and Julia Rutledge Pendleton. Sallie has red hair and a turned up nose and is quite friendly; Julia comes from one of the first families in New York and hasn't noticed me yet. They room together and the senior and I have singles. Usually freshmen can't get singles; they are very scarce, but I got one without even asking. I suppose the **registrar**⑨ didn't think it would be right to ask a properly brought up girl to room with a **foundling**⑩. You see there are advantages!

① precision /prɪˈsɪʒən/ n. 精确

② scarcely /ˈskeəslɪ/ ad. 几乎不，简直没有

③ contagious /kənˈteɪdʒəs/ a. 传染性的
④ ward /wɔːd/ n. 病房
⑤ infirmary /ɪnˈfɜːmərɪ/ n. 治疗室
⑥ senior/ˈsiːnjə/n. 毕业班学生
⑦ spectacles /ˈspektəkls/ n. 眼镜
⑧ freshman /ˈfreʃmən/ n. 大学一年级学生

⑨ registrar /ˌredʒɪˈstrɑː(r)/ n. 记录者，登记者

⑩ foundling /ˈfaʊndlɪŋ/ n. 弃儿

格利尔孤儿院的训练。

尊敬你的杰鲁莎·艾博特
9月24日于费古森楼215室

致长腿爸爸史密斯先生

亲爱的长腿爸爸：

　　我爱大学，也爱你，因为你送我上大学。我非常非常幸福。我无时不感到兴奋，连觉也不想睡。你很难想象这里与约翰·格利尔孤儿院有多么大的区别。我从不知道世上还有这样的好地方。我为那些不是女孩，不能来此上学的人难受。我深信你年轻时上的大学不会有这般美妙。

　　我的房间在顶楼上，新的校医务室落成之前，这里是传染病房。我这一层还住着另外三个姑娘——一个戴眼镜的大四学生老是请求我们安静一些，另外两个大一学生，一个叫莎莉·麦克布莱德，一个叫朱丽雅·路特利奇·彭德尔顿。莎莉有一头红发和一个翘起的鼻子，待人挺和气。朱丽雅出身纽约名门，还没有注意到我。她俩住同屋，大四的学生和我住单间。单间很少，大一生一般不能住，我甚至没提要求就得到了一间。我想或是注册处不愿让有教养的姑娘与弃儿同住吧。你

My room is on the northwest corner with two windows and a view. After you've lived in a ward for eighteen years with twenty roommates, it is restful to be alone. This is the first chance I've ever had to get acquainted with Jerusha Abbott. I think I'm going to like her.

Do you think you are?

Tuesday

They are organizing the freshman basketball team and there's just a chance that I shall get in it. I'm little of course, but terribly quick and **wiry**① and **tough**②. While the others are **hopping**③ about in the air, I can **dodge**④ under their feet and grab the ball. It's **loads of**⑤ fun practicing—out in the **athletic**⑥ field in the afternoon with the trees all red and yellow and the air full of the smell of burning leaves, and everybody laughing and shouting. These are the happiest girls I ever saw—and I am the happiest of all!

I meant to write a long letter and tell you all the things I'm learning (Mrs. Lippett said you wanted to know), but 7th hour has just rung, and in ten minutes I'm due at the athletic field in gymnasium clothes. Don't you hope I'll get in the team?

Yours always,

Jerusha Abbott

PS. (9 o'clock.)

Sallie McBride just **poked**⑦ her head in at my door. This is what she said:

"I'm so **homesick**⑧ that I simply can't stand it. Do you feel that way?"

I smiled a little and said no; I thought I could pull through. At least

瞧，还有优越性呢！

我的房间在西北角，有两扇窗子，窗外景色宜人。与二十个人在一个宿舍里住了十八年，如今独居一室，感到很轻松。我第一次有机会熟悉杰鲁莎·艾博特，我想我会喜欢她的。

你会吗？

10月1日

他们正在组织大一班篮球队，我可能会入选。我身材虽然瘦小，但灵敏、结实，还挺强硬。别人在空中跳跃时我能从她们脚下闪来闪去，夺得篮球。练球很有意思。下午，操场前满树的红叶，满树的黄叶，空气中充满了燃烧落叶的气味，人人欢笑喊叫。我从未见过这般高兴的姑娘，而我是所有人中最高兴的一个。

本想写封长信详细报告我的学习情况（李培太太说过你要知道这些），可第七节课的铃响了。我必须在十分钟内穿好运动服到操场去。你不希望我参加篮球队吗？

你的杰鲁莎·艾博特

星期二

又及：（晚9时）

莎莉·麦克布莱德刚才探进头来说："我很想家，真受不了了，你呢？"

我笑笑说"才不呢。"我想我能挺过去，

① wiry /ˈwaɪərɪ/ a. 坚硬的
② tough /tʌf/ a. 强硬的，严厉的
③ hop /hɒp/ v. 单脚跳，跳跃
④ dodge /dɒdʒ/ v. 避开，躲避
⑤ loads of 许多的，大量的
⑥ athletic /æθˈletɪk/ a. 运动的

⑦ poke /pəʊk/ v. 探，探索

⑧ homesick /ˈhəʊmsɪk/ a. 想家的

homesickness is one disease that I've escaped! I never heard of anybody being asylumsick, did you?

10th October

Dear Daddy-Long-Legs,

Did you ever hear of Michael Angelo?

He was a famous artist who lived in Italy in the Middle Ages. Everybody in English literature seemed to know about him, and the whole class laughed because I thought he was an **archangel**①. He sounds like an archangel, doesn't he? The trouble with college is that you are expected to know such a lot of things you've never learned. It's very embarrassing at times. But now, when the girls talk about things that I never heard of, I just keep still and look them up in the **encyclopedia**②.

I made an **awful**③ mistake the first day. Somebody mentioned **Maurice Maeterlinck**④ and I asked if she was a freshman. That joke has gone all over college. But anyway, I'm just as bright in class as any of the others—and brighter than some of them!

Do you care to know how I've **furnished**⑤ my room? It's a **symphony**⑥, in brown and yellow. The wall was **tinted**⑦ **buff**⑧ and I've bought yellow **denim**⑨ curtains and cushions and a **mahogany**⑩ desk (secondhand for three dollars) and a **rattan**⑪ chair and a brown rug with an ink spot in the middle. I stand the chair over the spot.

The windows are up high; you can't look out from an ordinary seat. But I **unscrewed**⑫ the looking glass from the back of the **bureau**⑬, **upholstered**⑭ the top and moved it up against the window. It's just the right height for a window seat. You pull out the drawers like steps and

至少我不会染上想家的病，没听说过有人想孤儿院的，对吧？

亲爱的长腿爸爸：

你听说过米开朗琪罗吗？

他是中世纪意大利著名画家。凡上英国文学课的人好像都知道他。我说他是大天使，惹得全班哄堂大笑。可那名字听上去很像大天使，你说是吗？糟糕的是在大学里，人们要求你知道那么多事情，可你又从来没学过。有时弄得很尴尬。如今，每当姑娘们谈起我没有听说过的事情，我就闭口不言，然后再去查阅百科全书。

上学第一天我就闹了个大笑话。有人提起梅特林克，我问她是不是大一学生，这笑话传得全校都知道了。不过在班上，我比谁也不笨，还比一些人聪明呢！

你想知道我的房间布置吗？它是一曲棕黄相间的交响乐。淡黄色的墙壁，配上我买来的黄色粗布窗帘和靠垫，一张三美元的旧红木书桌，一把藤椅，一条正中有墨水渍的棕色地毯，我把椅子放在了染有墨渍的地方。

窗户很高，坐在椅子上望不到窗外。我把镜台上的镜子拆掉，铺上桌布，随后移到窗前，坐在上面看窗外高矮正合适。我把抽

---

① archangel /ˈɑːkeɪndʒəl/ n. 天使长，大天使

② encyclopedia /enˌsaɪkləʊˈpiːdɪə/ n. 百科全书
③ awful /ˈɔːfʊl/ a. 可怕的
④ Maurice Maeterlinck 梅特林克（比利时剧作家，是象征主义戏剧的代表作家）

⑤ furnish /ˈfɜːnɪʃ/ v. 陈设
⑥ symphony /ˈsɪmfənɪ/ n. 交响乐
⑦ tint /tɪnt/ vt. 染色于
⑧ buff /bʌf/ n. 浅黄色
⑨ denim /ˈdenɪm/ n. 粗斜纹布
⑩ mahogany /məˈhɒɡənɪ/ n. 红木，桃花心木
⑪ rattan /rəˈtæn/ n. 藤，藤茎
⑫ unscrew /ˌʌnˈskruː/ v. 拧开
⑬ bureau /ˈbjʊərəʊ/ n. 镜台
⑭ upholster /ʌpˈhəʊlstə/ v. 以帘幕、地毯、家具装饰

walk up. Very comfortable!

Sallie McBride helped me choose the things at the senior **auction**①. She has lived in a house all her life and knows about furnishing. You can't imagine what fun it is to shop and pay with a real five dollar bill and get some change when you've never had more than a few cents in your life. I assure you, Daddy dear, I do appreciate that allowance.

Sallie is the most entertaining person in the world—and Julia Rutledge Pendleton the least so. It's queer what a mixture the registrar can make in the matter of roommates. Sallie thinks everything is funny—even **flunking**② —and Julia is bored at everything. She never makes the slightest effort to be **amiable**③. She believes that if you are a Pendleton, that fact alone admits you to heaven without any further examination. Julia and I were born to be enemies.

And now I suppose you've been waiting very impatiently to hear what I am learning?

I. *Latin*: Second Punic war Hannibal and his forces **pitched**④ camp at Lake Trasimenus last night. They prepared an **ambuscade**⑤ for the Romans, and a battle took place at the fourth watch this morning. Romans in **retreat**⑥.

II. *French*: 24 pages of the *Three Musketeers* and third conjugation, irregular verbs.

III. **Geometry**⑦: Finished **cylinders**⑧; now doing **cones**⑨.

IV. *English*: Studying **exposition**⑩. My style improves daily in clearness and **brevity**⑪.

V. *Physiology*: Reached the **digestive**⑫ system. **Bile**⑬ and the **pancreas**⑭ next time.

Yours, on the way to being educated,
Jerusha Abbott

① auction /ˈɔːkʃən/ n. 拍卖

② flunk /flʌŋk/ v. 失败，考试不及格
③ amiable /ˈeɪmɪəbəl/ a. 和蔼的，亲切的

④ pitch /pɪtʃ/ v. 投，扎牢
⑤ ambuscade /ˌæmbəsˈkeɪd/ n. 埋伏，伏兵

⑥ retreat /rɪˈtriːt/ n. 撤退
⑦ geometry /dʒɪˈɒmɪtrɪ/ n. 几何（学）
⑧ cylinder /ˈsɪlɪndə/ n. 圆柱体
⑨ cone /kəʊn/ n. 圆锥体
⑩ exposition /ˌekspəˈzɪʃən/ n. 讲解，说明
⑪ brevity /ˈbrevɪtɪ/ n. 短暂，简短
⑫ digestive /dɪˈdʒestɪv, daɪ-/ a. 消化的
⑬ bile /baɪl/ n. 胆汁
⑭ pancreas /ˈpæŋkrɪəs, ˈpæn-/ n. 胰脏

屉开成阶梯式，上来下去，真够舒服的。

这些东西是莎莉·麦克布莱德帮我从高年级生大拍卖中买的。她自己在家里长大，懂得布置。你想象不到一个一生仅有几分钱的人用一张真的五美元纸币买东西，还找回了零钱，可有多么开心。亲爱的长腿爸爸，非常感谢你给我的零用钱。

莎莉是世上最有趣的人。朱丽雅·路特利奇·彭德尔顿却恰恰相反。管注册的人能把这么一对安排在一间屋里，可真够古怪的。莎莉觉得一切事情，甚至考试不及格都很有趣。朱丽雅就不然，事事让她不开心，从来没有亲切的表示，她相信，只凭是彭德尔顿家的，就能升入天堂，其他方面都无须追究。她和我是天生的冤家。

你一定急于知道我的学习情况吧？

1. 拉丁文：第二次布匿战争。昨晚，汉尼拔和他的部队在特拉西美诺湖安营扎寨。他们在罗马人周围埋伏兵，今晨四更打了一仗，罗马人在退却。

2. 法文：读了24页《三剑客》，学了第三组不规则动词的变位。

3. 几何：学完圆柱体，在学圆锥。

4. 英文：学习表达能力。我的风格日益清晰、简练。

5. 生理学：进行到消化系统，下节课学胆和胰。

正在接受教育的杰鲁莎·艾博特

10月10日

PS. I hope you never touch alcohol, Daddy? It does dreadful things to your **liver**①.

Wednesday

Dear Daddy-Long-Legs,

I've changed my name.

I'm still "Jerusha" in the **catalogue**②, but I'm "Judy" everywhere else. It's really too bad, isn't it, to have to give yourself the only pet name you never had? I didn't quite make up the Judy though. That's what Freddy Perkins used to call me before he could talk plainly.

I wish Mrs. Lippett would use a little more **ingenuity**③ about choosing babies' names. She gets the last names out of the telephone book—you'll find Abbott on the first page—and she picks the Christian names up anywhere; she got Jerusha from a **tombstone**④. I've always hated it; but I rather like Judy. It's such a silly name. It belongs to the kind of girl I'm not—a sweet little blue-eyed thing, **petted and spoiled**⑤ by all the family, who **romps**⑥ her way through life without any cares. Wouldn't it be nice to be like that? Whatever faults I may have, no one can ever accuse me of having been spoiled by my family! But it's great fun to pretend I've been. In the future please always address me as Judy.

Do you want to know something? I have three pairs of kid gloves. I've had kid **mittens**⑦ before from the Christmas tree, but never real kid gloves with five fingers. I take them out and try them on every little while. It's all I can do not to wear them to classes.

(Dinner bell. Goodbye.)

又及：我希望你滴酒不沾，长腿爸爸。酒能伤肝。

亲爱的长腿爸爸：

我改名了。

在花名册上，我仍是杰鲁莎，除此之外，我叫朱蒂。可真没办法，人们还得给自己起个爱称。我从未有过爱称。朱蒂不完全是我的发明创造，是费莱迪·波金斯牙牙学语时叫我的。

我希望李培太太在给孩子们起名时再多动一点脑筋。她从电话号码簿中找个姓，艾博特在第一页，再随手拈来个名，杰鲁莎是她在墓碑上看到的。我讨厌它而喜欢朱蒂。这是一个傻乎乎的名字，应该是个与我全然不同的女孩，一个有可爱的蓝眼睛的小东西，娇生惯养，全家大小的心肝宝贝，无忧无虑地生活。那样该有多好！可我缺点再多，也不会有人说我娇生惯养。不过假装一下怪有趣的。今后就请叫我朱蒂。

你想知道吗？我有三副羊皮手套了。从前，从挂在圣诞树上的礼物中我得到过羊皮连指手套，但从来没有分开五指的那种真的羊皮手套。我不时拿出来戴在手上，好容易才忍住没有戴到教室去。

（午饭铃响了，再见）

星期三

① liver /ˈlɪvə/ n. 肝脏

② catalogue /ˈkætəlɒɡ/ n. 目录，总目

③ ingenuity /ˌɪndʒɪˈnjuːɪtɪ/ n. 智巧，创造力

④ tombstone /ˈtuːmstəʊn/ n. 墓碑

⑤ petted and spoiled 娇生惯养
⑥ romp /rɒmp/ v. 嬉闹玩耍

⑦ mitten /ˈmɪtn/ n. 连指手套，露指手套

Daddy-Long-Legs

Friday

What do you think, Daddy? The English instructor said that my last paper shows an unusual amount of originality. She did, truly. Those were her words. It doesn't seem possible, does it, considering the eighteen years of training that I've had? The aim of the John Grier Home (as you doubtless know and heartily approve of) is to turn the ninety-seven orphans into ninety-seven twins.

The unusual artistic ability which I **exhibit**[①] was developed at an early age through drawing **chalk**[②] pictures of Mrs. Lippett on the woodshed door.

I hope that I don't hurt your feelings when I criticize the home of my youth? But you **have the upper hand**[③], you know, for if I become too impertinent, you can always stop payment of your checks. That isn't a very polite thing to say—but you can't expect me to have any manners; a foundling asylum isn't a young ladies' **finishing**[④] school.

You know, Daddy, it isn't the work that is going to be hard in college. It's the play. Half the time I don't know what the girls are

ANY ORPHAN

Rear Elevation   Front Elevation

① exhibit /ɪgˈzɪbɪt/ v. 展现
② chalk /tʃɔːk/ n. 粉笔

③ have the upper hand 占上风

④ finish /ˈfɪnɪʃ/ v. 使完美，润饰

爸爸，你猜怎么着？英语老师夸奖我上篇作文别出心裁。真的，她确实这样说的。由于我过去十八年来受到的训练，这几乎有点不可能，对吗？约翰·格利尔孤儿院的目的（你无疑很清楚，而且衷心赞同）是把九十七个孤儿训练成一模一样的九十七胞胎。

我不寻常的艺术才能是幼时在柴屋门上用粉笔画李培太太培养出来的。

我对儿时的家说长道短，希望没有伤害你的感情。不过你大权在握，如果我冒犯了你，你随时可以停止付账。这样讲实在不够礼貌，可你不能指望我有什么教养，孤儿院毕竟不是女子精修学校。

你知道，长腿爸爸，在大学里难的不是功课，而是玩。很多时候我不知道姑娘们在说些什么。她们的玩笑似乎联系着过去。这

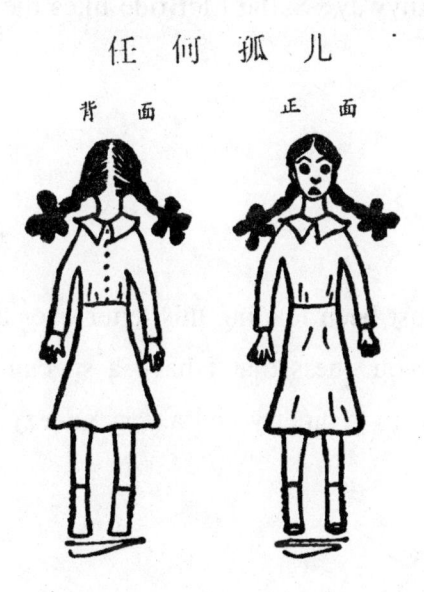

talking about; their jokes seem to relate to a past that everyone but me has shared. I'm a foreigner in the world and I don't understand the language. It's a **miserable**① feeling. I've had it all my life. At the high school the girls would stand in groups and just look at me. I was queer and different and everybody knew it. I could feel "John Grier Home" written on my face. And then a few **charitable**② ones would make a point of coming up and saying something polite. I hated every one of them—the charitable ones most of all.

 Nobody here knows that I was brought up in an asylum. I told Sallie McBride that my mother and father were dead, and that a kind old gentleman was sending me to college—which is entirely true so far as it goes. I don't want you to think I am a coward, but I do want to be like the other girls, and that Dreadful Home **looming**③ over my childhood is the one great big difference. If I can turn my back on that and shut out the **remembrance**④, I think I might be just as **desirable**⑤ as any other girl. I don't believe there's any real, **underneath**⑥ difference, do you?

 Anyway, Sallie McBride likes me!

Yours ever,
Judy Abbott
(*Née Jerusha.*)

Saturday morning

I've just been reading this letter over and it sounds pretty uncheerful. But can't you guess that I have a special topic due Monday morning and a review in geometry and a very **sneezy**⑦ cold?

Sunday

① miserable /ˈmɪzərəbl/ a. 悲惨的,痛苦的

② charitable /ˈtʃærɪtəbl/ a. 仁慈的

③ loom /luːm/ v. 朦胧地出现,隐约可见
④ remembrance /rɪˈmembrəns/ n. 回想,记忆
⑤ desirable /dɪˈzaɪərəbl/ a. 令人想要的
⑥ underneath /ˌʌndəˈniːθ/ a. 在下面的,内在的

⑦ sneezy /ˈsniːzɪ/ a. 打喷嚏的

个过去人人有份,却与我无缘。我是一个外乡人,听不懂她们的语言。我很沮丧,我这一生浸透了沮丧。在中学里,女孩子们一群一伙的,冷眼看着我。我很古怪,与众不同,人人都知道这一点。我可以感到脸上写着"约翰·格利尔孤儿院"的字样。有几个好心肠的同学会特意前来说几句应酬话。我讨厌她们所有的人——尤其是那些好心肠的人。

这里没人知道我在孤儿院长大。我告诉莎莉·麦克布莱德我父母双亡,有位善良的老先生送我上学。这些全是真实情况。我希望你不会以为我胆怯,我只是想和大家一样,而那可怕的孤儿院的阴影却笼罩着我的童年,把我同大家隔绝开来。若能忘怀此事,再不去想它,我也会像其他女孩那样逗人喜爱。我深信我和她们没有什么真正的内在区别。你说是吗?

不管怎样,莎莉·麦克布莱德喜欢我!

永远是你的朱蒂·艾博特

(原名杰鲁莎)

星期五

我刚刚重读了此信,调子似乎很低沉。可你猜得到吗,星期一上午我要交篇作文,还要复习几何,而且,我得了感冒,不住地打喷嚏?

星期六上午

I forgot to post this yesterday, so I will add an **indignant**[1] postscript. We had a **bishop**[2] this morning, and what do you think he said?

"The most **beneficent**[3] promise made us in the Bible is this," The poor ye have always with you. " They were put here in order to keep us charitable. "

The poor, please observe, being a sort of useful **domestic**[4] animal, If I hadn't grown into such a perfect lady, I should have gone up after service and told him what I thought.

25th October

Dear Daddy-Long-Legs,

I'm in the basketball team and you ought to see the **bruise**[5] on my left shoulder. It's blue and mahogany with little **streaks**[6] of orange. Julia Pendleton tried for the team, but she didn't get in. Hooray!

You see what a mean disposition I have.

College gets nicer and nicer. I like the girls and the teachers and the classes and the **campus**[7] and the things to eat. We have ice cream twice

Judy at Basket Ball

① indignant /ɪnˈdɪɡnənt/ a. 愤慨的,愤愤不平的
② bishop /ˈbɪʃəp/ n. 主教
③ beneficent /bɪˈnefɪsənt/ a. 仁慈的,慈善的

④ domestic /dəˈmestɪk/ a. 家庭的,驯养的

⑤ bruise /bruːz/ n. 瘀伤,擦伤
⑥ streak /striːk/ n. 条理,斑纹

⑦ campus /ˈkæmpəs/ n. (大学)校园

昨天忘了发信,今天再发点牢骚,早上来了个主教,你猜他说什么?

"圣经给我们的最佳许诺是'常有穷人和你们同在',他们可使我们永远以慈悲为怀。"

你瞧,穷人成了有用的家畜。要不是我已经成了这样一位有教养的小姐,我本来会在礼拜结束后跑去告诉他我的想法。

星期日

亲爱的长腿爸爸:

我加入了篮球队,你真该看看我左肩上的一大块擦伤,又青又紫还有赤黄色的划痕。朱丽雅·彭德尔顿报了名,没有取上。万岁!

你瞧,我心胸多狭窄!

大学越来越可爱了,我喜欢那些女孩子,喜欢老师,喜欢课程,喜欢校园,喜欢那些

朱蒂在打球

a week and we never have cornmeal **mush**①.

You only wanted to hear from me once a month, didn't you? And I've been **peppering**② you with letters every few days! But I've been so excited about all these new adventures that I must talk to somebody; and you're the only one I know. Please excuse my **exuberance**③; I'll settle pretty soon. If my letters bore you, you can always **toss**④ them into the wastebasket. I promise not to write another till the middle of November.

Yours most loquaciously⑤,
Judy Abbott

15th November

Dear Daddy-Long-Legs,

Listen to what I've learned today.

The area of the **convex**⑥ surface of the **frustum**⑦ of a regular pyramid is half the product of the sum of the **perimeters**⑧ of its bases by the **altitude**⑨ of either of its **trapezoids**⑩.

It doesn't sound true, but it is—I can prove it!

You've never heard about my clothes, have you, Daddy? Six dresses, all new and beautiful and bought for me—not handed down from somebody bigger. Perhaps you don't realize what a **climax**⑪ that marks in the career of an orphan? You gave them to me, and I am very, very, very much **obliged**⑫. It's a fine thing to be educated—but nothing compared to the **dizzying**⑬ experience of owning six new dresses. Miss Pritchard, who is on the visiting committee, picked them out—not Mrs. Lippett, thank goodness. I have an evening dress, pink **mull**⑭ over silk

① mush /mʌʃ/ n. 浓粥

② pepper /'pepə/ v. 撒胡椒粉

③ exuberance /ɪɡ'zjuːbərəns/ n. 茂盛,丰富

④ toss /tɒs/ v. 投掷

⑤ loquaciously /ləʊ'kweɪʃəslɪ/ ad. 多嘴地,饶舌地

⑥ convex /kɒn'veks/ a. 凸面的
⑦ frustum /'frʌstəm/ n. 截头锥体
⑧ perimeter /pə'rɪmɪtə/ n. 周长,周界
⑨ altitude /'æltɪtjuːd/ n. 高度,海拔
⑩ trapezoid /'træpɪzɔɪd/ n. 梯形

⑪ climax /'klaɪmæks/ n. 高潮,极点

⑫ oblige /ə'blaɪdʒ/ v. 赐,施恩惠

⑬ dizzying /'dɪzɪɪŋ/ a. 极快的,极高的

⑭ mull /mʌl/ n. 软布

好吃的东西。每周吃两次冰淇淋,从不吃玉米粥。

每月你只要我写一封信,是吗？可我的信像雪片一样向你飞去！新事物使我如此兴奋,我必须向人倾诉,而你是我唯一的熟人。原谅我的饶舌。不久我会安定下来。若是嫌烦,就把信丢到字纸篓里好了。我保证11月中旬前再不写信了。

喋喋不休的朱蒂·艾博特
10月25日

亲爱的长腿爸爸：

请看我今天的学习内容。

平截头正棱锥体凸面的面积等于底边总长和梯形一边的高度乘积的一半。

听来似乎不对,实际非常正确,我还会验证呢。

你从未听我说过我有什么衣服吧？我有六件漂亮的新衣服——是专为我买的而不是什么人穿了嫌小的衣服。或许你想象不到这件事在一个孤儿的生活中意味着什么,这些都是你给我的,我衷心地感谢你。受教育固然不错,可任何事情都比不上拥有六件新衣服更能让人产生一种头晕目眩的感觉。感谢上帝,这些衣服是巡视委员会的普利查德小

(I'm perfectly beautiful in that), and a blue church dress, and a dinner dress of red veiling with **oriental**① trimming (makes me look like a **gypsy**②) and another of rose-colored **challis**③, and a gray street suit, and an everyday dress for classes. That wouldn't be an awfully big **wardrobe**④ for Julia Rutledge Pendleton, perhaps, but for Jerusha Abbott—Oh, my!

I suppose you're thinking now what a **frivolous**⑤ shallow little beast she is, and what a waste of money to educate a girl?

But, Daddy, if you'd been dressed in checked ginghams all your life, you'd appreciate how I feel. And when I started to the high school, I entered upon another period even worse than the checked ginghams.

The poor box.

You can't know how I dreaded appearing in school in those miserable poor box dresses. I was perfectly sure to be put down in class next to the girt who first owned my dress, and she would **whisper**⑥ and **giggle**⑦ and point it out to the others. The bitterness of wearing your enemies' cast-off clothes eats into your soul. If I wore silk stockings for the rest of my life, I don't believe I could **obliterate**⑧ the scar.

LATEST WAR **BULLETIN**⑨!

News from the Scene of Action.

At the fourth watch on Thursday the 13th of November, Hannibal **routed**⑩ the advance guard of the Romans and led the Carthaginian forces over the mountains into the plains of Casilinum. A **cohort**⑪ of light-armed Numidians engaged the **infantry**⑫ of Quintus Fabius Maximus. Two battles and light **skirmishing**⑬. Romans **repulsed**⑭ with heavy losses.

I have the honor of being,

① oriental /ˌɔːriˈentl/ a. 东方人的
② gypsy /ˈdʒɪpsɪ/ n. 吉布赛人
③ challis /ˈʃælɪs; -liː/ n. 印花薄衣料
④ wardrobe /ˈwɔːdrəʊb/ n. 衣柜

⑤ frivolous /ˈfrɪvələs/ a. 轻佻的，妄动的

⑥ whisper /ˈ(h)wɪspə/ v. 耳语，密谈
⑦ giggle /ˈɡɪɡl/ v. 吃吃地笑

⑧ obliterate /əˈblɪtəreɪt/ v. 涂去，擦去
⑨ bulletin /ˈbʊlətɪn/ n. 公报

⑩ rout /raʊt/ v. 使……溃败，使……败逃
⑪ cohort /ˈkəʊhɔːt/ n. 同党，同事
⑫ infantry /ˈɪnfəntrɪ/ n. 步兵（部队）
⑬ skirmish /ˈskɜːmɪʃ/ n. 前哨战，小争斗
⑭ repulse /rɪˈpʌls/ v. 逐退，击退

姐而不是李培太太帮我挑选的。一件是缀着石竹花的丝绸晚礼服（我穿上很美），一件蓝色礼拜服。两件餐服：一件是红色面料，上面镶着东方花边（我穿上后像个吉卜赛人），另一件是玫瑰红印花布料的。一套日常穿的灰色套服，还有一件是平时上课穿的。这些服装对朱丽雅·路特利奇·彭德尔顿来说算不得什么，可是对朱蒂·艾博特来说——天呀，委实了不起。

现在，你会认为我那么轻浮浅薄，并感到送女孩上大学全然是一种浪费吧？

不过呢，要是你一辈子除了花格布，没穿过别的，你就能体会到我的心情。我上中学以后，穿的比花格布还不如呢。

我穿的都是济贫施舍箱里的衣服。

你不会知道我多么害怕穿着人家施舍的衣服到学校去。我担心邻座的姑娘原本是衣服的主人，她会暗中耻笑我，悄悄把这事告诉别的姑娘。想到也许你穿的是你讨厌的那人扔掉的衣服，更是使人心如刀绞。即使我今后天天穿长筒丝袜也无法弥补我心头的创伤。

最新战报！
战场消息

11月13日星期四四更时分，汉尼拔击退了罗马人的先头部队，带领迦太基部队翻山越岭进入卡西利浓平原。一队带着轻便武器的努米底亚人与昆塔斯·费比乌斯·马克西马斯的步兵接战。两场战役，还有几次小冲突，罗马人被击退了，他们损失惨重。

Your special correspondent from the front,
J. Abbott

PS. I know I'm not to expect any letters in return, and I've been warned not to bother you with questions, but tell me, Daddy, just this once—are you awfully old or just a little old? And are you perfectly **bald**① or just a little bald? It is very difficult thinking about you in the abstract like a **theorem**② in geometry.

Given a tall rich man who hates girls, but is very generous to one quite impertinent girl, what does he look like?

R.S.V.P.

19th December

Dear Daddy-Long-Legs,

You never answered my question and it was very important.

ARE YOU BALD?

I have it planned exactly what you look like—very satisfactorily—until I reach the top of your head, and then I *am* **stuck**③ I can't decide whether you have white hair or black hair or sort of **sprinkly**④ gray hair or maybe none at all.

Here is your portrait.

But the problem is, shall I add some hair?

Would you like to know what color your eyes are?

很荣幸作你的战地特派记者。

朱蒂·艾博特

又及：我知道不能指望得到回信，也被告知不可向你提问。但是，长腿爸爸，请告诉我——只此一遭，下不为例——你是老态龙钟呢，还是不算太老？头发全部脱落了呢，还是刚刚有些秃顶？我对你只有一个抽象的印象，好比几何定理一样，太难捉摸了。

一位身材高高的富人，他厌恶女孩却又为一个鲁莽无礼的姑娘慷慨解囊，他该是什么模样的呢？

盼复

11月15日

亲爱的长腿爸爸：

你对我的问题置之不理，可它非常重要。

你秃顶吗？

我给你描画了一副确切长相，挺不错的，可到了头顶我就卡壳了，你的头发是白的、黑的、灰的。还是干脆秃顶？我拿不定主意。

寄上你的画像。

问题是，我该加上些头发吗？

你想知道你的眼睛是什么颜色吗？是灰的，眉毛突出像廊檐（小说中称为悬崖）。嘴像两角下垂的一条直线。对啦，你瞧，我晓

① bald /bɔːld/ a. 秃头的
② theorem /ˈθɪərəm/ n. 定理

③ stuck /stʌk/ a. 不能动的, 被卡住的
④ sprinkly /ˈsprɪŋklɪ/ ad. 零星地

Daddy-Long-Legs

They're gray, and your eyebrows stick out like a porch roof (**beetling**①, they're called in novels), and your mouth is a straight line with a **tendency**② to turn down at the corners. Oh, you see, I know! You're a **snappy**③ old thing with a temper.

(**Chapel**④ bell.)

9:45 p.m.

I have a new unbreakable rule: never, never to study at night no matter how many written reviews are coming in the morning. Instead, I read just plain books—I have to, you know, because there are eighteen **blank**⑤ years behind me. You wouldn't believe, Daddy, what an **abyss**⑥ of ignorance my mind is; I am just realizing the depths myself. The things that most girls with a properly **assorted**⑦ family and a home and friends and a library know by **absorption**⑧ I have never heard of. For example:

I never read *Mother Goose* or *David Copperfield* or *Ivanhoe* or *Cinderella* or *Blue Beard* or *Robinson Crusoe* or *Jane Eyre* or *Alice in Wonderland* or a word of Rudyard Kipling. I didn't know that Henry the Eighth was married more than once or that Shelley was a poet. I didn't know that people used to be monkeys and that the Garden of Eden was a beautiful **myth**⑨ I didn't know that R.L.S. stood for Robert Louis Stevenson or that George Eliot was a lady. I had never seen a picture of the "Mona Lisa" and (it's true but you won't believe it) I had never heard of Sherlock Holmes.

Now, I know all of these things and a lot of others besides, but you can see how much I need to catch up. And oh, but it's fun! I look forward all day to evening, and then I put an "engaged" on the door and get into my nice red bath robe and **furry**⑩ **slippers**⑪ and pile all the cushions behind me on the couch, and light the brass student lamp at my **elbow**⑫, and read and read and read. One book isn't enough. I have four

① beetling /'biːtlɪŋ/ a. 突出的,悬垂的
② tendency /'tendənsɪ/ n. 趋势,倾向
③ snappy /'snæpɪ/ a. 精力充沛的,潇洒的
④ chapel /'tʃæpəl/ n. 小礼拜堂,礼拜

⑤ blank /blæŋk/ a. 空白的

⑥ abyss /ə'bɪs/ n. 深渊,无底洞
⑦ assorted /ə'sɔːtɪd/ a. 组合的,各色俱备的
⑧ absorption /əb'sɔːpʃən/ n. 吸收

⑨ myth /mɪθ/ n. 神话

⑩ furry /'fɜːrɪ/ a. 毛皮的
⑪ slipper /'slɪpə/ n. 拖鞋

⑫ elbow /'elbəʊ/ n. 手肘

得!十拿九稳你是个精神饱满、脾气暴躁的老家伙。

(做礼拜的钟响了。)

12月19日

晚9时45分:

我订了一条雷打不动的新规则:不管第二天清早起来有多少测验,晚上决不学习,只看小说,我不得不这样,因为过去十八年来,我的生活一片空白。长腿爸爸,你难以想象我有多么无知,我刚刚知道了自己的深浅。有正常的家和家人、有朋友和大量书籍的姑娘自然而然吸收到的很多常识对我都是闻所未闻的。比如:

我从未读过《鹅妈妈》、《大卫·科波菲尔》、《艾凡赫》、《灰姑娘》、《蓝胡子》、《鲁滨孙漂流记》、《简·爱》和《爱丽丝漫游奇境记》或吉卜林的片言只字,我不知亨利八世曾经再婚、雪莱是诗人、人的祖先是猴子,也没听说伊甸园是个美丽的神话。我不知 R.L.S.是罗伯特·路易斯·史蒂文生的缩写,更不知乔治·爱略特是女性。我从未看过《蒙娜丽莎》,也从未听说过(也许你不信,但这是事实)福尔摩斯。

如今,我不但知道这些,还知道很多别的事情。你明白我还必须奋发努力。不过,这可太有趣了。每天,我盼望夜晚早些降临,好在门上挂个"请勿打扰"的牌子,穿上我的舒适的红浴衣和皮拖鞋,倚在一摞靠垫上,打开身边的黄铜台灯,埋头读呀,读呀……

going at once. Just now, they're Tennyson's poems and *Vanity Fair* and Kipling's *Plain Tales* and—don't laugh—*Little Women*. I find that I am the only girl in college who wasn't brought up on *Little Women*. I haven't told anybody though (that *would* **stamp**① me as queer). I just quietly went and bought it with $1.12 of my last month's allowance; and the next time somebody mentions **pickled**② limes, I'll know what she is talking about!

(Ten o'clock bell. This is a very **interrupted**③ letter.)

Saturday

Sir,

I have the honor to report fresh explorations in the field of geometry. On Friday last we **abandoned**④ our former works in **parallelopipeds**⑤ and proceeded to **truncated**⑥ **prisms**⑦. We are finding the road rough and very uphill.

Sunday

The Christmas holidays begin next week and the **trunks**⑧ are up. The corridors are so filled up that you can hardly get through, and everybody is so **bubbling**⑨ over with excitement that studying is getting left out. I'm going to have a beautiful time in vacation; there's another freshman who lives in Texas staying behind, and we are planning to take long walks and—if there's any ice—learn to skate. Then there is still the whole library to be read—and three empty weeks to do it in!

Goodbye, Daddy, I hope that you are feeling as happy as I am.

Yours ever,

Judy

① stamp /stæmp/ v. 捺印

② pickle /ˈpɪkl/ v. 腌,泡

③ interrupt /ˌɪntəˈrʌpt/ v. 打断

④ abandon /əˈbændən/ v. 放弃,遗弃
⑤ parallelopiped 平行六边形
⑥ truncated /ˈtrʌŋkeɪtɪd/ a. 被截的
⑦ prism /ˈprɪzəm/ n. 棱柱体

⑧ trunk /trʌŋk/ n. 旅行箱

⑨ bubble /ˈbʌbl/ v. 滔滔不绝地说

一本书不够,我找来四本书同时进行。此刻,我在读丁尼生的诗、《名利场》、古卜林的《平凡的故事》,还有,你别笑,《小妇人》。我发现在大学里,我是唯一没有受过《小妇人》一书陶冶的姑娘。我对此缄口不言(以免被视为怪人)。我悄悄地买了一本,把上月的零用钱花去 1.12 美元。再有人提起腌酸橙,我就知道她在讲什么了。

(十点钟的铃响了,这封信被打断了多次。)

先生:

我有幸向你报告我对几何学的新探索。上星期五我们放弃了平行六面体的功课,转而学习截头棱柱体。学习的道路崎岖艰难。

星期六

下星期是圣诞节假,过道堆满衣箱,几乎无法通行。大家喜气洋洋,把学习抛到了九霄云外。假期中我会有一段美妙时光,另一位家在得克萨斯州的大一学生也准备留下。我们计划出外远足,如果有冰的话,就练习溜冰。还有整整一图书馆的书,我们有三个星期的空闲时间来看这些书呢。

再见,长腿爸爸,我希望你和我一样高兴。

你的朱蒂
星期日

PS. Don't forget to answer my question. If you don't want the trouble of writing, have your secretary telegraph. He can just say:

Mr. Smith is quite bald,
or
Mr. Smith is not bald.
or
Mr Smith has white hair.

And you can **deduct**① the twenty-five cents out of my allowance.

Goodbye till, January—and a merry Christmas!

Towards the end of
the Christmas vacation.
Exact date unknown

Dear Daddy-Long-Legs,

Is it snowing where you are? All the world that I see from my tower is **draped**② in white and the **flakes**③ are coming down as big as popcorn. It's late afternoon—the sun is just setting (a cold yellow color) behind some colder **violet**④ hills, and I am up in my window seat using the last light to write to you.

Your five gold pieces were a surprise! I'm not used to receiving Christmas presents, You have already given me such a lot of things—everything I have, you know—that I don't quite feel that I **deserve**⑤ extras. But I like them just the same. Do you want to know what I bought with my money?

I. A silver watch in a leather case to wear on my **wrist**⑥ and get me to **recitations**⑦ in time.

II. Matthew Arnold's poems.

又及：别忘了答复我的问题。你若不愿提笔，可请你的秘书打个电报。只消说：

史密斯先生很秃

或

史密斯先生不秃

或

史密斯先生满头白发

你可在我的零用钱里扣去二十五美分。

明年一月再见。祝你

圣诞快乐

星期日

① deduct /dɪˈdʌkt/ v. 扣除

亲爱的长腿爸爸：

你那里在下雪吗？我从楼顶向外眺望，大地白茫茫一片，爆玉米花般大小的雪片纷纷扬扬地飘落下来。时正黄昏，夕阳西下（一种冷黄色调），隐入了更加寒冷的暗紫色群山那边。我高坐在窗边，在最后一丝余晖中给你写信。

② drape /dreɪp/ v. 装饰；包，裹
③ flake /fleɪk/ n. 薄片，小片，这里指雪花

④ violet /ˈvaɪəlɪt/ a. 紫色的

意外地收到你的五个金币！我还没有收受圣诞礼物的习惯。你给予我那么多——我所有的一切——我总觉得我不该再收额外的礼物。不过我还是很高兴。你想知道我用这钱买了什么吗？

⑤ deserve /dɪˈzɜːv/ vt. 应受，值得

1. 一只有皮表带的银手表，使我可以准时温习功课。

⑥ wrist /rɪst/ n. 腕
⑦ recitation /ˌresɪˈteɪʃ(ə)n/ n. 详述，吟诵；背课文

2. 马修·阿诺德的诗集。

· 049 ·

III. A hot water bottle.

IV. A **steamer rug**①. (My tower is cold.)

V. Five hundred sheets of yellow manuscript paper. (I'm going to **commence**② being an author pretty soon.)

VI. A dictionary of **synonyms**③. (To enlarge the author's vocabulary.)

VII. (I don't much like to confess this last **item**④, but I will.) A pair of silk stockings.

And now, Daddy, never say I don't tell all!

It was a very low motive, if you must know it, that **prompted**⑤ the silk stockings. Julia Pendleton comes into my room to do geometry, and she sits cross-legged on the couch and wears silk stockings every night. But just wait—as soon as she gets back from vacation I shall go in and sit on her couch in my silk stockings. You see, Daddy, the miserable creature that I am—but at least I'm honest; and you knew already, from my asylum record, that I wasn't perfect, didn't you?

To **recapitulate**⑥ (that's the way the English instructor begins every other sentence), I am very much obliged for my seven presents. I'm pretending to myself that they came in a box from my family in California. The watch is from father, the rug from mother, the hot water bottle from grandmother—who is always worrying for fear I shall catch cold in this climate—and the yellow paper from my little brother Harry. My sister Isabel gave me the silk stockings, and Aunt Susan the Matthew Arnold poems; Uncle Harry (little Harry is named after him) gave me the dictionary. He wanted to send chocolates, but I insisted on synonyms.

You don't object, do you, to playing the part of a **composite**⑦ family?

And now, shall I tell you about my vacation, or are you only

① steamer rug 甲板躺椅上（盖膝腿用）的毛毯

② commence /kəˈmens/ v. 开始
③ synonym /ˈsɪnənɪm/ n. 同义词
④ item /ˈaɪtem, ˈaɪtəm/ n. 项目，条款

⑤ prompt /prɒmpt/ vt. 激起,促进

⑥ recapitulate /ˌriːkəˈpɪtjuleɪt/ v. 重述要点,概括

⑦ composite /ˈkɒmpəzɪt, -zaɪt/ a. 合成的,复合的

3. 一只热水袋。
4. 一条轮船上用的毛毯（我的房间很冷）。
5. 五百页黄色稿纸（我即将开始成为一名作家）。
6. 一本同义词词典（增加作家的词汇量）。
7. （本不想讲这最后一项，不过还是告诉你吧）一双长筒丝袜。

　　瞧，长腿爸爸，我对你毫无保留!

　　我不得不承认我买丝袜是出于一种很浅薄的动机。每天晚上，朱丽雅·彭德尔顿都来我屋里做几何题，她穿着长筒丝袜盘腿坐在我床上。可等着瞧吧! 待她休假回来我就穿上长筒丝袜去坐到她床上。长腿爸爸，你瞧我多坏! 不过至少我是诚实的。而你早已从孤儿院的档案中得知我并非好得不得了，对吧？

　　总而言之（英语教师每句话都会带上这个词），我很感谢你送给我的这七件礼物。我认作那是我家里从加利福尼亚装盒寄来的。爸爸送表，妈妈送毯子，祖母送热水袋——她老怕我在这种季节着凉——，稿纸是弟弟哈里送的，妹妹伊莎贝尔送我长筒丝袜，苏珊姨妈送马修·阿诺德诗集，哈里舅舅（小哈里与他同名）送词典。他本想送巧克力，可我坚持要同义词词典。

　　你不反对扮演所有这些家庭成员吧？

　　现在我是否该描述我的假期呢？或许你只关心我的学业本身？希望你能体会"本身"

interested in my education as such? I hope you appreciate the **delicate**① shade of meaning in "as such. " It is the latest addition to my vocabulary.

The girl from Texas is named Leonora Fenton. (Almost as funny as Jerusha, isn't it?) I like her, but not so much as Sallie McBride; I shall never like anyone so much as Sallie—except you. I must always like you the best of all, because you're my whole family rolled into one. Leonora and I and two **sophomores**② have walked cross country every pleasant day and explored the whole neighborhood, dressed in short skirts and **knit**③ jackets and caps, and carrying shiny sticks to **whack**④ things with. Once we walked into town—four miles—and stopped at a restaurant where the college girls go for dinner. Broiled **lobster**⑤ (35 cents), and for dessert, buckwheat cakes and **maple**⑥ **syrup**⑦ (15 cents). **Nourishing**⑧ and cheap.

It was such a **lark**⑨! Especially for me, because it was so awfully different from the asylum—I feel like an escaped **convict**⑩ every time I leave the campus. Before I thought, I started to tell the others what an experience I was having. **The cat was almost out of the bag**⑪ when I grabbed it by its tail and pulled it back. It's awfully hard for me not to tell everything I know. I'm a very **confiding**⑫ soul by nature; if I didn't have you to tell things to, I'd burst.

We had a **molasses**⑬ candy pull last Friday evening, given by the house matron of Fergussen to the left-behinds in the other halls. There were twenty-two of us altogether, freshmen and sophomores and **juniors**⑭ and seniors all united in **amicable**⑮ **accord**⑯. The kitchen is huge, with copper pots and **kettles**⑰ hanging in rows on the stone wall—the littlest **casserole**⑱ among them about the size of a wash boiler. Four hundred girls live in Fergussen. The chef, in a white cap and **apron**⑲ **fetched**⑳ out

① delicate /'delɪkɪt/ a. 细致的,微妙的

② sophomore /'sɒfəmɔː,-mɒr/ n. 大学二年级生
③ knit /nɪt/ v. 编织
④ whack /(h)wæk/ v. 敲击,重打

⑤ lobster /'lɒbstə/ n. 龙虾
⑥ maple /'meɪpl/ n. 枫树
⑦ syrup /'sɪrəp/ n. 糖浆
⑧ nourish /'nʌrɪʃ/ v. 滋养,使……健壮
⑨ lark /lɑːk/ n. 欢乐
⑩ convict /'kɒnvɪkt/ n. 囚犯,罪犯

⑪ let the cat out of bag 泄露秘密

⑫ confiding /kən'faɪdɪŋ/ a. 藏不住事儿的,容易吐露心声的
⑬ molasses /mə'læsɪz/ n. 糖浆,糖蜜
⑭ junior /'dʒuːnjə/ n. 大学三年级学生
⑮ amicable /'æmɪkəbəl/ a. 友好的,和睦的
⑯ accord /ə'kɔːd/ n. 一致,调和
⑰ kettle /'ketl/ n. 水壶
⑱ casserole /'kæsə'rəʊl/ n. 餐桌上用有盖的焙盘
⑲ apron /'eɪprən/ n. 围裙
⑳ fetch /fetʃ/ v. 接来,取来

这一词的微妙含义。这是我掌握的最新词汇。

得克萨斯州来的姑娘叫李奥诺拉·芬顿（这名字几乎和杰鲁莎一样可笑，是吗？），我喜欢她，当然更喜欢莎莉·麦克布莱德，除你之外，我不会像喜欢莎莉一样喜欢任何人。我应该永远把你放在首位，因为你是我全家的化身。每当天气晴好时，我和李奥诺拉，还有两个大二的学生就在附近散步，穿着短裙和针织外衣，戴上线帽子，还拿上光滑的棍子四下里敲敲打打。我们的足迹走遍周围各处。一天，我们步行四英里进城，在一家大学里女孩子们都爱去的餐厅就餐。红焖龙虾（35美分），甜食、荞麦饼和枫叶糖浆（共15美分）。有营养，又便宜。

真是好玩极了！对我来说，尤其如此，与孤儿院比起来，这其间的差别太大了。每次离开校园我都像犯人离开了牢笼。我不假思索地谈起我的心情，几乎说破了我的秘密，我赶紧收住话题。守口如瓶并非易事。我生性坦率，要不是可以同你聊聊，我非得憋死不可。

上星期五晚上，费古森楼的舍监组织了拉糖蜜的聚会，邀请其他宿舍楼没回家的同学参加。二十二名不同年级的学生友好地聚在一起。厨房很宽敞，石头墙壁上挂着一排排铜锅铜壶，最小的双耳锅也和煮衣服的锅一般大小。费古森楼住四百名女生呢。头顶白帽、围着白围裙的厨师长又找出了二十二

· 053 ·

twenty-two other white caps and aprons—I can't imagine where he got so many—and we all turned ourselves into cooks.

It was great fun, though I have seen better candy. When it was finally finished, and ourselves and the kitchen and the doorknobs all thoroughly sticky, we organized a procession and still in our caps and aprons each carrying a big fork or spoon or frying pan, we marched through the empty corridors to the officers' **parlor**① where half a dozen professors and instructors were passing a **tranquil**② evening. We **serenaded**③ them with college songs and offered **refreshments**④. They accepted politely but **dubiously**⑤. We left them sucking chunks of molasses candy, sticky and speechless.

So you see, Daddy, my education progresses!

Don't you really think that I ought to be an artist instead of an author?

Vacation will be over in two days and I shall be glad to see the girls again. My tower is just a **trifle**⑥ lonely; when nine people occupy a house that was built for four hundred, they do **rattle**⑦ around a bit.

Eleven pages—poor Daddy, you must be tired! I meant this to be just a short little thank-you note—but when I get started I seem to have a ready pen.

Goodbye, and thank you for thinking of me—I should be perfectly happy except for one little threatening cloud on the **horizon**⑧.

套白围裙和白帽子——真不知打哪来那么多。我们都装扮成了大师傅。

拉糖蜜真有意思，尽管糖蜜做得不很理想。这一切完成后，我们每个人，整个厨房连同所有的门把手全都弄得黏糊糊的。我们仍然顶着白帽，围着白围裙，每人拿一把大叉、大勺或一只平底锅列队穿过空荡荡的过道到教职工休息室去。那里有五六位教授和讲师在度过一个平静的夜晚。我们唱了校园歌曲，请他们吃糖。他们彬彬有礼却又犹犹豫豫地接受了。我们离开了休息室，留他们在那里安静地吮吸那黏糊糊的糖蜜。

长腿爸爸，你瞧我的进展！
你是否认为我该去当画家而不是作家？
再有两天就开学了，我很高兴再见到同学们。我在楼里稍嫌寂寞。九个人住着四百人的房子，确实有些坐立不安。
一下就写了十一页，可怜的长腿爸爸，你准看累了！本想写封短简致谢，但一写就收不住笔了。
再见，感谢你记挂着我。我本来感到幸福极了，可惜有一小块乌云笼罩在地平

① parlor /ˈpɑːlə/ n. 客厅，会客室
② tranquil /ˈtræŋkwɪl/ a. 安静的，宁静的
③ serenade /ˌserɪˈneɪd/ vt. 为……弹奏或歌唱小夜曲
④ refreshment /rɪˈfreʃmənt/ n. 点心
⑤ dubiously /ˈdjuːbɪəslɪ/ ad. 可疑地，怀疑地

⑥ trifle /ˈtraɪfl/ n. 琐事，少量

⑦ rattle /ˈrætl/ v. 慌乱，激动

⑧ horizon /həˈraɪzn/ n. 地平线

Examinations come in February.

Yours with love,
Judy

PS. Maybe it isn't proper to send love? If it isn't, please excuse. But I must love somebody and there's only you and Mrs. Lippett to choose between, so you see—you'll have to **put up with**① it, Daddy dear, because I can't love her.

On the Eve

Dear Daddy-Long-Legs,

You should see the way this college is studying! We've forgotten we ever had a vacation. Fifty-seven irregular verbs have I introduced to my brain in the past four days—I'm only hoping they'll stay till after examinations.

Some of the girls sell their textbooks when they're through with them, but I intend to keep mine. Then after I've graduated I shall have my whole education in a row in the bookcase, and when I need to use any detail, I can turn to it without the slightest **hesitation**②. So much easier and more **accurate**③ than trying to keep it in your head.

Julia Pendleton dropped in this evening to pay a social call, and stayed a **solid**④ hour. She got started on the subject of family, and I *couldn't* **switch her off**⑤. She wanted to know what my mother's maiden name was—did you ever hear such an impertinent question to ask of a person from a foundling asylum? I didn't have the courage to say I didn't

上——二月份要考试了。

爱你的朱蒂
圣诞假的尾声，具体日期不详

又及：或许不该说爱你。如果是这样，请你原谅。我总得爱个什么人，而可以选择的只有你和李培太太。所以，亲爱的长腿爸爸，你只得忍受了吧，我实在无法爱她呀。

① put up with 忍受

亲爱的长腿爸爸：

全校投入紧张的学习中！我们把刚过完的假期忘得精光。过去四天里我背了五十七个不规则动词，但愿考试前不会忘记。

有的姑娘把念过的课本卖掉了，我打算全部留着。毕业后好把我受过的教育陈列在书架上，细致的地方，还可以随时查阅。这比全部记在脑子里要容易得多，也更准确。

朱丽雅·彭德尔顿今晚顺便来我这里进行礼节性拜访，坐了整整一个小时。她谈到了家庭，我无法打断这个话题。她要知道我母亲的娘家姓——你听过有谁这样冒昧地向孤儿院的人提这样的问题吗？我没有勇气说我不晓得，只得可怜巴巴地随口瞎说了一个，就是蒙哥马利。她又追问是马萨诸塞州的蒙

② hesitation /ˌhezɪˈteɪʃən/ n. 犹豫

③ accurate /ˈækjʊrɪt/ a. 准确的，精确的

④ solid /ˈsɒlɪd/ a. 完整的，不间断的

⑤ switch off 关掉开关，截断

Daddy-Long-Legs

know, so I just miserably **plumped**① on the first name I could think of, and that was Montgomery. Then she wanted to know whether I belonged to the Massachusetts Montgomerys or the Virginia Montgomerys.

Her mother was a Rutherford. The family came over in the **ark**② and were connected by marriage with Henry the VIII. On her father's side they date back further than Adam. On the topmost branches of her family tree there's a **superior**③ **breed**④ of monkeys with very fine silky hair and extra long tails.

I meant to write you a nice, cheerful, entertaining letter tonight, but I'm too sleepy and scared. The freshman's lot is not a happy one.

Yours, about to be examined,
Judy Abbott

Sunday

Dearest Daddy-Long-Legs,

I have some awful, awful, awful news to tell you, but I won't begin with it; I'll try to get you in a good **humor**⑤ first.

Jerusha Abbott has commenced to be an author. A poem entitled, "From my Tower," appears in the February *Monthly*—on the first page, which is a very great honor for a freshman. My English instructor stopped me on the way out from chapel last night, and said it was a charming piece of work except for the sixth line, which had too many **feet**⑥. I will send you a copy in case you care to read it.

Let me see if I can't think of something else pleasant—Oh, yes! I'm learning to skate, and can **glide**⑦ about quite respectably all by

① plump /plʌmp/ v. 扑通地落地

② ark /ɑːk/ n. 方舟(圣经中)

③ superior /sjuːˈpɪərɪə/ a. 上好的,优势的
④ breed /briːd/ n. 品种,族类

⑤ humor /ˈhjuːmə/ n. 心情

⑥ feet /fiːt/ n. 韵脚

⑦ glide /glaɪd/ v. 滑动

哥马利家族还是弗吉尼亚州的蒙哥马利家族。

　　她的母亲姓路德福特,这一姓氏可以上溯到方舟时代,还曾同亨利八世联姻。她父亲那一方始于亚当之前。她家系中最早的一支是一群毛色滋润、尾巴奇长的良种猿猴。

　　我本想今晚高高兴兴给你写封亲切而有趣的信,可我太困了,而且忧心忡忡。大一学生可真苦。

快要考试的朱蒂·艾博特
考试前夕

亲爱的长腿爸爸:

　　我要告诉你一很坏、很坏、很坏的消息。但我不想从这里写起,首先,我要设法让你高兴起来。

　　杰鲁莎·艾博特当上了作家。第二期《月刊》第一页上登了我的诗《塔楼远眺》。对大一生来说,这是极大的荣誉。昨晚从教堂出来,英语教师把我叫住,说诗写得很动人,只是第六行的音步太多了。如果你有心读它,我将寄上一份给你。

　　让我想想还有什么趣事。哦,对了!我在练习溜冰,已经可以自由自在地滑来滑去。

myself. Also I've learned how to slide down a rope from the roof of the gymnasium, and I can **vault**① a **bar**② three feet and six inches high—I hope shortly to pull up to four feet.

We had a very inspiring **sermon**③ this morning **preached**④, by the Bishop of Alabama. His text was: "Judge not that ye be not judged." It was about the necessity of overlooking mistakes in others, and not discouraging people by **harsh**⑤ judgments. I wish you might have heard it.

This is the sunniest, most blinding winter afternoon, with **icicles**⑥ **dripping**⑦ from the fir trees and all the world bending under a weight of snow—except me, and I'm bending under a weight of sorrow.

Now for the news—courage, Judy! —you must tell.

Are you *surely* in a good humor? I failed in mathematics and Latin prose. I am tutoring in them, and will take another examination next month. I'm sorry if you're disappointed, but otherwise I don't care a bit because I've learned such a lot of things not mentioned in the catalogue. I've read seventeen novels and **bushels**⑧, of poetry—really necessary novels like *Vanity Fair* and *Richard Feverel* and *Alice in Wonderland*. Also Emerson's *Essays* and Lockhart's *Life of Scott* and the first volume of Gibbon's *Roman Empire* and half of Benvenuto Cellini's *Life*—wasn't he entertaining? He used to **saunter**⑨ out and **casually**⑩ kill a man before breakfast.

So you see, Daddy, I'm much more **intelligent**⑪ than if I'd just **stuck to**⑫ Latin. Will you forgive me this once if I promise never to fail again?

Yours in **sackcloth**⑬,
Judy

① vault /vɔːlt/ v. 撑竿跳跃
② bar /bɑː/ n. 条,棒,横木

③ sermon /'sɜːmən/ n. 布道,说教
④ preach /priːtʃ/ v. 传道,讲道

⑤ harsh /hɑːʃ/ a. 刺耳的,严厉的

⑥ icicle /'aɪsɪkl/ n. 冰柱,冰垂
⑦ drip /drɪp/ v. 滴下

⑧ bushel /'bʊʃl/ n. 蒲式尔（容量等于八加仑）

⑨ saunter /'sɔːntə/ v. 闲逛,漫步
⑩ casually /'kæʒjʊəlɪ/ ad. 随意地,随便地
⑪ intelligent /ɪn'telɪdʒənt/ a. 聪明的

⑫ stick to 坚持
⑬ sackcloth /'sækklɒθ/ n. 粗布衣

我还学会了从挂在体育馆屋顶上的绳索上出溜下来，跳高成绩达到三英尺六英寸，希望不久会跳过四英尺。

今天早上，阿拉巴马主教的讲道十分精彩。他的题目是"你们不要论断人，免得你们被论断"。就是说要原谅别人的缺点，不要求全责备。真希望你听到过这一节。

今天下午是个阳光灿烂、晃得人眼花的冬日，杉树上挂着冰柱，世上的一切都给雪压着，唯有我除外，我给悲伤压着。

现在得向你披露那个坏消息了，朱蒂，鼓起勇气，你必须得讲。

你现在的心情**确实**很好吗？我的数学和拉丁语作文两门课不及格。正在补习，准备下月补考。如果你失望了，我很抱歉，否则我毫不在意，因为我在课外学到了很多东西。我读了十七本小说，**大量**的诗歌，包括《名利场》、《理查·费福罗》、《阿丽丝漫游奇境记》等必读读物，还有爱默生的《散文集》，罗克哈特的《司各脱生平》，吉蓬的《罗马帝国》第一卷和半本塞利尼的《生平》——他真有意思！他常在清晨出外闲逛，杀死个把人再回来吃早餐。

你瞧，爸爸，这比死啃拉丁语收获大得多。我答应再也不会考个不及格。你能原谅我这一次吗？

悲悔的朱蒂
星期日

NEWS of the MONTH

Judy learns to skate

And to vault a bar

Also to slide down a rope

(legs are very difficult!)

She receives two Fail notes and sheds many tears

But promises to study HARD

Dear Daddy-Long-Legs,

This is an extra letter in the middle of the month because I'm rather lonely tonight. It's awfully stormy. All the lights are out on the campus, but I drank black coffee and I can't go to sleep.

I had a supper party this evening consisting of Sallie and Julia and Leonora Fenton—and **sardines**[1] and toasted muffins and salad and **fudge**[2] and coffee. Julia said she'd had a good time, but Sallie stayed to help wash the dishes.

I might, very usefully, put some time on Latin tonight—but, there's

一月新闻

朱蒂学溜冰

跳高

溜绳索

她得了两个不及格，大哭一场。

但保证今后好好学习

① sardine /sɑːˈdiːn/ *n.* 沙丁鱼
② fudge /fʌdʒ/ *n.* 软糖

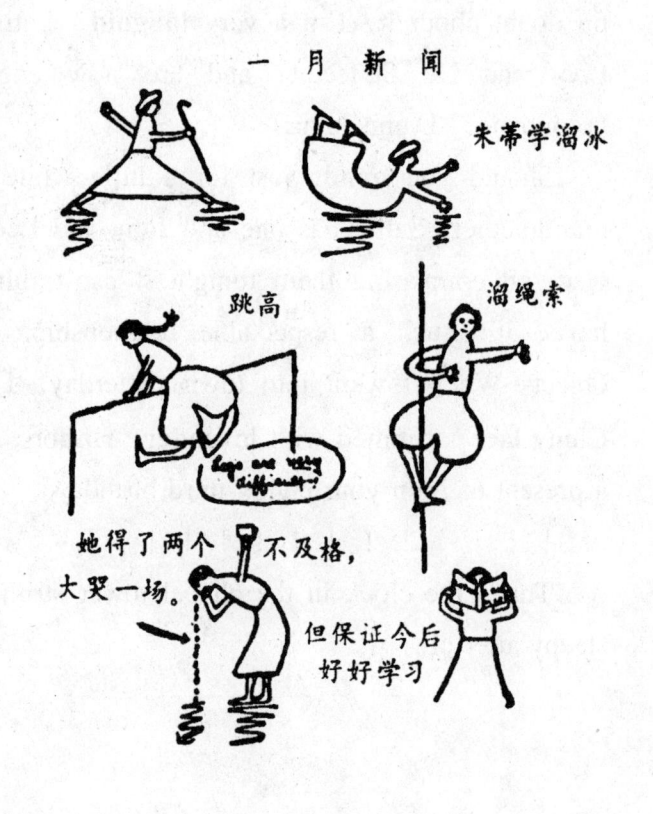

亲爱的长腿爸爸：

这是月中一封额外的信，因为今晚我感到异常寂寞。窗外风雨交加，校园里漆黑一片，我喝了浓咖啡，难以入睡。

今晚我请莎莉、朱丽雅和李奥诺拉·芬顿吃饭。有沙丁鱼、烤松饼、沙拉、牛奶软糖和咖啡。朱丽雅说她过得很愉快，莎莉留下帮我洗碗。

我本可利用今晚的时间学一会儿拉丁语。

no doubt about it, I'm a very **languid**① Latin scholar. We've finished Livy and De Senectute and are now engaged with De Amicitia (pronounced Damn Icitia).

Should you mind, just for a little while, pretending you are my grandmother? Sallie has one and Julia and Leonora each two, and they were all comparing them tonight. I can't think of anything I'd rather have; it's such a respectable relationship. So, if you really don't object—When I went into town yesterday, I saw the sweetest cap of Cluny **lace**② trimmed with **lavender**③ **ribbon**④, I am going to make you a present of it on your eighty-third birthday.

! ! ! ! ! ! ! ! ! ! !

That's the clock in the chapel tower striking twelve. I believe I am sleepy after all.

Good night, Granny.

I love you dearly.

Judy

The Ides of March

Dear D. -L. -L.,

I am studying Latin prose **composition**⑤. I have been studying it. I shall be studying it. I shall be about to have been studying it. My re-examination comes the 7th hour next Tuesday, and I am going to pass or **BUST**⑥, So you may expect to hear from me next, whole and happy and free from **conditions**⑦, or in **fragments**⑧.

I will write a respectable letter when it's over. Tonight I have a

① languid /'læŋgwɪd/ a. 疲倦的，无力的

② lace /leɪs/ n. 饰带，花边
③ lavender /'lævɪndə/ n. 淡紫色
④ ribbon /'rɪbən/ n. 缎带

⑤ composition /kɒmpə'zɪʃən/ n. 作文
⑥ bust /bʌst/ n. 爆裂，破产，完蛋；被降职
⑦ condition /kən'dɪʃən/ n. 有补考资格的不及格分数
⑧ fragment /'frægmənt/ n. 碎片，破片

但是，说老实话，我是个没精打采的拉丁语学生。我们学完了利维和《论老年》，正在学习《论友谊》（读作该死的依西西亚）。

你能充当我的祖母吗？不要很长时间。莎莉有祖母，朱丽雅和李奥诺拉不但有祖母，还有外祖母。今晚，她们都在比较自己的祖母。我真想有这样一位亲属，多么可敬的长者。所以，你真的不反对的话，我准备在你八十三岁寿辰时送你一顶非常好看的小帽，上边缀有网眼花边和淡紫色缎带。我昨天在城里看到这样一顶帽子。

！！！！！！！！！！！！

教堂的钟敲十二点了。我终于有了睡意。

晚安，老祖母
我爱你
朱蒂

亲爱的长腿爸爸：

我在学写拉丁语作文。我一直在学。我将继续学下去。我快要结束这一场学习了。下星期二第七节课补考。我争取及格，否则就要留级。下次写信，我或是安然无恙，愉快地摆脱了不及格，或是已经支离破碎了。

考完试后我会给你写封像样的信。今晚

pressing engagement with the Ablative Absolute.

Yours—in evident **haste**①.
J. A.

26th March

Mr. D. -L. -L. Smith,

SIR: You never answer any questions; you never show the slightest interest in anything I do. You are probably the horridest one of all those horrid trustees, and the reason you are educating me is, not because you care a bit about me, but from a sense of Duty.

I don't know a single thing about you. I don't even know your name. It is very uninspiring writing to a Thing. I haven't a doubt but that you throw my letters into the wastebasket without reading them. **Hereafter**② I shall write only about work.

My re-examinations in Latin and geometry came last week. I passed them both and am now free from conditions.

Yours truly,
Jerusha Abbott

2nd April

Dear Daddy-Long-Legs,

I am a BEAST.

Please forget about that dreadful letter I sent you last week—I was feeling terribly lonely and miserable and **sore-throaty**③ the night I wrote.

我要认真学习拉丁语的夺格绝对句。匆匆。

朱蒂

3月15日

① haste /heɪst/ n. 急速，急忙

亲爱的长腿爸爸史密斯先生：

先生，你从不回答任何问题，对我的一切漠然置之。你可能是世界上所有可恶的理事中最可恶的一个。你让我受教育，全然出于一种责任感，绝无半点关怀之意。

我对你一无所知，连你的姓名都不知道。给一样东西写信可有什么意思。我认定你把我的信原封不动地扔进了字纸篓。今后，除学习情况外我再也不谈其他事情了。

上星期考过了拉丁语和几何。两门都及格，无须再补考。

杰鲁莎·艾博特敬启

3月26日

② hereafter /hɪərˈɑːftə/ ad. 此后，将来

亲爱的长腿爸爸：

我是个坏孩子。

请宽恕我上周那封蛮不讲理的信——那

③ sore /sɔː, sɔə/ a. 疼痛的

· 067 ·

I didn't know it, but I was just sickening for **tonsillitis**① and **gripge**② and lots of things mixed. I'm in the infirmary now; and have been here for six days; this is the first time they would let me sit up and have a pen and paper. The head nurse is very **bossy**③. But I've been thinking about it all the time and I shan't get well until you forgive me.

Here is a picture of the way I look, with a **bandage**④ tied around my head in rabbit's ears.

Doesn't that **arouse**⑤ your sympathy? I am having **sublingual**⑥ **gland**⑦ **swelling**⑧. And I've been studying physiology all the year without ever bearing of sublingual glands. How **futile**⑨ a thing is education!

I can't write any more; I get rather shaky when I sit up too long. Please forgive me for being impertinent and ungrateful. I was badly brought up.

Yours with love,
Judy Abbott
THE INFIRMARY
4th April

Dearest Daddy-Long-Legs,

Yesterday evening just toward dark, when I was sitting up in bed looking

① tonsillitis /ˌtɒnsɪˈlaɪtɪs/ n. 扁桃体炎
② grippe /ɡrɪp, ɡriːp/ n. 流行性感冒
③ bossy /ˈbɒsɪ/ a. 专横的
④ bandage /ˈbændɪdʒ/ n. 绷带

天晚上我寂寞难耐，浑身不舒服，嗓子又痛。当时不知道得了流感，扁桃腺发炎，还有其他好多事都混在一起。现在，我住在校医院已经六天了。今天他们第一次让我坐起来，给了我纸笔。护士长**凶极了**。但我总是心神不定，不得到你的谅解我的病是不会好的。

下面画像是我现在的模样，绷带竖在头顶像兔子的两个耳朵。

（图　略）

⑤ arouse /əˈraʊz/ v. 唤醒
⑥ sublingual /sʌbˈlɪŋɡwəl/ a. 舌下的，舌下腺的
⑦ gland /ɡlænd/ n. 腺
⑧ swelling /ˈswelɪŋ/ n. 肿胀
⑨ futile /ˈfjuːtaɪl, -tɪl/ a. 无效的，无用的

这还引不起你的同情心吗？我的舌下腺肿了。学了一年生理课还从不知道舌下腺。教育多么无用呀。

只能写这些了，坐得久了就止不住发颤。原谅我的粗鲁和忘恩负义。我从小缺乏教养。

爱你的朱蒂·艾博特
4月2日

亲爱的长腿爸爸：

昨天黄昏，我坐在病床上，看着窗外的

out at the rain and feeling awfully bored with life in a great institution, the nurse appeared with a long white box addressed to me, and filled with the *loveliest* pink rosebuds. And much nicer still, it contained a card with a very polite message written in a funny little uphill backhand (but one which shows a great deal of character). Thank you, Daddy, a thousand times. Your flowers make the first real, true present I ever received in my life. If you want to know what a baby I am, I lay down and cried because I was so happy.

Now that I am sure you read my letters, I'll make them much more interesting, so they'll be worth keeping in a **safe**① with red tape around them—only please take out that dreadful one and burn it up. I'd hate to think that you ever read it over.

Thank you for making a very sick, **cross**②, miserable freshman cheerful. Probably you have lots of loving family and friends, and you don't know what it feels like to be alone. But I do.

Goodbye—I'll promise never to be horrid again, because now I know you're a real person; also I'll promise never to bother you with any more questions.

Do you still hate girls?

Yours for ever,
Judy

8th hour, Monday

Dear Daddy-Long-Legs,

I hope you aren't the trustee who sat on the **toad**③? It went off—I was told—with quite a **pop**④, so probably he was a fatter trustee.

雨幕，深感大医院中生活的无聊烦恼之际，护士送来一个给我的白色长盒子，里面装满艳丽的粉红色玫瑰花苞。更令人愉快的是里面有张措辞优雅的短笺，一笔有趣的左斜体，一点点爬升上去，字写得很有性格。谢谢，长腿爸爸，我深深地感谢你。这是我生平第一件真正的礼物。我高兴极了，像个孩子一样，躺下大哭起来了。

知道你确实读了我的信，我将写得更有趣些。这样才值得用红缎带扎起来放在保险①柜里。但请把那封糟糕的信拿出来烧掉。真不愿想到你会重读它。

感谢你把快乐带给一个大病一场、急躁②烦恼的大一学生。可能你周围都是爱戴你的家人、朋友，不知寂寞为何物。可我的体会太深了。

再见。我保证再不惹人讨厌，因为我知道你确有其人。而且我保证再不随便向你提问了。

你还讨厌女孩吗？

永远是你的朱蒂
4月4日于校医院

亲爱的长腿爸爸：

但愿你不是坐在癞蛤蟆③上的那位理事。听说当时呼的一声④很响，可能是位比你胖的理事。

---

① safe /seɪf/ n. 保险箱

② cross /krɒs/ a. 生气的

③ toad /təʊd/ n. 蟾蜍，癞蛤蟆
④ pop /pɒp/ n. 砰然声

Do you remember the little dugout places with **gratings**① over them by the laundry windows in the John Grier Home? Every spring when the **hoptoad**② season opened we used to form a collection of toads and keep them in those window holes; and **occasionally**③ they would **spill**④ over into the laundry, causing a very **pleasurable**⑤ **commotion**⑥ on wash days. We were severely punished for our activities in this direction, but in spite of all discouragement the toads would collect.

And one day—well, I won't bore you with particulars— but somehow, one of the fattest, biggest, juiciest toads got into one of those big leather armchairs in the trustees' room, and that afternoon at the trustees meeting—But I dare say you were there and recall the rest?

Looking back **dispassionately**⑦ after a period of time, I will say that punishment was **merited**⑧, and—if I remember rightly—**adequate**⑨.

I don't know why I am in such a **reminiscent**⑩ mood except that spring and the reappearance of toads always awakens the old **acquisitive**⑪ instinct. The only thing that keeps me from starting a collection is the fact that no rule exists against it.

After chapel, Thursday

What do you think is my favorite book? Just now, I mean; I change every three days. *Wuthering Heights*. Emily Brontë was quite young when she wrote it, and had never been outside of Haworth churchyard. She had never known any men in her life; how could she imagine a man like Heathcliffe?

I couldn't do it, and I'm quite young and never outside the John Grier Asylum—I've had every chance in the world. Sometimes a dreadful fear comes over me that I'm not a genius. Will you be awfully

① grating /'greɪtɪŋ/ n. 格子
② hoptoad /'hɒptəʊd/ n. /动/蟾蜍
③ occasionally /ə'keɪʒənəlɪ/ ad. 偶尔地
④ spill /spɪl/ v. 溢出,洒
⑤ pleasurable /'pleʒərəbl/ a. 令人愉快的
⑥ commotion /kə'məʊʃən/ n. 骚动,暴乱

⑦ dispassionately /dɪs'pæʃənɪtlɪ/ ad. 不动感情地,冷静地
⑧ merited /'merɪtɪd/ a. 该得的
⑨ adequate /'ædɪkwɪt/ a. 充足的,适当的
⑩ reminiscent /remɪ'nɪs(ə)nt/ a. 回忆的,怀旧的
⑪ acquisitive /ə'kwɪzɪtɪv/ a. 想获得的,贪得的

　　你记得约翰·格利尔孤儿院洗衣房窗外那些覆盖着篦条的空洞吗？每逢春季青蛙鼓噪之际，我们常常捕捉青蛙藏在窗外的洞中。有时它们爬进洗衣房，引起一阵快活的骚动。为此我们受到严厉的惩罚，但是青蛙的捕捉并未因此休歇。

　　一天——对了，我不拿细节来烦你了——一只又肥又大、黏黏糊糊的蛤蟆不知怎的蹲进了理事休息室的大皮椅子里。结果，下午开会时——可你一定在场并记得当时的情景。

　　此刻冷静地回想，我受到的惩罚是罪有应得的，如果我没记错的话，也还恰如其分。

　　不知为何我这般怀旧，莫非是春天和蛤蟆触动了我贪得的天性？这里没有不许捕蛙的禁令，因此我也没有了捕蛙的愿望。

星期一第八节课

　　你知道我最喜欢哪本书吗？我指的是现在。因我的爱好三天一变。我最喜欢《呼啸山庄》。爱米丽·勃朗特写此书时还很年轻，从未涉足哈渥斯教区之外。她一生中从未接触过男性，如何能创造出希斯·克利夫这样一个人来？

　　我就不能，可我也年轻，没出过孤儿院的门——具备成功的种种条件。我有时很气馁，觉得自己不是天才。长腿爸爸，如果我

disappointed, Daddy, if I don't **turn out to be**① a great author? In the spring when everything is so beautiful and green and budding, I feel like turning my back on lessons, and running away to play with the weather. There are such lots of adventures out in the fields! It's much more entertaining to live books than to write them.

Ow! ! ! ! ! !

That was a **shriek**② which brought Sallie and Julia and （for a **disgusted**③ moment） the senior from across the hall. It was caused by a **centipede**④ like this:

only worse. Just as I had finished the last sentence and was thinking what to say next—plump! —it fell off the ceiling and landed at my side. I **tipped**⑤ two cups off the tea table in trying to get away. Sallie whacked it with the back of my hair brush—which I shall never be able to use again—and killed the front end, but the **rear**⑥ fifty feet ran under the bureau and escaped.

This **dormitory**⑦, owing to its age and ivy-covered walls, is full of centipedes. They are dreadful creatures. I'd rather find a tiger under the bed.

Friday, 9:30 p.m.

Such a lot of troubles! I didn't hear the rising bell this morning, then I broke my shoestring while I was hurrying to dress and dropped my collar button down my neck. I was late for breakfast and also for firsthour recitation. I forgot to take any **blotting paper**⑧ and my fountain pen

① turn out to be 结果是

② shriek /ʃriːk/ n. 尖叫，叫喊
③ disgusted /dɪsˈɡʌstɪd/ a. 厌恶的
④ centipede /ˈsentɪpiːd/ n. 蜈蚣

⑤ tip /tɪp/ v. 倾斜，弄倒

⑥ rear /rɪə/ a. 后面的

⑦ dormitory /ˈdɔːmɪtrɪ/ n.（集体）宿舍

⑧ blotting paper 吸墨水纸

成不了伟大作家，你会失望吗？春天里，一切都那么美好，青翠，欣欣向荣，我真想丢下功课，跑出去同大自然玩耍。野外有无数新鲜事物。经历书中的故事要比写书有趣多了。

哎呀！！！！！！

我这一声叫喊把莎莉、朱丽雅还有（真倒霉）楼道那头的大四生都招引来了。这是因为我见到一条蜈蚣，就像下面画的一样：

（图略）

比这还可怕。我刚写完上句正在斟酌下句时，噗落！它从天而降，落在我身旁。我一跃而起，打翻了桌上两只杯子。莎莉用我的发刷拍打，弄死了前半截（这发刷我再也无法用了）。后面的五十对脚跑到镜台下不见了。

这古旧的宿舍爬满了常春藤，隐藏着无数蜈蚣。这比有只老虎蹲在床下还可怕。

星期四做礼拜后

倒霉的事接二连三。今天早晨，我没听见起床铃，急忙穿衣，又扯断了鞋带，还把领口的扣子拉掉在脖子里。早饭吃晚了，第一节自习课也迟到了，钢笔漏水又没带吸墨

leaked①, In **trigonometry**② the professor and I had a disagreement touching a little matter of **logarithms**③. On looking it up, I find that she was right. We had mutton stew and **pie-plant**④ for lunch—hate 'em both; they taste like the asylum. The post brought me nothing but bills (though I must say that I never do get anything else: my family are not the kind that write). In English class this afternoon we had an unexpected written lesson. This was it:

I asked no other thing,
No other was denied.
I offered Being for it;
*The mighty **merchant**⑤ smiled.*

*Brazil? He **twirled**⑥ a button*
Without a glance my way:
But, madam, is there nothing else
That we can show today?

That is a poem I don't know who wrote it or what it means. It was simply printed out on the blackboard when we arrived and we were ordered to comment upon it. When I read the first verse I thought I had an idea—The Mighty Merchant was a **divinity**⑦ Who **distributes**⑧ blessings in return for **virtuous**⑨ **deeds**⑩—but when I got to the second verse and found him twirling a button, it seemed a **blasphemous**⑪ **supposition**⑫, and I hastily changed my mind. The rest of the class was in the same **predicament**⑬; and there we sat for threequarters of an hour

① leak /liːk/ *vi.* 漏,渗
② trigonometry /ˌtrɪɡəˈnɒmɪtrɪ/ *n.* 三角法
③ logarithm /ˈlɒɡərɪθm/ *n.* 对数
④ pie-plant 大黄茎

⑤ merchant /ˈmɜːtʃənt/ *n.* 商人, 店主

⑥ twirl /twɜːl/ *vt.* 快速转动（扭转）

⑦ divinity /dɪˈvɪnɪtɪ/ *n.* 神性,神
⑧ distribute /dɪsˈtrɪbjuː(ː)t/ *v.* 分配,散布
⑨ virtuous /ˈvɜːtjʊəs/ *a.* 有品德的,善良的
⑩ deed /diːd/ *n.* 事迹,行为
⑪ blasphemous /ˈblæsfɪməs/ *a.* 亵渎神明的,不敬神的
⑫ supposition /ˌsʌpəˈzɪʃən/ *n.* 想象,推测
⑬ predicament /prɪˈdɪkəmənt/ *n.* 穷境,困局

水纸。上三角课时，我与教授在对数方面的一个小问题上出现分歧。查了书，还是她对了。中午吃焖羊肉和大黄茎。都是我不爱吃的，和孤儿院的伙食一个味。邮差什么也没送来，只有账单，（不过说真的，除了账单我也没收到过别的东西，我的那个家从来就不写信。）下午的英语课意外地改成了写作课，摆在面前的是：

我别无他求，
也不复遭到拒绝。
我为此献上我的生命。
那位无所不能的商人笑了。

巴西？他摆弄着纽扣，
对我看也不看：
但是，夫人，难道我们今天
就没有别个可以呈献？

这是一首诗，我不知它的作者，也不知它的含义。到教室时，只见它工整地抄在黑板上，要求我们加以评论。读完第一段，似乎有些懂了。无所不能的商人是指赐福给行善者的神祇，可是看到他在第二段中摆弄纽扣，这推测似乎有些亵渎神明，我又慌忙改变了主意。班上其他同学与我处境相同，整整三刻钟我们坐对一张白纸，脑子里空空如也。受教育真是个极其磨人的过程。

Daddy-Long-Legs

with blank paper and equally blank minds. Getting an education is an awfully **wearing**① process!

But this didn't end the day, there's worse to come.

It rained so we couldn't play golf, but had to go to the gymnasium instead. The girl next to me **banged**② my elbow with an **indian club**③. I got home to find that the box with my new blue spring dress had come, and the skirt was so tight that I couldn't sit down. Friday is **sweeping**④ day, and the maid had mixed all the papers on my desk. We had tombstone for dessert (milk and **gelatin**⑤ flavored with **vanilla**⑥). We were kept in chapel twenty minutes later than usual to listen to a speech about womanly women. And then—just as I was settling down with a sigh of well-earned relief to *The Portrait of a Lady*, a girl named Ackerly, a dough-faced, deadly, **unintermittently**⑦ stupid girl, who sits next to me in Latin because her name begins with A (I wish Mrs. Lippett had named me Zabriski), came to ask if Monday's lesson commenced at paragraph 69 or 70, and stayed ONE HOUR. She has just gone.

Did you ever hear of such a discouraging series of events? It isn't the big troubles in life that require character. Anybody can rise to a crisis and face a **crushing**⑧ tragedy with courage, but to meet the petty **hazards**⑨ of the day with a laugh—I really think that requires spirit.

It's the kind of character that I am going to develop. I am going to pretend that all life is just a game which I must play as skillfully and fairly as I can. If I lose, I am going to **shrug**⑩ my shoulders and laugh—also if I win.

Anyway, I am going to be **a sport**⑪! You will never hear me

① wearing /'weərɪŋ/ a. 使疲惫的，磨损的

② bang /bæŋ/ v. 重击
③ Indian club 体操用之瓶状棒

④ sweeping /'swi:pɪŋ/ vbl. 扫除，打扫

⑤ gelatin /'dʒelətɪn, 'dʒelə'ti:n/ n. 明胶，胶
⑥ vanilla /və'nɪlə/ n. 香草

⑦ unintermittently /ˌʌnɪntə(:)'mɪtəntlɪ/ ad. 不间断地(连续地)

⑧ crushing /'krʌʃɪŋ/ a. 使不能再站起来，压倒的
⑨ hazard /'hæzəd/ n. 危险，危害

⑩ shrug /ʃrʌg/ v. 耸肩

⑪ a sport 指具有公正、勇气和不气馁等性格的人

这还没完，更倒霉的事还在后面。

雨天不能打高尔夫球，只好到健身房去。我旁边那姑娘的体操棒梆的一下捣在了我的肘上。回到宿舍，我的天蓝色的新春装送来了，可裙子太小，坐都坐不下来。星期五是打扫宿舍的日子，清洁女工把我桌上的纸弄得乱七八糟。饭后甜食给我们吃"墓碑"（一种香草牛奶冻）。做礼拜又延长了二十分钟，为的是给我们宣讲为妇之道。还有，当我好容易松了口气坐下看《贵妇人的画像》时，阿克莉，一个笨手笨脚，死样活气，面孔长得像生面团的姑娘跑来问我，星期一的课是从第六十九段还是从第七十段开始。这个姑娘上拉丁语课坐在我的旁边，因为她的姓和我一样都是 A 字母开头（我真希望李培太太给我起个 Z 字母开头的姓，比如扎勃里斯基），她坐了整整一个钟头，刚刚才走。

有谁听说过这么一连串叫人丧气的事吗？生活中，并非仅在大难临头时，才要人显示英雄本色，人人都能勇对危险或不幸。但要能对日常的烦扰付诸一笑，真得有点精神才行。

今后，我要培养这种精神。我要把生活视为一场竞技，尽可能熟巧和公平地投入进去。胜也罢，败也罢，我都耸耸肩膀一笑置之。

不管怎样，我要做一个堂堂正正的人，亲爱的长腿爸爸，你再不会听到我因为朱丽

complain again, Daddy dear, because Julia wears silk stockings and centipedes drop off the wall.

Yours ever,
Judy

Answer soon.

27th May

Daddy-Long-Legs, Esq.

DEAR SIR: I am in **receipt**① of a letter from Mrs. Lippett. She hopes that I am doing well in **deportment**② and studies. Since I probably have no place to go this summer, she will let me come back to the asylum and work for my board until college opens.

I HATE THE JOHN GRIER HOME.

I'd rather die than go back.

Yours most truthfully,
Jerusha Abbott

Cher Daddy-Jambes-Longes,

Vous êtes un brick!

Je suis tres heureuse about the farm, *parceque je n'ai jamais* been on a farm *dans ma vie* and I'd hate to *retourner chez* John Grier, *et* wash dishes tout *l'été*. There would be danger of *quelque chose affreuse* happening, *parceque j'ai perdue ma humilité d'autre fois et j'ai peur* that

雅穿长筒丝袜和蜈蚣从天而降发出怨言。
请速复信。

永远是你的朱蒂

星期五晚9时30分

① receipt /rɪ'siːt/ n. 收据,收到

② deportment /dɪ'pɔːtmənt/ n. 行为(举止)

长腿爸爸先生：

亲爱的先生，今收到李培太太来信。她希望我目前品学兼优，并要我假期回孤儿院工作以维持生活直到学期开始，因为我大概没有去处。

我恨死约翰·格利尔孤儿院。

我宁死不愿回去。

你最忠实的杰鲁莎·艾博特

5月27日

亲爱的长腿爸爸：

你真好。

我很高兴去农场，我从未去过农场。我不愿回到约翰·格利尔孤儿院去洗一夏天盘子。那样的话，很可能会有什么可怕的事情发生，因为我已不像过去那样谦卑，我担心

I would just break out *quelque jour et* smash every cup and saucer *dans la maison.*

Pardon brièveté et paper. *Je ne peux pas* send *des mes nouvelles parceque je suis dans* French class *et j'ai peur que Monsieur le Professeur* is going to call on me *tout de suite.*

He did!

Au revoir,
Je vous aime beaucoup.
Judy

30th May

Dear Daddy-Long-Legs,

Did you ever see this campus? (That is merely a **rhetorical**[①] question. Don't let it **annoy**[②] you.) It is a heavenly spot in May. All the **shrubs**[③] are in blossom and the trees are the loveliest young green—even the old pines look fresh and new. The grass is dotted with yellow **dandelions**[④] and hundreds of girls in blue and white and pink dresses. Everybody is joyous and carefree, for vacation's coming, and with that to look forward to, examinations don't count.

Isn't that a happy frame of mind to be in? And oh, Daddy! I'm the happiest of all! Because I'm not in the asylum anymore; and I'm not anybody's nursemaid or typewriter or bookkeeper (I should have been, you know, except for you).

I'm sorry now for all my past badnesses.

I'm sorry I was ever impertinent to Mrs. Lippett.

哪天我会爆发,把孤儿院的杯盘碗盏砸个稀烂。

原谅我匆匆住笔,不能再谈我这里近日的情况了。我正在上法文课,我怕老师很快会叫我。

他果然叫我了。

再见,我爱你。

朱蒂

5月27日

① rhetorical question 只为加强语气及效果的反问
② annoy /əˈnɔɪ/ v. 使……苦恼,骚扰
③ shrub /ʃrʌb/ n. 灌木
④ dandelion /ˈdændɪlaɪən/ n. 蒲公英

亲爱的长腿爸爸:

你到过我们校园吗?(这只是一句客套话,请别在意。)五月时节,这里的景致美极了。灌木丛中花团烂漫,树上一片清浅的绿色,就连苍老的松树也换上了新装。黄色蒲公英和几百名穿红着绿的姑娘点缀着草坪。人人欢欣快乐,无忧无虑,因为假期快要来临。有了这个盼头,考试也就算不得什么了。

这还不令人心旷神怡吗?而我比谁都高兴,因为我已不在孤儿院,不再是谁的保姆、打字员,或会计(可你知道,如果没有你,我只能是其中之一)。

我为我过去做过的坏事感到内疚。

我不该对李培太太无礼。

我不该打骂费莱迪·波金斯。

Daddy-Long-Legs

I'm sorry I ever **slapped**① Freddie Perkins.

I'm sorry I ever filled the sugar bowl with salt.

I'm sorry I ever made faces behind the trustees' backs.

I'm going to be good and sweet and kind to everybody because I'm so happy. And this summer I'm going to write and write and write and begin to be a great author. Isn't that an **exalted**② stand to take? Oh, I'm developing a beautiful character! It droops a bit under cold and frost, but it does grow fast when the sun shines.

That's the way with everybody. I don't agree with the theory that **adversity**③ and sorrow and disappointment develop moral strength. The happy people are the ones who are bubbling over with kindliness. I have no faith in **misanthropes**④. (Fine word! Just learned it.) You are not a misanthrope, are you, Daddy?

I started to tell you about the campus. I wish you'd come for a little visit and let me walk you about and say:

"That is the library. This is the gas plant, Daddy dear. The **Gothic**⑤ building on your left is the gymnasium, and the Tudor Romanesque beside it is the new infirmary."

Oh, I'm fine at showing people about. I've done it all my life at the asylum, and I've been doing it all day here. I have honestly.

And a man, too!

That's a great experience. I never talked to a man before (except occasional trustees, and they don't count). Pardon, Daddy, I don't mean to hurt your feelings when I **abuse**⑥ trustees. I don't consider that you really belong among them. You just **tumbled**⑦ on to the board by chance. The trustee, as such, is fat and **pompous**⑧ and benevolent. He **pats**⑨ one

① slap /slæp/ v. 拍击,侮辱

② exalted /ɪgˈzɔːltɪd/ a. 尊贵的,高位的

③ adversity /ədˈvɜːsɪtɪ/ n. 不幸,灾难

④ misanthrope /ˈmɪsənθrəʊp/ n. 厌恶人类的人

⑤ Gothic /ˈɡɒθɪk/ a. 哥特式的

⑥ abuse /əˈbjuːz/ v. 辱骂
⑦ tumble /ˈtʌmbl/ v. 翻倒,滚动
⑧ pompous /ˈpɒmpəs/ a. 傲慢的,自大的
⑨ pat /pæt/ v. 轻拍,拍

　　我不该把盐装在糖罐里。
　　我更不该在理事背后做鬼脸。
　　我太幸福了,我要对每一个人都亲切、温顺、和善。今年夏天,我将不间断地写作,做一名伟大的作家。这还算不得一个崇高目标吗?我在培养一种美好的气质!尽管寒冷和冰霜会使它低落下去,但灿烂的阳光又会使它迅速高涨起来。
　　人人都是如此。我不同意所谓逆境、忧伤或失意会造就道德力量的理论。幸福的人才会热情洋溢。我不相信厌世者(好字眼儿!刚刚学的)。长腿爸爸,你不是一个厌世者吧?
　　刚才提到校园,我希望你能来访,我可以带你四下走走,告诉你:
　　"那是图书馆。这是煤气厂。你左边的哥特式建筑是健身房,旁边的都铎式建筑是新建的校医院。"
　　我很会做导游。我在孤儿院经常带人参观。今天还领人走了一天。真的,不骗你。
　　而且是一位男人。
　　这次经历不同一般。我从未和男人说过话(除过个别理事,但他们不作数。)对不起,长腿爸爸,我说理事的坏话,并不想冒犯你。我没有把你看作他们中的一员。你只是碰巧当了理事的。所谓理事,应当肥胖、傲慢、一副慈善模样。他喜欢摸人脑袋,挂金表链。

· 085 ·

on the head and wears a gold watch chain.

That looks like a June **bug**① but is meant to be a **portrait**② of any trustee except you.

However—to resume:

I have been walking and talking and having tea with a man. And with a very superior man—with Mr. Jervis Pendleton of the House of Julia; her uncle, in short (in long, perhaps I ought to say; he's as tall as you). Being in town on business, he decided to run out to the college and **call on**③ his niece. He's her father's youngest brother, but she doesn't know him very **intimately**④. It seems he glanced at her when she was a baby, decided he didn't like her, and has never noticed her since.

Anyway, there he was, sitting in the reception room very proper with his hat and stick and gloves beside him; and Julia and Sallie with seventh-hour recitations that they couldn't cut. So Julia **dashed**⑤ into my room and begged me to walk him about the campus and then **deliver**⑥ him to her when the seventh hour was over. I said I would, obligingly but **unenthusiastically**⑦, because I don't care much for Pendletons.

(图　略)

① bug /bʌg/ n. 臭虫
② portrait /ˈpɔːtrɪt/ n. 肖像

③ call on 访问
④ intimately /ˈɪntɪmətlɪ/ adv. 亲密地

⑤ dash /dæʃ/ v. 猛冲
⑥ deliver /dɪˈlɪvə(r)/ v. 传送；交出
⑦ unenthusiastically /ˌʌnɪnˌθjuːzɪˈæstɪklɪ/ a. 不热心的，缺乏热情的

看去像六月的臭虫，可这是除你之外的其他理事的画像。

不过——书归正传：

我和一个男人散步、谈话，还一起吃茶点。他是个了不起的人物，是朱丽雅家族的杰维斯·彭德尔顿。简单地说，他是她的叔叔（详细地说，我或许该告诉你，他身材和你一样高）。他到市内办事，顺便到学校来看望他的侄女。他是朱丽雅爸爸最小的弟弟。但朱丽雅和他并不亲密。好像在朱丽雅孩提时代，他看了她一眼，没有多大好感，就再不注意她了。

不管怎样，他来了。规规矩矩地坐在接待室，他的帽子、手杖、手套放在一边。莎莉和朱丽雅第七节是诵读课，不能缺席。朱丽雅冲到我的房间，要我带他到校园走走，等第七节课完了再领他去找她。出于礼貌，我同意了，但并不热心，因为我对彭德尔顿家没有多大好感。

But he turned out to be a sweet lamb. He's a real human being—not a Pendleton at all. We had a beautiful time; I've longed for an uncle ever since. Do you mind pretending you're my uncle? I believe they're superior to grandmothers.

Mr. Pendleton reminded me a little of you, Daddy, as you were twenty years ago. You see I know you intimately, even if we haven't ever met!

He's tall and thinnish with a dark face all over lines, and the funniest underneath smile that never quite comes through but just wrinkles up the corners of his mouth. And he has a way of making you feel right off as though you'd known him a long time. He's very **companionable**①.

We walked all over the campus from the **quadrangle**② to the athletic grounds; then he said he felt weak and must have some tea. He proposed that we go to College Inn—it's just off the campus by the pine walk. I said we ought to go back for Julia and Sallie, but he said he didn't like to have his nieces drink too much tea; it made them nervous. So we just ran away and had tea and muffins and **marmalade**③, and ice cream and cake at a nice little table out on the **balcony**④. The inn was quite conveniently empty, this being the end of the month and allowances low.

We had the jolliest time! But he had to run for his train the minute he got back and he barely saw Julia at all. She was **furious**⑤ with me for taking him off; it seems he's an unusually rich and desirable uncle. It **relieved**⑥ my mind to find he was rich, for the tea and things cost sixty cents apiece.

This morning (it's Monday now) three boxes of chocolates came by express for Julia and Sallie and me. What do you think of that? To be

可他温文尔雅，是位有血有肉的人——一点不像是彭德尔顿家的。我们度过了一段美妙时光。打那以后，我就盼望有个叔叔。你来做我的叔叔好吗？我觉得叔叔胜过祖母。

彭德尔顿先生使我想起你，长腿爸爸，二十年前的你。你瞧我对你多熟悉，尽管我们还未相见。

他身材高瘦，脸色黝黑，布满皱纹，也不开怀大笑，只把嘴角微微一咧，古怪极了。他非常平易近人，使你对他一见如故。

我们从方庭到操场，走遍了整个校园。他说他走累了要喝杯茶，提议去大学小吃店。小吃店不远，就在校门外的松径旁。我说该去喊朱丽雅和莎莉一起去，他说他不愿他的侄女喝茶太多，这会使她们变得神经质。所以，我们俩悄悄溜去了，还吃了烤松饼、橘子酱、冰淇淋和蛋糕，坐在走廊一张雅致的小桌子旁。店里正好没人，现在正是月底，大家零花钱都不多了。

我们玩得非常开心！可是一回到学校，他就要去赶火车，只匆匆看了朱丽雅一眼。朱丽雅很恼火我带他出去。看来他是位非常富有和讨人喜欢的叔叔。得知他很有钱，我才放下心来，因为茶和点心很贵，每样要60美分呢。

今晨（现在是星期一）朱丽雅、莎莉和我每人收到一盒巧克力，是快递邮件。你觉得怎样？一个男人送来了巧克力！

---

① companionable /kəmˈpænjənəb(ə)l/ *a.* 适于做朋友的
② quadrangle /ˈkwɒdræŋgl/ *n.* 四边形
③ marmalade /ˈmɑːməleɪd/ *n.* 橘子、柠檬等制成的果酱
④ balcony /ˈbælkənɪ/ *n.* 阳台
⑤ furious /ˈfjʊərɪəs/ *a.* 狂怒的
⑥ relieve /rɪˈliːv/ *v.* 减轻；使……放心

getting candy from a man!

I begin to feel like a girl instead of a foundling.

I wish you'd come and have tea some day and let me see if I like you. But wouldn't it be dreadful if I didn't? However, I know I should.

Bien! I make you my compliments.

"Jamais je ne t'oublierai."

Judy

PS. I looked in the glass this morning and found a perfectly new **dimple**① that I'd never seen before. It's very **curious**②, Where do you suppose it came from?

9th June

Dear Daddy-Long-Legs,

Happy day! I've just finished my last examination—physiology. And now:

Three months on a farm!

I don't know what kind of a thing a farm is. I've never been on one in my life. I've never even looked at one (except from the car window), but I know I'm going to love it, and I'm going to love being *free*.

I am not used even yet to being outside the John Grier Home. Whenever I think of it excited little **thrills**③ **chase**④ up and down my back. I feel as though I must run faster and faster and keep looking over my shoulder to make sure that Mrs. Lippett isn't after me with her arm **stretched**⑤ out to grab me back.

我开始感到自己是个姑娘而不是弃儿。

我希望你哪天也来吃茶点，让我看看是否喜欢你。可如果我不喜欢你，岂不是太糟糕了？不过，我会喜欢你的。

好了，向你致意。

想念你的朱蒂
5月30日

① dimple /ˈdɪmpl/ n. 酒窝

② curious /ˈkjʊərɪəs/ a. 古怪的

又及：今晨照镜子，发现我长了个酒窝，以前我可没看到过。真奇怪，从哪里来的？

亲爱的长腿爸爸：

今天真高兴！我考完了最后一门——生理学。接下来呢：到农场去住三个月！

我不知农场是什么样子的。从来没有去过农场。我甚至可以说从没瞧见过农场（除了隔着汽车的玻璃），但我知道，我一定会喜欢它的，我也会喜欢自由自在。

到现在，我也还不习惯约翰·格利尔孤儿院之外的地方。一想到这点，就感到一阵阵的心神不定。似乎必须跑快些，再快些，边跑边回头张望，看看李培太太是否在后面追赶，伸出双臂要抓我回去。

③ thrill /θrɪl/ n. 震颤，激动

④ chase /tʃeɪs/ v. 追捕，追逐

这个夏天我对谁都不用顾忌了，对吗？

⑤ stretch /stretʃ/ v. 伸展，张开

I don't have to mind anyone this summer, do I?

Your **nominal**① authority doesn't annoy me in the least; you are too far away to do any harm. Mrs. Lippett is dead forever, so far as I am concerned, and the Semples aren't expected to overlook my moral **welfares**②, are they? No, I am sure not. I am entirely grown up. Hooray!

I leave you now to pack a trunk, and three boxes of teakettles and dishes and sofa cushions and books.

Yours ever,
Judy

PS. Here is my physiology exam. Do you think you could have passed?

Saturday nigh!

Dearest Daddy-Long-Legs,

I've only just come and I'm not **unpacked**③, but I can't wait to tell you how much I like farms. This is a heavenly, heavenly, heavenly spot! The house is square like this:

And *old*. A hundred years or so. It has a **veranda**④ on the side which I

① nominal /'nɒmɪnl/ *a.* 名义上的

② welfare /'welfeə/ *n.* 福利,康乐

③ unpacked 安置行李

④ veranda /və'rændə/ *n.* 阳台

你徒有其名的权威吓不了我,你离我太远了,对我没有伤害。对我来说,李培太太已经永远死去。森普尔夫妇不会监督我的品行吧?我想不会。我已长大成人了!万岁!

就写这些吧,我得去收拾行装,一个衣箱,还有装了茶壶、盘子、靠垫、书籍的三个盒子。

永远是你的朱蒂

6月9日

又及:这是我的生理学考卷。你觉得你会通过吗?

最亲爱的长腿爸爸:

我刚到,还未安置妥当,但我迫不及待地想告诉你我喜欢农场。这里是一个美极了美极了的地方。房子是方形的,如下图:

(图　略)

而且很古老,有一百来年了。我画不出来的那一面有个门廊。屋前有个漂亮的走廊。这

can't draw and a sweet porch in front. The picture really doesn't do it justice—those things that look like feather **dusters**① are maple trees, and the **prickly**② ones that border the drive are murmuring pines and **hemlocks**③. It stands on the top of a hill and looks way off over miles of green **meadows**④ to another line of hills.

    That is the way Connecticut goes, in a series of Marcelle waves; and Lock Willow Farm is just on the **crest**⑤ of one wave. The **barns**⑥ used to be across the road where they **obstructed**⑦ the view, but a kind flash of lightning came from heaven and burned them down.

    The people are Mr. and Mrs. Semple and a hired girl and two hired men. The hired people eat in the kitchen, and the Semples and Judy in the dining room. We had ham and eggs and biscuits and honey and jelly cake and pie and pickles and cheese and tea for supper—and a great deal of conversation. I have never been so entertaining in my life; everything I say appears to be funny. I suppose it is, because I've never been in the country before, and my questions are backed by an all-**inclusive**⑧ **ignorance**⑨.

    The room marked with a cross is not where the murder was committed, but the one that I occupy. It's big and square and empty, with **adorable**⑩ old-fashioned furniture and windows that have to be **propped**⑪ up on sticks and green shades trimmed with gold that fall down if you touch them. And a big square mahogany table I'm going to spend the summer with my elbows spread out on it, writing a novel.

① duster /'dʌstə/ n. 抹布,鸡毛掸

② prickly /'prɪklɪ/ a. 多刺的
③ hemlock /'hemlɒk/ n. 铁杉
④ meadow /'medəʊ/ n. 草地

⑤ crest /krest/ n. 冠,顶部
⑥ barn /bɑːn/ n. 谷仓
⑦ obstruct /əb'strʌkt/ v. 阻隔,妨碍

⑧ inclusive /ɪn'kluːsɪv/ a. 包含……在内的
⑨ ignorance /'ɪgnərəns/ n. 无知

⑩ adorable /ə'dɔːrəbl/ a. 可爱的

⑪ prop /prɒp/ v. 支撑,维持

幅画画得很不好,不能表现它的真面目——那些像鸡毛掸子似的东西是枫树,在车道旁带刺的是松树和铁杉。房子坐落在小山顶上,放眼望去,广阔的草地一直延伸到远处一溜小山脚下。

(图 略)

康涅狄格州的地形就像头发上烫出的波浪,洛克威洛农场坐落在浪尖上。谷仓原先在道路的那边,正好挡住视线。幸好上天一道闪电把它夷为平地。

这里有森普尔先生和太太,还雇了一个女工和两个男工。雇工在厨房用餐,森普尔夫妇和朱蒂在饭厅。晚饭有火腿蛋、饼干、蜂蜜、果冻饼、馅饼、泡菜、奶酪和茶,话也说得不少。我一生从未受过这样的款待,每当我说点什么,他们都感到好笑,可能是我初次到乡村,尽提一些愚蠢的问题。

画上打×的那个房间不是谋杀现场,而是我住的房间。一个方形的大屋子,很宽敞。老式家具令人喜爱,窗户得用木棍支开,还挂着镶金边的绿色帘子,一触就能放下。还有一张很大的红木方桌——整个夏天我将趴在上面,写我的小说。

噢,长腿爸爸,我太兴奋了。我盼望着

Daddy-Long-Legs

Oh, Daddy, I'm so excited! I can't wait till daylight to explore. It's 8:30 now, and I am about to blow out my candle and try to go to sleep. We rise at five. Did you ever know such fun? I can't believe this is really Judy. You and the Good Lord give me more than I deserve. I must be a very, very, very good person to pay. I'm going to be. You'll see.

Good night,
Judy

PS. You should hear the frogs sing and the little pigs **squeal**①—and you should see the new moon! I saw it over my right shoulder.

LOCK WILLOW,
12th July

Dear Daddy-Long-Legs,

How did your secretary come to know about Lock Willow? (That isn't a rhetorical question. I am awfully curious to know.) For listen to this: Mr. Jervis Pendleton used to own this farm, but now he has given it to Mrs. Semple who was his old nurse. Did you ever hear of such a funny **coincidence**②? She still calls him "Master Jervie" and talks about what a sweet little boy he used to be. She has one of his baby **curls**③ put away in a box, and it is red—or at least reddish!

Since she discovered that I know him, I have risen very much in her opinion. Knowing a member of the Pendleton family is the best introduction one can have at Lock Willow And the **cream**④ of the whole

早些天亮，好去四下探寻。现在是晚上8点半，我即将吹熄蜡烛，想法入睡。我们5点起床。你有过这种快乐吗？我都不能相信朱蒂真的在这里。你和仁慈的上帝给我的恩惠太多了。我一定要做个非常非常好的人来报答你们。我一定会的。你瞧着吧。

晚安

朱蒂

星期六晚

① squeal /skwiːl/ n. 长而尖的叫声

又及：你要能听到青蛙的鼓噪和小猪的尖叫该有多好。还有那一弯新月！从我右肩看上去就能看到月亮。

亲爱的长腿爸爸：

你的秘书怎么会知道洛克威洛的？（这不是客套话，我确实很好奇。）因为：杰维斯·彭德尔顿先生曾是这农场的主人。现在他把农场送给了他的保姆——森普尔太太。多有意思的巧合。她现在还称他"杰维少爷"，讲他小时候有多么可爱。她还在一个小盒里珍藏了他一缕婴儿时的头发。是红的——至少是微红色的。

② coincidence /kəʊˈɪnsɪdəns/ n. 巧合
③ curl /kɜːl/ n. 卷曲，卷发

打从她知道我认识他，就对我另眼相看。在洛克威洛，认识彭德尔顿家的一个成员是最好的引见。而彭德尔顿家的骄傲是杰维斯

④ cream /kriːm/ n. 精华

family is Master Jervis—I am pleased to say that Julia belongs to an **inferior**① branch.

The farm gets more and more entertaining. I rode on a **hay**② wagon yesterday. We have three big pigs and nine little piglets, and you should see them eat. They are pigs! We've oceans of little baby chickens and ducks and turkeys and **guinea fowls**③. You must be mad to live in a city when you might live on a farm.

It is my daily business to hunt the eggs. I fell off a **beam**④ in the barn **loft**⑤ yesterday, while I was trying to **crawl**⑥ over to a nest that the black hen has stolen. And when I came in with a **scratched**⑦ knee, Mrs. Semple bound it up with **witch hazel**⑧ murmuring all the time, "Dear! Dear! It seems only yesterday that Master Jervie fell off that very same beam and scratched this very same knee."

The **scenery**⑨ around here is perfectly beautiful. There's a valley and a river and a lot of wooded hills, and way in the distance a tall blue mountain that simply **melts in your mouth**⑩.

We **churn**⑪ twice a week; and we keep the cream in the spring house which is made of stone with the **brook**⑫ running underneath. Some of the farmers around here have a **separator**⑬, but we don't care for these new-fashioned ideas. It may be a little harder to separate the cream in pans, but it's sufficiently better to pay. We have six **calves**⑭; and I've chosen the names for all of them.

1. Sylvia, because she was born in the woods.
2. Lesbia, after the Lesbia in Catullus.
3. Sallie.
4. Julia—a spotted, **nondescript**⑮ animal.
5. Judy, after me.

① inferior /ɪnˈfɪərɪə/ a. 次等的，较低的
② hay /heɪ/ n. 干草

③ guinea fowl 〈动〉珍珠鸡

④ beam /biːm/ n. 横梁
⑤ loft /lɒft/ n. 草料棚,鸽房
⑥ crawl /krɔːl/ v. 爬行
⑦ scratch /skrætʃ/ v. 蹭,抓
⑧ witch hazel 北美金缕梅

⑨ scenery /ˈsiːnərɪ/ n. 风景

⑩ melt in your mouth 含在嘴里就化了,引申去特别令人喜爱
⑪ churn /tʃɜːn/ v. 搅乳
⑫ brook /brʊk/ n. 小河,溪
⑬ separator /ˈsepəreɪtə(r)/ n. 脱脂器

⑭ calf /kɑːf/ n. 小牛

⑮ nondescript /ˈnɒndɪsˈkrɪpt/ a. 莫可名状的

少爷——我很高兴朱丽雅属于底层的一支。

农场越来越有意思。昨天，我坐了运草的马车。我们有三只大猪、九只猪崽，吃起食来可有意思了。这些小猪！还有无数的小鸡雏、鸭子、火鸡和珍珠鸡。你本可住在农场，可你偏要住在城市，真是不可思议。

我每天的任务是拾鸡蛋。昨天在粮仓，我想爬着去够一只鸟窝（黑鸡偷偷在那里下了蛋），不小心从梁上摔了下来。回去，森普尔太太看见我摔破了的膝盖，她一边用金缕梅给我包扎，一边喃喃地说："天呀！杰维少爷也从那梁上摔下来过，就好像是昨天的事情。他也是摔破了这个膝盖。"

这里的景致幽美无比。有山谷、河流，还有很多浓荫覆盖的小山，老远处一座莽莽苍苍的大山，特别令人喜爱。

每周我们做两次奶油，我们把奶油放在用石头砌成的冷藏室里，一道小溪打下面潺潺流过。邻近一些农民有脱脂器。我们不喜欢这种新鲜玩意。用锅来搅奶油当然麻烦些，可质量好，值得这么干。我们有六头小牛。我给它们都起了名字：

1. 萨尔维亚，因她生在林中。
2. 列丝比亚，以卡图勒斯作品中的列丝比亚命名。
3. 莎莉。
4. 朱丽雅——一只有斑点的没有多大特点的小牛。
5. 朱蒂——和我同名。

6. Daddy-Long-Legs. You don't mind, do you, Daddy? He's pure Jersey and has a sweet disposition. He looks like this—you can see how appropriate the name is.

I haven't had time yet to begin my **immortal**① novel; the farm keeps me too busy.

Yours always,
Judy

PS. I've learned to make doughnuts.

PS.(2) If you are thinking of raising chickens, let me recommend Buff Orpingtons. They haven't any **pin feathers**②.

PS.(3) I wish I could send you a pat of the nice, fresh butter I churned yesterday. I'm a fine dairymaid!

PS.(4) This is a picture of Miss Jerusha Abbott, the future great author, driving home the cows.

6. 长腿爸爸——你不会介意,对吗?它是纯泽西种乳牛,非常温顺。它的长相如下,你可以看到这名字对它有多么合适。

(图　略)

我还没有开始创作我的不朽著作。我在农场忙得很。

　　　　　　　　永远是你的朱蒂
　　　　　　　7月12日,洛克威洛

又及:

1. 我会做面包圈了。

2. 你如果想养鸡的话,我推荐奥尔平顿种的鸡,它们腿上不长毛。

3. 我真想送你一块我昨天做的新鲜奶油。我是个满不错的挤奶姑娘。

4. 这是未来的伟大作家杰鲁莎·艾博特的画像。她正赶牛回家。

① immortal /ɪˈmɔːtl/ a. 不朽的

② pin feather 纤毛

Sunday

Dear Daddy-Long-Legs,

Isn't it funny? I started to write to you yesterday afternoon, but as far as I got was the heading "Dear Daddy-Long-Legs," and then I remembered I'd promised to pick some **blackberries**① for supper, so I went off and left the sheet lying on the table, and when I came back today, what do you think I found sitting in the middle of the page? A real true Daddy-Long-Legs!

我不会画牛!

① blackberry /ˈblækbərɪ/ n. 黑莓

亲爱的长腿爸爸:

多有意思的事呀! 昨天给你写信,刚刚起头写了"亲爱的长腿爸爸",忽然想起我答应森普尔太太采些黑莓来晚餐时吃,就把信纸留在桌上匆匆离去了。今天打算继续写信。你猜我在信纸中央看到了什么? 一个真正的"长腿爸爸"大蜘蛛。

(图 略)

Daddy-Long-Legs

I picked him up very gently by one leg, and dropped him out of the window. I wouldn't hurt one of them for the world. They always remind me of you.

We **hitched up**① the spring wagon this morning and drove to the center to church. It's a sweet little white frame church with a spire and three Doric columns in front (or maybe Ionic—I always get them mixed).

A nice sleepy sermon with everybody **drowsily**② waving palm-leaf fans, and the only sound, aside from the minister, the **buzzing**③ of **locusts**④ in the trees outside. I didn't wake up till I found myself on my feet singing the **hymn**⑤, and then I was awfully sorry I hadn't listened to the sermon; I should like to know more of the psychology of a man who would pick out such a hymn. This was it:

> *Come, leave your sports and earthly toys*
> *And join me in **celestial**⑥ joys.*
> *Or else, dear friend, a long farewell.*
> *I leave you now to sink to hell.*

I find that it isn't safe to discuss religion with the Semples. Their God (whom they have inherited **intact**⑦ from their remote **Puritan**⑧ **ancestors**⑨) is a narrow, **irrational**⑩ unjust, mean, revengeful, **bigoted**⑪ Person. Thank heaven I don't inherit God from anybody! I am free to make mine up as I wish Him. He's kind and sympathetic and imaginative and forgiving and understanding—and He has a sense of humor.

I like the Semples **immensely**⑫ their practice is so superior to their theory. They are better than their own God. I told them so—and they are

① hitch up 套车

② drowsily /ˈdraʊzɪlɪ/ ad. 爱睡地，昏昏欲睡地
③ buzzing n. 发蜂音
④ locust /ˈləʊkəst/ n. 蝗虫
⑤ hymn /hɪm/ n. 赞美诗，圣歌

⑥ celestial /sɪˈlestjəl, sɪˈlestʃəl/ a. 天上的

⑦ intact /ɪnˈtækt/ a. 原封不动的，完整的
⑧ puritan /ˈpjʊərɪtən/ n.&a. 清教徒(的)
⑨ ancestor /ˈænsəstə/ n. 祖宗，祖先
⑩ irrational /ɪˈræʃənəl/ a. 无理性的
⑪ bigoted /ˈbɪɡətɪd/ a. 固执己见的
⑫ immensely /ɪˈmenslɪ/ ad. 极大地，无限地

我轻轻拈住它的一只腿，把它放到窗外。我决不会伤害它们，因为它们总使我想起你。

今天早晨，我们套上马车到镇中心的教堂去。教堂是一所可爱的白色建筑，有尖顶和三个陶立克式柱子（或许是爱奥尼亚式，我搞不清）。

在那催人入睡的布道声中，众人懒洋洋地摇着芭蕉扇。除了牧师的声音之外，只有窗外树丛中蚱蜢的一片唧唧声。我一直瞌睡到大家起立唱赞美诗。这时，我忽然为刚才没有听布道感到一阵懊恼，真想知道选择这首赞美诗的人的心理，请看：

来吧，丢下你的玩物和尘世的消遣，
与我在天国携手腾欢。
要不，朋友，你我从此永别，
任你沦入地狱受尽磨难。

我发现同森普尔夫妇讨论宗教很不稳妥。他们的上帝（那是他们从清教徒的祖先那里完整无损地继承下来的）狭隘、吝啬、不讲理、不公正、报复心强而又顽固不化，谢天谢地，我的上帝不是什么人遗传下来的。我可以自由地创造我的上帝。他善良，富于同情心，有想象力，宽宏大量而又通情达理——他还富有幽默感。

我非常喜欢森普尔夫妇。他们的行动超越了他们的理论，他们胜过了他们的上帝。听我这么一说，他们吓了一跳，认为我亵渎

horribly troubled. They think I am blasphemous—and I think they are! We've dropped **theology**① from our conversation.

This is Sunday afternoon.

Amasai (hired man) in a purple tie and some bright yellow buckskin gloves, very red and shaved, has just driven off with Carrie (hired girl) in a big hat trimmed with red roses and a blue **muslin**② dress and her hair curled as tight as it will curl. Amasai spent all the morning washing the **buggy**③ and Carrie stayed home from church **ostensibly**④ to cook the dinner, but really to iron the muslin dress.

In two minutes more when this letter is finished I am going to settle down to a book which I found in the **attic**⑤. It's entitled, *On the Trail*, and **sprawled**⑥ across the front page in a funny little-boy hand:

>*Jervis Pendleton*
>*If this book should ever* **roam**⑦,
>**Box its ears**⑧ *and send it home.*

He spent the summer here once after he had been ill, when he was about eleven years old; and he left *On the Trail* behind. It looks well read—the marks of his **grimy**⑨ little hands are frequent! Also in a corner of the attic there is a water wheel and a **windmill**⑩ and some bows and arrows. Mrs. Semple talks so **constantly**⑪ about him that I begin to believe he really lives—not a grown man with a silk hat and walking stick, but a nice, dirty, **tousle**⑫-headed boy who **clatters**⑬ up the stairs with an awful **racket**⑭ and leaves the screen doors open, and is always asking for cookies. (And getting them, too, if I know Mrs. Semple!) He seems to have been an adventurous little soul—and brave

① theology /θɪ'ɒlədʒɪ/ n. 神学

② muslin /'mʌzlɪn/ n. 平纹细布，薄纱织物

③ buggy /'bʌgɪ/ n. 双轮单座的轻马车，四轮单座的马车

④ ostensibly /ɒs'tensəblɪ/ ad. 表面上，外表上

⑤ attic /'ætɪk/ n. 阁楼

⑥ sprawl /sprɔːl/ vi. (植物)蔓生，蔓延

⑦ roam /rəʊm/ v. 漫游，闲逛

⑧ box sb.'s ears 打……的耳光

⑨ grimy /'graɪmɪ/ a. 污秽的，肮脏的

⑩ windmill /'wɪndmɪl/ n. 风车

⑪ constantly /'kɒnstəntlɪ/ ad. 不断地，经常地

⑫ tousle /'taʊz(ə)l/ v. 弄乱(头发)

⑬ clatter /'klætə/ v. 发出哗啦声，卡搭卡搭的响

⑭ racket /'rækɪt/ n. 喧闹纷乱

了上帝，我却认为是他们亵渎了他。从此我们再不谈理论。

现在是星期日下午。

阿马萨（男雇工）和嘉丽（女雇工）刚才驾了马车走了。阿马萨精神焕发，刮了胡子，打着紫色领带，戴上鹅黄色鹿皮手套。嘉丽戴着一顶缀有红玫瑰的大帽子，穿一身蓝色洋布裙子，头发卷成了紧紧的小卷。阿马萨花了整整一上午刷洗那辆轻便马车。嘉丽不去教堂，假装留下做饭，实际在熨烫那身细布衣服。

再过两分钟，等这封信写完后，我就要坐下来认真读我从阁楼上找到的一本书。书名是《在小路上》。扉页上，用稚拙的小男孩笔迹写道：

杰维斯·彭德尔顿
这本书一旦到处乱爬
请给它一记耳光搁它回家。

他十一岁的那年夏天，生了一场病，曾来到这里休养，留下了这本书。看来，他读得很细，到处可以看到他的小脏手留下的污迹。在阁楼的一个角落里还有一辆水车、一个风车和一些弓箭。森普尔太太不住地谈起他，以致使我感到他还是一个可爱的、头发蓬乱的脏孩子，并没有长大成为一位戴礼帽、拿手杖的绅士。他大吵大闹地爬上楼梯，从不记得关纱门，老是要饼干吃（我知道森普

and truthful. I'm sorry to think he is a Pendleton; he was meant for something better.

We're going to begin **threshing**[1] **oats**[2] tomorrow; a steam engine is coming and three extra men.

It **grieves**[3] me to tell you that Buttercup (the spotted cow with one horn, mother of Lesbia) has done a **disgraceful**[4] thing. She got into the **orchard**[5] Friday evening and ate apples under the trees, and ate and ate until they went to her head. For two days she has been perfectly dead drunk! That is the truth I am telling. Did you ever hear anything so **scandalous**[6]?

Sir,
I remain,
Your affectionate orphan,
Judy Abbott

PS. Indians in the first chapter and highwaymen in the second. I hold my breath. What can the third contain? "**Red Hawk**[7]-leapt twenty feet in the air and **bit the dust**[8]." That is the subject of the **frontispiece**[9]. Aren't Judy and Jervie having fun?

15th September

Dear Daddy,

I was weighed yesterday on the flour scales in the general store at the Corners. I've gained nine pounds! Let me recommend Lock Willow as a health **resort**[10].

Yours ever,
Judy

① thresh /θreʃ/ v. 打(庄稼)
② oat /əʊt/ n. 燕麦

③ grieve /gri:v/ v. 使……悲伤
④ disgraceful /dɪsˈgreɪsfʊl/ a. 可耻的,不名誉的
⑤ orchard /ˈɔːtʃəd/ n. 果园

⑥ scandalous /ˈskændələs/ a. 不体面的

⑦ Red Hawk 指印第安人
⑧ bit the dust 倒下死去
⑨ frontispiece /ˈfrʌntɪspiːs, ˈfrɒn-/ n.(书籍的)卷首插画

⑩ resort /rɪˈzɔːt/ n. 度假胜地

尔太太对他有求必应。他一张口准会给他)。听她说,他小时就喜欢冒险,而且勇敢、真诚。可惜他是彭德尔顿家的。他实际上比这家人要好得多。

明天打燕麦。添了一台机器,还增加了三个雇工。

我伤心地通知你那只叫勃特柯普的独角花母牛(列丝比亚的母亲)干了件丢人的事。星期五傍晚,她跑到果园去饱餐了一顿掉在树下的苹果。她吃呀吃呀,直吃到头脑发昏。两天了,她还是烂醉如泥!这是真的,你听说过这么丢人的事吗?

对你一往情深的孤儿杰鲁莎·艾博特
星期日

又及:

第一章讲印第安人,第二章讲绿林好汉。我屏住呼吸。第三章讲什么呢?卷首上写着"印第安人跃到半空,落地身亡。"朱蒂和杰维怎么能不开心呢?

亲爱的长腿爸爸:

昨天我在拐角的杂货店里,用称面粉的秤称了体重。我长了九磅!我建议人们到洛克威洛来休养。

你的朱蒂
9月15日

Daddy-Long-Legs

Dear Daddy-Long-Legs,

Behold me—a sophomore! I came up last Friday, sorry to leave Lock Willow, but glad to see the campus again. It is a pleasant sensation to come back to something familiar. I am beginning to feel at home in college, and **in command of**① the situation; I am beginning, in fact, to feel at home in the world—as though I really belonged to it and had not just **crept**② in **on sufferance**③.

I don't suppose you understand in the least what I am trying to say. A person important enough to be a trustee can't appreciate the feelings of a person unimportant enough to be a foundling.

And now, Daddy, listen to this. Whom do you think I am rooming with? Sallie McBride and Julia Rutledge Pendleton. It's the truth. We have a study and three little bedrooms—*voilà*!

（图　略）

亲爱的长腿爸爸：

你瞧，我是大学二年级学生了。上星期五返校。真不想离开洛克威洛。不过，回到学校还是很高兴。回到自己熟悉的地方给人一种愉快的感觉。我开始习惯了大学生活，能应付自如了。事实上，我对社会也已习惯，好像我原先就是它的成员，而不是被人勉强收留进来的。

可能我说的这些，你根本就不理解。一位可以当理事的大人物不会理解一个卑微的弃儿的。

现在，请听我说。你知道我和谁同住一套房间吗？莎莉·麦克布莱德和朱丽雅·彭德尔顿。这是真的，我们有三个卧室和一个书房。请看下图：

---

① in command of 指挥（统率）

② creep /kriːp/ n. 爬，徐行
③ on sufferance 被容忍（经默许）

Daddy-Long-Legs

Sallie and I decided last spring that we should like to room together, and Julia made up her mind to stay with Sallie—why, I can't imagine, for they are not a bit alike; but the Pendletons are naturally **conservative**① and **inimical**② (fine word!) to change. Anyway, here we are. Think or Jerusha Abbott, late of the John Grier Home for Orphans, rooming with a Pendleton. This is a **democratic**③ country.

Sallie is running for class president, and unless all signs fail, she is going to be elected. Such an atmosphere of **intrigue**④—you should see what politicians we are! Oh, I tell you, Daddy, when we women get our rights, you men will have to look alive in order to keep yours. Election comes next Saturday, and we're going to have a **torchlight**⑤ procession in the evening, no matter who wins.

I am beginning chemistry, a most unusual study. I've never seen anything like it before. **Molecules**⑥ and **atoms**⑦ are the material **employed**⑧, but. I'll be in a position to discuss them more definitely next month.

I am also taking argumentation and logic.

Also history of the whole world.

Also plays of William Shakespeare.

Also French.

If this keeps up many years longer, I shall become quite intelligent.

① conservative /kən'sɜːvətɪv/ a. 保守的

② inimical /ɪ'nɪmɪkl/ a. 为敌的，不友善的

③ democratic /ˌdemə'krætɪk/ a. 民主的

④ intrigue /ɪn'triːg/ n. 密谋，复杂的事

⑤ torchlight /'tɔːtʃlaɪt/ n. 火炬，火炬的光

⑥ molecule /'mɒlɪkjuːl, 'məʊ-/ n. 分子

⑦ atom /'ætəm/ n. 原子

⑧ employ /ɪm'plɔɪ/ v. 使用

　　春天的时候莎莉和我就决定住在一起。不知道为什么，朱丽雅决心还要和莎莉在一起，她俩全无半点共同之处。彭德尔顿家的人一向保守，因循守旧（好字眼儿！）。总之，我们住在一起了。试想，原约翰·格利尔孤儿院的杰鲁莎·艾博特与彭德尔顿家族的一员住在一起。真是个民主国家！

　　莎莉在竞选班主席，她会当选的，除非一切迹象都搞错了。那么一种神秘的气氛——我们都像政治家了。对了，爸爸，当我们妇女赢得权利后，你们男人们得加倍提防，才好维护你们的权利。下星期六选举。不管谁胜谁负，晚上将举行火炬游行。

　　我开始学化学，很不寻常的学科。我从未见过这样的科学。现在接触的是分子和原子，下个月我就能讲得更具体些。

　　我也学辩论和逻辑学。

　　还有世界历史。

　　还有莎士比亚的戏剧。

　　还有法语。

　　像这样持续多年，我必定学识渊博。

· 113 ·

I should rather have elected economics than French, but I didn't dare, because I was afraid that unless I reelected French, the professor would not let me pass—as it was, I just managed to **squeeze**① through the June examination. But I will say that my high school preparation was not very adequate.

There's one girl in the class who chatters away in French as fast as she does in English. She went abroad with her parents when she was a child, and spent three years in a **convent**② school. You can imagine how bright she is compared with the rest of us—irregular verbs are mere playthings. I wish my parents had **chucked**③ me into a French convent when I was little instead of a foundling asylum. Oh no, I don't either! Because then maybe I should never have known you. I'd rather know you than French.

Goodbye, Daddy. I must call on Harriet Martin now, and, having discussed the chemical situation, **casually**④ drop a few thoughts on the subject of our next president.

Yours in politics,
J. Abbott

17th October

Dear Daddy-Long-Legs,

Supposing the swimming tank in the gymnasium were filled full of lemon jelly, could a person trying to swim manage to keep on top or would he sink?

We were having lemon jelly for dessert when the question came up. We discussed it heatedly for half an hour and it's still **unsettled**⑤. Sallie

① squeeze /skwiːz/ v. 挤，刚好通过

② convent /'kɒnvənt/ n. 女修道会

③ chuck /tʃʌk/ v. 轻叩，抛掷

④ casually /'kæʒjʊəlɪ/ ad. 随意地，随便地

⑤ unsettled /ˌʌn'setld/ a. 未处理的，未决定的

　　我本想选修经济，而不是法语，但我不敢。我若不继续选修法语，我怕教授通不过。六月份的考试我勉强及格。应该说，我在高中没打好基础。

　　班上有一位同学法语说得和英语一样流利。她小时随父母出国，在女隐修会学校读了三年。可以想象她在我们中间有多出色，不规则动词对她来说形同儿戏。我真希望我小时候父母把我扔到法国修道院而不是什么孤儿院。噢，不对，我不是这个意思。真是那样，我就不会认识你了，我宁愿认识你，哪怕不会法语。

　　再见，长腿爸爸。我现在要去见哈里埃·马丁，讨论一番化学后，再顺便谈一点我对下届班主席的看法。

参与政治的朱蒂·艾博特

亲爱的长腿爸爸：

　　如果体育馆游泳池里盛满柠檬水，人是下沉呢还是上浮？

　　在饭后吃柠檬冻时，有人提出这个问题。我们毫无结果地激烈争论了半个小时。莎莉说她能在柠檬水里游泳，而我断定世界上最

thinks that she could swim in it, but I am perfectly sure that the best swimmer in the world would sink. Wouldn't it be funny to be **drowned**① in lemon jelly?

Two other problems are **engaging**② the attention of our table.

1st. What shape are the rooms in an **octagon**③ house? Some of the girls **insist**④ that they're square; but I think they'd have to be shaped like a piece of pie. Don't you?

2nd. Suppose there were a great big **hollow**⑤ **sphere**⑥ made of looking glass and you were sitting inside. Where would it stop **reflecting**⑦ your face and begin reflecting your back? The more one thinks about this problem, the more puzzling it becomes. You can see with what deep **philosophical**⑧ reflection we engage our **leisure**⑨.

Did I ever tell you about the election? It happened three weeks ago, but so fast do we live, that three weeks is ancient history. Sallie was elected, and we had a torchlight **parade**⑩ with **transparencies**⑪ saying, "McBride for Ever," and a band consisting of fourteen pieces (three mouth organs and eleven combs).

① drown /draʊn/ v. 淹死

② engage /ɪnˈgeɪdʒ/ v. 引起（兴趣），占用
③ octagon /ˈɒktəgən/ n. 八边形，八角形
④ insist /ɪnˈsɪst/ v. 坚持，强调

⑤ hollow /ˈhɒləʊ/ a. 空的
⑥ sphere /sfɪə/ n. 范围，领域
⑦ reflect /rɪˈflekt/ v. 反映，反射

⑧ philosophical /ˌfɪləˈsɒfɪkəl/ a. 哲学的
⑨ leisure /ˈleʒə, ˈliːʒə/ n. 空闲，闲暇

⑩ parade /pəˈreɪd/ n. 游行
⑪ transparency /trænsˈpeərənsɪ/ 透明度

好的游泳选手也会下沉。在柠檬水里淹死不是很有意思吗？

我们这一桌还讨论了其他两个问题。

第一，八角形房子里面的房间是什么形状？有的同学非说房间是方形的，我想它们一定像馅饼一样，你说呢？

第二，如果你坐在一个四周全是镜子的巨大空心球体里，镜子在何处才不照脸而照背？我越想越糊涂。你看我们用多么深奥的哲学概念来打发我们的闲暇！

我告诉你选举结果了吗？三星期前就选过了，日子过得飞快，三星期好像已是古代史了。莎莉当选了。我们举着火炬游行，还高举着"莎莉万岁"的透明横幅，还有14件乐器组成的乐队（三个口琴和十一把用梳子假装的口琴）。

We're very important persons now in "258." Julia and I come in for a great deal of reflected glory. It's quite a social **strain**① to be living in the same house with a president.

Bonne nuit, cher Daddy.

Acceptez mez compliments,
Très respectueux
Je suis,

Votre Judy

12th November

Dear Daddy-Long-Legs,

We beat the freshmen at basketball yesterday. Of course we're pleased—but oh, if we could only beat the juniors! I'd be willing to be black and blue all over and stay in bed a week in a witch hazel **compress**②.

Sallie has invited me to spend the Christmas vacation with her. She lives in Worcester, Massachusetts. Wasn't it nice of her? I shall love to go. I've never been in a private family in my life, except at Lock Willow, and the Semples were grown up and old and don't count. But the McBrides have a houseful of children (anyway two or three) and a mother and father and grandmother, and an Angora cat. It's a perfectly complete family! Packing your trunk and going away is more fun than staying behind. I am terribly excited at the **prospect**③.

Seventh hour—I must run to **rehearsal**④. I'm to be in the Thanksgiving **theatricals**⑤. A prince in a tower with a velvet **tunic**⑥ and yellow curls.

① strain /streɪn/ *n.* 紧张,压力

② compress /kəmˈpres/ *n.* 敷布,压布

③ prospect /ˈprɒspekt/ *n.* 希望,展望

④ rehearsal /rɪˈhɜːsəl/ *n.* 排练,彩排

⑤ theatrical /θɪˈætrɪkəl/ *n.* 戏剧演出

⑥ tunic /ˈtjuːnɪk/ *n.* (女用)束腰外衣

我们258室的人都成了重要人物。朱丽雅和我沾了不少光。和主席同住,社会压力真不轻呢。

晚安,亲爱的爸爸。

祝好

尊敬你的朱蒂
10月17日

亲爱的长腿爸爸:

昨天与大一班赛篮球我们胜了。我们欢欣雀跃,可要是能打赢大三班就好了。那样,我宁可打到全身青一块紫一块,包上金缕梅绷带在床上躺一个星期。

莎莉请我到她家去过圣诞节。她住在马萨诸塞州的伍斯特市。她真好。我很想去。我从未去过别人家里,除了洛克威洛。可是森普尔夫妇是成年人,而且老了,所以不算。麦克布莱德家有很多孩子(至少有两三个),还有爸爸、妈妈、祖母和一只安哥拉猫。真是一个美满的家庭。打点行装出远门儿比留下来有意思得多,这前景使我兴奋异常。

第七节课时到了,我得赶紧去排练。我参加了感恩节的演出。我演一位塔楼王子,身着

Isn't that a lark?

Yours,
J.A.

Saturday

Do you want to know what I look like? Here's a photograph of all three that Leonora Fenton took.

The light one who is laughing is Sallie, and the tall one with her nose in the air is Julia, and the little one with the hair blowing across her face is Judy—she is really more beautiful than that, but the sun was in her eyes.

"STONE GATE,"
WORCESTER, MASS.
31st December

Dear Daddy-Long-Legs,

I meant to write to you before and thank you for your Christmas check, but life in the McBride household is very **absorbing**①, and I don't seem able to find two **consecutive**② minutes to spend at a desk.

I bought a new **gown**③—one that I didn't need, but just wanted. My Christmas present this year is from Daddy-Long-Legs; my family just sent love.

I've been having the most beautiful vacation visiting Sallie. She lives in a big old-fashioned **brick**④ house with white trimmings set back from the street—exactly the kind of house that I used to look at so curiously when I was in the John Grier Home, and wonder what it

紫色上衣，头上有金黄色的卷发。多有意思。

你的朱蒂
11月12日

你想知道我的长相吗？附上我们三人的照片。是李奥诺拉·芬顿拍的。

面带笑容的是莎莉。高个儿，目空一切的是朱丽雅。小个子，头发被风吹到脸上的是朱蒂。实际上她比照片上漂亮，可是太阳晃得她睁不开眼。

星期六

亲爱的长腿爸爸：

早想写信谢谢你圣诞节寄给我的一张支票，可是麦克布莱德家非常活跃有趣，我似乎找不出一点时间坐下来写信。

我买了一件新的长服，并非必需，只是想要。我今年的圣诞礼物是长腿爸爸送的，家里只表达了爱意。

这些天，我在莎莉家度过了最美好的假期。她住在一座很大的老式镶白砖房里，离街面不远。正是我在约翰·格利尔孤儿院时好奇地张望，而又不知其中究竟的那种房子。我从没有想过能够亲眼见到，而现在，我亲

① absorbing /əbˈsɔːbɪŋ/ a. 吸引人的，非常有趣的
② consecutive /kənˈsekjʊtɪv/ a. 连续的，连贯的
③ gown /ɡaʊn/ n. 长袍，长外衣

④ brick /brɪk/ n. 砖

could be like inside. I never expected to see with my own eyes—but here I am! Everything is so comfortable and restful and homelike; I walk from room to room and **drink in**① the furnishings.

It is the most perfect house for children to be brought up in; with shadowy **nooks**② for **hide and seek**③. and open fireplaces for popcorn, and an attic to **romp**④ in on rainy days, and **slippery**⑤ **banisters**⑥ with a comfortable flat **knob**⑦ at the bottom, and a great big sunny kitchen, and a nice, fat, sunny cook who has lived in the family thirteen years and always saves out a piece of dough for the children to bake. Just the sight of such a house makes you want to be a child all over again.

And as for families! I never dreamed they could be so nice. Sallie has a father and mother and grandmother, and the sweetest three-year-old baby sister all over curls, and a medium-sized brother who always forgets to wipe his feet, and a big, good-looking brother named Jimmie, who is a junior at Princeton.

We have the jolliest times at the table—everybody laughs and jokes and talks at once, and we don't have to **say grace**⑧ beforehand. It's a relief not having to thank somebody for every mouthful you eat. (I dare say I'm blasphemous; but you'd be, too, if you'd offered as much obligatory thanks as I have.)

Such a lot of things we've done—I can't begin to tell you about them. Mr. McBride owns a factory and Christmas eve he had a tree for the employees' children. It was in the long packing room which was decorated with **evergreens**⑨ and **holly**⑩. Jimmie McBride was dressed as Santa Claus and Sallie and I helped him distribute the presents.

Dear me, Daddy, but it was a funny sensation! I felt as benevolent as a trustee for the John Grier home. I kissed one sweet, sticky little

① drink in 汲取(陶醉于)

② nook /nʊk/ n. 角落,躲蔽处
③ hide and seek 捉迷藏
④ romp /rɒmp/ v. 嬉闹玩耍
⑤ slippery /ˈslɪpərɪ/ a. 滑的
⑥ banister /ˈbænɪstə/ n. 楼梯的扶栏
⑦ knob /nɒb/ n. 把手

⑧ say grace 做饭前祷告

⑨ evergreen /ˈevəɡriːn/ n. 常绿树,常绿植物
⑩ holly /ˈhɒlɪ/ n. 冬青树

临其境了。一切都那样舒适、安谧，像在家里一样。我从一个房间走到另一个房间，细细观赏他们的陈设，不由得陶醉了。

这是养育儿童的最理想的所在。有朦胧的角落可以捉迷藏，有壁炉可以爆米花，雨天可以在阁楼嬉闹，楼梯扶手很滑，终端有个舒适平坦的捏手。厨房宽敞，豁亮，还有一个胖乎乎、性格开朗的厨子，他在他们家已十三年了，经常留一块面团让小孩烤着玩。看到这样的家，我真想重返童年。

而那些家庭成员！我想不到他们会有这么好。莎莉有爸爸、妈妈、祖母、一个刚三岁的小妹妹，满头卷发，可爱极了。还有一个半大不小的弟弟，进门老不记得擦脚，还有一个漂亮的哥哥，他叫吉美，在普林斯顿上大学三年级。

饭桌上是最美妙的时刻，大家说呀，笑呀，谁也不让谁。饭前还不用做祷告，不用为到嘴的每口食物对谁感恩戴德，使我非常宽慰。（我确实不敬神明，可如果你像我那样对一切都要千恩万谢，想必也会有同感。）

我们做了那么多事情，我都不知怎样对你描述。麦克布莱德先生开了一家工厂。圣诞节前夕，他为职工的孩子们准备了一棵圣诞树，放在长长的包装车间里，车间装缀着常青树和冬青树的叶子。吉美·麦克布莱德扮成圣诞老人。我和莎莉帮他发礼物。

哦，天哪，真带劲。我感到自己就像约翰·格科尔孤儿院仁慈的理事一样。我吻了一个可爱的黏糊糊的小男孩——不过，我好像

boy—but I don't think I patted any of them on the head!

And two days after Christmas, they gave a dance at their own house for ME.

It was the first really true ball I ever attended—college doesn't count where we dance with girls. I had a new white evening gown (your Christmas present—many thanks) and long white gloves and white **satin**① slippers. The only drawback to my perfect, **utter**②, absolute happiness was the fact that Mrs. Lippett couldn't see me leading the **cotillion**③ with Jimmie McBride. Tell her about it, please, the next time you visit the J. G. H.

Yours ever,
Judy Abbott

PS. Would you be terribly displeased, Daddy, if I didn't turn out to be a Great Author after all, but just a Plain Girl?

6:30, Saturday

Dear Daddy,

We started to walk to town today, but mercy! how it **poured**④. I like winter to be winter with snow instead of rain.

Julia's desirable uncle called again this afternoon—and brought a five pound box of chocolates. There are advantages, you see, about rooming with Julia.

Our **innocent**⑤ **prattle**⑥ appeared to **amuse**⑦ him and he waited for a later train in order to take tea in the study. We had an awful lot of

没有摸他们的脑袋。

圣诞节后两天,他们在自己的家里为我举行了舞会。

这是我第一次参加名副其实的舞会——大学的舞会不算,因为我们只能和女生跳舞。我穿一件白色晚礼服(你的圣诞礼物——多谢了),戴长筒白手套,脚下是白缎鞋。我沉浸在完全、彻底、绝对的幸福中,只有一点缺陷,就是李培太太没有看到我和吉米·麦克布莱德领跳交谊舞。下次你去约翰·格利尔孤儿院时,请千万把这告诉她。

永远是你的朱蒂·艾博特
12月31日于"石门"
马萨诸塞州伍斯特市

又及:爸爸,如果我将来不能成为一位伟大的作家而只是一个平凡的姑娘,你会大失所望吗?

① satin /'sætɪn/ n. 缎子
② utter /'ʌtə/ a. 全然的,绝对
③ cotillion /kə'tɪljən, kəʊ-/ n. 沙龙舞
④ pour /pɔː, pʊə/ v. 倒,倾泻
⑤ innocent /'ɪnəsnt/ a. 不懂事的,无辜的
⑥ prattle /'prætl/ n. 半截话,无聊话
⑦ amuse /ə'mjuːz/ v. 消遣,使……发笑

亲爱的长腿爸爸:

真糟糕,今天我们步行进城,遇上了瓢泼大雨。冬天得像冬天——应该下雪才是。

今天下午,朱丽雅的讨人喜欢的叔叔又来了——带来五磅重的一盒巧克力。你瞧,和朱丽雅同屋也有好处。

看来他喜欢听我们天真而又孩子气的谈

trouble getting permission. It's hard enough entertaining fathers and grandfathers, but uncles are a step worse; and as for brothers and cousins, they are next to impossible. Julia had to swear that he was her uncle before a **notary**① public and then have the county clerk's **certificate**② **attached**③ (Don't I know a lot of law?) And even then I doubt if we could have had our tea if the **dean**④ had chanced to see how youngish and good-looking Uncle Jervis is.

Anyway, we had it, with brown bread Swiss cheese sandwiches. He helped make them and then ate four. I told him that I had spent last summer at Lock Willow, and we had a beautiful **gossipy**⑤ time about the Semples, and the horses and cows and chickens. All the horses that he used to know are dead, except Grover, who was a baby **colt**⑥ at the time his last visit—and poor Grove now is so old he can just **limp**⑦ about the **pasture**⑧.

He asked if they still kept doughnuts in a yellow **crock**⑨ with a blue plate over it on the bottom shelf of the pantry—and they do! He wanted to know if there was still a **woodchuck's**⑩ hole under the pile of rocks in the night pasture—and there is! Amasai caught a big, fat, gray one there this summer, the twenty-fifth greatgrandson of the one Master Jervis caught when he was a little boy.

I called him "Master Jervie" to his face, but he didn't appear to be insulted. Julia says she has never seen him so amiable; he's usually pretty unapproachable. But Julia hasn't a bit of **tact**⑪; and men, I find, require a great deal. They **purr**⑫ if you **rub**⑬ them the right way and **spit**⑭ if you don't. (That isn't a very elegant **metaphor**⑮. I mean it **figuratively**⑯.)

We're reading Marie Bashkirtseff's journal. Isn't it amazing? Listen

① notary /ˈnəʊtərɪ/ n. 公证人
② certificate /səˈtɪfɪkɪt/ n. 证(明)书
③ attach /əˈtætʃ/ v. 附上,贴上
④ dean /diːn/ n. 系主任,院长

⑤ gossipy /ˈɡɒsɪpɪ/ a. 喜饶舌的,漫谈式的

⑥ colt /kəʊlt/ n. 小马
⑦ limp /lɪmp/ v. 跛行
⑧ pasture /ˈpɑːstʃə/ n. 牧场
⑨ crock /krɒk/ n. 壶,罐

⑩ woodchuck /ˈwʊdtʃʌk/ n. 土拨鼠

⑪ tact /tækt/ n. 机智,手法
⑫ purr /pɜː/ v. 姑噜姑噜叫
⑬ rub /rʌb/ v. 擦,搓
⑭ spit /spɪt/ v. 唾吐
⑮ metaphor /ˈmetəfə/ n. 隐喻,暗喻
⑯ figuratively /ˈfɪɡjʊrətɪvlɪ/ ad. 比喻地

话。为了在我们的书房吃茶点,他推迟一班火车走。我们费了好大劲才得到校方的同意。接待爸爸和祖父吃茶点已经够难了,接待叔叔就更难一层,而接待哥哥和表兄弟几乎是不可能的。他们要朱丽雅在公证处发誓说他真是她叔叔,再把公证处的证明带回来(我还知道点法律吧?)。即使是这样,我想一旦院长看见杰维斯叔叔那么年轻、英俊,恐怕也不会同意我们在一起吃茶点的。

无论如何,我们喝了茶,还有黑面包和瑞士奶酪做的三明治。他帮我们做的三明治,随后吃了四块。我告诉他夏天我在洛克威洛度假。我们高兴地聊起了森普尔夫妇、马、牛和鸡。他知道的那些马除了格鲁夫外都死了。他上次去时,格鲁夫还是一匹小马驹,现在已经老得只能在牧场上蹒跚了。

他问我森普尔夫妇是否还用一只棕色坛子装面包圈,上面盖个蓝盘子,放在食品间的最下面一层。确实,一点不错!他问我在夜间牧场的一堆岩石下,是否还有一个土拨鼠的洞。是的,真的有一个!夏天,阿马萨抓到一只又肥又大的灰色土拨鼠,是杰维斯少爷小时抓的那只的第二十五代子孙。

我当面叫他"杰维少爷",他也不生气。朱丽雅说从未见他那么好说话,他一般很难接近。但是朱丽雅不懂得策略,我发现男人要求很高。只能顺毛摩挲,要不,就该咬你了(这个比喻不文雅,只是象征性的借喻)。

我们在读玛丽·巴斯格谢夫的日记。真让

to this: "Last night I was **seized**[8] by a fit of despair that found **utterance**[9] in moans, and that finally drove me to throw the dining room clock into the sea."

It makes me almost hope I'm not a genius; they must be very wearing to have about—and awfully destructive to the furniture.

Mercy! how it keeps pouring. We shall have to swim to chapel tonight.

Yours ever,
Judy

① seize /siːz/ v. 抓住，突然抓住
② utterance /ˈʌtərəns/ n. 说话，发表

人震惊。请看："昨天，失望笼罩着我的身心，使我发出痛苦的呻吟。我无法自制，最后把餐厅的挂钟掷入了大海。"

我几乎希望我不是天才。他们一定叫人讨厌，而且，只会破坏家具。

天哪！雨还下个不停。今晚要游着去教堂了。

永远是你的朱蒂
星期六，6时30分

（图　略）

Daddy-Long-Legs

20th Jan.

Dear Daddy-Long-Legs,

Did you ever have a sweet baby girl who was stolen from the **cradle**① in **infancy**②?

Maybe I am she! If we were in a novel, that would be the **dénouement**③, wouldn't it?

It's really awfully queer not to know what one is—sort of exciting and romantic. There are such a lot of possibilities. Maybe I'm not American; lots of people aren't. I may be straight **descended**④ from the ancient Romans, or I may be a Viking's daughter, or I may be the child of a Russian **exile**⑤ and belong by rights in a Siberian prison, or maybe I'm a gypsy—I think perhaps I am. I have a very wandering spirit, though I haven't as yet had much chance to develop it.

Do you know about that one scandalous **blot**⑥ in my career—the time I ran away from the asylum because they punished me for stealing cookies? It's down in the books free for any trustee to read. But really, Daddy, what could you expect? When you put a hungry little nine-year-old girl in the pantry **scouring**⑦ knives, with the cookie jar at her elbow, and go off and leave her alone; and then suddenly **pop in**⑧ again, wouldn't you expect to find her a bit **crumby**⑨? And then when you jerk her by the elbow and box her ears, and make her leave the table when the pudding comes, and tell all the other children that it's because she's a thief, wouldn't you expect her to run away?

I only ran four miles. They caught me and brought me back; and every day for a week I was tied, like a naughty puppy, to a **stake**⑩ in the backyard while the other children were out at **recess**⑪.

亲爱的长腿爸爸：

你有没有一个在襁褓中被人偷走的可爱的小女孩？

可能我就是这个女孩，如果我们在小说里，事情会是这样收尾的，对吗？

对自己的出身一无所知太奇怪了——有点令人激动，又有点罗曼蒂克。有那么多的可能。可能我不是美国人，很多人都不是美国人。可能我的祖先是古罗马人，或者我是北欧海盗的女儿，或者我是俄罗斯流放者的孩子，理应关在西伯利亚的监狱里。还或者我是吉卜赛人——我想我是的，我喜爱到处流浪，尽管我还没有机会显示这种精神。

你知道我过去的一大污点吗？我偷吃饼干，受到惩罚，从孤儿院逃跑了。这事记录在案，哪位理事都能看到。但是，长腿爸爸，这怎么能怪我呢？让一个饥肠辘辘的九岁小孩在食品间擦洗刀叉，饼干桶就在手边，随后留下她一人就走开了，忽然又跑回来，当然会发现她嘴边有饼干屑。然后把她一把拽起，搧她两个耳光，尔后又在饭桌上，当布丁送上来时，命令她走开，还告诉所有人她是小偷，她能不逃走吗？

我只跑了四英里就被抓回来了。此后一星期，在其他孩子休闲时，我像一只淘气的小狗一样被拴在后院的木桩旁。

---

① cradle /ˈkreɪdl/ n. 摇篮
② infancy /ˈɪnfənsɪ/ n. 婴儿，幼儿期
③ dénouement /deɪˈnuːmɒn/ n. (小说的)结尾，结局
④ descend /dɪˈsend/ v. 降
⑤ exile /ˈeksaɪl, ˈegz-/ n. 被放逐者
⑥ blot /blɒt/ n. 污点
⑦ scour /ˈskauə/ vt. 擦洗
⑧ pop in 偶尔或突然访问
⑨ crumby /ˈkrʌmɪ/ a. 尽是屑粒的
⑩ stake /steɪk/ n. 木柱
⑪ recess /rɪˈses/ n. 休息，休会

Oh, dear! There's the chapel bell, and after chapel I have a committee meeting. I'm sorry because I meant to write you a very entertaining letter this time.

Auf wiedersehen
Cher Daddy,
Pax tibi!
Judy

4th February

Dear Daddy-Long-Legs,

Jimmie McBride has sent me a Princeton **banner**① as big as one end of the room; I am very grateful to him for remembering me, but I don't know what on earth to do with it. Sallie and Julia won't let me hang it up; our room this year is furnished in red, and you can imagine what an effect we'd have if I added orange and black. But it's such nice, warm thick **felt**②. I hate to waste it. Would it be very improper to have it made into a bathrobe? My old one **shrank**③ when it was washed.

天哪！做礼拜的钟响了，做完礼拜我要参加委员会的会议。很遗憾，我今天本想给你写封非常有趣的信。

再见，亲爱的爸爸，祝你：

平安

朱蒂

1月20日

亲爱的长腿爸爸：

吉米·麦克布莱德送我一面普林斯顿的旗子，和我房间的墙壁一样大。我感谢他还记得我，但不知怎样使用这面旗子。莎莉和朱丽雅不同意我挂起来。今年我们的房间以红色为基调，如果我加上橙色和黑色，可以想象会有什么效果。可是旗子是用暖和厚实的毡子做的，浪费了实在可惜。做成浴衣不会太不像样吧？我那件旧的洗后缩水了。

① banner /ˈbænə/ n. 旗帜,横幅

② felt /felt/ n. 毛毯,毡

③ shrink /ʃrɪŋk/ v. 收缩,萎缩

I've entirely **omitted**① of late telling you what I am learning, but though you might not imagine it from my letters, my time is **exclusively**② **occupied with**③ study. It's a very bewildering matter to get educated in five branches at once.

"The test of true scholarship," says Chemistry Professor, "is a **painstaking**④ passion for detail."

"Be careful not to keep your eyes **glued**⑤ to detail," says History Professor. "Stand far enough away to get a **perspective**⑥ of the whole."

You can see with what **nicety**⑦ we have to trim our **sails**⑧ between chemistry and history. I like the historical method best. If I say that William the Conqueror came over in 1492, and Columbus discovered America in 1100 or 1066 or whenever it was, that's a **mere**⑨ detail that the professor overlooks. It gives a feeling of security and restfulness to the history recitation, that is entirely lacking in chemistry.

Sixth-hour bell—I must go to the laboratory and look into a little matter of **acids**⑩ and salts and **alkalis**⑪. I've burned a hole as big as a plate in the front of my chemistry apron, with **hydrochloric**⑫ acid. If the theory worked, I ought to be able to **neutralize**⑬ that hole with good strong **ammonia**⑭, oughtn't I?

Examinations next week, but who's afraid?

Yours ever,
Judy

5th March

Dear Daddy-Long-Legs,

There is a March wind blowing, and the sky is filled with heavy, black

① omit /əʊˈmɪt/ v. 省略,疏忽

② exclusively /ɪkˈskluːsɪvlɪ/ ad. 独占地,专门地

③ occupy with 从事

④ painstaking /ˈpeɪnzˌteɪkɪŋ/ a. 辛苦的,勤勉的

⑤ glue /gluː/ v. 粘牢,紧附

⑥ perspective /pəˈspektɪv/ n. 远景,看法

⑦ nicety /ˈnaɪsɪtɪ/ n. 精密,正确

⑧ sail /seɪl/ 航行

⑨ mere /mɪə/ a. 纯粹的,仅仅的

⑩ acid /ˈæsɪd/ n. 酸

⑪ alkalis /ˈælkəlɪs/ n. 碱金属

⑫ hydrochloric /ˌhaɪdrəʊˈklɔːrɪk/ a. 盐酸的

⑬ neutralize /ˈnjuːtrəlaɪz/ v. 使中立,中和

⑭ ammonia /əˈməʊnjə/ n. 氨水

近来,我一点没有提及我的学业。尽管你从信上看不出来,我的全部时间都用来学习了。同时学五门课,真叫人晕头转向。

化学教授说:"真正的学者从来不放过细节。"

历史教授说:"眼睛不要只盯着细节,站得远一些,才能抓住整体。"

你瞧在化学课和历史课之间,我们需要多么小心地见风使舵。我更喜欢历史课的方法。如果我说威廉一世1492年征服英国而哥伦布是在1100或1066年或随便什么年代发现了美洲大陆,历史课教授就不计较这些细节。所以历史课轻松愉快,而化学课则不然。

第六节课的铃响了——我要去实验室研究一下酸、盐和碱。盐酸把我做化学实验用的围裙烧了盘子大的一个洞。从理论上说,我可以用强氨把洞中和,是吗?

下星期考试,可谁怕这个?

永远是你的朱蒂

2月4日

亲爱的长腿爸爸:

外面刮着三月的风,天空黑云涌动。乌

moving clouds. The crows in the pine trees are making such a **clamor**①! It's an **intoxicating**②, **exhilarating**③, calling noise. You want to close your books and be off over the hills to race with the wind.

We had a paper chase last Saturday over five miles of **squashy**④ cross country. The fox (composed of three girls and a bushel or so of **confetti**⑤) started half an hour before the twenty-seven hunters. I was one of the twenty-seven; eight dropped by the wayside; we ended nineteen. The **trail**⑥ led over a hill, through a cornfield, and into a **swamp**⑦ where we had to leap lightly from **hummock**⑧ to hummock. Of course half of us went in ankle deep. We kept losing the trail, and we wasted twenty-five minutes over that swamp. Then up a hill through some woods and in at a barn window! The barn doors were all locked and the window was up high and pretty small. I don't call that fair, do you?

But we didn't go through; we **circumnavigated**⑨ the barn and picked up the trail where it **issued**⑩ by way of a low shed roof on to the top of a fence. The fox thought he had us there, but we fooled him. Then straight away over two miles of rolling meadow, and awfully hard to follow, for the confetti was getting **sparse**⑪. The rule is that it must be at the most six feet apart, but they were the longest six feet I ever saw. Finally, after two hours of steady **trotting**⑫, we tracked Monsieur Fox into the kitchen of Crystal Spring (that's a farm where the girls go in **bob sleighs**⑬ and hay wagons for chicken and waffle suppers) and we found the three foxes **placidly**⑭ eating milk and honey and biscuits. They hadn't thought we would get that far; they were expecting us to stick in the barn window.

Both sides insist that they won. I think we did, don't you? Because

① clamor /ˈklæmə/ n. 喧闹,叫嚷
② intoxicating /ɪnˈtɒksɪkeɪtɪŋ/ a. 醉人的,使人兴奋的
③ exhilarating /ɪɡˈzɪləreɪtɪŋ/ a. 令人喜欢的,使人愉快的
④ squashy /ˈskwɒʃɪ/ a. 柔软的,泥泞的
⑤ confetti /kənˈfeti(ː)/ n.（婚礼、狂欢节中抛撒的）五彩纸屑
⑥ trail /treɪl/ n. 踪迹,小径
⑦ swamp /swɒmp/ n. 沼泽,湿地
⑧ hummock /ˈhʌmək/ n. 圆丘,小丘
⑨ circumnavigate /ˌsɜːkəmˈnævɪɡeɪt/ vt. 环航
⑩ issue /ˈɪsjuː/ v. 流出
⑪ sparse /spɑːs/ a. 稀少的,稀疏的
⑫ trot /trɒt/ v. 快步走,小跑步走
⑬ bob sleigh 二橇拖材车
⑭ placidly /ˈplæsɪdlɪ/ ad. 平稳地,平静地

鸦在松林哑哑地叫个不停。那种声音撩人心神,似乎在召唤着我。我真想合上书本到山上去与劲风赛跑。

上星期六,我们玩追逐游戏,在湿漉漉的野外直跑了五英里。三个姑娘装作狐狸,带着一筐五彩纸屑,二十七名猎人比她们晚出发半小时。我也是猎人。半路上。八名猎人掉队了,只剩下我们十九个人紧追不舍。我们跟着纸屑翻过一座山,穿过玉米地,进入沼泽之后只得轻轻地从一块高地跳到另一块高地。半数以上的人都踩入水中湿到脚踝。我们常常找不到她们的踪迹,在沼泽地浪费了 25 分钟。又顺着丛林翻过一座山丘,直抵一座仓库的窗口!仓库的门全上着锁,窗户又高又小。她们真赖皮,是吧?

我们并没有爬进窗去,而是绕到仓库那边,又找到纸屑,跟着爬过一个低矮的小棚子,又越过一道篱笆。狐狸原以为能在这里难住我们,但是没有。再穿过两英里绵延的草地,纸屑越来越稀少,跟踪更困难了。原规定两堆纸屑的距离不得超过六英尺。可我从没见过六英尺会有那么长。最后,我们足足跋涉了两个小时,终于在水晶泉的厨房里找到了狐狸先生(水晶泉是个农场。姑娘们常乘着双连雪橇或坐着运草马车到那里去吃晚餐,那里有鸡和华夫饼干)。我们发现那三只狐狸在那里安静地喝牛奶,吃蜂蜜和饼干。她们还以为我们卡在仓库窗户里追不上她们呢。

双方都咬定自己胜了。我认为我们获胜,

we caught them before they got back to the campus. Anyway, all nineteen of us settled like locusts over the furniture and **clamored**① for honey. There wasn't enough to go around, but Mrs. Crystal Spring (that's our pet name for her; she's by rights a Johnson) brought up a jar of strawberry jam and a can of maple syrup—just made last week—and three loaves of brown bread.

We didn't get back to college till half past six—half an hour late for dinner—and we went straight in without dressing, and with perfectly **unimpaired**② **appetites**③! Then we all cut evening chapel; the state of our boots being enough of an excuse.

I never told you about examinations. I passed everything with the **utmost**④ ease—I know the secret now, and am never going to fail again. I shan't be able to graduate with honors though, because of that beastly Latin prose and geometry freshman year. But I don't care. **Wot's the hodds**⑤ so long as you're 'appy? (That's a quotation. I've been reading the English classics.)

Speaking of classics, have you ever read *Hamlet*? If you haven't, do it right off. It's *perfectly* **corking**⑥. I've been hearing about Shakespeare all my life, but I had no idea he really wrote so well; I always suspected him of going largely on his reputation.

I have a beautiful play that I invented a long time ago when I first learned to read. I put myself to sleep every night by pretending I'm the person (the most important person) in the book I'm reading at the moment.

At present I'm Ophelia—and such a sensible Ophelia! I keep Hamlet amused all the time, and pet him and **scold**⑦ him and make him **wrap up**⑧ his throat when he has a cold. I've entirely cured him of being

① clamor /ˈklæmə/ v. 喧嚷，大声的要求

② unimpaired /ˌʌnɪmˈpeəd/ a. 未受损伤的，没有减少的
③ appetite /ˈæpɪtaɪt/ n. 食欲，胃口

④ utmost /ˈʌtməʊst/ a. 极度的

⑤ wot's the hodds =what's the odds 那有什么要紧？

⑥ corking /ˈkɔːkɪŋ/ a. 很好的

⑦ scold /skəʊld/ v. 责骂，训斥
⑧ wrap up 围好围巾，包起来

你说呢？因为她们还没有回到校园就被我们抓住了。我们十九人坐下像知了一般吵着要吃蜂蜜。蜂蜜不够了，水晶泉太太（这是我们对她的爱称，她本姓约翰逊）拿出一罐草莓酱和一罐槭糖浆（上星期刚做的），还有三个黑面包。

六点半我们才回到学校。晚饭已开过了半个小时，我们不换衣服就直奔餐厅，并不因为吃过点心就没了胃口！晚上做礼拜请假了，理由很充分，因为我们的靴子沾满了泥巴。

我还未告诉你考试的事呢，我轻而易举地通过了各门课——我现在掌握了窍门，再也不会不及格了。我不会作为优等生毕业，因为大一时那讨厌的拉丁文和几何没及格。这我不在乎。心宽还在乎这个？（这是从书上抄来的，我正在读英国古典文学。）

说到古典文学，你读过《哈姆雷特》吗？如果没有，快点读吧。真是**妙不可言**。我老听人说起莎士比亚，却不知他的文笔如此之妙。我还以为他徒有其名呢。

很久以前，我刚开始认字就自己玩一种游戏。每晚入睡前我都把自己想作手头正在阅读的那本书中的一个人物，一个最重要的人物。

目前我是奥菲利娅——一个明白事理的奥菲利娅。我变着法逗哈姆雷特高兴，哄他，骂他，他感冒时叫他带上围巾。我治好了他

· 139 ·

melancholy①. The king and queen are both dead—an accident at sea; no funeral necessary—so Hamlet and I are ruling in Denmark without any **bother**②. We have the kingdom working beautifully. He takes care of the governing, and I look after the charities. I have just founded some first class orphan asylums. If you or any of the other trustees would like to visit them, I shall be pleased to show you through. I think you might find a great many helpful suggestions.

I remain, sir,

Yours most graciously,

OPHELIA,

Queen of Denmark,

24th March,

maybe the 25th

Dear Daddy-Long-Legs,

I don't believe I can be going to Heaven—I am getting such a lot of good things here; it wouldn't be fair to get them hereafter too. Listen to what has happened.

Jerusha Abbott has won the short story contest (a twenty-five dollar prize) that the *Monthly* holds every year. And she's a sophomore! The **contestants**③ are mostly seniors. When I saw my name posted, I couldn't quite believe it was true. Maybe I am going to be an author after all. I wish Mrs. Lippett hadn't given me such a silly name—it sounds like an authoress, doesn't it?

Also I have been chosen for the spring **dramatics**④—*As You Like It*

① melancholy /ˈmelənkəlɪ/ *a.* 忧沉的

② bother /ˈbɒðə/ *n.* 烦扰

的忧郁症。国王和王后双双去世——在海上遇难，无须举行葬礼——我和哈姆雷特统治丹麦，没有碰上一点麻烦。我们把国家治理得井井有条。他管理国家，我主持慈善事业，建立了几个第一流的孤儿院。如果你或其他理事愿意的话，我很高兴领你们去参观。你会得到很多有益的启迪。

你的谦恭的丹麦王后奥菲利娅
3月5日

亲爱的长腿爸爸：

我想我上不了天堂——我在尘世所得太多，身后再入天堂就太过分了。请看都有些什么事吧：

杰鲁莎·艾博特获得《月刊》杂志每年一度的短篇小说竞赛奖（奖金25美元）。参赛的大部分是四年级学生，而她才上大学二年级。看到自己榜上有名，我几乎不能相信这是真的。可能我真会成为作家。真希望李培太太给我起的名字不是这么蠢，一听就是女作家，是吗？

还有，春天我们要在露天演戏，我被选中饰演《皆大欢喜》中的西莉娅，是罗丝兰

③ contestant /kənˈtestənt/ *n.* 竞争者

④ dramatic /drəˈmætɪk/ *n.* (*pl.*)戏剧作品，戏曲

out of doors. I am going to be Celia, own cousin to Rosalind.

And lastly: Julia and Sallie and I are going to New York next Friday to do some spring shopping and stay all night and go to the theater the next day with "Master Jervie". He invited us. Julia is going to stay at home with her family, but Sallie and I are going to stop at the Martha Washington Hotel. Did you ever hear of anything so exciting? I've never been in a hotel in my life, nor in a theater; except once when the Catholic Church had a festival and invited the orphans, but that wasn't a real play and it doesn't count.

And what do you think we're going to see? *Hamlet*. Think of that! We studied it for four weeks in Shakespeare class and I know it by heart.

I am so excited over all these prospects that I can scarcely sleep.
Goodbye, Daddy.
This is a very entertaining world.

Yours ever,
Judy

PS. I've just looked at the **calendar**[1]. It's the 28th.
  Another postscript.
I saw a street car conductor today with one brown eye and one blue. Wouldn't he make a nice **villain**[2] for a **detective**[3] story?

7th April

Dear Daddy-Long-Legs,

Mercy! Isn't New York big? Worcester is nothing to it. Do you mean to

的堂妹。

最后，下星期朱丽雅、莎莉和我要去纽约添置春装，在那里过夜，第二天和"杰维少爷"去看戏。是他邀请我们的。朱丽雅住在纽约家里。我和莎莉住在玛莎·华盛顿饭店。这多叫人高兴。我从未去过饭店和剧院。只有一次圣公会举行庆典，邀请孤儿们参加。不过那不是真正的演出，不作数的。

你猜我们要看什么？《哈姆雷特》。多好呀！我们在莎士比亚作品课上用了四周的时间读《哈姆雷特》，把全剧背得滚瓜烂熟。

这些事情让我兴奋得睡不着觉。

再见，长腿爸爸。

这个世界多么美好。

你的朱蒂

3月24日，也许是25日

又及：我看了一下日历，是28日。

又一个又及：我今天看到一个公共汽车售票员，他一只眼睛蓝，一只眼睛黄，不是很像一个侦探小说里的坏蛋吗？

① calender /'kælɪndə/ n. 日历

② villain /'vɪlən/ n. 坏人，恶根
③ detective /dɪ'tektɪv/ a. 侦探的

亲爱的长腿爸爸：

我的天呀，纽约真大呀。相形之下，伍

tell me that you actually live in all that **confusion**①? I don't believe that I shall recover for months from the bewildering effect of two days of it. I can't begin to tell you all the amazing things I've seen; I suppose you know, though, since you live there yourself.

But aren't the streets entertaining? And the people? And the shops? I never saw such lovely things as there are in the windows. It makes you want to **devote**② your life to wearing clothes.

Sallie and Julia and I went shopping together Saturday morning, Julia went into the very most gorgeous place I ever saw, white and gold walls and blue carpets and blue silk curtains and **gilt**③ chairs. A perfectly beautiful lady with yellow hair and a long black silk trailing gown came to meet us with a welcoming smile. I thought we were paying a social call, and started to shake hands, but it seems we were only buying hats—at least Julia was. She sat down in front of a mirror and tried on a dozen, each lovelier than the last, and bought the two loveliest of all.

I can't imagine any joy in life greater than sitting down in front of a mirror and buying any hat you choose without having first to consider the price! There's no doubt about it, Daddy; New York would rapidly **undermine**④ this fine **stoical**⑤ character which the John Grier Home so patiently built up.

And after we'd finished our shopping, we met Master Jervie at Sherry's. I suppose you've been in Sherry's? Picture that, then picture the dining room of the John Grier Home with its oilcloth-covered tables, and white **crockery**⑥ that you can't break, and wooden-handled knives and forks; and **fancy**⑦ the way I felt!

I ate my fish with the wrong fork, but the waiter very kindly gave me another so that nobody noticed.

① confusion /kənˈfjuːʒən/ n. 混乱,混淆

② devote /dɪˈvəʊt/ v. 投入于,献身

③ gilt /gɪlt/ a. 镀金的

④ undermine /ˌʌndəˈmaɪn/ v. 渐渐破坏
⑤ stoical /ˈstəʊɪkəl/ a. 坚忍的

⑥ crockery /ˈkrɒkərɪ/ n. 陶器,瓦器
⑦ fancy /ˈfænsɪ/ n. 想象,设想

斯特不值一提。你真的住在那个乱糟糟的城市里吗？我只住了两天，恐怕几个月也缓不过劲来。我都不知怎样向你描绘我的见闻。你自己就住在那里，想必全都知道的。

　　街面上多有意思，还有人群，还有商店，是吗？橱窗里那么些漂亮东西，一辈子怕也穿戴不过来。

　　星期六早上，我和莎莉、朱丽雅去买东西。朱丽雅走进一个我从未见过的非常豪华的地方，白色和金色的墙，蓝色地毯，蓝色丝窗帘和镀金椅子。一位穿着黑色丝绸拖地长裙、美貌非凡的金发夫人对我们笑脸相迎。我以为我们是来拜访，就去和她握手，却原来我们只是为了买帽子，至少朱丽雅要买帽子。她在镜子前面坐下，试戴了一打帽子，一顶胜似一顶。从中选了两顶最漂亮的。

　　我想象不出有什么能比坐在镜子前不问价钱便买帽子更愉快的了。长腿爸爸，我深信纽约很快就会把约翰·格利尔孤儿院苦心培养的安于淡泊的品性一扫而光。

　　买完东西，我们到雪莉饭店去同杰维少爷会面。你一定去过雪莉饭店吧？请把它和约翰·格利尔孤儿院的饭厅比较一下，你就能想象我的感觉了！约翰·格利尔孤儿院的饭厅只有铺着油布的桌子，打不碎的白陶盘子和木把刀叉。

　　吃鱼时，我用错了叉子，好心的服务员又给了我一把，这样就没人发现了。

· 145 ·

Daddy-Long-Legs

And after **luncheon**① we went to the theater—it was **dazzling**②, marvelous, unbelievable—I dream about it every night.

Isn't Shakespeare wonderful?

Hamlet is so much better on the stage than when we analyze it in class; I appreciated it before, but now, dear me!

I think, if you don't mind, that I'd rather be an actress than a writer. Wouldn't you like me to leave college and go into a dramatic school? And then I'll send you a box for all my performances, and smile at you across the **footlights**③. Only wear a red rose in your buttonhole, please, so I'll surely smile at the right man. It would be an awfully embarrassing mistake if I picked out the wrong one.

We came back Saturday night and had our dinner in the train, at little tables with pink lamps and **negro**④ waiters. I never heard of meals being served in trains before, and I **inadvertently**⑤ said so.

"Where on earth were you brought up?" said Julia to me.

"In a village," said I **meekly**⑥ to Julia.

"But didn't you ever travel?" said she to me.

"Not till I came to college, and then it was only a hundred and sixty miles and we didn't eat," said I to her.

She's getting quite interested in me, because I say such funny things. I try hard not to, but they do **pop out**⑦ when I'm surprised—and I'm surprised most of the time. It's a dizzying experience, Daddy, to pass eighteen years in the John Grier Home, and then suddenly to be **plunged**⑧ into the WORLD.

But I'm getting **acclimated**⑨. I don't make such awful mistakes as I did; and I don't feel uncomfortable anymore with the other girls. I used to squirm whenever people looked at me. I felt as though they saw right

① luncheon /'lʌntʃən/ n. 午宴,正式的午餐
② dazzling /'dæzlɪŋ/ a. 眼花缭乱的,耀眼的

③ footlight 舞台脚灯

④ negro /'niːgrəu/ n. 黑人
⑤ inadvertently /ˌɪnəd'vɜːtəntlɪ/ ad. 不注意地
⑥ meekly /'miːklɪ/ ad. 卑恭屈节地,温顺地

⑦ pop out 突然出现,不由自主地蹦出来
⑧ plunge /plʌndʒ/ v. 投入,跳进
⑨ acclimate /ə'klaɪmɪt/ v. 使习惯于新环境

午餐后,我们去剧场,那么华丽、堂皇,令人难以置信,我每天晚上都梦到它。

莎士比亚多么奇妙呀!

舞台上的《哈姆雷特》比课堂上分析作品时好多了。我原本就喜爱它,现在,天哪!

我想,假如你不介意,我想当个演员,不当作家了。我转学去戏剧学校好吗?我每次演出都会给你送包厢票,在台上向你微笑。请一定在扣眼上别一朵红玫瑰,免得我认错人,那可有多么难为情。

星期六晚返校,在火车上用晚饭,餐桌上摆着粉红台灯,还有黑人侍者。我从不知道火车上有饭吃,而且无意中说了出来。

朱丽雅问我:"天呀,你在哪里长大?"

我谦卑地说道:"在农村。"

"难道你没旅行过?"她问道。

"上大学以前没有,再说路上只有160英里,不用吃饭。"

她对我发生了兴趣。因为我说的话这么可笑。其实我很注意,可是一旦遇到新鲜事,稍不留神就说走了嘴,而新鲜事又层出不穷。在约翰·格利尔孤儿院过了十八年,一下投身社会,着实让人头昏目眩。

但我逐渐习惯了新生活,不再犯那些可笑的错误了。我和姑娘们在一起时,不再手足无措。以前,人家一看我,我就浑身不自在,好像他们能透过我的冒牌新衣,看到里面的花格布衣服似的。我再也不让自己为花

through my **sham**① new clothes to the checked ginghams underneath. But I'm not letting the ginghams bother me anymore. **Sufficient**② unto yesterday is the evil thereof.

I forgot to tell you about our flowers. Master Jervie gave us each a big **bunch**③ of violets and lilies-of-the-valley. Wasn't that sweet of him? I never used to care much for men—judging by trustees—but I'm changing my mind.

Eleven pages—this is a letter! Have courage. I'm going to stop.

Yours always,
Judy

10th April

Dear Mr. Rich-Man,

Here's your check for fifty dollars. Thank you very much, but I do not feel that I can keep it. My allowance is sufficient to afford all of the hats that I need. I am sorry that I wrote all that silly stuff about the **millinery**④ shop; it's just that I had never seen anything like it before.

However, I wasn't begging! And I would rather not accept any more charity than I have to.

Sincerely yours,
Jerusha Abbott

① sham /ʃæm/ a. 假的，伪造的
② sufficient /səˈfɪʃənt/ a. 足够的，充分的

③ bunch /bʌntʃ/ n. 一串，一束

④ millinery /ˈmɪlɪnərɪ/ n. 女帽及其装饰物

格布烦恼了。不要为昨天忧虑。

我忘了告诉你我们的花。杰维少爷送给我们每人一大把紫罗兰和铃兰。他多好呀！过去我对男人没有好感——就理事而言——现在我改变主意了。

写了11页，这封信真够长了。别害怕，这就住笔。

你的朱蒂
4月7日

大富翁台鉴：

随函附上你的50美元支票。多谢了，可我不能收下。我的零用钱足以购买我需要的各式帽子。悔不该说那么一大堆有关帽子店的蠢话，我其实是少见多怪。

无论如何，我非乞丐！我不想接受分外的恩赐。

杰鲁莎·艾博特谨启
4月10日

Daddy-Long-Legs

11th April

Dearest Daddy,

Will you please forgive me for the letter I wrote you yesterday? After I posted it I was sorry, and tried to get it back, but that beastly mail **clerk**① wouldn't give it back to me.

It's the middle of the night now; I've been awake for hours thinking what a **Worm**② I am—what a thousand-legged Worm—and that's the worst I can say! I've closed the door very softly into the study so as not to wake Julia and Sallie, and am sitting up in bed writing to you on paper torn out of my history notebook.

I just wanted to tell you that I am sorry I was so impolite about your check. I know you meant it kindly, and I think you're an old dear to take so much trouble for such a silly thing as a hat. I ought to have returned it very much more **graciously**③.

But in any case, I had to return it. It's different with me than with other girls. They can take things naturally from people. They have fathers and brothers and aunts and uncles; but I can't be on any such relations with anyone. I like to pretend that you belong to me, just to play with the idea, but of course I know you don't. I'm alone, really—with my back to the wall fighting the world—and I get sort of **gaspy**④ when I think about it. I put it out of my mind, and keep on pretending; but don't you see, Daddy? I can't accept any more money than I have to, because some day I shall be wanting to pay it back, and even as great an author as I intend to be won't be able to face a *perfectly* **tremendous**⑤ debt.

I'd love pretty hats and things, but I mustn't **mortgage**⑥ the future

最亲爱的长腿爸爸：

你能原谅我昨天那封信吗？信一发出我就后悔了，想取回来。可是那讨厌的邮差不肯给我。

现在是午夜，想到我以怨报德就无法合眼，只能痛骂自己是可鄙的小人，还能说什么呢！我轻轻地把通向书房的门关上，以免惊醒朱丽雅和莎莉，从历史笔记本上撕下一页，坐在床上给你写信。

我要向你道歉，你给我寄来支票本是好意，我却那么无礼。你为帽子这类琐碎的事情操心，真是位可亲的老人家。我本应满心感激地把支票归还与你。

不管怎么说，我必须把支票归还给你。我与其他姑娘不同。她们可以理所当然地从别人那里接受馈赠，她们有爸爸、兄弟、姑姑、叔叔，而我没有任何这种关系。我想象你属于我，只是想想而已，你当然不属于我。我孑然一身，独自面对世界——想起来真有些胆战心惊。我不想这些，继续假装着，但是，长腿爸爸，你不知道吗？除了必须，我不能接受过多的钱，因为有朝一日，我会想到归还它们。即使我如愿以偿，成了伟大的作家，也无法偿还巨额债款。

我喜欢漂亮的帽子和衣物，但我不能为

① clerk /klɑːk; klɜːk/ n. 职员，办事员

② worm /wɜːm/ n. 虫，蠕虫，可鄙的小人

③ graciously /'greɪʃəslɪ/ ad. 和蔼地，优雅地

④ gaspy /'gɑːspɪ/ a. 气喘吁吁的

⑤ tremendous /trɪ'mendəs/ a. 巨大的，惊人的

⑥ mortgage /'mɔːgɪdʒ/ n. & v. 抵押

to pay for them.

You'll forgive me, won't you, for being so **rude**①? I have an awful habit of writing **impulsively**② when I first think things, and then posting the letter beyond **recall**③. But if I sometimes seem thoughtless and ungrateful, I never mean it. In my heart I thank you always for the life and freedom and independence that you have given me. My childhood was just a long, **sullen**④ stretch of **revolt**⑤ and now I am so happy every moment of the day that I can't believe it's true. I feel like a made-up heroine in a storybook.

It's a quarter past two. I'm going to **tiptoe**⑥ out to post this off now. You'll receive it in the next mail after the other; so you won't have a very long time to think bad of me.

Good night, Daddy,
I love you always,
Judy

4th May

Dear Daddy-Long-Legs,

Field Day last Saturday. It was a very **spectacular**⑦ **occasion**⑧. First we had a parade of all the classes, with everybody dressed in white linen, the seniors carrying blue and gold Japanese umbrellas, and the juniors white and yellow banners. Our class had **crimson**⑨ balloons—very **fetching**⑩ especially as they were always getting **loose**⑪ and floating off—and the freshmen wore green tissue paper hats with long **streamers**⑫. Also we had a band in blue uniforms hired from town. Also about a

① rude /ruːd/ *a.* 粗鲁的，无礼的
② impulsively /ɪmˈpʌlsɪvlɪ/ *ad.* 冲动地，受感情驱使地
③ recall /rɪˈkɔːl/ *n.* 回忆，召回

④ sullen /ˈsʌlən/ *a.* 愠怒的，沉沉不乐
⑤ revolt /rɪˈvəʊlt/ *n.* 反抗，反感

⑥ tiptoe /ˈtɪptəʊ/ *v.* 用脚尖走

此而抵押将来。

　　请求你原谅我的粗鲁。我一冲动就不顾一切地把想法写下，信发出后却无法收回。我有时考虑不周，显得忘恩负义，可这不是我的本意。我打心底感谢你给我的新生活、自由和独立。我的童年充斥着无休止的阴森森的反抗，现在我每时每刻都那么幸福，我几乎不能相信这是真的。我好像是小说里杜撰的女主人公。

　　已经凌晨两点一刻了。我准备悄悄走出去把信发了。这样，你在收到那封信不久就能收到这封了，如此一来，你不会很长时间地想着我的坏处。

晚安，爸爸
永远爱你的朱蒂
4月11日

⑦ spectacular /spekˈtækjʊlə/ *a.* 壮观的，惊人的
⑧ occasion /əˈkeɪʒən/ *n.* 场合，场面
⑨ crimson /ˈkrɪmzn/ *a.* 深红色的
⑩ fetching /ˈfetʃɪŋ/ *a.* 动人的，引人的
⑪ loose /luːs/ *a.* 宽松的，不牢固的
⑫ streamer /ˈstriːmə/ *n.* 饰带，彩色纸带

亲爱的长腿爸爸：

　　上星期六开运动会。场面非常壮观。先是各班穿着白色服装举行入场式。大四班拿着蓝色和金色的日本阳伞，大三班举着白色和黄色旗子。我们班拿鲜红的气球——很动人，尤其是气球不断脱手飞去。大一班带着绿色皱纸做的帽子，垂下长长的飘带。还有

dozen funny people, like **clowns**① in a circus, to keep the spectators entertained between events.

　　Julia was dressed as a fat country man with a linen duster and **whiskers**② and baggy umbrella. Patsy Moriarty (Patricia really. Did you ever hear such a name? Mrs. Lippett couldn't have done better) who is tall and thin was Julia's wife in an **absurd**③ green **bonnet**④ over one ear. Waves of laughter followed them the whole length of the course. Julia played the part extremely well. I never dreamed that a Pendleton could display so much comedy spirit—begging Master Jervie's pardon; I don't consider him a true Pendleton though, any more than I consider you a true trustee.

　　Sallie and I weren't in the parade because we were entered for the **events**⑤. And what do you think? We both won! At least in something. We tried for the running broad jump and lost; but Sallie won the pole **vaulting**⑥ (seven feet three inches) and I won the fifty yard **sprint**⑦ (eight seconds).

Judy Wins the Fifty Yard Sprint

① clown /klaʊn/ n. 小丑

② whisker /ˈhwɪskə/ n. 腮须，胡须

③ absurd /əbˈsɜːd/ a. 荒唐的
④ bonnet /ˈbɒnɪt/ n. 软帽

⑤ events n. 事件，赛事
⑥ vaulting /ˈvɔːltɪŋ/ n. 跳，跳高
⑦ sprint /sprɪnt/ n. 短距离赛跑

一班乐队，身穿从城里租来的蓝制服。还有十多个滑稽角色，像马戏团的小丑一样，在比赛间歇时给观众助兴。

　　朱丽雅化装成一位胖乡绅，手拿亚麻布扎的拂尘，留着胡子，撑一把鼓胀的雨伞。又高又瘦的帕西·莫里埃悌（全名是帕梯里西亚·莫里埃悌。听见过这样的名字吗？李培太太也得自叹不如）扮作朱丽雅的妻子，歪戴一顶可笑的绿色无边女帽。她们走到哪里，哪里就发出一片笑声。朱丽雅装得很出色。真想不到彭德尔顿家的人这么富于喜剧性——愿杰维少爷原谅我的不敬，我从不把他当作彭德尔顿家的，正像我不把你当作理事一样。

　　莎莉和我参加比赛，不在入场队伍中。你猜怎么着？我俩双双获胜。至少在一些项目中。我们参加跳远，落选了，可莎莉撑竿跳获胜（七英尺三英寸），我的50码短跑获胜（八秒）。

朱蒂胜了五十码短跑

I was pretty **panting**① at the end, but it was great fun, with the whole class waving balloons and cheering and yelling:

> *What's the matter with Judy Abbott?*
> *She's all right.*
> *Who's all right?*
> *Judy Ab-bott!*

That, Daddy, is true fame. Then **trotting**② back to the dressing tent and being rubbed down with alcohol and having a lemon to **suck**③. You see we're very professional. It's a fine thing to win an event for your class, because the class that wins the most gets the athletic cup for the year. The seniors won it this year, with seven events to their credit. The athletic **association**④ gave a dinner in the gymnasium to all of the winners. We had fried soft-shell **crabs**⑤, and chocolate ice cream **molded**⑥ in the shape of basketballs.

I sat up half of last night reading *Jane Eyre*. Are you old enough, Daddy, to remember sixty years ago? And, if so, did people talk that way?

The **haughty**⑦ Lady Blanche says to the **footman**⑧, "Stop your chattering, **knave**⑨, and do my bidding." Mr. Rochester talks about the metal **welkin**⑩ when he means the sky; and as for the madwoman who laughs like a **hyena**⑪ and sets fire to bed curtains and tears up wedding **veils**⑫ and **bites**⑬—it's **melodrama**⑭ of the purest, but just the same, you read and read and read. I can't see how any girl could have written such a book, especially any girl who was brought up in a churchyard. There's something about those Brontës that **fascinates**⑮ me. Their books,

① pant /pænt/ v. 喘息,悸动

② rot /trɒt/ v. 快步走,小跑步走
③ suck /sʌk/ v. 嘬,吸

④ association /əˌsəʊsɪˈeɪʃən/ n. 协会,社团
⑤ crab /kræb/ n. 蟹
⑥ mold /məʊld/ v. 形成,塑造

⑦ haughty /ˈhɔːtɪ/ a. 傲慢的
⑧ footman /ˈfʊtmən/ n. 男仆
⑨ knave /neɪv/ n. 〈古〉仆人
⑩ welkin /ˈwelkɪn/ n. 〈诗〉苍穹,天空
⑪ hyena /haɪˈiːnə/ n. 土狼,鬣狗
⑫ veil /veɪl/ n. 面纱,面罩
⑬ bite /baɪt/ v. 咬
⑭ melodrama /ˈmelədrɑːmə/ n. 通俗剧
⑮ fascinate /ˈfæsɪneɪt/ v. 令人着迷

我跑得上气不接下气,但很好玩,全班摇着气球大喊大叫:

朱蒂·艾博特,

很好,很不错。

是谁很不错?

朱蒂·艾博特

长腿爸爸,这才叫真正的出名。赛完走到作更衣室用的帐篷里,她们用酒精给我擦身,还给我一块柠檬含在嘴里。你瞧我们多在行。为班上争个名次是件好事,赢的最多的班级能得到这一年度的体育杯。大四班在七个项目中获胜,夺得了奖杯。运动员联合会在健身房请优胜者吃饭,有油炸软壳蟹和做成篮球形状的巧克力冰淇淋。

昨天我读《简·爱》读到半夜,长腿爸爸,你是否很老了,可以记起60年前的事吗?如果可以,那时人们是那样说话的吗?

高傲的布兰奇夫人对男仆说,"仆役,住嘴,照我说的去办。"罗契司特先生用"苍穹"指天空。还有一个疯女人——笑起来像鬣狗,她放火烧帐子,把结婚礼服的面纱撕破,还咬人——十足的惩恶扬善的通俗剧。尽管如此,还是让你读得爱不释手。真不知一个姑娘怎能写出这样一本书,特别是一个在教堂庭院里长大的姑娘。勃朗特姐妹,她们的书、生平和精神确实使我入迷。她们从

their lives, their spirit. Where did they get it? When I was reading about little Jane's troubles in the charity school, I got so angry that I had to go out and take a walk. I understood exactly how she felt. Having known Mrs. Lippett, I could see Mr. Brocklehurst.

Don't be **outraged**[①], Daddy. I am not **intimating**[②] that the John Grier Home was like the Lowood institute. We had plenty to eat and plenty to wear, sufficient water to wash in, and a **furnace**[③] in the cellar. But there was one deadly likeness. Our lives were absolutely **monotonous**[④] and uneventful. Nothing nice ever happened, except ice cream on Sundays, and even that was regular. In all the eighteen years I was there I only had one adventure—when the woodshed burned. We had to get up in the night and dress so as to be ready in case the house should catch. But it didn't catch and we went back to bed.

Everybody likes a few surprises; it's a perfectly natural human **craving**[⑤]. But I never had one until Mrs. Lippett called me to the office to tell me that Mr. John Smith was going to send me to college. And then she broke the news so gradually that it just **barely**[⑥] shocked me.

You know, Daddy, I think that the most necessary quality for any person to have is imagination. It makes people able to put themselves in other people's places. It makes them kind and **sympathetic**[⑦] and understanding. It ought to be **cultivated**[⑧] in children. But the John Grier Home **instantly**[⑨] **stamped out**[⑩] the slightest **flicker**[⑪] that appeared. Duty was the one quality that was encouraged. I don't think children ought to know the meaning of the word; it's **odious**[⑫] **detestable**[⑬]. They ought to do everything from love.

Wait until you see the orphan asylum that I am going to be the head of! It's my favorite play at night before I go to sleep. I plan it out to the

① outraged /ˈaʊtreɪdʒəd/ a. 震惊的，义愤填膺的
② intimate /ˈɪntɪmɪt/ v. 暗示，告诉
③ furnace /ˈfɜːnɪs/ n. 炉子，熔炉

④ monotonous /məˈnɒtənəs/ a. 单调的

⑤ craving /ˈkreɪvɪŋ/ n. 渴望，热望

⑥ barely /ˈbeəlɪ/ ad. 仅仅，勉强

⑦ sympathetic /ˌsɪmpəˈθetɪk/ a. 同情的，有同情心的
⑧ cultivate /ˈkʌltɪveɪt/ v. 培养，栽培
⑨ instantly /ˈɪnstəntlɪ/ ad. 立即地，即刻地
⑩ stamp out 踩灭，消灭
⑪ flicker /ˈflɪkə/ n. 闪烁，闪光
⑫ odious /ˈəʊdjəs, -dɪəs/ a. 可憎的，讨厌的
⑬ detestable /dɪˈtestəb(ə)l/ a. 嫌恶的，可憎的

哪里得到素材的？当我读到小简·爱在慈善学校的种种遭遇时我愤怒极了，不得不出去走走。我完全能够理解她的感受。从李培太太身上我看到了布罗克赫斯特先生。

你别生气，长腿爸爸。我不是说约翰·格利尔孤儿院和罗沃德慈善学校一模一样。我们吃得饱，穿得暖，洗浴用水充足，地窖里生了火炉。但二者之间有一个根本的相似之处。我们的生活单调乏味。除了每星期日吃冰淇淋外，没有任何让人高兴的事。我在那里十八年，只碰上一件新鲜事，就是柴屋着火。我们半夜爬起身来，穿好衣服，一旦烧着房子立即转移。但是房子没有着火。我们又上床了。

喜欢碰上点意外的事是人之常情。李培太太把我叫到办公室，告诉我约翰·史密斯先生要送我上大学，是我平生第一个意外。可是李培太太那么慢腾腾地，一板一眼地向我透露这个消息，几乎都没能使我吃惊。

长腿爸爸，我认为人最重要的秉性是富有想象力。唯有这样人们才能设身处地为别人着想，才能善良，富有同情心，而且体谅理解别人。这种秉性应该在孩提时代就加以培养。但是，不管谁身上闪现了一点想象力，约翰·格利尔孤儿院马上就把它掐灭。他们只鼓励加强义务感。我认为孩子不应该知道这个字，这讨厌和可恶的字眼儿。他们做任何事情都应当出于爱心。

等着看我管理的孤儿院吧！晚上入睡前

Daddy-Long-Legs

littlest detail—the meals and clothes and study and amusements and punishments; for even my superior orphans are sometimes bad.

But anyway, they are going to be happy. I think that every one, no matter how many troubles he may have when he grows up, ought to have a happy childhood to look back upon. And if I ever have any children of my own, no matter how unhappy I may be, I am not going to let them have any cares until they grow up.

(There goes the chapel bell—I'll finish this letter sometime).

Thursday

When I came in from laboratory this afternoon, I found a **squirrel**[①] sitting on the tea table helping himself to **almonds**[②]. These are the kind of callers we entertain now that warm weather has come and the windows stay open—

"My dear Mrs. Centipede, will you have one lump or two?"

我最爱玩这个把戏。我仔细地斟酌每一个细节——伙食、衣服、学习、娱乐，还有惩罚。因为最乖的孤儿有时也会淘气的。

但重要的是，他们都会得到幸福。我认为不管人们长大后会遇到什么烦恼，人人都应有一个幸福的童年可以回忆。如果我将来有孩子的话，不管我自己怎样不幸，我都要让他们无忧无虑。

（教堂的钟又响了——以后再接着写）。

5月4日

今天下午从实验室回来，发现一只松鼠坐在我的茶几上吃杏仁。天气转暖以后，我们开着窗户，常有这样的来访者登门……

星期四

① squirrel /ˈskwɪrəl/ n. 松鼠
② almond /ˈɑːmənd/ n. 杏仁

亲爱的蜈蚣太太，要一块方糖还是两块

Daddy-Long-Legs

Saturday morning

Perhaps you think, last night being Friday, with no classes today, that I passed a nice quiet, readable evening with the set of Stevenson that I bought with my prize money? But if so, you've never attended a girls' college, Daddy dear. Six friends dropped in to make **fudge**① and one of them dropped the fudge—while it was still **liquid**②—right in the middle of our best rug. We shall never be able to clean up the **mess**③.

I haven't mentioned any lessons of late; but we are still having them every day. It's sort of a **relief**④ though, to get away from them and discuss life **in the large**⑤— rather one-sided discussions that you and I hold, but that's your own fault. You are welcome to answer back any time you choose.

I've been writing this letter **off and on**⑥ for three days, and I fear by now *vous êtes bien* bored!

Goodbye, nice Mr. Man,

Judy

Mr. Daddy-Long-Legs Smith,

SIR: Having completed the study of argumentation and the science of dividing a **thesis**⑦ into **heads**⑧, I have decided to adopt the following form for letter writing. It contains all necessary facts, but no unnecessary **verbiage**⑨.

I. We had written examinations this week in:

　A. Chemistry

今天星期六，没有课，你也许以为昨晚我可以安心阅读我用奖金买的那套史蒂文生的书了？如果你真这样想，亲爱的长腿爸爸，那是因为你从没上过女子大学。六个朋友到我这里来做牛奶软糖，有一个人把还没凝固的糖滴在我们最好的地毯正中了。我们再也弄不干净了。

我还没讲到最近的学习，但每天都在学。暂时放下学习和你谈谈生活琐事可以换换脑筋。可惜我们的谈话是单方面的，这都是你不好。欢迎你随时反驳我。

断断续续写了三天，我怕你一定厌烦了！

再见，耐心的"绅士"先生

朱蒂

星期六上午

① fudge /fʌdʒ/ n. 软糖
② liquid /'lɪkwɪd/ a. 液体的，液态的
③ mess /mes/ n. 乱七八糟

④ relief /rɪ'liːf/ n. 减轻，解除
⑤ in the large 详细的，大规模的

⑥ off and on 断断续续，不时地

长腿爸爸史密斯先生：

先生：刚学完立论学和列举论题要点的科学方法，我准备用下列方式写信。事实俱在，冗字全无。

一、本周进行下列考试：

  A. 化学

  B. 历史

⑦ thesis /'θiːsɪs/ n. 论文
⑧ head /hed/ n. 标题
⑨ verbiage /'vɜːbɪɪdʒ/ n. 多废话，冗长

B. History.

II. A new dormitory is being built.

　　A. Its material is:

　　　　(a) red brick.

　　　　(b) gray stone.

　　B. Its **capacity**① will be:

　　　　(a) one dean, five instructors.

　　　　(b) two hundred girls.

　　　　(c) one housekeeper, three cooks, twenty waitresses, twenty **chambermaids**②.

III. We had **junket**③ for dessert tonight.

IV. I am writing a special topic upon the Sources of Shakespeare's Plays.

V. Lou McMahon **slipped**④ and fell this afternoon at basketball, and she:

　　A. **Dislocated**⑤ her shoulder.

　　B. Bruised her knee.

VI. I have a new hat trimmed with:

　　A. Blue velvet ribbon.

　　B. Two blue **quills**⑥.

　　C. Three red **pompoms**⑦.

VII. It is half past nine.

VIII. Good night.

　　　　　　　　　　　　　　　　　　　　　　　　　Judy

① capacity /kəˈpæsɪtɪ/ n. 容量,容积

② chambermaid /ˈtʃeɪmbəmeɪd/ n. 女服务员

③ junket /ˈdʒʌŋkɪt/ n. 冻奶食品；乳酪

④ slip /slɪp/ v. 滑倒

⑤ dislocate /ˈdɪsləkeɪt/ v. 脱臼

⑥ quill /kwɪl/ n. 羽茎,大翎毛

⑦ pompom /ˈpɒmpɒm/ n. 拉拉队彩球

二、正在建设新宿舍：

 A. 所用材料：

  (a) 红砖

  (b) 灰石

 B. 容量：

  (a) 一位院长，五位导师

  (b) 二百名女生

  (c) 一位舍监，三位厨师，二十名女服务员，二十名清洁女工

三、今晚吃的甜点是奶冻

四、我在写一篇有关莎士比亚戏剧源流的论文

五、今天下午打篮球。卢·麦克马洪滑倒了，她：

 A. 肩胛骨错位

 B. 膝盖摔破

六、我买了一顶新帽子，上面有：

 A. 蓝丝绒缎带

 B. 两根蓝色翎毛

 C. 三个红色绒球

七、现在是九点半

八、晚安

        朱蒂

2nd June

Dear Daddy-Long-Legs,

You will never guess the nice thing that has happened.

The McBrides have asked me to spend the summer at their **camp**① in the Adirondacks! They belong to a sort of club on a lovely little lake in the middle of the woods. The different members have houses made of logs **dotted**② about among the trees, and they go **canoeing**③ on the lake, and take long walks through **trails**④ to other camps, and have dances once a week in the clubhouse—Jimmie McBride is going to have a college friend visiting him part of the summer, so you see we shall have plenty of men to dance with.

Wasn't it sweet of Mrs. McBride to ask me? It appears that she liked me when I was there for Christmas.

Please excuse this being short. It isn't a real letter; it's just to let you know that I'm **disposed of**⑤ for the summer.

Yours,
In a very **contented**⑥ frame of mind,
Judy

5th June

Dear Daddy-Long-Legs,

Your secretary man has just written to me saying that Mr. Smith prefers that I should not accept Mrs. McBride's invitation, but should return to Lock Willow the same as last summer.

① camp /kæmp/ n. 露营，野营生活

② dot /dɒt/ v. 加小点于，点缀
③ canoe /kəˈnuː/ v. 乘（划）独木舟
④ trail /treɪl/ n. 踪迹，小径

⑤ dispose of 处理，安排

⑥ contented /kənˈtentɪd/ a. 满足的，心安的

亲爱的长腿爸爸：

你绝对猜不出我的大喜事。

麦克布莱德一家请我夏天和他们一起到阿迪朗达克去露营。他们是一个俱乐部的成员，俱乐部设立在美丽的林间小湖旁。会员在树林里四下盖起了圆木房子，我们可以在湖里划船，还可以沿小道远足到其他露营地去。俱乐部每周举行一次舞会——吉米·麦克布莱德请了一个同学来玩一段时间，我们有好多男舞伴了。

麦克布莱德太太真好，对吗？她邀请了我。看来，上次我在她家度圣诞节时，给她留下了好印象。

请原谅这封信写得很简短。这不算信，只是告诉你这个夏天你不用管我了。

我高兴极了。

你的朱蒂
6月2日

亲爱的长腿爸爸：

你的秘书来信告诉我史密斯先生不同意我接受麦克布莱德太太的邀请，他要我和去年夏天一样去洛克威洛。

Daddy-Long-Legs

Why, *why*, why, Daddy?

You don't understand about it. Mrs. McBride does want me, really and truly. I'm not the least bit of trouble in the house. I'm a help. They don't take up many servants, and Sallie and I can do lots of useful things. It's a fine chance for me to learn housekeeping. Every woman ought to understand it, and I only know asylum-keeping.

There aren't any girls our age at the camp, and Mrs. McBride wants me for a **companion**① for Sallie. We are planning to do a lot of reading together. We are going to read all of the books for next year's English and sociology. The professor said it would be a great help if we would get our reading finished in the summer; and it's so much easier to remember it if we read together and talk it over.

Just to live in the same house with Sallie's mother is an education. She's the most interesting, entertaining, companionable, charming woman in the world; she knows everything. Think how many summers I've spent with Mrs. Lippett and how I'll appreciate the contrast. You needn't be afraid that I'll be **crowding**② them, for their house is made of **rubber**③. When they have a lot of company, they just **sprinkle**④ tents about in the woods and turn the boys outside. It's going to be such a nice, healthy summer exercising out of doors every minute. Jimmie McBride is going to teach me how to ride horseback and **paddle**⑤ a canoe, and how to shoot and—oh, lots of things I ought to know. It's the kind of nice, jolly, carefree time that I've never had; and I think every girl deserves it once in her life. Of course I'll do exactly as you say, but please, please let me go, Daddy. I've never wanted anything so much.

This isn't Jerusha Abbott, the future great author, writing to you.

为什么呢，长腿爸爸？为什么，**为什么**？

你不明白，麦克布莱德太太是真心要我去。我不会给他们添麻烦的，还能帮忙。他们不带很多佣人去，我和莎莉可以做很多事。这是我学做家务的好机会。每个女人都应学会管家，而我只会管孤儿院。

露营地没有和我们年龄相仿的姑娘，麦克布莱德太太要我去和莎莉做伴。我们打算一起读很多书。我们准备把明年英语课和社会学课的书都读完。老师说暑假里把这些书读了会有很大好处。两个人一起阅读和讨论还能加深记忆。

单只同莎莉的母亲在一起就能学到很多东西。她是世上最有意思、风趣、随和而又迷人的女人，她无所不知。试想与李培太太共度了那么多个夏天，我是多么想换换口味。你不要担心我会挤了他们，他们的房子是橡皮做的，伸缩性很大。客人多了他们就在露天搭上很多帐篷，把男孩子赶到那里去睡。夏天在户外活动对身心有很大好处。吉美·麦克布莱德准备教我骑马、划船和打枪，哦，还有很多我应该学会的事。我从没有过这种悠闲、快活自在的时光。我觉得每个姑娘一生中至少应该有这么一次。当然，我一切听从你的吩咐，但是请求你，长腿爸爸，让我去吧。这是我最大的愿望。

这不是未来的伟大作家杰鲁莎·艾博特在

① companion /kəm'pænjən/ n. 同伴,同事

② crowd /kraʊd/ v. 拥挤,挤进
③ rubber /'rʌbə/ n. 橡胶
④ sprinkle /'sprɪŋkl/ v. 洒,散置

⑤ paddle /'pædl/ v. 划桨

Daddy-Long-Legs

It's just Judy—a girl.

9th June

Mr. John Smith,

SIR: Yours of the 7th **inst**.① at hand. In **compliance**② with the instructions received through your secretary, I leave on Friday next to spend the summer at Lock Willow Farm.

I hope always to remain,
(Miss) Jerusha Abbott
LOCK WILLOW FARM,

3rd August

Dear Daddy-Long-Legs,

It has been nearly two months since I wrote, which wasn't nice of me, I know, but I haven't loved you much this summer—you see I'm being **frank**③!

You can't imagine how disappointed I was at having to give up the McBrides' camp. Of course I know that you're my **guardian**④ and that I have to regard your wishes in all matters, but I couldn't see any reason. It was so **distinctly**⑤ the best thing that could have happened to me. If I had been Daddy, and you had been Judy, I should have said, "Bless you, my child, run along and have a good time; see lots of new people and learn lots of new things; live out of doors, and get strong and well

给你写信,她只是朱蒂——一个小姑娘。

6月5日

约翰·史密斯先生:

先生:本月7日赐函收悉。秉承您的秘书所转达之命,我将于下星期五出发去洛克威洛农场度假。

我将永远只是
杰鲁莎·艾博特(小姐)
6月9日

亲爱的长腿爸爸:

我不好,两个月没给你写信。可坦率地说,今年夏天我不怎么喜欢你。

我被迫放弃去麦克布莱德家露营地的机会,你想不出我有多么失望。当然,你是监护人,我知道在所有事情上,我应该尊重你的意见,可是道理何在呢?这对我显然是一桩好事。如果我是长腿爸爸,你是朱蒂,我一定会说,"祝福你,我的孩子。去吧,好好地玩,多认识一些人,多学一些东西,在户外住一阵子,长得结结实实的,你辛苦了一年,该好好休息一下。"

① inst.=instant 本月,当月
② compliance /kəmˈplaɪəns/ n. 承诺,顺从
③ frank /fræŋk/ a. 坦白的,直率的
④ guardian /ˈɡɑːdjən/ n. 保护人,监护人
⑤ distinctly /dɪˈstɪŋktlɪ/ ad. 显然地,明显地

and rested for a year of hard work."

But not at all! Just a **curt**① line from your secretary ordering me to Lock Willow.

It's the **impersonality**②, of your commands that hurts my feelings. It seems as though, if you felt the tiniest little bit for me the way I feel for you, you'd sometimes send me a message that you'd written with your own hand, instead of those beastly typewritten secretary's notes. If there were the slightest **hint**③ that you cared, I'd do anything on earth to please you.

I know that I was to write nice, long, detailed letters without ever expecting any answer. You're **living up to**④ your side of the **bargain**⑤— I'm being educated—and I suppose you're thinking I'm not living up to mine!

But, Daddy, it is a hard bargain. It is, really. I'm so awfully lonely. You are the only person I have to care for, and you are so shadowy. You're just an imaginary man that I've made up—and probably the real you isn't a bit like my imaginary you. But you did once, when I was ill in the infirmary, send me a message, and now, when I am feeling awfully forgotten, I get out your card and read it over.

I don't think I am telling you at all what I started to say, which was this:

Although my feelings are still hurt, for it is very **humiliating**⑥ to be picked up and moved about by an **arbitrary**⑦, **peremptory**⑧, unreasonable, **omnipotent**⑨, invisible **Providence**⑩, still, when a man has been as kind and generous and thoughtful as you have **heretofore**⑪ been toward me, I suppose he has a right to be an arbitrary, peremptory, unreasonable, invisible Providence if he chooses, and so—

① curt /kɜːt/ a. 简略的,生硬的
② impersonality /ɪmˌpɜːsəˈnælətɪ/ n. 不具人格性质,不近人情

③ hint /hɪnt/ n. 暗示,提示

④ live up to 实行,不辜负……的希望
⑤ bargain /ˈbɑːgɪn/ n. 交易,买卖,契约

⑥ humiliating /hjuːˈmɪlɪeɪtɪŋ/ a. 丢脸的
⑦ arbitrary /ˈɑːbɪtrərɪ/ a. 恣意的,专制的
⑧ peremptory /pəˈremptərɪ/ a. 专横的,不容反抗的
⑨ omnipotent /ɒmˈnɪpətənt/ a. 全能的,无所不能的
⑩ Providence /ˈprɒvɪdəns/ n. 天意,上帝
⑪ heretofore /ˌhɪətʊˈfɔː/ ad. 以前,迄今为止

可满不是这么回事。只从你的秘书那里得到了一纸命令,要我到洛克威洛去。

你的命令不近人情,使我伤心。你若对我有我对你的那么一丁点儿感情,你也会间或亲笔给我写上片言只字,而不是让秘书寄来那些用打字机打的讨厌的短简。如果我能感觉到你对我有一丁点儿的关心,我会为了让你高兴去做任何事情。

我知道我应该规规矩矩地给你写长信,而不企求答复。你遵守了你的诺言——我上大学了——我想你会认为我没遵守我的诺言。

但是,长腿爸爸,这交易太难了。真的,我非常寂寞。我只有你一个人可以挂念,可是你又那么模糊。我想象了一个你,而真实的你可能与我想象的截然不同。可是有一次,当我生病住院时,你确实给我写了几句话。现在,当我感到自己被人们遗忘时,我翻出了你写的那张卡片,一遍又一遍读着。

我怕我还没说清楚我的具体想法,是这样的:

我仍然怏怏不乐,因为被一个专横独断、不近情理、无所不能却又从不露面的上帝支配着,这使我感到屈辱,然而,一个人能够像你一样对我这般慷慨大方,关心体贴,我想他有权做一位专横独断、不近情理、又从不露面的上帝,所以,我原谅了你,并设法

I'll forgive you and be cheerful again. But I still don't enjoy getting Sallie's letters about the good times they are having in camp!

However—we will **draw a veil**① over that and begin again.

I've been writing and writing this summer; four short stories finished and sent to four different magazines. So you see I'm trying to be an author. I have a workroom fixed in a corner of the attic where Master Jervie used to have his rainy day playroom. It's in a cool, **breezy**② corner with two **dormer**③ windows, and shaded by a maple tree with a family of red squirrels living in a hole.

I'll write a nicer letter in a few days and tell you all the farm news.

We need rain.

Yours as ever,

Judy

10th August

Mr. Daddy-Long-Legs,

SIR: I address you from the second **crotch**④ in the **willow**⑤ tree by the pool in the pasture. There's a frog **croaking**⑥ underneath, a locust singing overhead and two little "devil downheads" **darting**⑦ up and down the trunk. I've been here for an hour; it's a very comfortable crotch, especially after being upholstered with two sofa **cushions**⑧. I came up with a pen and **tablet**⑨ hoping to write an immortal short story, but I've been having a dreadful time with my heroine—I can't make her behave as I want her to behave; so I've abandoned her for the moment, and am writing to you. (Not much relief though, for I can't make you behave as I want you to, either.)

If you are in that dreadful New York, I wish I could send you some

① draw a veil 遮掩，避而不谈

② breezy /ˈbriːzɪ/ a. 有微风的，通风好的
③ dormer /ˈdɔːmə/ n. 屋顶采光窗（天窗）

④ crotch /krɒtʃ/ n. 分叉处，叉柱
⑤ willow /ˈwɪləʊ/ n. 柳树
⑥ croak /krəʊk/ v. 嘎嘎叫
⑦ dart /dɑːt/ v. 疾走

⑧ cushion /ˈkʊʃən/ n. 垫子
⑨ tablet /ˈtæblɪt/ n. 便笺簿

高兴起来。可是，当莎莉来信谈到她们露营地的快乐时，我还是感到丧气。

不谈这件不快的事了。让我们重新开始吧。

整个夏天我都在写作，完成了四个短篇小说，投寄给四家不同的刊物。我在努力成为作家。我在阁楼的一个角落里工作，这是杰维少爷小时在下雨天玩耍的地方。那里微风徐来，一棵枫树的浓荫遮挡着两扇屋顶窗。枫树上有一个洞，里面住了一窝红松鼠。

过几天再写一封愉快的信，告诉你农场的情况。

这里缺雨。

依然是你的朱蒂
8月3日于洛克威洛农场

长腿爸爸先生：

先生：我在牧场小池旁一棵柳树的第二个枝杈上给你写信。下面一只青蛙鼓噪，头上一只知了唱个不停，两只小虫忽上忽下地在树干上乱爬。我在这里一个小时了。我在丫杈上放了两个沙发靠垫，舒适得很。我带着笔和拍纸簿，准备写一篇不朽的短篇小说，但是为女主人公伤透了脑筋——她不听我支配，所以我暂时撇开她，给你写信。（这也好不了多少，因为你同样不听我支配。）

of this lovely, breezy, sunshiny outlook. The country is heaven after a week of rain.

Speaking of heaven—do you remember Mr Kellogg that I told you about last summer?—the minister of the little white church at the Corners. Well, the poor old soul is dead—last winter of **pneumonia**①. I went half a dozen times to hear him preach and got very well acquainted with his theology. He believed to the end exactly the same things he started with. It seems to me that a man who can think straight along for forty-seven years without changing a single idea ought to be kept in a **cabinet**② as a **curiosity**③. I hope he is **enjoying his harp and golden crown**④; he was so perfectly sure of finding them! There's a new young man, very **consequential**⑤ in his place. The **congregation**⑥ is pretty dubious, especially the **faction**⑦ led by Deacon Cummings. It looked as though there was going to be an awful **split**⑧ in the church. We don't care for **innovations**⑨ in religion in this neighborhood.

During our week of rain I sat up in the attic and had an **orgy**⑩ of reading—Stevenson, mostly. He himself is more entertaining than any of the characters in his books; I dare say he made himself into the kind of hero that would look well in print. Don't you think it was perfect of him to spend all the ten thousand dollars his father left, for a **yacht**⑪ and go sailing off to the South Seas? He lived up to his adventurous **creed**⑫. If my father had left me ten thousand dollars, I'd do it, too. The thought of Vailima makes me wild. I want to see the **tropics**⑬. I want to see the whole world. I am going to be a great author, or artist, or actress, or playwright—or whatever sort of a great person I turn out to be. I have a terrible wanderthirst; the very sight of a map makes me want to put on my hat and take an umbrella and start. "I shall see before I die the **palms**⑭ and temples of the South."

① pneumonia /nju(:)'məʊnjə/ n. 肺炎

② cabinet /'kæbɪnɪt/ n. 橱柜
③ curiosity /ˌkjʊərɪ'ɒsɪtɪ/ n. 珍品,古董;奇人
④ enjoy his harp and golden crown 意指上天堂
⑤ consequential /ˌkɒnsɪ'kwenʃəl/ a. 自高自大的
⑥ congregation /ˌkɒŋgrɪ'geɪʃən/ n. 宗教的集会
⑦ faction /'fækʃən/ n. 小派系
⑧ split /splɪt/ n. 劈开,分裂
⑨ innovation /ˌɪnəʊ'veɪʃən/ n. 创新,革新
⑩ orgy /'ɔːdʒɪ/ n. 狂欢

⑪ yacht /jɒt/ n. 游艇,快艇

⑫ creed /kriːd/ n. 信条

⑬ tropic /'trɒpɪk/ n. 热带

⑭ palm /pɑːm/ n. 棕榈树

如果你现在住在那可怕的纽约,我真想把这里微风吹拂、阳光明媚的优美景致送些给你。下了一星期雨,乡村像天堂一般美好。

提起天堂,你还记得我去年夏天向你提及的凯洛格先生吗?——就是康纳斯那所白色小教堂的牧师。可怜的老头去年冬天染上肺炎死去了。我听他布道有五六次,对他的神学很熟悉。他的信仰始终如一。像他这样四十七年信仰不变的人应该像古玩一样放在陈列室里。他坚信身后能升入天堂,头戴光环,手抱竖琴,但愿他真能那样。接替他的是位傲慢的年轻人。教徒们有些疑虑,特别是卡明斯执事的那一派。看来教堂要分裂了。这个地方不喜欢宗教革新。

在下雨的那一周中,我端坐在阁楼里,如饥似渴地阅读,以史蒂文生的作品为主。他本人比他书中人物更有意思。我敢说他如果把自己写入小说,一定错不了。他把父亲遗留给他的一万元买了一只游艇畅游南洋,这样做你不觉得很棒吗?他实现了他的冒险愿望。如果我父亲留给我一万元,我也像他一样去做。瓦利马使我神往。我想到热带去;我想去周游世界。我要成为伟大的作家,或艺术家,或演员,或戏剧家,或随便什么伟大人物。我渴望漫游,一看见地图我就想带上帽子,拿上一把伞,拔腿就走。"我要在有生之年看到南洋的棕榈树和庙宇。"

8月10日

Thursday evening at **twilight**①,
sitting on the doorstep.

Very hard to get any news into this letter! Judy is becoming so philosophical of late, that she wishes to **discourse**② largely of the world in general, instead of **descending**③ to the **trivial**④ details of daily life. But if you must have news, here it is:

Our nine young pigs **waded**⑤ across the **brook**⑥ and ran away last Tuesday, and only eight came back. We don't want to accuse anyone unjustly, but we suspect that **Widow**⑦ Dowd has one more than she ought to have.

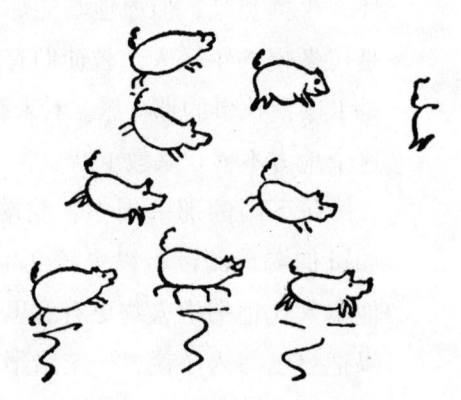

Mr. Weaver has painted his barn and his two **silos**⑧ a bright pumpkin yellow—a very ugly color, but he says it will wear.

The Brewers have company this week; Mrs. Brewer's sister and two nieces from Ohio.

One of our Rhode Island Reds only brought off three chicks out of fifteen eggs. We can't imagine what was the trouble. Rhode Island Reds,

① twilight /ˈtwaɪlaɪt/ n. 黄昏,微光

② discourse /dɪsˈkɔːs/ vi. 讲述
③ descend /dɪˈsend/ v. 降
④ trivial /ˈtrɪvɪəl/ a. 琐碎的,不重要的
⑤ wade /weɪd/ v. 跋涉
⑥ brook /brʊk/ n. 小河,溪
⑦ widow /ˈwɪdəʊ/ n. 寡妇

⑧ silo /ˈsaɪləʊ/ n. 筒仓

  这封信实在没有什么新消息。近来朱蒂考虑哲学较多,要谈世界大事,不谈生活琐事。不过,要是你关心消息的话,那么有下列几条:

  上星期二,我们养的九头猪涉过小溪逃跑了,只找回来八头。我们不想冤枉别人,但我们怀疑多德寡妇那里多了一头猪。

(图　略)

  维佛先生把仓库和两个青贮仓漆成南瓜似的黄颜色,很难看。他说耐脏。

  勃鲁尔斯家这星期来了客人,是勃鲁尔斯太太的姐姐和两个外甥女,从俄亥俄州来。

  一只罗得艾兰种红母鸡孵了十五个蛋,只孵出三只小鸡,不知问题出在哪里。我认为这鸡种不好。我喜欢奥尔平顿种鸡。

in my opinion, are a very inferior breed. I prefer Buff Orpingtons.

The new clerk in the post office at Bonnyrigg Four Corners drank every drop of Jamaica **ginger**① they had **in stock**②—seven dollars' worth—before he was discovered.

Old Ira Hatch has **rheumatism**③ and can't work any more; he never saved his money when he was earning good wages, so now he has to live on the town.

There's to be an ice cream social at the schoolhouse next Saturday evening. Come and bring your families.

I have a new hat that I bought for twenty-five cents at the post office. This is my latest portrait, on my way to **rake**④ the hay.

It's getting too dark to see; anyway, the news is all used up.

Good night,
Judy

① ginger /'dʒɪndʒə/ n. 姜
② in stock 存货
③ rheumatism /'ruːmətɪzəm/ n. 风湿症

④ rake /reɪk/ v. 用耙子

（图　略）

邦尼里格康纳斯邮局的新职员把邮局库存的牙买加姜汁啤酒（价值七美元）喝得一滴不剩，这才被人发现。

伊拉·哈奇老头风湿病犯了，不能干活。他以前挣钱不少，却分文不存；现在只得靠救济。

星期六晚将在邻近学校里举行冰淇淋晚会。敬请阖家光临。

我花了25美分在邮局买了一顶帽子，下面是我的最新画像，我正打算去耙草。

天黑得看不见了，而且，消息也报道完了。

晚安
朱蒂
星期四黄昏，坐在门槛上

（图　略）

Daddy-Long-Legs

Friday

Good morning! Here is some news! What do you think? You'd never, never, never guess who's coming to Lock Willow. A letter to Mrs. Semple from Mr. Pendleton. He's **motoring**① through the Berkshires, and is tired and wants to rest on a nice quiet farm—if he climbs out at her doorstep some night will she have a room ready for him? Maybe he'll stay one week, or maybe two, or maybe three; he'll see how restful it is when he gets here.

Such a **flutter**② as we are in! The whole house is being cleaned and all the curtains washed. I am driving to the Corners this morning to get some new **oilcloth**③ for the entry, and two cans of brown floor paint for the hall and back stairs. Mrs. Dowd is engaged to come tomorrow to wash the windows (in the **exigency**④ of the moment, we **waive**⑤ our suspicions in regard to the piglet). You might think, from this account of our activities, that the house was not already **immaculate**⑥; but I assure you it was! Whatever Mrs. Semple's limitations, she is a HOUSEKEEPER.

But isn't it just like a man, Daddy? He doesn't give the remotest hint as to whether he will land on the doorstep today, or two weeks from today. We shall live in a **perpetual**⑦ breathlessness until he comes—and if he doesn't hurry, the cleaning may all have to be done over again.

There's Amasai waiting below with the **buckboard**⑧ and Grover. I drive alone—but if you could see old Grove, you wouldn't be worried as to my safety.

With my hand on my heart—farewell.

Judy

① motor /ˈməutə/ v. 乘汽车，驾车

② flutter /ˈflʌtə/ n. 心绪不宁，坐立不安
③ oilcloth /ˈɔɪlklɒθ/ n. 油布
④ exigency /ˈeksɪdʒənsɪ/ n. 紧急，迫切需要
⑤ waive /weɪv/ v. 免除
⑥ immaculate /ɪˈmækjʊlɪt/ a. 无缺点的，无瑕疵的

⑦ perpetual /pəˈpetjʊəl/ a. 永恒的，永久的

⑧ buckboard /ˈbʌkbɔːd/ n. 四轮马车的一种

　　早上好，特大新闻！你猜猜看？你绝猜不出谁要到洛克威洛来。彭德尔顿先生给森普尔太太来信说他驾车穿越伯克郡，累了，要找个安静的农场休息一阵。如果他哪天晚上突然出现在门口，森普尔太太能否给他准备好一个房间？他可能住一星期，或者两三个星期，到达后看情况而定。

　　我们手忙脚乱把整座宅子扫除一遍，窗帘全洗了。今天早晨我要到康纳斯去买些油布铺在大门口，再买两听棕色地板漆把前厅和后楼梯漆一遍。明天请多德太太来擦窗户（在这紧急关头，只能放弃我们对小猪事件的猜疑）。听我这么说，你会以为森普尔家本来不干净呢。其实，干净极了！森普尔太太学问不大，理家却是个能手。

　　他真像个男人，对吗？一点也不透露是今天出现在门口，还是两周以后才出现。我们将会提心吊胆地等着，直到他来——他不赶紧的话，我们又得重新扫除一遍。

　　阿马萨备好四轮马车在下面等我，还有格鲁夫。我自己驾车去。你只消看看老格鲁夫就无须担心我的安全了。

　　手放在胸前，我向你告别。

朱蒂

Daddy-Long-Legs

PS. Isn't that a nice ending? I got it out of Stevenson's letters.

Old Grove is perfectly safe.

Saturday

Good morning again! I didn't get this **enveloped**[1] yesterday before the postman came, so I'll add some more. We have one mail a day at twelve o'clock. **Rural**[2] delivery is a blessing to the farmers! Our postman not only delivers letters, but he runs **errands**[3] for us in town, at five cents an errand. Yesterday he brought me some shoestrings and a jar of cold cream (I **sunburned**[4] all the skin off my nose before I got my new hat) and a blue Windsor tie and a bottle of **blacking**[5] all for ten cents. That was an unusual bargain, owing to the largeness of my order.

Also he tells us what is happening in the Great World. Several people on the route take daily papers, and he reads them as he **jogs**[6] along, and repeats the news to the ones who don't **subscribe**[7]. So in

又及：
结尾语不错吧，出自史蒂文生的书信。

星期五

老格鲁夫
稳当得很。

① envelope /'envɪləʊp/ v. 包封，封皮

② rural /'rʊər(ə)l/ a. 农村的

③ errand /'erənd/ n. 差使，差事

④ sunburn /'sʌnbɜːn/ v. 日灼，晒伤

⑤ blacking /'blækɪŋ/ n. 黑色鞋油，黑色涂料

⑥ jog /dʒɒg/ v. 蹒跚行进，慢跑

⑦ subscribe /səb'skraɪb/ v. 订阅

再道一次早安。昨天邮差来时，我还未写好信封，今天再加一段。邮件每天十二点来。乡下邮差对农民极为重要，除送信外还捎带替大家在城里办事，每次收费五分。昨天他给我带来鞋带，一瓶冷霜（我没买帽子时鼻子都晒掉皮了），一条蓝色温莎领带和一瓶黑色鞋油。一共才要十美分手续费。这是特殊照顾，因我买得多。

邮差还告诉我们世界大事。好几家人订了报纸，他边走边看，把消息告诉没有订报的人。假如美日开战，或总统被刺，或洛克

case a war breaks out between the United States and Japan, or the president is **assassinated**①, or Mr. Rockefeller leaves a million dollars to the John Grier Home, you needn't bother to write; I'll hear it anyway.

No sign yet of Master Jervie. But you should see how clean our house is—and with what **anxiety**② we wipe our feet before we step in!

I hope he'll come soon; I am longing for someone to talk to. Mrs. Semple, to tell you the truth, gets rather monotonous. She never lets ideas interrupt the easy flow of her conversation. It's a funny thing about the people here. Their world is just this single hilltop. They are not a bit universal, if you know what I mean. It's exactly the same as at the John Grier Home. Our ideas there were **bounded**③ by the four sides of the iron fence, only I didn't mind it so much because I was younger, and was so awfully busy. By the time I'd got all my beds made and my babies' faces washed and had gone to school and come home and had washed their faces again and **darned**④ their stockings and mended Freddie Perkins's trousers (he tore them every day of his life) and learned my lessons in between—I was ready to go to bed, and I didn't notice any lack of social **intercourse**⑤. But after two years in a conversational college, I do miss it; and I shall be glad to see somebody who speaks my language.

I really believe I've finished, Daddy. Nothing else occurs to me at the moment—I'll try to write a longer letter next time.

Yours always,
Judy

PS. The **lettuce**⑥ hasn't done at all well this year. It was so dry early in the season.

① assassinate /əˈsæsɪneɪt/ v. 暗杀

② anxiety /æŋˈzaɪətɪ/ n. 焦虑，担心

③ bounded /ˈbaʊndɪd/ a. 有界的（有限的）

④ darn /dɑːn/ v. 织补

⑤ intercourse /ˈɪntə(ː)kɔːs/ n. 交往，交流

⑥ lettuce /ˈletɪs/ n. 莴苣

菲勒先生留给约翰·格利尔孤儿院一百万美元，你不用写信来，我会听到的。

杰维少爷还没消息。你真该看看我们的宅子多么整洁，而每次进门时我们又是怎样使劲把脚擦干净。

我希望他快来，真想有人谈谈。说实话，森普尔太太有些单调。她说起话来滔滔不绝，却没有思想。这里的人很奇怪，他们的天地就是这个山顶，与世界没有一点来往，你懂我的意思吧。就和约翰·格利尔孤儿院一模一样，那时，我们的眼界只限于四堵铁篱笆之内，不过，我小时又那么忙碌，还不大在乎。等我把床铺整理好，给孩子们洗了脸，去学校上课，放学回来再给他们洗一遍脸，把他们的袜子补好，给费莱迪·波金斯补了裤子（他每天都把裤子撕破），抽空做完我的作业，就只想上床睡觉了，所以感觉不到社会生活的贫乏。如今在正规大学生活了两年，我需要人与人之间的交往，很想和有共同语言的人谈谈。

我想应该住笔了。眼下，没有什么新鲜事，下次再写得长些。

你的朱蒂

又及：

今年生菜长势不好，早些时候太旱了。

星期六

Daddy-Long-Legs

25th August

Well, Daddy, Master Jervie's here. And such a nice time as we're having! At least I am, and I think he is, too—he has been here ten days and he doesn't show any signs of going. The way Mrs. Semple **pampers**[1] that man is scandalous. If she **indulged**[2] him as much when he was a baby, I don't know how he ever turned out so well.

He and I eat at a little table set on the side porch, or sometimes under the trees, or—when it rains or is cold—in the best **parlor**[3]. He just picks out the spot he wants to eat in and Carrie **trots**[4] after him with the table. Then if it has been an awful **nuisance**[5], and she has had to carry the dishes very far, she finds a dollar under the sugar bowl.

He is an awfully companionable sort of man, though you would never believe it to see him casually; he looks at first glance like a true Pendleton, but he isn't in the least. He is just as simple and **unaffected**[6] and sweet as he can be—that seems a funny way to describe a man, but it's true. He's extremely nice with the farmers around here; he meets them in a sort of man-to-man fashion that **disarms**[7] them immediately. They were very suspicious at first. They didn't care for his clothes! And I will say that his clothes are rather amazing. He wears **knickerbockers**[8] and **pleated**[9] jackets and white **flannels**[10] and riding clothes with **puffed**[11] trousers. Whenever he comes down in anything new, Mrs. Semple, **beaming**[12] with pride, walks around and views him from every angle, and **urges**[13] him to be careful where he sits down; she is so afraid he will pick up some dust. It bores him dreadfully. He's always saying to her:

"Run along, Lizzie, and tend to your work. You can't boss me any longer. I've grown up."

① pamper /ˈpæmpə/ v. 放纵
② indulge /ɪnˈdʌldʒ/ v. 放任,迁就

③ parlor /ˈpɑːlə/ n. 客厅,会客室

④ trot /trɒt/ v. 快步走,小跑步走
⑤ nuisance /ˈnjuːsns/ n. 令人为难的行为,麻烦

⑥ unaffected /ˌʌnəˈfektɪd/ a. 不矫揉造作的,自然的

⑦ disarm /disˈɑːm, dɪz-/ v. 解除戒备,缓和

⑧ knickerbocker /ˈnɪkəbɒkə/ n. 灯笼裤
⑨ pleat /pliːt/ v. 打褶
⑩ flannel /ˈflænl/ n. 法兰绒
⑪ puff /pʌf/ v. 喷出,张开
⑫ beam /biːm/ v. 微笑,闪亮
⑬ urge /ɜːdʒ/ v. 力劝,力陈

　　杰维少爷终于来了。我们玩得好极了。至少我这样认为,我想他也如此——他到了十天,还没有走的迹象。森普尔太太把他惯得不成样子。要是他小时候她就这样惯着他,真不知他现在怎能变得这么好!

　　他和我在小阳台的一张小桌子上吃饭,有时在树下,如果下雨或天冷,就在最讲究的小客厅里。他随便选个地点,嘉丽就搬起桌子跟着他去。如果这很麻烦,或者要把菜端得很远,她会在糖罐下找到他给她的一块钱。

　　他很容易相处,可乍看之下根本不像。初次见面,他十足像是彭德尔顿家的人,实际并非如此。他淳朴、实在、讨人喜欢(用这个词形容男人有些怪,不过他确实如此),对周围的农民,他非常和善,以诚相待,很快就消除了他们的疑虑。起先他们不相信他,看不惯他的服装,我也觉得他的服装挺奇特。他穿灯笼裤、打褶的外套、白绒衣和裤腿肥大的骑马服。每当他穿点什么新的下楼来,森普尔太太就带着自豪的笑容在他周围转来转去,从各个角度审视他,叫他坐下时小心,生怕他沾上尘土。他烦透了,总是对她说:

　　"得了,丽希。你忙去吧。我长大了,你管不着我了。"

It's awfully funny to think of that great big, long-legged man (he's nearly as long-legged as you, Daddy) ever sitting in Mrs. Semple's lap and having his face washed. Particularly funny when you see her lap! She has two laps now, and three **chins**[①]. But he says that once she was thin and **wiry**[②] and **spry**[③] and could run faster than he.

Such a lot of adventures we're having! We've explored the country for miles, and I've learned to fish with funny little flies made of feathers. Also to shoot with a **rifle**[④] and a **revolver**[⑤]. Also to ride horseback—there's an astonishing amount of life in old Grove. We fed him on **oats**[⑥] for three days, and he **shied**[⑦] at a calf and almost ran away with me.

① chin /tʃɪn/ n. 下巴,颏

② wiry /'waɪərɪ/ a. 坚硬的，结实的
③ spry /spraɪ/ a. 活泼的,敏捷的
④ rifle /'raɪfl/ n. 步枪
⑤ revolver /rɪ'vɒlvə/ n. 左轮手枪
⑥ oat /əʊt/ n. 燕麦
⑦ shy /ʃaɪ/ vi. 惊退，畏缩

想想真有趣，这么一个身高腿长的人（爸爸，他的腿和你一样长）曾经坐在森普尔太太腿上让她洗脸，尤其当你看到森普尔太太的腿时，更是滑稽，她现在腿粗得吓人，还有三重下巴。他说她过去很瘦，结实灵活，跑得比他还快。

我们有那么多的新奇经历！在乡间四处游逛，我学会了用羽绒做的小苍蝇钓鱼，会放猎枪和手枪。还会骑马——老格鲁夫还真有精神。我们喂了它三天燕麦，它看见一头小牛吓了一跳，几乎带着我跑了。

8月25日

（图　略）

Wednesday

We climbed Sky Hill Monday afternoon. That's a mountain near here; not an awfully high mountain, perhaps—no snow on the **summit**①—but at least you are pretty breathless when you reach the top. The lower slopes are covered with woods, but the top is just piled rocks and open **moor**②. We stayed up for the sunset and built a fire and cooked our supper. Master Jervie did the cooking; he said he knew how better than me—and he did, too, because he's used to camping. Then we came down by moonlight, and, when we reached the wood trail where it was dark, by the light of an electric **bulb**③ that he had in his pocket. It was such fun! He laughed and joked all the way and talked about interesting things. He's read all the books I've ever read, and a lot of others besides. It's **astonishing**④ how many different things he knows.

We went for a long **tramp**⑤ this morning and got caught in a storm. Our clothes were **drenched**⑥ before we reached home—but our spirits not even damp. You should have seen Mrs. Semple's face when we **dripped**⑦ into her kitchen.

"Oh, Master Jervie—Miss Judy! You are **soaked**⑧ through. Dear! Dear! What shall I do? That nice new coat is perfectly **ruined**⑨."

She was awfully funny; you would have thought that we were ten years old, and she a **distracted**⑩ mother. I was afraid for a while that we weren't going to get any jam for tea.

Saturday

I started this letter ages ago, but I haven't had a second to finish it.

① summit /'sʌmɪt/ n. 顶点

② moor /mʊə/ n. 荒野,旷野

③ bulb /bʌlb/ n. 电灯泡

④ astonishing /əs'tɒnɪʃɪŋ/ a. 惊异的,惊奇的
⑤ tramp /træmp/ n. 步行,慢慢走
⑥ drench /drentʃ/ v. 湿透

⑦ drip /drɪp/ v. 滴下,滴水

⑧ soaked /səʊkt/ a. 湿透的

⑨ ruin /ruɪn; 'ruːɪn/ v. 毁坏,破坏

⑩ distracted /dɪs'træktɪd/ a. 心烦意乱的

　　星期一下午我们去爬天山。山就在附近,不高——山顶没有积雪——可是爬到顶也会把人累得气喘吁吁。山坡上树木繁茂,山顶只有岩石和荒地。我们在山上玩到日落,生了一堆篝火烧晚饭。是杰维少爷烧的饭,他说他比我烧得好。这确实不假,他常去野营。我们趁着月光下山。在黝黯的林间小路上,只能借助他带来的手电筒照亮儿。真好玩!一路上他又说又笑,讲了很多有趣的事。我读的书他全读过,还读了很多别的。他懂得那么多,真让人吃惊。

　　今天上午,我们走出很远,碰上了暴风雨。到家后衣服已经湿透了,可我们依然兴致勃勃。森普尔太太看见我们落汤鸡似的走进厨房,惊得什么似的,你真该看看她的表情。

　　"天呀,杰维少爷,朱蒂小姐!看你们这一身水。瞧瞧!瞧瞧!这可怎么办呢?这么好的新大衣糟蹋了。"

　　她真有意思,就好像我们都是半大的孩子,她是给惹恼了的母亲。我还以为吃茶点时她会不给我们果酱吃呢。

星期三

· 193 ·

Daddy-Long-Legs

Isn't this a nice thought from Stevenson?

The world is so full of a number of things,
I am sure we should all be as happy as kings.

It's true, you know. The world is full of happiness, and plenty to go around, if you are only willing to take the kind that comes your way. The whole secret is in being **pliable**①. In the country, especially, there are such a lot of entertaining things. I can walk over everybody's land, and look at everybody's view, and **dabble**② in everybody's brook; and enjoy it just as much as though I owned the land—and with no taxes to pay!

It's Sunday night now, about eleven o'clock, and I am supposed to be getting some **beauty sleep**③, but I had black coffee for dinner, so—no beauty sleep for me!

This morning, said Mrs. Semple to Mr. Pendleton, with a very determined **accent**④.

"We have to leave here at a quarter past ten in order to get to church by eleven."

"Very well, Lizzie," said Master Jervie, "you have the buggy ready, and if I'm not dressed, just go on without waiting."

"We'll wait," said she.

"As you please," said he, "only don't keep the horses standing too long."

Then while she was dressing, he told Carrie to pack up a lunch, and he told me to **scramble**⑤ into my walking clothes; and we slipped out the back way and went fishing.

这封信写了许多日子还没写完，真是一点工夫也没有。

史蒂文生这个看法不错吧？

<blockquote>
世间不寂寞，好事多多，
我们像君王，快快活活。
</blockquote>

真的，世间充满欢乐，只要随遇而安，人人都能享受。秘诀在于适应性。乡村里，爽心悦目的事尤其多。我可以自由自在地漫步在他人的田地之上，尽情观赏景致，随意在他人的小溪里戏水，好像这一切都属于我。不但属于我，还不用出钱付税。

现在是星期天晚上，大约十一点钟，我早该进入梦乡，可是晚饭喝了浓咖啡，午夜前睡不着了。

今天上午，森普尔太太口气很坚决地对彭德尔顿先生说：

"我们十一点到教堂，十点一刻必须出发。"

"好的，丽希。"杰维少爷说："你把马车备好。到时候如果我还没换好衣服，你先走就是，不用等我。"

她说："我们一定得等。"

他说："随你的便，可别让马站得太久了。"

森普尔太太去换衣服的时候，他吩咐嘉丽打点了一顿便餐，叫我快穿上适于走路的

---

① pliable /ˈplaɪəbl/ *a.* 可折的，柔软的

② dabble /ˈdæbl/ *v.* 玩水，泼溅

③ beauty sleep *n.* 午夜前几小时的酣睡

④ accent /ˈæksənt/ *n.* 口气，口音

⑤ scramble /ˈskræmbl/ *v.* 混杂一起

Daddy-Long-Legs

It **discommoded**① the household dreadfully, because Lock Willow of a Sunday **dines**② at two. But he ordered dinner at seven—he orders meals whenever he chooses; you would think the place were a restaurant—and that kept Carrie and Amasai from going driving. But he said it was all the better because it wasn't proper for them to go driving without a **chaperon**③ and anyway, he wanted the horses himself to take me driving. Did you ever hear anything so funny?

And poor Mrs. Semple believes that people who go fishing on Sundays go afterwards to a **sizzling**④ hot hell! She is awfully troubled to think that she didn't train him better when he was small and helpless and she had the chance. Besides—she wished to show him off in church.

Anyway, we had our fishing (he caught four little ones) and we cooked them on a campfire for lunch. They kept falling off our **spiked**⑤ sticks into the fire, so they tasted a little ashy, but we ate them. We got home at four and went driving at five and had dinner at seven, and at ten I was sent to bed—and here I am, writing to you.

I am getting a little sleepy, though.

Good night.

Here is a picture of the one fish I caught.

① discommode /ˌdɪskəˈməʊd/ v. 使不方便,使为难
② dine /daɪn/ v. 用正餐,进餐

③ chaperon /ˈʃæpərəʊn/ n. 女伴

④ sizzle /ˈsɪzl/ vi. (油煎食物时)发出咝咝声

⑤ spike /spaɪk/ v. 用尖物刺穿,以大钉钉牢,

衣服,带着我从后门溜走钓鱼去了。

他把全家人都搞乱了。每星期天洛克威洛农场两点吃正餐。他却关照七点开饭——他想几点吃就几点吃,好像这里是饭馆——结果阿马萨和嘉丽不能驾车出游了。他说这样更好,免得她们没有女伴陪着自己出去乱跑,再说他要把马留着带我出游,你见过这么滑稽的事吗?

可怜的森普尔太太认为星期天去钓鱼的人死后要给打入十八层地狱。她心里很不安,怪自己在他还小因此任她摆布时没能把他管教好。再说,她本想在教堂里带他出出风头。

不管怎么说,我们去钓鱼了(他钓了四条小鱼)。中午,我们架了一堆火烤鱼吃。鱼老是掉在火里,粘得满是灰,但我们还是吃了。我们四点到家,五点驾车出去兜了一圈,七点吃晚饭,十点他们叫我去睡觉,于是,我就回屋里给你写信。

可我有点困。

晚安

下面是我钓的那条鱼的画像。

(图　略)

Ship Ahoy①, Cap'n Long-Legs!

Avast②! **Belay**③! Yo, ho, ho, and a bottle of **rum**④. Guess what I'm reading? Our conversation these past two days has been **nautical**⑤ and **piratical**⑥. Isn't *Treasure Island* fun? Did you ever read it, or wasn't it written when you were a boy? Stevenson only got thirty pounds for the **serial rights**⑦—I don't believe it pays to be a great author. Maybe I'll be a schoolteacher.

Excuse me for filling my letters so full of Stevenson; my mind is very much engaged with him at present. He **comprises**⑧ Lock Willow's library.

I've been writing this letter for two weeks, and I think it's about long enough. Never say, Daddy, that I don't give details. I wish you were here, too; we'd all have such a jolly time together. I like my different friends to know each other. I wanted to ask Mr. Pendleton if he knew you in New York—I should think he might; you must move in about the same **exalted**⑨ social circles, and you are both interested in reforms and things—but I couldn't, for I don't know your real name.

It's the silliest thing I ever heard of, not to know your name. Mrs. Lippett warned me that you were **eccentric**⑩. I should think so!

Affectionately,
Judy

PS. On reading this over, I find that it isn't all Stevenson. There are one or two **glancing**⑪ references to Master Jervie.

① ship ahoy 船呀！喂！（呼叫他船之声）

② avast /əˈvɑːst/ int. 停住！
③ belay /bɪˈleɪ/ v. 把绳索拴在套桩上
④ rum /rʌm/ n. 甜酒
⑤ nautical /ˈnɔːtɪkəl/ a. 海上的，航海的
⑥ piratical /paɪˈrætɪkəl/ a. 海盗的
⑦ serial rights 连续刊登的版权

⑧ comprise /kəmˈpraɪz/ v. 包含，构成

⑨ exalted /ɪgˈzɔːltɪd/ a. 尊贵的，高位的
⑩ eccentric /ɪkˈsentrɪk/ a. 古怪的，反常的

⑪ glancing /ˈglɑːnsɪŋ/ a. 粗略的

啊嗬！长腿船长，

　　停船！停下来！唷嗬嗬，来一瓶朗姆酒。你猜我在看什么书？这两天我们说的尽是海盗和航海。《宝岛》真有趣。你读过吗？你小时有这本书吗？这本书史蒂文生只得了30英镑版权费，当作家真不值得。要不，我还是当教员吧。

　　请原谅我信中一再提及史蒂文生。我现在满脑子都是他。洛克威洛只有他的书。

　　这封信写了两周之久，很长了。长腿爸爸，你不能说我写得不详细吧？真希望你也在这里。我们在一起会很愉快的。我希望我的熟人能互相认识。我想问问彭德尔顿先生他在纽约认识不认识你？——我想很可能，你们一定在同一个上流的社会圈子里，你们同样喜欢搞点改革什么的——但我无从问起，因我不知道你的真实姓名。

　　不知道你的姓名，这事真是再可笑不过了。李培太太告诫我说你很古怪。一点不错！

　　　　　　　　　　　　喜欢你的朱蒂
　　　　　　　　　　　　　　星期六

又及：
　　重读此信，发现信中不全是史蒂文生，有一两处涉及杰维少爷。

Daddy-Long-Legs

10th September

Dear Daddy,

He has gone, and we are missing him! When you get accustomed to people or places of living, and then have them snatched away, it does leave an awfully empty, **gnawing**① sort of sensation. I'm finding Mrs. Semple's conversation pretty **unseasoned**② food.

College opens in two weeks and I shall be glad to begin work again. I have worked quite a lot this summer though—six short stories and seven poems. Those I sent to the magazines all came back with the most **courteous**③ **promptitude**④. But I don't mind. It's good practice. Master Jervie read them—he brought in the post, so I couldn't help his knowing—and he said they were *dreadful*. They showed that I didn't have the slightest idea of what I was talking about. (Master Jervie doesn't let politeness **interfere**⑤ with truth.) But the last one I did—just a little **sketch**⑥ laid in college he said wasn't bad; and he had it typewritten, and I sent it to a magazine. They've had it two weeks; maybe they're thinking it over.

You should see the sky! There's the queerest orange-colored light over everything. We're going to have a storm.

It commenced just that moment with tremendously big drops and all the **shutters**⑦ banging. I had to run to close the windows, while Carrie flew to the attic with an armful of milk pans to put under the places where the roof leaks and then, just as I was resuming my pen, I remembered that I'd left a cushion and rug and hat and Matthew Arnold's poems under a tree in the orchard, so I dashed out to get them, all quite soaked. The red cover of the poems had run into the inside; **Dover**

① gnawing /'nɔ:ɪŋ/ a. 痛苦的,折磨人的
② unseasoned /ˌʌn'si:znd/ a. 未干透的,未成熟的

③ courteous /'kɜ:tjəs/ a. 有礼貌的
④ promptitude /'prɒmptɪtju:d/ n. 敏捷,迅速

⑤ interfere /ˌɪntə'fɪə/ v. 妨碍,干涉
⑥ sketch /sketʃ/ n. 小品文

⑦ shutter /'ʃʌtə/ n. 百叶窗

亲爱的爸爸：

他走了，我们很想他！当你熟悉了某人或某地，忽然又离开了，你会感到心中失落了什么似的空荡荡的。我觉得森普尔太太的谈话更是没意思了。

再有两星期开学，我很高兴继续去读书。这个暑假我的成绩不小——写了六个短篇小说、七首诗。我投寄出去的稿子很快都给退了回来，还附了短信，客气得不行。我不在乎。只当练笔了。杰维少爷读了之后——他每天收信，瞒不了他——说我写得**一塌糊涂**，我根本不知道自己在写些什么（杰维少爷说话从不拐弯抹角）。但我最后写的那个描写大学生活的小故事他说还不错，并帮我用打字机打了出来。我已寄往一家杂志社。两星期了，可能他们正在考虑呢。

要变天了！一片奇异的橙红色笼罩着一切，暴风雨快来了。

暴风雨噼噼啪啪地下了起来，百叶窗被砸得山响。我赶忙去关窗，嘉丽抱了好多锅碗瓢盆跑到阁楼去接屋顶的漏雨。我提笔接着写信，忽然想起我把靠垫、毯子、帽子和马修·阿诺德的诗集忘在树下。等我跑去取了回来，所有的东西都湿透了。诗集封面上的

Beach① in the future will be washed by pink waves.

A storm is awfully **disturbing**② in the country. You are always having to think of so many things that are out of doors and getting spoiled.

Thursday

Daddy! Daddy! What do you think? The postman has just come with two letters.

1st. My story is accepted. $50.

Alors③! I'm an AUTHOR.

2nd. A letter from the college secretary. I'm to have a scholarship for two years that will cover board and tuition. It was founded for "marked **proficiency**④ in English with general excellency in other lines". And I've won it! I applied for it before I left, but I didn't have an idea I'd get it, on account of my freshman bad work in math and Latin. But it seems I've made it up. I am awfully glad, Daddy, because now I won't be such a burden to you. The monthly allowance will be all I'll need, and maybe I can earn that with writing or tutoring or something.

I'm longing to go back and begin work.

Yours ever,
Jerusha Abbott,
Author of *When the Sophomores Won the Game*. For sale at all **newsstands**⑤.
price ten cents.

① Dover Beach是马修·阿诺德的一首诗的题目
② disturbing /dɪˈstɜːbɪŋ/ a. 烦扰的

③ alors /ɑːˈlɔːr/ int. 〈法〉那么

④ proficiency /prəˈfɪʃənsɪ/ n. 熟练,精通

⑤ newsstand /ˈnjuːzstænd/ n. 报摊,杂志摊

红颜色渗到里面,多佛海滨将会是红色的汹涌波涛了。

乡间的暴风雨可不是闹着玩的,你得时刻想着放在露天的东西,免得糟蹋了。

9月10日

爸爸!爸爸!你猜怎么着!邮差带来了两封信。

第一,我的小说被采用了。50美元。

那么,我是**作家**了。

第二,学校秘书来信通知,我得到一笔奖学金,包括两年的学费和食宿费。这奖学金是给那些"英语学业出色,其他科目成绩优良"的学生的,我得到了!我离校时递上申请,原以为没有希望,因大一数学和拉丁语没学好。可看来我追了上来。我高兴极了,爸爸,我再也不会是你的负担了。你每月只须给我寄点零用钱就行了。或许我写点东西或者教教书什么的也能赚到零用钱。

真想快点回校学习。

你的杰鲁莎·艾博特

(《大二生获胜了》的作者。登载该文的杂志各报亭均有出售。价格10美分)

星期四

Daddy-Long-Legs

26th September

Dear Daddy-Long-Legs,

Back at college again and an upper classman. Our study is better than ever this year—faces the south with two huge windows and oh! so furnished. Julia, with an unlimited allowance, arrived two days early and was attacked with a **fever**[①] for settling.

We have new wallpaper and oriental rugs and mahogany chairs—not painted mahogany which made us sufficiently happy last year, but real. It's very gorgeous, but I don't feel as though I belonged in it; I'm nervous all the time for fear I'll get an ink spot in the wrong place.

And, Daddy, I found your letter waiting for me—pardon—I mean your secretary's.

Will you kindly **convey**[②] to me a **comprehensible**[③] reason why I should not accept that scholarship? I don't understand your objection in the least. But anyway, it won't do the slightest good for you to object, for I've already accepted it—and I am not going to change! That sounds a little impertinent, but I don't mean it so.

I suppose you feel that when you set out to educate me, you'd like to finish the work, and put a neat **period**[④], in the shape of a **diploma**[⑤] at the end.

But look at it just a second from my point of view. I shall owe my education to you just as much as though I let you pay for the whole of it, but I won't be quite so much indebted. I know that you don't want me to return the money, but **nevertheless**[⑥], I am going to want to do it, if I possibly can; and winning this scholarship makes it so much easier. I was expecting to spend the rest of my life in paying my debts, but now I

① fever /'fi:və/ n. 发热，热情

② convey /kən'veɪ/ v. 传达，表达
③ comprehensible /ˌkɒmprɪ'hensəbl/ a. 可理解的

④ period /'pɪərɪəd/ n. 句点
⑤ diploma /dɪ'pləʊmə/ n. 文凭

⑥ nevertheless /ˌnevəðə'les/ ad. 仍然，不过

亲爱的长腿爸爸：

　　我已回到学校，是高年级生了。今年的书房更好，有两大扇朝南的窗户，还有那么多家具。朱丽雅有用不完的零用钱，她于两天前到校，正在一心一意地布置房间。

　　我们糊了新壁纸，铺了东方地毯，摆上红木椅子，去年用的是漆成红木的椅子，我们已经非常高兴，今年却是真的红木——非常华丽，但我觉得好像我不配坐这种椅子，老是担心会在什么地方弄上墨水渍。

　　还有，长腿爸爸，一回校就看到你的信——对不起，我是说你秘书的来信。

　　可否请你费心解释一下我不能接受奖学金的原因？真不明白你为何要反对。但你反对也罢，没有用了，我已经接受了——不会再改变。这话说得有点不客气，可我不是那意思。

　　我想你一旦决定供我上学，就不愿半途而废，非得等我拿到文凭，才算大功告成。

　　请你从我的角度想一想。即使我接受了奖学金，我同样还是你培养的，只不过欠的债少一些罢了。我知道你不指望我归还，但只要有可能，我总要归还给你的。有了奖学金，这样做就容易多了。我本打算一

shall only have to spend one half of the rest of it.

I hope you understand my position and won't be cross. The allowance I shall still most gratefully accept. It requires an allowance to live up to Julia and her furniture! I wish that she had been **reared**① to simpler tastes, or else that she were not my roommate.

This isn't much of a letter; I meant to have written a lot—but I've been **hemming**② four window curtains and three **portières**③ (I'm glad you can't see the length of the **stitches**④), and polishing a brass desk set with tooth powder (very **uphill**⑤ work), and **sawing**⑥ off picture wire with **manicure**⑦ scissors, and unpacking four boxes of books, and putting away two trunkfuls of clothes (it doesn't seem believable that Jerusha Abbott owns two trunks full of clothes, but she does!) and welcoming back fifty dear friends in between.

Opening day is a joyous occasion!

Good night, Daddy dear. and don't be annoyed because your chick is wanting to scratch for herself. She's growing up into an awfully **energetic**⑧ little hen—with a very determined **cluck**⑨ and lots of beautiful feathers (all due to you).

Affectionately,

Judy

30th September

Dear Daddy,

Are you still **harping**⑩ on that scholarship? I never knew a man so **obstinate**⑪ and **stubborn**⑫ and unreasonable, and **tenacious**⑬, and **bulldoggish**⑭, and unable-to-see-other-people's-point-of-view, as you.

You prefer that I should not be accepting favors from strangers.

① rear /rɪə/ v. 养育

② hem /hem/ v. 缝边
③ portière /ˌpɔːtɪ'eə(r)/ n. 门帷，门帘
④ stitch /stɪtʃ/ n. 针脚
⑤ uphill /ˌʌp'hɪl/ a. 上坡的，费力的
⑥ saw /sɔː/ v. 锯
⑦ manicure /'mænɪkjʊə/ n. 修指甲

⑧ energetic /ˌenə'dʒetɪk/ a. 精力旺盛的
⑨ cluck /klʌk/ n. 咯咯声

⑩ harp /hɑːp/ v. (on) 唠叨，喋喋不休地说
⑪ obstinate /'ɒbstɪnɪt/ a. 固执的，倔强的
⑫ stubborn /'stʌbən/ a. 顽固的，倔强的
⑬ tenacious /tɪ'neɪʃəs/ a. 紧粘不放的，固执的
⑭ bulldog /'bʊldɒɡ/ n. 牛头狗，一种斗犬，这里bulldoggish指像斗犬那样

辈子努力工作来偿还这笔钱，如今半辈子就够了。

希望你能理解我，不要生气，我还会接受你给我的零用钱。同朱丽雅和她的家具住在一起必须有笔零用钱。真希望她能俭朴些，或者她不和我住在一起。

这算不得一封信，本想多写些——但是我忙着缝四条窗帘和三条门帘（幸亏你看不见我的大针脚），用牙粉擦亮一套铜文具（很艰巨），用指甲刀剪断画上的铁丝，拆四箱书，收拾两箱衣服（不能想象杰鲁莎·艾博特有满满两箱衣服，可她真有）。同时还要迎接50个好朋友陆续返校。

开学这一天是令人高兴的一天。

亲爱的长腿爸爸，晚安，你的小雏鸡要独立，请不要生气。她已长大了，充满活力，高声地咯咯叫着，还有一身美丽的羽毛（这都是你给的）。

喜欢你的朱蒂
9月26日

亲爱的爸爸：

你还在念叨那奖学金吗？从没见过有谁像你一样固执、僵硬、古板、不近情理、一意孤行。

Strangers! —And what are you, pray?

Is there anyone in the world that I know less? I shouldn't recognize you if I met you in the street. Now, you see, if you had been a **sane**①, sensible person and had written nice, cheering fatherly letters to your little Judy, and had come occasionally and patted her on the head, and had said you were glad she was such a good girl—Then, perhaps, she wouldn't have **flouted**② you in your old age, but would have obeyed your slightest wish like the dutiful daughter she was meant to be.

Strangers indeed! You live in a glass house, Mr. Smith.

And besides, this isn't a favor; it's like a prize—I earned it by hard work. If nobody had been good enough in English, the committee wouldn't have awarded the scholarship; some years they don't. Also—but what's the use of arguing with a man? You belong, Mr. Smith, to a sex **devoid**③ of a sense of logic. To bring a man into line, there are just two methods: one must either **coax**④ or be disagreeable. I **scorn**⑤, to coax men for what I wish. Therefore, I must be disagreeable.

I refuse, sir, to give up the scholarship; and if you make any more **fuss**⑥, I won't accept the monthly allowance either, but will wear myself into a nervous **wreck**⑦ tutoring stupid freshmen.

That is my **ultimatum**⑧!

And listen—I have a further thought. Since you are so afraid that by taking this scholarship I am **depriving**⑨ someone else of an education, I know a way out. You can apply the money that you would have spent for me toward educating some other little girl from the John Grier Home. Don't you think that's a nice idea? Only, Daddy, *educate* the new girl as much as you choose, but please don't *like* her any better than me.

I trust that your secretary won't be hurt because I pay so little

① sane /seɪn/ *a.* 神智健全的,理智的

② flout /flaʊt/ *v.* 嘲笑,愚弄

③ devoid /dɪˈvɔɪd/ *a.* 全无的,缺乏的
④ coax /kəʊks/ *v.* 哄,诱骗
⑤ scorn /skɔːn/ *v.* 轻蔑,不屑做

⑥ fuss /fʌs/ *n.* 大惊小怪,小题大作
⑦ wreck /rek/ *n.* 健康受损的人
⑧ ultimatum /ˌʌltɪˈmeɪtəm/ *n.* 最后通牒

⑨ deprive /dɪˈpraɪv/ *v.* 剥夺

你不希望我接受陌生人的恩惠?

陌生人——请问你又是谁?

在这世界上还有谁我了解得更少呢?就是在街上碰见你也认不出来。如果你是个理智的聪明人,像父亲一样给你的小朱蒂写过慈爱的信,有时来看看她,拍拍她的脑袋说她很乖——这样,可能她不会在你的晚年违抗你,而像一个本分的女儿那样顺从你哪怕最小的一点愿望。

什么陌生人!史密斯先生,你还说别人呢!

再说这不是恩惠,是一种奖赏——我勤奋学习得来的。如果没有出色的英文学生,委员会不会颁发这项奖学金的,有些年就没有。还有——算了,和男人辩论有什么用?史密斯先生,你们男人没有逻辑。要使男人就范只有两个方法,哄他或让他厌烦。我不愿为实现我的愿望哄你,只有叫你厌烦了。

先生,我决不放弃奖学金。你再啰唆,我就连每月的零用钱也不要了,我将给愚蠢的大一生补习功课直到自己累得趴下。

这是我的最后通牒。

此外——我还有一个想法。你若怕我接受奖学金会剥夺了别人受教育的机会,可以这么办。你把原来打算提供给我的钱给约翰·格利尔孤儿院的另一个女孩。这个办法好吗?但是,随你让哪个女孩受多少**教育**,你不能更**喜欢**她,好吗?

attention to the suggestions offered in his letter, but I can't help it if he is. He's a spoiled child, Daddy. I've **meekly**① given in to his **whims**② heretofore, but this time I intend to be FIRM.

Yours,
With a mind,
Completely and **Irrevocably**③ and
World-without-End④ Made-up,
Jerusha Abbott

9th November

Dear Daddy-Long-Legs,

I started downtown today to buy a bottle of shoe blacking and some collars and the material for a new blouse and a jar of violet cream and a cake of Castile soap—all very necessary; I couldn't be happy another day without them—and when I tried to pay the **carfare**⑤ I found that I had left my purse in the pocket of my other coat. So I had to get out and take the next car, and was late for gymnasium.

It's a dreadful thing to have no memory and two coats!

Julia Pendleton has invited me to visit her for the Christmas holidays. How does that strike you, Mr. Smith? Fancy Jerusha Abbott, of the John Grier Home, sitting at the tables of the rich. I don't know why Julia wants me—she seems to be getting quite **attached**⑥ to me of late. I should, to tell the truth, very much prefer going to Sallie's, but Julia asked me first, so if I go anywhere it must be to New York instead of to Worcester. I'm rather **awed**⑦ at the prospect of meeting Pendletons **en**

① meekly /ˈmiːklɪ/ ad. 卑恭屈节地,温顺地
② whim /(h)wɪm/ n. 一时的兴致,怪念头

③ irrevocably /ɪˈrevəkəblɪ/ ad. 不能取消地
④ world-without-end ad. 永远(永久)

⑤ carfare /ˈkɑːfeə(r)/ n. 车资,车费

⑥ attach /əˈtætʃ/ v. 贴上,使依恋

⑦ awed /ɔːd/ a. 敬畏的

我没有接受来信中的意见,希望你的秘书不会生气,即使生气也没有办法。我把他惯坏了,一直温顺地服从他的安排,这次我得**坚决**一些。

你的拿定主意的、永远不会改变的

杰鲁莎·艾博特

9月30日

亲爱的长腿爸爸:

今天我进城去买鞋油、衬领、衬衫衣料、紫罗兰冷霜和橄榄香皂——都很急需,推迟一天也不行。付车钱时发现我的钱包在另一件外套口袋里,只得回来,乘下一班车走。体育课迟到了。

有两件外套,记性又不好,真麻烦。

朱丽雅·彭德尔顿请我到她家里去过圣诞节。你觉得如何,史密斯先生?试想约翰·格利尔孤儿院的杰鲁莎·艾博特坐在富人的餐桌上。不知朱丽雅为何请我,她最近似乎越来越喜欢我。说老实话,我宁愿去莎莉家。可是朱丽雅先提出邀请的,要去,只能去纽约而不是伍斯特。一下看见那么多彭德尔顿家

masse③, and also I'd have to get a lot of new clothes—so, Daddy dear, if you write that you would prefer having me remain quietly at college, I will bow to your wishes with my usual sweet **docility**④.

I'm engaged at odd moments with the *Life and Letters of Thomas Huxley*—it makes nice, light reading to pick up between times. Do you know what an **archaeopteryx**⑤ is? It's a bird. And a stereognathus? I'm not sure myself, but I think it's a missing link, like a bird with teeth or a lizard with wings. No, it isn't either; I've just looked in the book. It's a **mesozoic**⑥ **mammal**⑦.

This is the only picture extant of a stereognathus.

I've elected economics this year—very **illuminating**⑧ subject. When I finish that I'm going to take Charity and Reform; then, Mr. Trustee, I'll know just how an orphan asylum ought to be run. Don't you think I'd make an **admirable**⑨ voter if I had my rights? I was twenty-one last week. This is an awfully wasteful country to throw away such an honest, educated **conscientious**⑩, intelligent citizen as I would be.

Yours always,

Judy

③ en masse /ɒŋˈmɑːs/ 〈法〉全体地,一同地

④ docility /dəʊˈsɪlətɪ/ n. 顺从,温顺

⑤ archaeopteryx /ˌɑːkɪˈɒptərɪks/ n. 始祖鸟

⑥ mesozoic /ˌmesəʊˈzəʊɪk/ n. 中生代 a. 中生代的
⑦ mammal /ˈmæməl/ n. 哺乳动物

⑧ illuminating /ɪˈljuːmɪneɪtɪŋ/ a. 照亮的,启蒙的

⑨ admirable /ˈædmərəbl/ a. 令人钦佩的,令人赞赏的

⑩ conscientious /ˌkɒnʃɪˈenʃəs/ a. 审慎正直的,本着良心的

的人,我会胆怯,还得添置很多新衣服。所以,亲爱的爸爸,如果你来信说我应该安静地留在学校里,我会像以往那样温顺地服从你的愿望。

闲暇时,我在阅读《托马斯·赫胥黎的生平和书信》,很轻松,抽空就拿起来看一点。你知道 archaeopteryx 是什么吗?是一种古代的始祖鸟。还有 stereognathus 呢?我也不知道,好像是类人猿和人之间的想象动物,如长牙的鸟类或长翅膀的蜥蜴。不对,两者都不是,我刚查了,是一种中生代的哺乳动物。

这是仅存的一幅始祖鸟画像

今年我选修了经济学——这学科很有启发性。以后,我还要选慈善事业和改革。这样,理事先生,我就知道如何管理孤儿院了。我一旦有了选举权,一定是个不错的选民吧?上星期我二十一岁了。我将成为一个诚实、有文化、勤恳和智慧的公民,国家如果把我丢在一边,那可太浪费了。

你的朱蒂
11月9日

Daddy-Long-Legs

7th December

Dear Daddy-Long-Legs,

Thank you for permission to visit Julia—I take it that silence means **consent**①.

Such a social **whirl**② as we've been having. The Founder's dance came last week—this was the first year that any of us could attend; only upper classmen being allowed.

I invited Jimmie McBride, and Sallie invited his roommate at Princeton, who visited them last summer at their camp—an awfully nice man with red hair—and Julia invited a man from New York, not very exciting, but socially **irreproachable**③. He is connected with the De la Mater Chichesters. Perhaps that means something to you? It doesn't illuminate me to any extent.

However—our guests came Friday afternoon in time for tea in the senior corridor, and then dashed down to the hotel for dinner. The hotel was so full that they slept in rows on the **billiard**④ tables, they say. Jimmie McBride says that the next time he is bidden to a social event in this college, he is going to bring one of their Adirondack tents and pitch it on the campus.

At seven-thirty they came back for the president's reception and dance. Our **functions**⑤ commence early! We had the men's cards all made out ahead of time, and after every dance, we'd leave them in groups, under the letter that stood for their names, so that they could be readily found by their next partners. Jimmie McBride, for example, would stand patiently under "M" until he was claimed. (At least, he ought to have stood patiently, but he kept wandering off and getting

① consent /kən'sent/ n. 同意,许可
② whirl /(h)wɜːl/ n. 回旋,眩晕

③ irreproachable /ˌɪrɪ'prəʊtʃəbl/ a. 不可非难的,无缺点的

④ billiard /'bɪljəd/ a. 撞球的

⑤ function /'fʌŋkʃən/ n. 重大聚会

亲爱的长腿爸爸:

感谢你准许我访问朱丽雅——我想沉默就意味着同意。

这一阵我们的社交活动真多极了! 上星期举行了创始人舞会,今年是第一次,我们可以参加,只有高年级生才行。

我请了吉美·麦克布莱德,莎莉请了吉美在普林斯顿大学的同屋,他去年夏天到莎莉家的露营地去了。红头发,很和蔼。朱丽雅从纽约请来一位毫无出奇之处的人,从社交角度来说却无懈可击。他是德拉马特·奇切斯特家的人。这对你可能意味着什么? 对我却没有一点意义。

总之,我们的客人星期五下午在高年级生的走廊里吃茶点,随后,又赶回旅馆用餐。旅馆挤极了,他们说客人都睡在台球桌上排成一溜儿。吉美·麦克布莱德说下次他再来参加我校的活动,一定从阿迪朗达克带个帐篷来支在校园里。

七时三十分,他们来参加校长举行的招待会和舞会。我们的联欢很早就开始了。事先把男宾的名卡写好,跳完一个舞,就按照他们名字的字母分组,以便下一个舞伴可以找到他们。比如,吉美·麦克布莱德将耐心地

mixed with "R's" and "S's" and all sorts of letters.) I found him a very difficult guest: he was **sulky**[1] because he had only three dances with me. He said he was **bashful**[2] about dancing with girls he didn't know!

The next morning we had a **glee club**[3] concert—and who do you think wrote the funny new song **composed**[4] for the occasion? It's the truth. She did. Oh, I tell you, Daddy, your little foundling is getting to be quite a **prominent**[5] person!

Anyway, our gay two days were great fun, and I think the men enjoyed it. Some of them were awfully **perturbed**[6] at first at the prospect of facing one thousand girls; but they got **acclimated**[7] very quickly. Our two Princeton men had a beautiful time—at least they politely said they had, and they've invited us to their dance next spring. We've accepted, so please don't object, Daddy dear.

Julia and Sallie and I all had new dresses. Do you want to hear about them? Julia's was cream satin and gold **embroidery**[8] and she wore purple **orchids**[9]. It was a dream and came from Paris, and cost a million dollars.

Sallie's was pale blue trimmed with Persian embroidery, and went beautifully with red hair. It didn't cost quite a million, but was just as effective as Julia's.

Mine was pale pink **crepe de chine**[10] trimmed with **ecru**[11] lace and rose satin. And I carried crimson roses which J. McB. sent (Sallie having told him what color to get). And we all had satin slippers and silk stockings and **chiffon**[12] **scarfs**[13] to match.

You must be deeply impressed by these **millinery**[14] details.

One can't help thinking, Daddy, what a colorless life a man is forced to lead, when one reflects that chiffon and Venetian point and

① sulky /ˈsʌlkɪ/ a. 生气的（阴沉的）
② bashful /ˈbæʃfəl/ a. 害羞的
③ glee club 合唱团，合唱俱乐队
④ compose /kəmˈpəʊz/ v. 写作，作曲

⑤ prominent /ˈprɒmɪnənt/ a. 杰出的，显著的

⑥ perturb /pəˈtɜːb/ v. 扰乱，使心慌
⑦ acclimate /əˈklaɪmɪt/ v. 使习惯于新环境

⑧ embroidery /ɪmˈbrɔɪdərɪ/ n. 刺绣品，刺绣
⑨ orchid /ˈɔːkɪd/ n. 兰花，淡紫色

⑩ crepe de chine〈法〉双绉，广东绉纱
⑪ ecru /ˈeɪkruː/ a. 未漂白的（本色的）
⑫ chiffon /ˈʃɪfɒn/ n. 薄绸
⑬ scarf /skɑːf/ n. 围巾
⑭ millinery /ˈmɪlɪnərɪ/ n. 女帽及其装饰物

在"M"那组等着，直到有人来请他。（至少，他应该耐心地在那里等，可他老是乱跑，常和"R"组或"S"组或其他组的人混在一起。）我发现接待他很不容易，因为只和我跳了三个舞还不高兴，说他不好意思和不认识的姑娘跳舞。

第二天早上有一场合唱音乐会，你猜是谁给那首滑稽的新歌写的词？是她，长腿爸爸，真的。你的小弃儿现在还挺出名呢！

总之，这两天我们玩得非常好，我想男宾们都很高兴。开始的时候，面对上千个女孩子，有些男宾十分拘谨，但他们很快就习惯了。从普林斯顿来的两位客人开心极了——至少他们是这样说的，并邀请我们春天去参加他们的舞会。我们答应了，所以，亲爱的爸爸，你别反对。

朱丽雅、莎莉和我都穿了新衣服，你想知道吗？朱丽雅的奶油色缎子衣服上装饰着金色的刺绣。她还带着紫色兰花。衣服是巴黎制作的，值上一百万美元，梦一般的美。

莎莉穿天蓝色衣服，镶有波斯花边，与她的红头发配得恰到好处。虽然不值一百万美元，效果却一样。

我的粉红色法国绉纱镶着本色花边和玫瑰色缎子，手里捧着吉美·麦克布莱德送的大红玫瑰（莎莉告诉他买这种颜色）。我们都穿着长筒丝袜、缎子鞋，围着颜色相衬的薄纱披巾。

hand embroidery and Irish **crochet**① are to him mere empty words. **Whereas**② a woman—whether she is interested in babies or microbes or husbands or poetry or servants or **parallelograms**③ or gardens or Plato or bridge—is fundamentally and always interested in clothes.

It's the one touch of nature that makes the whole world **kin**④. (That isn't **original**⑤. I got it out of one of Shakespeare's plays).

However, to resume. Do you want me to tell you a secret that I've lately discovered? And will you promise not to think me **vain**⑥? Then listen:

I'm pretty.

I am, really. I'd be an awful **idiot**⑦ not to know it with three looking glasses in the room.

A Friend.

PS. This is one of those **wicked**⑧ **anonymous**⑨ letters you read about in novels.

20th December

Dear Daddy-Long-Legs,

I've just a moment, because I must attend two classes, pack a trunk and a suitcase, and catch the four o'clock train—but I couldn't go without sending a word to let you know how much I appreciate my Christmas box.

I love the furs and the necklace and the Liberty scarf and the gloves and handkerchiefs and books and purse—and most of all I love you! But

① crochet /ˈkrəʊʃeɪ/ n. 钩针编织（品）
② whereas /(h)weərˈæz/ conj. 然而，却
③ parallelogram /ˌpærəˈleləʊɡræm/ n. 平行四边形
④ kin /kɪn/ n. 家族，亲属
⑤ original /əˈrɪdʒənəl/ a. 最初的，原始的
⑥ vain /veɪn/ a. 虚荣的，空虚的
⑦ idiot /ˈɪdɪət/ n. 白痴
⑧ wicked /ˈwɪkɪd/ a. 坏的，邪恶的
⑨ anonymous /əˈnɒnɪməs/ a. 匿名的，无名的

这些服饰定会给你留下深刻印象。

爸爸，我不禁感到男人的生活多么枯燥乏味。试想，薄纱、威尼斯花边和爱尔兰钩针编织品对他毫无意义。而女人——不管她是喜欢婴儿、微生物、丈夫、诗歌、佣人、平行四边形、花园、柏拉图，还是喜欢桥牌——说到底永远都喜欢服装。

这是使四海成一家的人的天性（非我所创，摘自莎士比亚的戏剧）。

言归正传，要我告诉你我新发现的秘密吗？你不认为我自视甚高吧？请听：

我容貌很美。

这是真的。房间里有三面镜子，我不会傻得连这也看不出来。

一个朋友
12月7日

又及：这是小说里读到的那种邪恶的匿名信。

亲爱的长腿爸爸：

我只有一点时间。要上两节课，还要收拾一个衣箱、一个手提箱，去赶四点钟的火车——尽管如此，我走前还是想写几个字告诉你我多么喜欢你送给我的圣诞礼物。

Daddy, you have no *business* to spoil me this way. I'm only human—and a girl at that. How can I keep my mind **sternly**① fixed on a **studious**② career, when you **deflect**③ me with such worldly **frivolities**④?

I have strong suspicions now as to which one of the John Grier trustees used to give the Christmas tree and the Sunday ice cream. He was nameless, but by his works I know him! You deserve to be happy for all the good things you do.

Goodbye, and a very merry Christmas.

Yours always,
Judy

PS. I am sending a slight **token**⑤, too. Do you think you would like her if you knew her?

11th January

I meant to write to you from the city, Daddy, but New York is an **engrossing**⑥ place.

I had an interesting—and illuminating—time, but I'm glad I don't belong to such a family! I should truly rather have the John Grier Home for a background. Whatever the **drawbacks**⑦ of my bringing up, there was at least no **pretence**⑧ about it. I know now what people mean when they say they are **weighed down**⑨ by Things. The material atmosphere of that house was **crushing**⑩; I didn't draw a deep breath until I was on an **express**⑪ train coming back. All the furniture was carved and upholstered and gorgeous; the people I met were beautifully dressed and low-voiced and well-bred, but it's the truth, Daddy, I never heard one word of real

① sternly /'stɜːnlɪ/ ad. 严格地,严肃地
② studious /'stjuːdjəs/ a. 爱好学问的,勤学的
③ deflect /dɪ'flekt/ v. 打歪,使偏
④ frivolity /frɪ'vɒlɪtɪ/ n. 轻浮

⑤ token /'təʊkən/ n. 信物,纪念品

⑥ engrossing /ɪn'grəʊsɪŋ/ a. 引人入胜的

⑦ drawback /'drɔːbæk/ n. 不利点,缺点
⑧ pretence /prɪ'tens/ n. 虚假,伪装
⑨ weigh down 使……负重担,使疲惫不堪
⑩ crushing /'krʌʃɪŋ/ a. 使不能再站起来,压倒的
⑪ express /ɪks'pres/ n. 快车

　　皮大衣、项链、丽波蒂公司的头巾、手套、手帕、书和钱包我全喜欢——最喜欢的当然是你。但是,爸爸,你不能这样宠爱我。我是凡人——而且是个女孩子。你用尘世的花哨来诱惑我,我如何能专心致志地读书呢?

　　现在我能猜到是哪一位理事给约翰·格利尔孤儿院提供圣诞树和星期天的冰淇淋了。虽然他隐姓埋名,我也能从他的所作所为猜出是谁?你做的这些好事定会给你带来幸福。

　　再见,祝你圣诞快乐。

永远是你的朱蒂
12月20日

又及:
　　我也送你一件小礼物。你会喜欢她吗?假若你认识她的话?

　　本想在纽约给你写信,可是那里是个喧闹的地方。

　　那一段日子我过得很好,也学了不少东西。我庆幸自己没有出生在这种家庭!我宁可在约翰·格利尔孤儿院长大。不管我多么缺乏教养,可是我真实,不矫揉造作。现在当人家说他们给"物质的东西"压倒了时,我能理解他们的意思了。那家人的物质生活实在令人窒息。直到坐上快车回校,我才松了一口气。所有的家具都雕工精细,装饰得富

talk from the time we arrived until we left. I don't think an idea ever entered the front door.

Mrs. Pendleton never thinks of anything but jewels and dressmakers and social engagements. She did seem a different kind of mother from Mrs. McBride! If I ever marry and have a family, I'm going to make them as exactly like the McBrides as I can. Not for all the money in the world would I ever let any children of mine develop into Pendletons. Maybe it isn't polite to criticize people you've been visiting? If it isn't, please excuse. This is very **confidential**①, between you and me.

I only saw Master Jervie once when he called at tea time, and then I didn't have a chance to speak to him alone. It was really disappointing after our nice time last summer. I don't think he cares much for his relatives—and I am sure they don't care much for him! Julia's mother says he's **unbalanced**②. He's a socialist—except, thank heaven, he doesn't let his hair grow and wear red ties. She can't imagine where he picked up his queer ideas; the family have been Church of England for generations. He throws away his money on every sort of crazy reform, instead of spending it on such sensible things as yachts and automobiles and **polo ponies**③. He does buy candy with it though! He sent Julia and me each a box for Christmas,

You know, I think I'll be a socialist, too. You wouldn't mind, would you, Daddy? They're quite different from **anarchists**④; they don't believe in blowing people up. Probably I am one by rights; I belong to the **proletariat**⑤. I haven't determined yet just which kind I am going to be. I will look into the subject over Sunday, and declare my principles in my next letter.

I've seen loads of theaters and hotels and beautiful houses. My mind

丽堂皇。我见到的人们穿得花团锦簇，彬彬有礼地压低声音说话。但是，真的，爸爸，从我进门到离开那里，我没听到一句真话。这家人都没有思想。

彭德尔顿太太满脑子金银珠宝、裁缝和社交约会。她和麦克布莱德太太截然不同！如果有朝一日我结婚并生儿育女，我要使他们像麦克布莱德家的孩子。给我多少钱我也不会让我的孩子像彭德尔顿家的孩子一样。这样议论访问过的人家或许很不礼貌吧？如果是这样，请原谅我。这只是你我之间的悄悄话。

我只在吃茶点时见过杰维少爷一面，没有机会和他单独交谈。真叫人惋惜，去年夏天我们相处得那么好。看来他对他的亲戚没有多少好感——我敢肯定他们对他也好不了多少。朱丽雅的妈妈说他精神紊乱，是社会主义者。谢天谢地，他不像他们那样蓄长发，系红领带。她不知道他从哪里接受了这些古怪的思想。他家世代都是信奉英国国教的。他把钱财花费在各种狂热的改革上，而不像聪明人那样买游艇、汽车和会打马球的小马。不过，他也买糖果，圣诞节他送给朱丽雅和我每人一盒糖果。

我大概也是社会主义者。爸爸，你不介意吧？他们和无政府主义者不同，不搞爆炸。可能我是天生的社会主义者，我属于无产阶级呀。我还没有决定做哪种社会主义者。这

① confidential /ˌkɒnfɪˈdenʃəl/ a. 机密的

② unbalanced /ˌʌnˈbælənst/ a. 不平衡的,(判断)不可靠的

③ polo pony 马球马

④ anarchist /ˈænəkɪst/ n. 无政府主义者

⑤ proletariat /ˌprəʊlɪˈteərɪət/ n. 工人阶级,尤指无产阶级

is a confused **jumble**① of **onyx**② and **gilding**③ and **mosaic**④ floors and palms. I'm still pretty breathless but I am glad to get back to college and my books—I believe that I really am a student; this atmosphere of academic calm I find more **bracing**⑤ than New York. College is a very satisfying sort of life; the books and study and regular classes keep you alive mentally, and then when your mind gets tired, you have the gymnasium and outdoor athletics, and always plenty of **congenial**⑥ friends who are thinking about the same things you are. We spend a whole evening in nothing but talk—talk—talk—and go to bed with a very uplifted feeling, as though we had settled **permanently**⑦ some pressing world problems. And filling in every **crevice**⑧, there is always such a lot of nonsense—just silly jokes about the little things that come up—but very satisfying. We do appreciate our own witticisms!

It isn't the great big pleasures that count the most; it's making a great deal out of the little ones—I've discovered the true secret of happiness, Daddy, and that is to live in the now. Not to be forever regretting the past, or **anticipating**⑨ the future; but to get the most that you can out of this very **instant**⑩. It's like farming. You can have **extensive**⑪ farming and **intensive**⑫ farming; well, I am going to have intensive living after this. I'm going to enjoy every second, and I'm going to *know* I'm enjoying it while I'm enjoying it. Most people don't live; they just race. They are trying to reach some goal far away on the horizon, and in the heat of the going they get so breathless and panting that they lose all sight of the beautiful, **tranquil**⑬ country they are passing through; and then the first thing they know, they are old and worn out, and it doesn't make any difference whether they've reached

① jumble /ˈdʒʌmbl/ n. 混杂,混乱
② onyx /ˈɒnɪks/ n. 缟玛瑙
③ gild /ɡɪld/ v. 镀金
④ mosaic /mɒˈzeɪɪk/ n. 镶嵌细工
⑤ bracing /ˈbreɪsɪŋ/ a. 令人振奋的,爽快的

⑥ congenial /kənˈdʒiːnjəl/ a. 同性质的,趣味相同的

⑦ permanently /ˈpɜːməntlɪ/ ad. 永久地
⑧ crevice /ˈkrevɪs/ n. (岩石、墙等)裂缝

⑨ anticipate /ænˈtɪsɪpeɪt/ v. 预期,期待
⑩ instant /ˈɪnstənt/ n. 立即,瞬间
⑪ extensive /ɪksˈtensɪv/ a. 粗放的,大面积的
⑫ intensive /ɪnˈtensɪv/ a. 集中的,精细的

⑬ tranquil /ˈtræŋkwɪl/ a. 安静的,宁静的

星期天我将考虑这个问题,下一封信再宣告我的主张。

我看到数不清的剧院、饭店和华美的宅子,脑子里尽是缟玛瑙、镀金、拼花地板和棕榈。我依然喘不过气来,但我高兴的是终于回到学校和我的书本里来。我真是个彻头彻尾的学生。学院的宁静气氛比纽约更令人神清气爽。大学生活才可爱呢。书籍、学习和正规课程使人思想活跃。脑子累了,可以到健身房或户外运动,还有许多意气相投的朋友。我们有时整夜整夜地谈话,上床睡觉时心满意足,好像我们一劳永逸地解决了什么世界性大问题。当然还穿插着一大堆愚蠢的笑话,任何小事都可以胡乱发挥一通,可心情分外舒畅。我们非常欣赏自己的小聪明。

最值得重视的倒不是那些生活中的大欢乐,而是一些小小不言的高兴事。我发现了快乐的奥秘,那就是生活在现在。不要沉浸在过去的懊悔中,或期冀着未来,要尽情享受现在。比如种田,有粗放耕作和精耕细作之分。今后,我要精细地生活,享受每一秒钟,而且在享受的时候清楚地意识到自己正在享受。很多人不是在生活,而是在赛跑。他们试图达到遥远的地平线上的某个目标。在拼命的奔跑中,他们上气不接下气,根本无暇顾及他们经过的美丽宁静的景致。忽然有一天发现自己老了,疲惫了,而达到目标也罢,没达到也罢,都是一回事。我打算沿

the goal or not. I've decided to sit down by the way and pile up a lot of little happinesses, even if I never become a Great Author. Did you ever know such a philosopheress as I am developing into?

Yours ever,
Judy

PS. It's **raining cats and dogs**① tonight. Two puppies and a kitten have just landed on the windowsill.

Dear Comrade,

Hooray! I'm a **Fabian**②.

That's a socialist who's willing to wait. We don't want the social **revolution**③ to come tomorrow morning; it would be too **upsetting**④. We want it to come very gradually in the distant future, when we shall all be prepared and able to **sustain**⑤ the shock.

In the meantime, we must be getting ready, by instituting industrial, educational and orphan asylum reforms.

Yours, with **fraternal**⑥ love,
Judy

Monday, 3rd hour

途小憩，一次次积累小小的乐趣，即使永远不能成为伟大的作家也无妨。你见过我这样的哲学家吗？

你的朱蒂

1月11日

① rain cats and dogs 瓢泼大雨

又及：

今晚暴雨倾盆。两只小狗和一只小猫蹦到了窗台上。

② Fabian /ˈfeɪbjən/ n. 费边主义（者）

③ revolution /ˌrevəˈluːʃən/ n. 革命

④ upsetting /ʌpˈsetɪŋ/ a. 令人心烦意乱的，令人苦恼的

⑤ sustain /səsˈteɪn/ v. 承受，经受

⑥ fraternal /frəˈtɜːnl/ a. 兄弟般的

亲爱的同志：

万岁！我是费边主义者。

也就是肯于耐心等待的社会主义者。我们不指望社会主义革命明天爆发，那将引起一场混乱。我们要它在遥远的将来缓慢发生，等我们有了心理准备，经得住那震动之后。

在此之前，我们要做好充分准备，着手改革工业、教育和孤儿院。此致

兄弟般的问候

朱蒂

星期一，3时

11th February

Dear D. -L. -L.,

Don't be insulted because this is so short. It isn't a letter; it's just a *line* to say that I'm going to write a letter pretty soon when examinations are over. It is not only necessary that I pass, but pass WELL. I have a scholarship to live up to.

Yours, studying hard,
J.A.

5th March

Dear Daddy-Long-Legs,

President Cuyler made a speech this evening about the modern generation being **flippant**[①] and **superficial**[②]. He says that we are losing the old ideals of **earnest**[③] **endeavor**[④] and true scholarship; and particularly is this falling-off noticeable in our disrespectful attitude toward organized authority. We no longer pay a seemly **deference**[⑤] to our superiors.

I came away from chapel very **sober**[⑥].

Am I too familiar, Daddy? Ought I to treat you with more dignity and **aloofness**[⑦]?—Yes, I'm sure I ought. I'll begin again.

My Dear Mr. Smith,

You will be pleased to hear that I passed successfully my midyear examinations, and am now commencing work in the new **semester**[⑧], I am leaving chemistry—having completed the course in **qualitative**[⑨]

亲爱的长腿爸爸：

别因为只有寥寥数语而生气。这不是信，只是预告等我考完试后再给你写信。我不但要考及格，还要考好。我得保住我的奖学金。

勤奋学习的朱蒂

2月11日

亲爱的长腿爸爸：

今晚柯利校长讲话时谈到年轻的一代过于轻率肤浅。他说我们丢掉了前辈奋发向上和刻苦做学问的理想。这一退步尤其表现在不尊重权威上。我们对长者再没有一点点推崇。

从教堂出来，我头脑清醒多了。

爸爸，我是否太不拘小节？对你是否应该敬畏和疏远些？我想是的。让我重新开始。

亲爱的史密斯先生：

期中考试全部及格，你听了一定会高兴。

---

① flippant /'flɪpənt/ *a.* 轻率的,没礼貌的
② superficial /ˌsjuːpə'fɪʃəl/ *a.* 表面的,肤浅的
③ earnest /'ɜːnɪst/ *a.* 认真的,热心的
④ endeavor /ɪn'devə/ *n.* 努力,尽力
⑤ deference /'defərəns/ *n.* 顺从
⑥ sober /'səʊbə/ *a.* 清醒的
⑦ aloofness /ə'luːfnɪs/ *n.* 远离(隔开)

⑧ semester /sɪ'mestə/ *n.* 学期
⑨ qualitative /'kwɒlɪtətɪv/ *a.* 质的,定性的

analysis—and am entering upon the study of biology, I approach this subject with some hesitation, as I understand that we **dissect**[1] **angleworms**[2] and frogs.

An extremely interesting and valuable lecture was given in the chapel last week upon Roman Remains in Southern France. I have never listened to a more illuminating **exposition**[3] of the subject.

We are reading Wordsworth's *Tintern Abbey* in connection with our course in English literature. What an **exquisite**[4] work it is, and how adequately it **embodies**[5] his conceptions of **pantheism**[6]! The romantic movement of the early part of the last century, **exemplified**[7] in the works of such poets as Shelley, Byron, Keats, and Wordsworth, appeals to me very much more than the classical period that preceded it. Speaking of poetry, have you ever read that charming little thing of Tennyson's called *Locksley Hall*?

I am attending gymnasium very regularly of late. A **proctor**[8] system has been **devised**[9] and failure to comply with the rules causes a great deal of inconvenience. The gymnasium is equipped with a very beautiful swimming tank of **cement**[10] and marble, the gift of a former graduate. My roommate, Miss McBride, has given me her bathing suit (it shrank so that she can no longer wear it) and I am about to begin swimming lessons.

We had delicious pink ice cream for dessert last night. Only vegetable **dyes**[11] are used in coloring the food. The college is very much opposed, both from **aesthetic**[12] and **hygienic**[13] motives, to the use of **aniline**[14] dyes.

The weather of late has been ideal—bright sunshine and clouds **interspersed**[15] with a few welcome snowstorms. I and my companions have enjoyed our walks to and from classes—particularly from.

① dissect /dɪˈsekt/ v. 解剖
② angleworm /ˈæŋglwɜːm/ n. 蚯蚓

③ exposition /ˌekspəˈzɪʃən/ n. 讲解,说明

④ exquisite /ˈekskwɪzɪt/ a. 精致的
⑤ embody /ɪmˈbɒdɪ/ v. 具体表达,使具体化
⑥ pantheism /ˈpænθi(ː)ɪzəm/ n. 泛神论
⑦ exemplify /ɪgˈzemplɪfaɪ/ v. 例证,例示

⑧ proctor /ˈprɒktə/ n. 学监
⑨ devise /dɪˈvaɪz/ v. 设计

⑩ cement /sɪˈment/ n. 水泥

⑪ dye /daɪ/ n. 染料
⑫ aesthetic /iːsˈθetɪk/ a. 美学的,审美的
⑬ hygienic /haɪˈdʒiːnɪk/ a. 卫生学的,卫生的
⑭ aniline /ˈænɪliːn/ n. 苯胺
⑮ intersperse /ˌɪntə(ː)ˈspɜːs/ v. 散布,点缀

要进入新的学期了。不学化学了——已学完定性分析——要学生物学。选这门课,我有些犹豫,因为要解剖蚯蚓和青蛙。

上星期,在教堂听了关于在法国南部的罗马遗址的讲座,非常生动,有价值。我从未听过有关这个问题的详细讲解。

英国文学课我们阅读华兹华斯的《廷谭寺》。写得多好呀,充分地体现了他的泛神论。十九世纪初,以雪莱、拜伦、济慈和华兹华斯为代表的浪漫主义运动比在前的古典文学时期更吸引我。说起诗歌,你读过丁尼生的可爱的小诗《洛克斯利大厅》吗?

近来,我每天去健身房锻炼。最近实行学监制,不照章办事会惹来麻烦。健身房有一个用水泥和大理石砌的漂亮的游泳池,是位校友捐赠的。我的同屋,麦克布莱德小姐,把她的游泳衣给了我(因为缩水,她穿不下了),我将开始学游泳。

昨晚饭后的粉红冰淇淋真好吃。为了美和健康,校方严禁使用色素。食物里只许蔬菜着色。

近来天气宜人——灿烂的阳光和云霞与

Trusting, my dear Mr. Smith, that this will find you in your usual good health,

I remain,
Most **cordially**① yours,
Jerusha Abbott

24th April

Dear Daddy,

Spring has come again! You should see how lovely the campus is. I think you might come and look at it for yourself. Master Jervie dropped in again last Friday—but he chose a most **unpropitious**② time, for Sallie and Julia and I were just running to catch a train. And where do you think we were going? To Princeton, to attend a dance and a ball game, if you please! I didn't ask you if I might go, because I had a feeling that your secretary would say no. But it was entirely regular; we had a leave of absence from college, and Mrs. McBride **chaperoned**③ us. We had a charming time—but I shall have to omit details; they are too many and complicated.

Saturday

Up before dawn! The night watchman called us—six of us—and we made coffee in a **chafing dish**④ (you never saw so many grounds!) and walked two miles to the top of One Tree Hill to see the sun rise. We had to **scramble**⑤ up the last slope! The sun almost beat us! And perhaps

几场瑞雪交替出现。我和同伴喜爱来回步行上下课,尤其是下课回来时。

祝你安康如旧,亲爱的史密斯先生。

热诚的杰鲁莎·艾博特

3月5日

亲爱的爸爸:

春回人间!你应该看看我们校园的旖旎风光。我想你不妨亲自前来看看。上星期五杰维少爷顺路来这里,可惜他来得不是时候。莎莉、朱丽雅和我正急着赶火车。你猜我们上哪去?去普林斯顿参加舞会和球赛!我没有征求你的意见,因为我预感到你的秘书会不答应的。但是,一切都合乎规矩,我们向校方请了假,麦克布莱德太太陪伴我们去。玩得痛快极了。恕不详告,因为事情太多,太杂。

4月24日

拂晓之前就起床!是巡夜人把我们六人叫醒的。我们在暖锅里烧咖啡(留下了一大堆残渣!),步行两英里到孤树山看日出。连滚带爬地登上了最后一段山坡!差点没赶上

① cordially /'kɔːdjəlɪ/ ad. 诚恳地,诚挚地

② unpropitious /ˌʌnprəˈpɪʃəs/ a. 不吉利的,恶运的

③ chaperon /ˈʃæpərəʊn/ v. 陪伴,伴随

④ chafing dish 火锅

⑤ scramble /ˈskræmbl/ v. 攀缘

you think we didn't bring back appetites to breakfast!

Dear me, Daddy, I seem to have a very **ejaculatory**① style today; this page is **peppered**② with **exclamations**.③

I meant to have written a lot about the budding trees and the new **cinder**④ path in the athletic field, and the awful lesson we have in biology for tomorrow, and the new canoes on the lake, and Catherine Prentiss who has pneumonia, and Prexy's Angora kitten that **strayed**⑤ from home and has been boarding in Fergussen Hall for two weeks until

This is Prexy's Kitten. You can see from the picture how Angora he is.

日出! 回来吃早点, 照例狼吞虎咽!

天呀, 长腿爸爸, 这一页充满了惊叹号, 似乎我感慨万千!

① ejaculatory /ɪˈdʒækjʊlətərɪ/ a. 突然喊叫的,感叹的
② pepper /ˈpepə/ v. 撒胡椒粉
③ exclamation /ˌekskləˈmeɪʃən/ n. 惊呼,惊叹词

(图　略)

④ cinder /ˈsɪndə/ n. 煤渣

⑤ stray /streɪ/ v. 迷路,走失

本想多写些, 关于绽出新绿的树木和体育场上新铺的煤屑路, 还有明天要上的那可怕的生物课、湖上的新游船、凯瑟琳·普兰蒂丝得了肺炎、普列希的安哥拉小猫从家里跑丢了, 在费古森楼住了两周才被打扫卫生的

这就是普列希的小猫,
从画上可以看到
它的毛有多长。

a chambermaid reported it, and about my three new dresses—white and pink and blue **polka**① dots with a hat to match—but I am too sleepy. I am always making this an excuse, am I not? But a girl's college is a busy place and we do get tired by the end of the day! Particularly when the day begins at dawn.

Affectionately,
Judy

15th May

Dear Daddy-Long-Legs,

Is it good manners when you get into a car just to **stare**② straight ahead and not see anybody else?

A very beautiful lady in a very beautiful velvet dress got into the car today, and without the slightest expression sat for fifteen minutes and looked at a sign advertising **suspenders**③. It doesn't seem polite to ignore everybody else as though you were the only important person present. Anyway, you miss a lot. While she was absorbing that silly sign, I was studying a whole car full of interesting human beings.

The **accompanying**④ **illustration**⑤ is hereby reproduced for the first time. It looks like a **spider**⑥ on the end of a string, but it isn't at all; it's a picture of me learning to swim in the tank in the gymnasium.

The instructor **hooks**⑦ a rope into a ring in the back of my belt, and runs it through a **pulley**⑧ in the ceiling. It would be a beautiful system if one had perfect confidence in the **probity**⑨ of one's instructor. I'm always afraid, though, that she will let the rope get **slack**⑩, so I keep

女工发现，还有我的三件新衣——白色、粉红和天蓝色圆点花纹和配套的帽子——可是我太困了。我常用困做借口是吗？女子大学是个忙乱的地方，一天下来确实很累！况且今日天麻麻亮就起的床。

喜欢你的朱蒂
星期六

① polka /'pɒlkə/ *n.* 女用紧身短上衣

② stare /steə(r)/ *v.* 盯，凝视

③ suspender /sə'spendə(r)/ *n.* 袜吊，吊裤带

亲爱的长腿爸爸：

在车上正襟端坐，目不斜视是合乎礼宜的吧？

今天，一位美丽的夫人穿着漂亮的丝绒衣服上得车来，表情呆板地盯着一幅吊袜带广告足有十五分钟之久。这种旁若无人的神气似乎并不礼貌，起码错过很多东西。当她全神贯注地看那幅可笑的广告时，我就在打量车上的各色人等。

附上初次发表的图画。看来像一只蜘蛛挂在吐的丝上，实则并非如此。这是我在健身房游泳池学游泳。

教练用挂在天花板滑轮上的绳子钩住我的腰带。如果能完全信任教练，这种办法还是不错的。可惜我老担心她会放松绳子，只

④ accompanying *a.* 陪伴的，附随的
⑤ illustration /ˌɪləsˈtreɪʃn/ *n.* 插图，例证
⑥ spider /'spaɪdə/ *n.* 蜘蛛
⑦ hook /hʊk/ *v.* 钩住
⑧ pulley /'pʊlɪ/ *n.* 滑车，滑轮
⑨ probity /'prəʊbɪtɪ/ *n.* 诚实，正直
⑩ slack /slæk/ *a.* 松弛的

Daddy-Long-Legs

one anxious eye on her and swim with the other, and with this divided interest I do not make the progress that I otherwise might.

Very **miscellaneous**① weather we're having of late. It was raining when I commenced and now the sun is shining. Sallie and I are going out to play tennis— thereby gaining **exemption**② from gym.

A week later

I should have finished this letter long ago, but I didn't. You don't mind, do you, Daddy, if I'm not very regular? I really do love to write to you; it gives me such a respectable feeling of having some family. Would you like me to tell you something? You are not the only man to whom I write letters. There are two others! I have been receiving beautiful long letters this winter from Master Jervie (with typewritten envelopes so Julia won't recognize the writing). Did you ever hear anything so shocking? And every week or so a very **scrawly**③ **epistle**④, usually on yellow tablet paper, arrives from Princeton. All of which I answer with businesslike **promptness**⑤. So you see—I am not so different from other girls—I get letters, too.

得一只眼紧张地盯着绳子，一只眼注意游泳。一心二用，我的进步很受影响。

(图　　略)

① miscellaneous /ˌmɪsɪˈleɪnjəs,-nɪəs/ a. 各种的,多方面的
② exemption /ɪɡˈzempʃən/ n. 免除

近来气候变化无常，我开始写信时还在下雨，现在已是阳光普照了。莎莉要我去打网球——这样就可以不去健身房锻炼了。

5月15日

这封信早就该完成了。我写信很不规律，你不会生气吧！实际上我喜欢给你写信，这使我以为自己也有亲人，感觉良好。你想知道吗？我并非只写信给你一个男人。还有另外两个！入冬以来，杰维少爷给我写篇幅很长的信（信封上是用打字机打字，不让朱丽雅认出笔迹）。多么惊人之举！差不多每个星期，普林斯顿还寄来一封信，通常用黄色信纸，字迹潦草。我都及时回复了。所以，我和其他姑娘一样——也有信。

③ scrawl /skrɔːl/ n. 乱涂,瞎画
④ epistle /ɪˈpɪsl/ n. 书信
⑤ promptness /ˈprɒmptnɪs/ n. 敏捷,迅速

Did I tell you that I have been elected a member of the Senior Dramatic Club? Very *recherché* organization. Only seventy-five members out of one thousand. Do you think as a **consistent**① socialist that I ought to belong?

What do you suppose is at present engaging my attention in sociology? I am writing (*figurez vous!*) a paper on the *Care of Dependent*② *Children*. The professor **shuffled up**③ his subjects and dealt them out **promiscuously**④, and that fell to me. *C'est drôle ça n'est pas*?

There goes the **gong**⑤ for dinner. I'll post this as I pass the box.

Affectionately,

J.

4th June

Dear Daddy,

Very busy time—**commencement**⑥ in ten days, examinations tomorrow; lots of studying, lots of packing, and the outdoor world so lovely that it hurts you to stay inside.

But never mind, vacation's coming. Julia is going abroad this summer—it makes the fourth time. No doubt about it, Daddy, goods are not distributed evenly. Sallie, as usual, goes to the Adirondacks. And what do you think I am going to do? You may have three guesses. Lock Willow? Wrong. The Adirondacks with Sallie? Wrong. (I'll never attempt that again; I was discouraged last year.) Can't you guess anything else? You're not very **inventive**⑦. I'll tell you, Daddy, if you'll promise not to make a lot of objections. I warn your secretary in advance that my mind is made up.

I am going to spend the summer at the seaside with a Mrs. Charles

① consistent /kənˈsɪstənt/ *a.* 始终如一的

② dependent /dɪˈpendənt/ *a.* 依靠的，依赖的
③ shuffle up 草草做成
④ promiscuously /prəʊˈmɪskjʊəslɪ/ *ad.* 杂乱地，混杂地
⑤ gong /ɡɒŋ/ *n.* 锣

⑥ commencement /kəˈmensmənt/ *n.* 毕业典礼

⑦ inventive /ɪnˈventɪv/ *a.* 善于创造的，发明的

我告诉你我入选成为高年级戏剧俱乐部成员了吗？这是一个受人仰慕的组织。每千人中只有七十五人入选。你说作为一个始终如一的社会主义者，我应该参加吗？

你知道最近在社会学中，我对什么感兴趣吗？我正在写一篇《如何照顾依赖性强的孩子》的论文（多了不起），教师把写上题目的纸条弄乱，然后每人发一个。我得到了这个题目。很有意思，对吗？

晚饭铃响了，我会在路过信箱时把信发出。

喜欢你的朱蒂
一周后

亲爱的爸爸：

这个阶段很忙碌——十天后，学校举行毕业典礼，明天考试，大家忙着学习，整理行装。户外那么美丽，关在屋里真叫痛苦。

不管它，假期快要开始。朱丽雅今年夏天到国外去旅行，这是第四次了。爸爸，无疑各人有各人的命。莎莉照例去阿迪朗达克。你猜我去哪里？可以猜三次。洛克威洛？错了。和莎莉去阿迪朗达克？错了。（我不敢奢想。去年扫兴了。）再猜不到吗？你太没想象力了。爸爸，如果你不极力阻止我的行动，还是告诉你吧。我事先警告你的秘书我主意已定。

我将和查尔斯·佩特森太太到海滨去，辅

Paterson and tutor her daughter who is to enter college in the autumn. I met her through the McBrides, and she is a very charming woman. I am to give lessons in English and Latin to the younger daughter, too, but I shall have a little time to myself, and I shall be earning fifty dollars a month! Doesn't that impress you as a perfectly **exorbitant**① amount? She offered it; I should have **blushed**② to ask for more than twenty-five.

I finish at Magnolia (that's where she lives) the first of September, and shall probably spend the remaining three weeks at Lock Willow—I should like to see the Semples again and all the friendly animals.

How does my program strike you, Daddy? I am getting quite independent, you see. You have **put me on my feet**③ and I think I can almost walk alone by now.

Princeton commencement and our examinations exactly **coincide**④— which is an awful blow. Sallie and I did so want to get away in time for it, but of course that is **utterly**⑤ impossible.

Goodbye, Daddy. Have a nice summer and come back in the autumn rested and ready for another year of work. (That's what you ought to be writing to me!) I haven't any idea what you do in the summer, or how you amuse yourself. I can't **visualize**⑥ your surroundings. Do you play golf or hunt or ride horseback or just sit in the sun and **meditate**⑦?

Anyway, whatever it is, have a good time and don't forget Judy.

10th June

Dear Daddy,

This is the hardest letter I ever wrote, but I have decided what I must

① exorbitant /ɪgˈzɔːbɪtənt/ a. 过高的
② blush /blʌʃ/ v. 脸红

③ put sb. on one's feet 使站稳,使站住

④ coincide /ˌkəʊɪnˈsaɪd/ v. 与……一致,同时发生

⑤ utterly /ˈʌtəlɪ/ ad. 完全,绝对

⑥ visualize /ˈvɪzjʊəlaɪz, ˈvɪʒ-/ v. 使……看得见,形象化
⑦ meditate /ˈmedɪteɪt/ v. 想,沉思

导她的女儿今年考大学。我在麦克布莱德家认识她的。她很讨人喜爱。我还要教她的小女儿英语和拉丁语,也有些时间留给自己。每月收入五十美元。数目不小吧!是否有些太高了呢?是她先提的,我要二十五美元都难于启齿。

她住在马格诺利亚,九月一日我的任务结束。其余三个星期我可能去洛克威洛,我很想再看看森普尔夫妇和那些友好的小动物。

长腿爸爸,你觉得我的安排怎样?我现在自己拿主意了。你使我站稳了双脚,我现在可以独立行走了。

普林斯顿举行毕业典礼的时候我们还在考试。这是个沉重的打击。我和莎莉都想去参加,那当然是不可能的了。

再见,爸爸。希望你过个美好的夏天,秋天回来时,精神百倍,好投入下一年的工作。(这是你该给我写的!)你夏天做什么,如何消遣,我一无所知。你打高尔夫球吗?还是打猎,骑马,或干脆只是坐在阳光下遐想?

不管你做什么,都祝你愉快,别忘了朱蒂。

6月4日

亲爱的爸爸:

我真不知如何下笔,但是决心已下,再

do, and there isn't going to be any turning back. It is very sweet and generous and dear of you to wish to send me to Europe this summer—for the moment I was **intoxicated**① by the idea; but sober second thoughts said no. It would be rather illogical of me to refuse to take your money for college, and then use it instead just for amusement! You mustn't get me used to too many **luxuries**②. One doesn't miss what one has never had; but it's awfully hard going without things after one has commenced thinking they are his—hers (English language needs another pronoun) by natural right. Living with Sallie and Julia is an awful strain on my **stoical**③ philosophy. They have both had things from the time they were babies; they accept happiness as a matter of course! The World, they think, owes them everything they want. Maybe the World does—in any case, it seems to **acknowledge**④ the debt and pay up. But as for me, it owes me nothing, and distinctly told me so in the beginning. I have no right to borrow on credit, for there will come a time when the World will **repudiate**⑤ my claim.

I seem to be **floundering**⑥ in a sea of metaphor—but I hope you **grasp**⑦ my meaning? Anyway, I have a very strong feeling that the only honest thing for me to do is to teach this summer and begin to support myself.

MAGNOLIA,

Fours days later

I'd got just that much written, when—what do you think happened? The maid arrived with Master Jervie's card. He is going abroad too this summer; not with Julia and her family, but entirely by himself. I told him that you had invited me to go with a lady who is chaperoning a party

① intoxicate /ɪnˈtɒksɪkeɪt/ v. 使……陶醉,醉人

② luxury /ˈlʌkʃərɪ/ n. 奢侈,奢侈品

③ stoical /ˈstəʊɪkəl/ a. 坚忍的

④ acknowledge /əkˈnɒlɪdʒ/ v. 承认,确认

⑤ repudiate /rɪˈpjuːdɪeɪt/ v. 拒绝,拒付

⑥ flounder /ˈflaʊndə/ v. 挣扎,折腾

⑦ grasp /ɡrɑːsp/ v. 抓住,领会

不能反悔。夏天,你打算送我去欧洲旅游,你是个好人,慷慨,和善——此刻,我非常兴奋,但三思之后,我只得拒绝了。我拒绝了你供我上大学的钱又用它去享乐,那太不合逻辑了。你不应宠着我过奢侈生活。从来没有过的东西,不会去想,可一旦人们认为这些奢侈品是他或她(英语要求两个代词)理所应得的,就再不能缺少了。和莎莉、朱丽雅住在一起,我的禁欲哲学已经是承受了很大的压力。她们在襁褓中就有很多东西,幸福对她们是理所当然的,她们认为世界应给她们一切——可能的确是这样,总之,世界似乎承认欠了她们债,并在不断偿还。至于我呢,世界什么也不欠我,一开始就毫不含糊地告诉了我这点,我无权赊欠,没准哪一天世界会驳回我的要求。

我好像在一大堆比喻里挣扎——希望你懂得我的意思。总之,我深切地感到这个夏天我应该去教书,开始自力更生。

6月10日

刚写完以上那些——你猜发生了什么事?女佣人送来杰维少爷的名片。夏天,他也到国外去旅行。不是和朱丽雅一家同去,而是单独一个人。我告诉他你邀请我跟一位夫人

of girls. He knows about you, Daddy. That is, he knows that my father and mother are dead, and that a kind gentleman is sending me to college; I simply didn't have the courage to tell him about the John Grier Home and all the rest. He thinks that you are my guardian and a perfectly **legitimate**① old family friend. I have never told him that I didn't know you—that would seem too queer!

Anyway, he insisted on my going to Europe. He said that it was a necessary part of my education and that I mustn't think of refusing. Also, that he would be in Paris at the same time, and that we would run away from the chaperon occasionally and have dinner together at nice, funny, foreign restaurants.

Well, Daddy, it did **appeal to**② me! I almost weakened; if he hadn't been so **dictatorial**③, maybe I should have entirely weakened. I can be **enticed**④ step by step, but I won't be forced. He said I was a silly, foolish, irrational, **quixotic**⑤, idiotic, stubborn child (those are a few of his **abusive**⑥ adjectives; the rest escape me), and that I didn't know what was good for me; I ought to let older people judge. We almost quarreled—I am not sure but that we entirely did!

In any case, I packed my trunk fast and came up here. I thought I'd better see **my bridges in flames**⑦ behind me before I finished writing to you. They are entirely reduced to ashes now. Here I am at Cliff Top (the name of Mrs. Paterson's **cottage**⑧) with my trunk unpacked and Florence (the little one) alreaay struggling with first **declension**⑨ nouns. And it bids fair to be a struggle! She is a most uncommonly spoiled child; I shall have to teach her first how to study—she has never in her life **concentrated**⑩ on anything more difficult than ice cream soda water.

We use a quiet corner of the cliffs for a schoolroom—Mrs. Paterson wishes me to keep them out of doors—and I will say that I find it

① legitimate /lɪˈdʒɪtɪmɪt/ a. 合法的，正当的

② appeal to 对……产生吸引力
③ dictatorial /ˌdɪktəˈtɔːrɪəl/ a. 独裁的
④ entice /ɪnˈtaɪs/ v. 诱骗，引诱
⑤ quixotic /kwɪkˈsɒtɪk/ a. 唐吉诃德式的，狂想家的
⑥ abusive /əˈbjuːsɪv/ a. 辱骂的，诅咒的

⑦ 改自 burn one's bridge，破釜沉舟
⑧ cottage /ˈkɒtɪdʒ/ n. 郊外或海边等处的别墅
⑨ declension /dɪˈklenʃən/ n. 语尾变化，格变化
⑩ concentrate /ˈkɒnsentreɪt/ v. 集中，专心

同去，这位夫人要带一大堆姑娘。他知道你，爸爸，就是说他知道我父母双亡，一位好心的人送我上大学。我没有勇气告诉他约翰·格利尔孤儿院的种种。他以为你是我的监护人，是我家的世交。我从未告诉他我不认识你。这太古怪了。

他坚持要我到欧洲去。他说这也是我的教育必不可少的一部分，我不应拒绝。而且，他同时也在巴黎，我们有时可以从夫人那里逃走，到优雅有趣的外国饭店去吃饭。

爸爸，这确实让我动心。我几乎动摇了，要不是他那么专制的话，我会完完全全地动摇了。我能够被人劝服，而不会被压服。他说我是个又笨又傻、不通情理、脾气古怪、头脑简单、固执己见的孩子（这是他骂我的原话，还有好多我记不清了），还说我不知好歹，而我该听从长者的劝导。我们几乎吵了起来——我不能肯定我们是否真的吵了。

总之，我收拾好箱子就到这里来了。我希望在我写完此信之前，我的桥，我的退路，会燃烧起来。它已烧成灰烬了。我现时在"崖巅"（佩特森太太的别墅），衣服已从箱子里拿出来挂好，弗劳伦丝（小姑娘）已开始拼命学名词的词尾变化，看来她真得下一番功夫。她娇生惯养，我得先教育她如何对待学习——以前，除了冰淇淋苏打水之外，她没有对任何事情专心过。

我们在山顶一个安静的角落里学习。佩特森太太要我们待在户外——眼前是一望无际的蔚蓝色的大海，不断有船驶过，连我都

difficult to concentrate with the blue sea before me and ships a-sailing by! And when I think I might be on one, sailing off to foreign lands—but I won't let myself think of anything but Latin Grammar.

The prepositions a or ab, absque, coram, cum, de, e or ex, prae, pro, sine, tenus, in, subter, sub and super govern the ablative.

So you see, Daddy, I am already plunged into work with my eyes **persistently**[①] set against temptation. Don't be cross with me, please, and don't think that I do not appreciate your kindness, for I do—always—always. The only way I can ever repay you is by turning out a Very Useful Citizen (Are women citizens? I don't suppose they are). Anyway, a Very Useful Person. And when you look at me you can say, "I gave that Very Useful Person to the world."

That sounds well, doesn't it, Daddy? But I don't wish to **mislead**[②] you. The feeling often comes over me that I am not at all **remarkable**[③]; it is fun to plan a career, but in all probability I shan't turn out a bit different from any other ordinary person. I may end by marrying an **undertaker**[④] and being an inspiration to him in his work.

Yours ever,
Judy

19th August

Dear Daddy-Long-Legs,

My window looks out on the loveliest landscape—oceanscape, rather—nothing but water and rocks.

很难把心放在书上，尤其是当我想到，我本可坐上其中一艘驰向异国他乡——但我不会让自己胡思乱想，只能想拉丁文法。

前置词 a 或 ab, absque, coram, cum, de, e 或 ex, prae, pro, sine, tenus, in, subter, sub 和 super 支配离格。

你瞧，爸爸，我坚决拒绝了引诱，专心致志地工作。请别生我的气。我知道你为我好，这我永远永远不会忘记。我只有成为一个有用的公民才能报答你（妇女也是公民吗？可能不是）。总之，一个有用的人吧。你会看着我说：“我向社会贡献了这个有用的人。”

蛮不错吧，爸爸？但是我不想给你造成错误的印象。实际上，我时常感到自己十分平庸。计划从事某种职业很有趣，但很可能到头来我与其他人一样平凡，最后嫁给一个殡仪馆老板，做他的贤内助终此一生。

你的朱蒂

四日后于马格诺利亚

① persistently /pəˈsɪstəntlɪ/ ad. 固执地,坚持地

② mislead /mɪsˈliːd/ vt. 带错
③ remarkable /rɪˈmɑːkəbl/ a. 显著的,非凡的

④ undertaker /ˈʌndəˌteɪkə(r)/ n. 承办殡葬者

亲爱的长腿爸爸：

窗外一片美景——或者说美丽的海景——除了波浪和岩石，别无其他。

Daddy-Long-Legs

The summer goes. I spend the morning with Latin and English and **algebra**① and my two stupid girls. I don't know how Marion is ever going to get into college, or stay in after she gets there. And as for Florence, she is hopeless—but oh! such a little beauty. I don't suppose it matters in the least whether they are stupid or not so long as they are pretty. One can't help thinking, though, how their conversation will bore their husbands, unless they are fortunate enough to **obtain**② stupid husbands. I suppose that's quite possible; the world seems to be filled with stupid men; I've met a number this summer.

In the afternoon we take a walk on the **cliffs**③, or swim, if the tide is right. I can swim in salt water with the utmost ease—you see my education is already being put to use!

A letter comes from Mr. Jervis Pendleton in Paris, rather a short **concise**④ letter; I'm not quite forgiven yet for refusing to follow his advice. However, if he gets back in time, he will see me for a few days at Lock Willow before college opens, and if I am very nice and sweet and **docile**⑤, I shall (I am led to infer) be received into favor again.

Also a letter from Sallie. She wants me to come to their camp for two weeks in September. Must I ask your permission, or haven't I yet arrived at the place where I can do as I please? Yes, I am sure I have—I'm a senior, you know. Having worked all summer, I feel like taking a little healthful **recreation**⑥; I want to see the Adirondacks; I want to see Sallie; I want to see Sallie's brother—he's going to teach me to canoe—and (we come to my **chief**⑦ motive, which is mean) I want Master Jervie to arrive at Lock Willow and find me not there.

I must show him that he can't **dictate**⑧ to me. No one can dictate to

① algebra /ˈældʒɪbrə/ n. 代数学

② obtain /əbˈteɪn/ vt. 获得，得到

③ cliff /klɪf/ n. 悬崖，峭壁

④ concise /kənˈsaɪs/ a. 简明的，简要的

⑤ docile /ˈdəʊsaɪl/ a. 听话的，温顺的

⑥ recreation /ˌrekrɪˈeɪʃ(ə)n/ n. 消遣，娱乐

⑦ chief /tʃiːf/ a. 主要的，首席的

⑧ dictate /dɪkˈteɪt/ n. 命令，指挥

夏天在消逝。早晨我要对付拉丁文、英文、代数和那两个蠢姑娘。真不知玛丽安如何考得上大学，即使考上了，又如何学下去。弗劳伦丝更没希望——可是她真美！只要她们长得漂亮，我想蠢不蠢的都无关紧要了。但我仍然不由地想到，除非她们有幸嫁给愚蠢的男人，否则她们乏味的谈话会使丈夫厌烦的。她们很可能嫁给愚蠢的人，因为这世界上到处都是蠢男人。今年夏天我就遇见了不少。

下午我们在山顶散步，如果不涨潮的话，我们就游泳。我可以毫不费力地在盐水里游泳——你看我受的教育已用上了。

杰维斯·彭德尔顿先生从巴黎寄来一封信，一封简短的信。我没听他的劝告，他还生着气。但是，他要是回来得早，他会在开学前到洛克威洛来看我，并住几天。如果我温顺听话，他会原谅我的（信上给我这种印象）。

还收到了莎莉的信，要我九月到她的露营地去玩两个星期。我是否需要征得你的同意，还是我已经可以随心所欲了？我想我可以了。我已是大四学生了。工作了一夏天，我很想消遣一番。我想看看阿迪朗达克。我想见莎莉，还想见莎莉的哥哥——他要教我划船——还有（这才是我最主要的动机，我很坏），要杰维少爷到了洛克威洛见不到我。

我要他知道他无权对我发号施令。长腿爸爸，除了你，谁都不能对我发号施令——

me but you, Daddy—and you can't always! I'm off for the woods.

Judy

CAMP MCBRIDE,
6th September

Dear Daddy,

Your letter didn't come in time (I am pleased to say). If you wish your instructions to be obeyed, you must have your secretary **transmit**[①] them in less than two weeks. As you observe, I am here, and have been for five days.

The woods are fine, and so is the camp, and so is the weather, and so are the McBrides, and so is the whole world. I'm very happy!

There's Jimmie calling for me to come canoeing. Goodbye—sorry to have disobeyed, but why are you so persistent about not wanting me to play a little? When I've worked all the summer I deserve two weeks. You are awfully **dog-in-the-mangerish**[②].

However—I love you still, Daddy, in spite of all your faults.

Judy

3rd October

Dear Daddy-Long-Legs,

Back at college and a senior—also editor of the Monthly. It doesn't seem possible, does it, that so **sophisticated**[③] a person, just four years ago,

你也不能老是如此。我要到森林去了。

朱蒂
8月19日

亲爱的爸爸：

你的信来晚了（我很高兴）。你若要我执行命令，你就得让秘书在两周内给我复信。所以，你瞧，我来这里已经五天了。

森林真美好，露营地、气候、麦克布莱德一家，还有整个世界都很美好。我真幸福。

吉美在叫我去划船。再见。抱歉没有听你的话，但你为何如此坚决地不让我玩一会儿呢？我工作了一个夏天，应该玩两星期。你真坏，自己不玩还不许我玩。

不过，不管你多么不讲理，我仍然爱你，爸爸。

朱蒂
9月6日于麦克布莱德露营地

亲爱的长腿爸爸：

回到了学校，我是大四学生了——还当上了《月刊》的编辑。真不能想象这么世故

---

① transmit /trænzˈmɪt/ v. 传输，传达

② dog-in-the-mangerish 自己不能享受某物又不给人者

③ sophisticated /səˈfɪstɪkeɪtɪd/ a. 复杂的，久经世故的

was an **inmate**① of the John Grier Home? We do arrive fast in America!

What do you think of this? A note from Master Jervie directed to Lock Willow and forwarded here. He's sorry, but he finds that he can't get up there this autumn; he has accepted an invitation to go yachting with some friends. Hopes I've had a nice summer and am enjoying the country.

And he knew all the time that I was with the McBrides, for Julia told him so! You men ought to leave **intrigue**② to women; you haven't a light enough touch.

Julia has a trunkful of the most **ravishing**③ new clothes—an evening gown of rainbow Liberty crepe that would be fitting **raiment**④ for the angels in paradise. And I thought that my own clothes this year were **unprecedentedly**⑤ (is there such a word?) beautiful. I copied Mrs. Paterson's wardrobe with the **aid**⑥ of a cheap dressmaker, and though the gowns didn't turn out quite twins of the originals, I was entirely happy until Julia unpacked. But now—I live to see Paris!

Dear Daddy, aren't you glad you're not a girl? I suppose you think that the fuss we make over clothes is too absolutely silly? It is. No doubt about it. But it's entirely your fault.

Did you ever hear about the learned Herr Professor who regarded unnecessary **adornment**⑦ with **contempt**⑧ and favored sensible, **utilitarian**⑨ clothes for women? His wife, who was an **obliging**⑩ creature, adopted "dress reform". And what do you think he did? He **eloped**⑪ with a **chorus**⑫ girl.

Yours ever,
Judy

① inmate /ˈɪnmeɪt/ n. 特指在医院、监狱或孤儿院的住民

② intrigue /ɪnˈtriːg/ n. 阴谋，复杂的事
③ ravishing /ˈrævɪʃɪŋ/ a. 令人陶醉的
④ raiment /ˈreɪmənt/ n. 衣服

⑤ unprecedentedly /ʌnˈpresɪdəntɪdlɪ/ ad. 空前地
⑥ aid /eɪd/ n. 帮助

⑦ adornment /əˈdɔːnmənt/ n. 装饰，装饰品
⑧ contempt /kənˈtempt/ n. 轻视，轻蔑
⑨ utilitarian /ˌjuːtɪlɪˈteərɪən/ a. 实用的，实利的
⑩ obliging /əˈblaɪdʒɪŋ/ a. 体贴的，谦和的
⑪ elope /ɪˈləʊp/ v. 私奔
⑫ chorus /ˈkɔːrəs/ n. 合唱队

的一个人，四年前还是约翰·格利尔孤儿院的一员，是吗？在美国，变化快得很。

洛克威洛转来杰维少爷的信。他很抱歉秋天不能去那里。他的朋友们邀请他一起去乘快艇游玩。希望我夏天在乡间过得不错。对此你有什么想法？

他明明知道我到麦克布莱德家去了，朱丽雅告诉他了！你们男人们真不如女人会耍手腕，你们太不高明了。

朱丽雅有一箱使人炫目惊心的新衣服——一件彩虹色丽波蒂绉绸晚礼服，简直是天堂里安琪儿的服装。我还以为自己今年做的新衣服空前（有这么一个词吗）漂亮呢，一个收费低廉的裁缝给我照着佩特森太太的衣服做的，虽没能做得一模一样，我还是很满意的。可是等朱丽雅一打开衣箱，我只盼望着有朝一日能去巴黎。

亲爱的爸爸，你是否庆幸自己不是女孩子？我们对服装如此大惊小怪是否非常可笑？是的，确实如此。不过这都是你的过错。

你听说过那位有学问的德国教授吗？他蔑视不必要的服饰，认为有头脑的妇女应穿实用的衣服。他妻子对他很顺从，"改革了"服装。可结果他呢？和一位合唱队的姑娘私奔了。

你的朱蒂
10月3日

PS. The chambermaid in our corridor wears blue checked gingham aprons. I am going to get her some brown ones instead, and sink the blue ones in the bottom of the lake. I have a **reminiscent**① **chill**② every time I look at them.

17th November

Dear Daddy-Long-Legs,

Such a **blight**③ has fallen over my literary career. I don't know whether to tell you or not, but I would like some sympathy—silent sympathy, please; don't reopen the wound by referring to it in your next letter.

I've been writing a book, all last winter in the evenings, and all the summer when I wasn't teaching Latin to my two stupid children. I just finished it before college opened and sent it to a publisher. He kept it two months, and I was certain he was going to take it; but yesterday morning an express **parcel**④ came (thirty cents due) and there it was back again with a letter from the publisher, a very nice, fatherly letter—but frank! He said he saw from the address that I was still at college, and if I would accept some advice, he would suggest that I put all of my energy into my lessons and wait until I graduated before beginning to write. He **enclosed**⑤ his reader's opinion. Here it is:

"**Plot**⑥ highly **improbable**⑦. Characterization **exaggerate**⑧. Conversation unnatural. A good deal of humor but not always in the best of taste. Tell her to keep on trying, and in time she may produce a real book."

Not on the whole flattering, is it, Daddy? And I thought I was

① reminiscent /ˌremɪˈnɪs(ə)nt/ a. 回忆的,怀旧的
② chill /tʃɪl/ n. 寒意,失意

③ blight /blaɪt/ n. 枯萎病

④ parcel /ˈpɑːsl/ n. 包裹

⑤ enclose /ɪnˈkləʊz/ v. 放入封套,装
⑥ plot /plɒt/ n. 情节
⑦ improbable /ɪmˈprɒbəbl/ a. 不像会发生的,似不可信的
⑧ exaggerate /ɪɡˈzædʒəreɪt/ v. 夸大,夸张

又及:
　　给我们扫走廊的清洁女工围蓝格围裙。我打算给她买些棕色的,把那条蓝的沉到湖底去。蓝格布给我带来很不愉快的联想。

亲爱的长腿爸爸:

　　我的文学事业受到极大的挫折,不知是否该告诉你。可我需要同情——无声的同情,你来信时不必提及此事,以免再次触及我的痛处。
　　我花了整整一个冬天的晚上,还用了夏天教那两个笨孩子读拉丁语的空闲时间写了一部长篇小说。开学前才完成,寄给了一个出版商。两个月没有回音,我都确信他采纳了。可是昨天早上我收到一个快递邮件(欠资三十美分),小说给退回来了。出版商写了一封像父亲一样慈爱的信——非常坦率。他说他从地址得知我还在求学,如果我愿意得到一些建议的话,他希望我集中全部精力学习,等毕业后再写作。他附上了他的读者的读后感想,请看:
　　"情节想入非非。人物刻画夸张。对话生硬。富有幽默感,但有时趣味不高。请继续努力,早晚会写出好作品。"

making a **notable**① addition to American literature. I did truly. I was planning to surprise you by writing a great novel before I graduated. I collected the material for it while I was at Julia's last Christmas. But I dare say the editor is right. Probably two weeks was not enough in which to observe the manners and customs of a great city.

 I took it walking with me yesterday afternoon, and when I came to the gas house, I went in and asked the engineer if I might borrow his furnace. He politely opened the door, and with my own hands I chucked it in. I felt as though I had **cremated**② my only child!

 I went to bed last night utterly **dejected**③; I thought I was **never going to amount to anything**④, and that you had thrown away your money for nothing. But what do you think? I woke up this morning with a beautiful new plot in my head, and I've been going about all day planning my characters, just as happy as I could be. No one can ever accuse me of being a **pessimist**⑤! If I had a husband and twelve children **swallowed**⑥ by an earthquake one day, I'd **bob up**⑦ smilingly the next morning and commence to look for another set.

Affectionately,
Judy

14th December

Dear Daddy-Long-Legs,

I dreamed the funniest dream last night. I thought I went into a bookstore and the clerk brought me a new book named *The Life and Letters of Judy Abbott*. I could see it perfectly plainly—red cloth **binding**⑧ with a picture

① notable /ˈnəʊtəbl/ a. 显著的，著名的

② cremate /krɪˈmeɪt/ v. 烧成灰，火葬
③ dejected /dɪˈdʒektɪd/ a. 沮丧的，灰心的
④ not amount to anything 一事无成

⑤ pessimist /ˈpesɪmɪst/ n. 悲观主义者
⑥ swallow /ˈswɒləʊ/ vt. 吞下，咽下
⑦ bob up 急忙站起

⑧ bind /baɪnd/ v. 绑，装订

毫不客气，是吗，爸爸？我还以为我为美国文学增添了光彩呢，我真是这样想的。我想在毕业前写出一本巨著叫你大吃一惊。材料是去年圣诞节在朱丽雅家那段时间收集的。不过，我承认编辑说对了。看来两个星期不足以观察了解大城市的生活。

　　昨天，我带着书稿出去散步，走到煤气站，进去问站里的技工是否可以用一下他的炉子。他很有礼貌地开了炉门。我亲手把书稿掷进去。心里感到我似乎火化了我的独子。

　　昨晚上床，心绪烦乱，我觉得我将一事无成，你的钱白花了。可是，今晨醒来，脑子里又出现了新的构思。一整天，我都在琢磨我的人物，高兴得不得了。我决不悲观失望。如果哪天我的丈夫和十二个孩子都在地震中丧生，第二天我又会微笑着打起精神，重新开始新的生活。

喜欢你的朱蒂
11月17日

亲爱的长腿爸爸：

　　昨天做了个非常好玩的梦。我走进一家书店，营业员给我拿来一本新书叫《朱蒂·艾博特的生平和书信》。我看得分明——红色精

of the John Grier Home on the cover, and my portrait for a **frontispiece**[①] with, "Very truly yours, Judy Abbott", written below. But just as I was turning to the end to read the **inscription**[②] on my **tombstone**[③], I woke up. It was very annoying! I almost found out whom I'm going to marry and when I'm going to die.

Don't you think it would be interesting if you really could read the story of your life—written perfectly truthfully by an **omniscient**[④] author? And suppose you could only read it on this condition: that you would never forget it, but would have to go through life knowing ahead of time exactly how everything you did would turn out, and **foreseeing**[⑤] to the exact hour the time when you would die. How many people do you suppose would have the courage to read it then? Or how many could **suppress**[⑥] their curiosity sufficiently to escape from reading it, even at the price of having to live without hope and without surprises?

Life is monotonous enough **at best**[⑦]; you have to eat and sleep about so often. But imagine how deadly monotonous it would be if nothing unexpected could happen between meals. Mercy! Daddy, there's a **blot**[⑧], but I'm on the third page and I can't begin a new sheet.

I'm going on with biology again this year—very interesting subject; we're studying the **alimentary**[⑨] system at present. You should see how sweet a crosssection of the **duodenum**[⑩] of a cat is under the microscope.

Also we've arrived at philosophy—interesting but **evanescent**[⑪]. I prefer biology where you can pin the subject under discussion to a board. There's another! And another! This pen is weeping **copiously**[⑫]. Please excuse its tears.

Do you believe in free will? I do—**unreservedly**[⑬]. I don't agree at all with the philosophers who think that every action is the absolutely

① frontispiece /ˈfrʌntɪspiːs, ˈfrɒn-/ n. (书籍的)卷首插画,主立面

② inscription /ɪnˈskrɪpʃən/ n. 题字,碑铭

③ tombstone /ˈtuːmstəʊn/ n. 墓碑

④ omniscient /ɒmˈnɪsɪənt, -ˈnɪʃənt/ a. 全知的,无所不知的

⑤ foresee /fɔːˈsiː/ v. 预见,预知

⑥ suppress /səˈpres/ v. 镇压,使……止住

⑦ at best 至好不过,充其量也就

⑧ blot /blɒt/ n. 污点

⑨ alimentary /ˈælɪməntərɪ/ a. 食物的,滋养的

⑩ duodenum /ˌdjʊ(ː)əʊˈdiːnəm/ n. 十二指肠

⑪ evanescent /ˌiːvəˈnesnt/ a. 逐渐消失的,容易消散的

⑫ copiously /ˈkəʊpɪəslɪ/ ad. 丰富地,大量地

⑬ unreservedly /ˌʌnrɪˈzɜːvɪdlɪ/ ad. 毫不保留地

装本,封面上画着约翰·格利尔孤儿院,卷首有我的照片,题写着"朱蒂·艾博特敬献"。可我翻看最后一页我的墓志铭时,我醒来了。真讨厌!我差点可以知道我会嫁给谁和将在哪天去世呢。

若能读到博识之士为你的一生写下的真实传记,那该多么有趣。假如规定你读后必须牢记将会发生的一切并去经历这一切,而且明了自己去世的准确时间,有多少人还会有勇气去读它呢?又有多少人肯于压制自己的好奇心而不去读它呢,即使从此一辈子就要过着枯燥无望的生活?

生活再好也是单调的,老是吃呀睡呀。试想,如果饭后什么新奇事情也没有,那真要单调死了。唉呀!一团墨渍!可是我已写到第三页,不想换纸重写了。

今年继续学生物——这门课很有意思。现在学消化系统。猫的十二指肠的横切面在显微镜下有趣极了。

我们还开了哲学课,虽然有趣但太过虚幻。还是学生物好,能把实物钉在板上。又一团,又是一团,钢笔在痛哭流涕。请原谅它的眼泪。

你相信个人的自由意志吗?我毫无保留地相信。我全然不同意有些哲学家的说法,认为人的每个行动都是遥远的过去的某些因素积累之后导致的不可避免的必然结果。这种理论极不道德,谁都不用对任何事情负责了。如果某人相信宿命论,他只需坐下说,

inevitable and automatic **resultant**① of an **aggregation**② of remote causes. That's the most immoral **doctrine**③ I ever heard—nobody would be to blame for anything. If a man believed in **fatalism**④ he would naturally just sit down and say, "The Lord's will be done," and continue to sit until he fell over dead.

    I believe absolutely in my own free will and my own power to **accomplish**⑤—and that is the belief that moves mountains. You watch me become a great author! I have four chapters of my new book finished and five more drafted.

    This is a very **abstruse**⑥ letter—does your head ache, Daddy? I think we'll stop now and make some fudge. I'm sorry I can't send you a piece; it will be unusually good, for we're going to make it with real cream and three butter balls.

Yours affectionately,
Judy

PS. We're having fancy dancing in gymnasium class. You can see by the accompanying picture how much we look like a real **ballet**⑦. The one at the end accomplishing a graceful **pirouette**⑧ is me—I mean I.

① resultant /rɪˈzʌltənt/ n. 结果,产物
② aggregation /ˌægrɪˈgeɪʃən/ n. 集合,聚合
③ doctrine /ˈdɒktrɪn/ n. 教义,主义
④ fatalism /ˈfeɪtəlɪz(ə)m/ n. 宿命论

⑤ accomplish /əˈkɒmplɪʃ/ v. 完成,实现

⑥ abstruse /æbˈstruːs/ a. 深奥的

⑦ ballet /ˈbæleɪ/ n. 芭蕾舞(者)
⑧ pirouette /ˌpɪruˈet/ v. & n. (舞蹈)脚尖立地的旋转

"一切听天由命",然后就一直坐在那里等死好了。

我绝对相信我自己的意愿和能力——这种信念能够移山倒海。我必定会成为一个伟大的作家,瞧着吧,我的新书已完成了四章,另五章的轮廓也写出来了。

这封信玄而又玄——你看了头痛吗,爸爸?暂且住笔吧,我们要做牛奶软糖。可惜不能给你送一块。这次一定会特别好,因为我们要用真奶油和三球黄油。

喜欢你的朱蒂
12月14日

又及:

体操课教各种舞蹈。从图画中看,我们就像在跳芭蕾。那最后一个优雅地用脚尖旋转的是我。

(图　略)

26th December

My Dear, Dear, Daddy,

Haven't you any sense? Don't you know that you mustn't give one girl seventeen Christmas presents? I'm a socialist, please remember; do you wish to turn me into a **plutocrat**①?

Think how embarrassing it would be if we should ever quarrel! I should have to engage a moving **van**② to return your gifts.

I am sorry that the **necktie**③ I sent was so **wobbly**④! I **knit**⑤ it. with my own hands (as you doubtless discovered from **internal**⑥ evidence). You will have to wear it on cold days and keep your coat buttoned up tight.

Thank you, Daddy, a thousand times, I think you're the sweetest man that ever lived—and the foolishest!

Judy

Here's a four-leaf **clover**⑦ from Camp McBride to bring you good luck for the New Year.

9th January

Do you wish to do something, Daddy, that will ensure your **eternal**⑧

① plutocrat /ˈpluːtəkræt/ n. 富豪，有钱的人

② van /væn/ n. 货车

③ necktie /ˈnektaɪ/ n. 领带
④ wobbly /ˈwɒblɪ/ a. 摆动的，不整齐的
⑤ knit /nɪt/ v. 编织
⑥ internal /ɪnˈtɜːnl/ a. 内部的，自己的

⑦ clover /ˈkləʊvə/ n. 四叶草，幸运草

⑧ eternal /i(ː)ˈtɜːnl/ a. 永久的，永恒的

我亲爱的好爸爸：

你有理智吗？你不知道不该给姑娘送十七件圣诞礼物吗？别忘，我是社会主义者。难道你想把我变成阔小姐吗？

一旦我们俩吵翻了那可怎么办！我要租用一辆大车才能把你送我的礼物奉还给你。

我很抱歉我送你的领带织得那么不整齐，是我亲手织的（你一看那不高明的编织技术就知道了）。你只能在天气很冷的时候用，把大衣扣子扣上遮住它。

千谢万谢，爸爸，你是世上最好的人——也是最傻的人。

朱蒂

12月26日

随函附上一棵从麦克布莱德露营地采来的四叶苜宿，祝你新年快乐。

爸爸，你愿不愿意做件好事来永远拯

salvation①? There is a family here who are in awfully desperate **straits**②. A mother and father and four visible children—the two older boys have disappeared into the world to make their fortune and have not sent any of it back. The father worked in a glass factory and got **consumption**③—it's awfully unhealthy work—and now has been sent away to a hospital. That took all their savings, and the support of the family falls upon the oldest daughter, who is twentyfour. She **dressmakes**④ for $1. 50 a day (when she can get it) and embroiders **centerpieces**⑤ in the evening. The mother isn't very strong and is extremely **ineffectual**⑥ and **pious**⑦. She sits with her hands folded, a picture of patient **resignation**⑧, while the daughter kills herself with overwork and responsibility and worry; she doesn't see how they are going to get through the rest of the winter—and I don't either. One hundred dollars would buy some coal and some shoes for three children so that they could go to school, and give a little **margin**⑨ so that she needn't worry herself to death when a few days pass and she doesn't get work.

You are the richest man I know. Don't you suppose you could spare one hundred dollars? That girl deserves help a lot more than I ever did. I wouldn't ask it except for the girl; I don't care much what happens to the mother—she is such a **jellyfish**⑩!

The way people are forever rolling their eyes to heaven and saying, "Perhaps it's all for the best," when they are perfectly dead sure it's not, makes me **enraged**⑪. **Humility**⑫ or resignation or whatever you choose to call it, is simply **impotent**⑬ **inertia**⑭. I'm for a more militant religion!

We are getting the most dreadful lessons in philosophy—all of Schopenhauer for tomorrow. The professor doesn't seem to realize that we are taking any other subject. He's a queer old **duck**⑮; he goes about with his head in the clouds and **blinks**⑯ **dazedly**⑰ when occasionally he strikes

① salvation /sæl'veɪʃən/ n. 得救，拯救
② strait /streɪt/ n. 困境，窘境
③ consumption /kən'sʌmpʃən/ n. 肺病
④ dressmake /'dresmeɪk/ vi. 制衣
⑤ centerpiece /'sentəpiːs/ n. 中心装饰品，餐桌中央的摆饰
⑥ ineffectual /ˌɪnɪ'fektjʊəl/ a. 无效的，无益的
⑦ pious /'paɪəs/ a. 虔诚的
⑧ resignation /ˌrezɪg'neɪʃən/ n. 认命
⑨ margin /'mɑːdʒɪn/ n. (时间, 金钱) 富余
⑩ jellyfish /'dʒelɪfɪʃ/ n. 意志薄弱的人
⑪ enrage /ɪn'reɪdʒ/ v. 激怒，使暴怒
⑫ humility /hjuː(ː)'mɪlɪtɪ/ n. 谦逊，谦卑
⑬ impotent /'ɪmpətənt/ a. 无力的
⑭ inertia /ɪ'nɜːʃjə/ n. 惯性，惰性
⑮ duck /dʌk/ n. 〈美俚〉家伙
⑯ blink /blɪŋk/ v. 眨眼
⑰ dazedly /'deɪzɪdlɪ/ ad. 头昏眼花地

救你自己？有一家人生活极度艰难。父母身边四个孩子，还有两个大男孩离家谋生，音信全无。父亲在玻璃厂工作，得了肺病——这工作很伤身体——住进医院，积蓄全用光了，一家大小全仗着二十四岁的大女儿来养活。她白天做裁缝（找得到活时），一天一块五，晚上绣桌布。母亲身体不好，什么也不能做，只会信奉上帝。她成天交叠两手坐着，听天由命，而女儿却疲于奔命，为家庭的重担愁眉不展。她不知道怎样度过冬天——我也不知道。如有一百块钱，她就能买煤，买鞋给三个弟妹好去上学，还有一点剩余。这样，当她几天没有活计时，也不至愁得要死。

你是我认识的最富有的人，你是否能给他们一百块钱？那姑娘比我更需要帮助。要不是为了她我决不会开口的，我才不管那母亲呢？她窝囊透了。

我一看见这种人就有气，他们明知事情不妙，却两眼看着上天说："事事皆天意。"谦卑、忍让，或是不管你叫它什么，全然是无所作为的惰性，我赞成更富有进取心的宗教。

哲学课很难——明天全部讲叔本华。教授似乎不知道我们还要上其他课。他真是个怪物，超然世外，偶尔脚踏实地时反倒茫然若失。他有时想用俏皮话使课堂活跃一些——我们尽量装出笑脸，可是他的笑话一点都不好笑。他把课余的时间全部

solid earth. He tries to lighten his lectures with an occasional witticism—and we do our best to smile, but I assure you his jokes are no laughing matter. He spends his entire time between classes in trying to figure out whether matter really exists or whether he only thinks it exists.

I'm sure my **sewing**① girl hasn't any doubt but that it exists!

Where do you think my new novel is? In the wastebasket. I can see myself that it's no good on earth, and when a loving author realizes that, what would be the judgment of a critical public?

Later

I address you, Daddy, from a bed of pain. For two days I've been laid up with swollen tonsils; I can just swallow hot milk, and that is all. "What were your parents thinking of not to have those tonsils out when you were a baby?" the doctor wished to know. I'm sure I haven't an idea, but I doubt if they were thinking much about me.

Yours,
J.A.

Next morning

I just read this over before **sealing**② it. I don't know *why* I **cast**③ such a **misty**④ atmosphere over life. I **hasten**⑤ to assure you that I am young and happy and **exuberant**⑥; and I trust you are the same. Youth has nothing to do with birthdays, only with *alivedness* of spirit, so even if your hair is gray, Daddy, you can still be a boy.

Affectionately,
Judy

用来思索物质是真的存在还是仅在想象中存在。

我肯定那个缝纫姑娘决不怀疑物质的存在!

你猜我的新著在哪里?在废纸篓里。我知道写得不好。连心爱它的作者都知道不好,挑剔的读者又会怎样评价呢?

1月9日

爸爸,我在病榻给你写信,扁桃腺肿了,已卧床两天。除了热牛奶,别的全不能吃。医生问:"你父母怎么搞的,为什么没在你小时候给你摘去扁桃腺?"我怎么知道呢?我很怀疑在我小时候他们曾为我操心。

你的朱蒂·艾博特

稍后几天

付邮前重读此信。**不知为何我把生活描述得这般迷蒙。请放心,我年轻,幸福,快乐。相信你也如此。青春不在于年龄而在于生气**,爸爸,即使你满头白发,你还可以有童心。

喜欢你的朱蒂

翌晨

① sewing /ˈsəʊɪŋ/ n. 裁缝
② seal /siːl/ v. 盖印,封闭
③ cast /kɑːst/ v. 投,投射
④ misty /ˈmɪstɪ/ a. 有雾的,模糊的
⑤ hasten /ˈheɪsn/ v. 催促,赶快
⑥ exuberant /ɪɡˈzjuːbərənt/ a. 精力旺盛的,活力充沛的

12th Jan.

Dear Mr. Philanthropist,

Your check for my family came yesterday. Thank you so much! I cut gymnasium and took it down to them right after luncheon, and you should have seen the girl's face! She was so surprised and happy and **relieved**① that she looked almost young; and she's only twenty four. Isn't it pitiful?

Anyway, she feels now as though all the good things were coming together. She has **steady**② work ahead for two months—someone's getting married, and there's a **trousseau**③ to make.

"Thank the good Lord!" cried the mother, when she grasped the fact that the small piece of paper was one hundred dollars.

"It wasn't the good Lord at all," said I, "it was Daddy-Long-Logs." (Mr. Smith, I called you.)

"But it was the good Lord who put it in his mind," said she.

"Not at all! I put it in his mind myself," said I.

But anyway, Daddy, I trust the good Lord will reward you suitably. You deserve ten thousand years out of **purgatory**④!

Yours most gratefully,
Judy Abbott

15th Feb.

May it please Your Most Excellent Majesty:

This morning I did eat my breakfast upon a cold turkey pie and a **goose**⑤

亲爱的慈善家：

　　昨天收到你给那家人的支票，非常感谢！午饭后，我没去上体育课赶紧把钱送去。你该看到她的表情。她喜出望外，大大松了一口气，几乎都显得年轻了。其实她才二十四岁，多可怜。

　　不管怎样，近来，她似乎觉得好事都赶在了一块儿。今后两个月她都有活可做。因为有人要办结婚嫁妆。

　　当她妈妈弄清楚那张小纸条代表一百美元时她大声说"感谢上帝！"

　　"不是上帝，"我说，"是长腿爸爸"（我说的是史密斯先生）。

　　"是上帝让他这么做的。"她说。

　　"绝不是，是我让他这么做的。"我说。

　　不管怎样，我相信上帝会赐福于你的——你可以在炼狱少待一万年。

感谢你的朱蒂·艾博特
1月12日

国王陛下御鉴：

　　晨起早膳，用火鸡饼、鹅，并传要一杯

---

① relieved /rɪ'liːvd/ a. 放心的，宽慰的

② steady /'stedɪ/ a. 稳定的，稳固的

③ trousseau /'truːsəʊ/ n. 嫁装，嫁妆

④ purgatory /'pɜːɡətərɪ/ n. 涤罪，炼狱

⑤ goose /guːs/ n. 鹅

and I did send for a cup of tea (a China drink) of which I had never drank before.

Don't be nervous, Daddy—I haven't lost my mind; I'm merely quoting Sam'l Pepys. We're reading him in connection with English history, original sources. Sallie and Julia and I **converse**① now in the language of 1660. Listen to this:

"I went to Charing Cross to see Major Harrison hanged, **drawn**② and **quartered**③; he looking as cheerful as any man could do in that condition. " And this: "Dined with my lady who is in handsome **mourning**④ for her brother who died yesterday of spotted fever. "

Seems a little early to commence entertaining, doesn't it? A friend of Pepys devised a very **cunning**⑤ manner whereby the king might pay his debts out of the sale to poor people of old **decayed**⑥ **provisions**⑦. What do you, a reformer, think of that? I don't believe we're so bad today as the newspapers make out.

Samuel was as excited about his clothes as any girl; he spent five times as much on dress as his wife—that appears to have been the Golden Age of husbands. Isn't this a touching **entry**⑧? You see he really was honest. "Today came home my fine Camlett **cloak**⑨ with gold buttons, which cost me much money, and I pray God to make me able to pay for it. "

Excuse me for being so full of Pepys; I'm writing a special topic on him.

What do you think, Daddy? The Self-Government Association has **abolished**⑩ the ten o'clock rule. We can keep our lights all night if we choose, the only requirement being that we do not disturb others—we are not supposed to entertain on a large scale. The result is a beautiful

① converse /kən'vɜːs/ v. 交谈，谈话

② drawn 取出内脏
③ quarter 把受刑者肢解为四部分

④ mourn /mɔːn/ v. 哀悼，服丧

⑤ cunning /'kʌnɪŋ/ a. 狡猾的，巧妙的
⑥ decayed /dɪ'keɪd/ a. 腐败的，被蛀的
⑦ provision /prə'vɪʒən/ n. 食物，供应品

⑧ entry /'entrɪ/ n. 词条，条目
⑨ cloak /kləʊk/ n. 斗篷，宽大外衣

⑩ abolish /ə'bɒlɪʃ/ v. 废止，革除

从未饮用之中国饮料——茶。

别紧张，爸爸，我没发疯。我只是引用了塞缪尔皮布斯的话。我们读英国历史时读到他，读的是旧时版本。莎莉、朱丽雅和我现在用1660年的古文对话。请看：

"吾赴加林克劳斯视哈里森少校服绞刑，掏心并裂肢。彼诚能面不更色。"还有"和夫人共餐，彼神色怆然因伤其弟昨日殁于斑疹伤寒。"

现在还没多大意思是吗？皮布斯的一个朋友出了个刁钻的主意，让国王把发霉腐烂的食物卖给穷人，以偿还债款。作为改革者，你对此有何感想？我想今天的我们还没有报纸上描写的那样坏。

塞缪尔·皮布斯和姑娘一样爱好打扮，他在服装上花的时间比他的夫人多四倍——那时真是做丈夫的黄金时代。他很诚实，请看下面的动人的描写："昨天余之镶金纽扣驼毛斗篷送抵，价值不菲，愿上帝赐福以清账。"

原谅我一再提到皮布斯，我正在写一篇关于他的论文。

你瞧，爸爸，自治会取消了十点熄灯的规定，你觉得怎样？我们想通宵达旦地点灯也可以了，只要不影响别人——也不许大张旗鼓地接待客人。结果很好地显示了人性。现在可以熬夜，我们倒不想熬了。九点一过，

commentary① on human nature. Now that we may stay up as long as we choose, we no longer choose. Our heads begin to nod at nine o'clock, and by nine-thirty the pen drops from our **nerveless**② **grasp**③. It's nine-thirty now. Good night.

Sunday

Just back from church—preacher from Georgia. We must take care, he says, not to develop our intellects **at the expense of**④ our emotional natures—but methought it was a poor, dry **sermon**⑤ (Pepys again). It doesn't matter what part of the United States or Canada they come from, or what **denomination**⑥ they are, we always get the same sermon. Why on earth don't they go to men's colleges and urge the students not to allow their manly natures to be crushed out by too much mental **application**⑦?

It's a beautiful day—frozen and icy aud clear. As soon as dinner is over, Sallie and Julia and Marry Keene and Eleanor Pratt (friends of mine, but you don't know them) and I are going to put on short skirts and walk cross country to Crystal Spring Farm and have a fried chicken and waffle supper, and then have Mr. Crystal Spring drive us home in his **buckboard**⑧. We are supposed to be inside the campus at seven, but we are going to **stretch**⑨ a point tonight and make it eight.

Farewell, kind Sir.
I have the honor of **subscribing**⑩ myself,
Your most loyall, dutifull, faithfull and **obedient**⑪
servant,
J. Abbott

① commentary /'kɒməntəri/ n. 注释,评论

② nerveless /'nɜːvlɪs/ a. 无力的,无力气的

③ grasp /grɑːsp/ n. 抓住,紧握

④ at the expense of 以……作为代价

⑤ sermon /'sɜːmən/ n. 布道,说教

⑥ denomination /dɪˌnɒmɪ'neɪʃən/ n. 名称,教派

⑦ application /ˌæplɪ'keɪʃən/ n. 应用,使用

⑧ buckboard /'bʌkbɔːd/ n. 四轮马车的一种

⑨ stretch /stretʃ/ v. 伸展,延伸

⑩ subscribe /səb'skraɪb/ v. 捐献

⑪ obedient /ə'biːdjənt, -dɪənt/ a. 服从的,顺从的

头就一点一点的,到了九点半,麻木的手连笔也握不住了。现在是九点半。晚安。

2月15日

刚从教堂回来——从乔治亚州来了位布道牧师。他说,不能牺牲情感来发展智能——余认为其所布之道枯燥乏味(又是皮布斯)。不管他们来自美国或加拿大哪个角落,不管他们属于哪个教派,他们全都一个腔调。他们为何不到男子大学去叫那些男生节制用脑以免压制了男人的天性呢?

天气很好,冰天冻地,晴朗晶莹。午饭后,我和莎莉、朱丽雅、玛蒂·基恩和艾琳娜·普拉特(我的朋友,你不认识的)准备穿上短裙徒步走到水晶泉农场去吃炸鸡和蛋奶烘饼,然后请水晶泉先生驾四轮马车送我们回来。我们应该七时返校,可今晚我们打算破例,八时返校。

再见,善良的先生,我有幸是你忠诚的、谦卑的、忠实的、顺从的仆人。

朱蒂·艾博特

星期日

Daddy-Long-Legs

March Fifth

Dear Mr. Trustee,

Tomorrow is the first Wednesday in the month—a **weary**[1] day for the John Grier Home. How relieved they'll be when five o'clock comes and you pat them on the head and take yourselves off! Did you (individually) ever pat me on the head, Daddy? I don't believe so—my memory seems to be concerned only with fat srustees.

Give the home my love, please—my truly love. I have quite a feeling of **tenderness**[2] for it as I look back through a **haze**[3], of four years. When I first came to college I felt quite **resentful**[4] because I'd been **robbed of**[5] the normal kind of childhood that the other girls had had; but now, I don't feel that way in the least. I regard it as a very unusual adventure. It gives me a sort of **vantage**[6] point from which to stand aside and look at life. **Emerging**[7] full grown, I get a perspective on the world, that other people who have been brought up **in the thick of**[8] things entirely lack.

I know lots of girls (Julia, for instance) who never know that they are happy. They are so accustomed to the feeling that their senses are deadened to it; but as for me—I am perfectly sure every moment of my life that I am happy. And I'm going to keep on being, no matter what unpleasant things turn up. I'm going to regard them (even toothaches) as interesting experiences, and be glad to know what they feel like. "Whatever sky's above me, I've a heart for any fate."

However, Daddy, don't take this new affection for the J. G. H. too **literally**[9]. If I have five children, like Rousseau, I shan't leave them on the steps of a foundling asylum in order to insure their being brought up

① weary /'wɪərɪ/ a. 疲倦的，厌烦的

② tenderness /'tendənɪs/ n. 柔软，亲切
③ haze /heɪz/ n. 薄雾
④ resentful /rɪ'zentful/ a. 不满
⑤ rob of 抢劫
⑥ vantage /'vɑːntɪdʒ/ n. 优势，有利情况
⑦ emerge /ɪ'mɜːdʒ/ v. 浮现，(由某种状态)脱出
⑧ in the thick of 在……当中

⑨ literally /'lɪtərəlɪ/ ad. 逐字地，按照字面上地

亲爱的理事先生：

明天是本月第一个星期三，是约翰·格利尔孤儿院令人厌烦的日子。一到五点，你们摸摸孩子们的头告辞之后，他们一定大大松一口气。你（个人）摸过我的头吗？爸爸，我想没有，我印象中只有胖理事。

请转达我对孤儿院的问候。真心实意的问候。经过四年沧桑再想起孤儿院，心中充满了怀念。刚上大学时，我满心怨恨自己被剥夺了正常的童年，而其他姑娘都有这种正常的童年。现在，我不那样想了。我把孤儿院看作是一种不可多得的经历，使我能站在一个有利的角度观察生活。成年后，我对世界的认识将是其他家境优越的姑娘所不具备的。

我看到很多姑娘（比如朱丽雅）从不知她们很幸福。她们习惯了幸福，感觉迟钝了。而我呢，我每一分钟都意识到我的幸福。将来不管有什么不愉快的事，我都会觉得我是幸福的。我会把不幸（甚至牙痛）都当作有趣的经历，高兴地去体验它。"任它风云变幻，我决心迎接命运的挑战。"

但是，爸爸，别把我对约翰·格利尔孤儿院新近滋生的柔情看得太认真。即使我像卢梭那样有五个孩子，我也不会把他们遗弃在

simply.

Give my kindest regards to Mrs. Lippett (that, I think, is truthful; love would be a little strong) and don't forget to tell her what a beautiful nature I've developed.

Affectionately,

Judy

LOCK WILLOW,

4th April

Dear Daddy,

Do you observe the **postmark**①? Sallie and I are **embellishing**② Lock Willow with our presence during the **Easter**③ vacation. We decided that the best thing we could do with our ten days was to come where it is quiet. Our nerves had got to the point where they wouldn't stand another meal in Fergussen. Dining in a room with four hundred girls is an **ordeal**④ when you are tired. There is so much noise that you can't hear the girls across the table speak unless they make their hands into a **megaphone**⑤ and shout. That is the truth.

We are tramping over the hills and reading and writing, and having a nice, restful time. We climbed to the top of "Sky Hill" this morning where Master Jervie and I once cooked Supper—it doesn't seem possible that it was nearly two years ago. I could still see the place where the smoke of our fire blackened the rock. It is funny how certain places get connected with certain people, and you never go back without thinking of them. I was quite lonely without him—for two minutes.

What do you think is my latest activity, Daddy? You will begin to believe that I am **incorrigible**⑥—I am writing a book. I started it three

孤儿院门口，只为了让他们得到朴素的教育。

代我问候李培太太（这比较确切，若用想念就太过分了）别忘了告诉她，我的品行变得很端正。

喜欢你的朱蒂
3月5日

亲爱的爸爸：

看见邮戳了吗？我和莎莉在复活节来到了洛克威洛。我们想找个安静的地方度过这十天假。在费古森楼再多吃一顿饭我们的神经都无法忍受了。疲劳的时候与四百个姑娘在一个餐厅吃饭真是受罪。声音嘈杂得让你都听不见对面人的讲话，除非把两手做成话筒放在嘴边大喊。这是真的。

我们爬山，读书，写作，休息得很好。今晨爬到"天山"顶上我和杰维少爷野餐的地方——真不能想象那已是两年前的事了。烤黑了的石头还清晰可辨。有些地方总是和什么人联系在一起，睹物思人，真是很有意思。他不在这里我感到空落落的——只有两分钟。

爸爸，你知道我最近的活动吗？你一定会认为我死心眼儿——我在写书。是三星期前开始的，进度非常迅速，一写好几章。我

---

① postmark /ˈpəʊstmɑːk/ n. 邮戳
② embellish /ɪmˈbelɪʃ/ v. 修饰，润色
③ Easter /ˈiːstə/ n. 复活节

④ ordeal /ɔːˈdiːl, -ˈdiːəl/ n. 严酷的考验，痛苦的经验

⑤ megaphone /ˈmegəfəʊn/ n. 扩音器

⑥ incorrigible /ɪnˈkɒrɪdʒəbl/ a. 无药可救的，固执的

weeks ago and am eating it up in **chunks**① I've caught the secret. Master Jervie and that editor man were right; you are most **convincing**② when you write about the things you know. And this time it is about something that I do know—**exhaustively**③ Guess where it's laid? In the John Grier Home! And it's good, Daddy, I actually believe it is—just about the tiny little things that happened every day. I'm a **realist**④ now. I've abandoned **romanticism**⑤; I shall go back to it later though, when my own adventurous future begins.

This new book is going to get itself finished—and published! You see if it doesn't. If you just want a thing hard enough and keep on trying, you do get it in the end. I've been trying for four years to get a letter from you—and I haven't given up hope yet.

Goodbye, Daddy dear,
(I like to call you Daddy dear; it's so **alliterative**⑥)
Affectionately,
Judy

PS. I forgot to tell you the farm news, but it's very **distressing**⑦. Skip this postscript if you don't want your **sensibilties**⑧ all **wrought**⑨ up.

Poor old Grove is dead. He got so that he couldn't **chew**⑩ and they had to shoot him.

Nine chickens were killed by a **weasel**⑪ or a **skunk**⑫ or a rat last week.

One of the cows is sick, and we had to have the **veterinary**⑬ surgeon out from Bonnyrigg Four Corners. Amasai stayed up all night to give her **linseed**⑭ oil and whisky. But we have an awful suspicion that the poor sick cow got nothing but linseed oil.

① chunk /tʃʌŋk/ n. 大块

② convincing /kən'vɪnsɪŋ/ a. 使人信服的,有力的

③ exhaustively /ɪg'zɔːstɪvlɪ/ ad. 用尽一切地

④ realist /'rɪəlɪst/ n. 现实主义者

⑤ romanticism /rə'mæntɪsɪzəm/ n. 浪漫主义

⑥ alliterative /ə'lɪtərətɪv/ a. 头韵的

⑦ distressing /dɪs'tresɪŋ/ a. 使痛苦的,使烦恼的

⑧ sensibility /ˌsensɪ'bɪlɪtɪ/ n. 感性,敏感

⑨ wrought /rɔːt/ 〈古〉work 的过去式及过去分词

⑩ chew /tʃuː/ v. 咀嚼

⑪ weasel /'wiːzl/ n. 鼬鼠

⑫ skunk /skʌŋk/ n. 臭鼬鼠

⑬ veterinary /'vetərɪnərɪ/ a. 兽医的

⑭ linseed /'lɪnsiːd/ n. 亚麻籽

抓住了窍门。杰维少爷和那位编辑说对了。只有写自己最熟悉的东西才有说服力。这次我写的确是我最最了解的东西。你猜背景是哪里？约翰·格利尔孤儿院。效果很好，爸爸，我真的认为很好——写的是日常发生的琐事。我现在是现实主义者。我放弃了浪漫主义。将来，当我自己的冒险生涯开始以后，我会再回到浪漫主义去。

这本书一定要完成，并且出版！你等着瞧吧。如果打定主意要做某事并且不断努力尝试，你一定会成功的。四年来，我一直盼望着收到你的来信，直到现在我还不放弃这个希望。

再见，好爸爸（我喜欢叫你好爸爸，音韵很好听）。

喜欢你的朱蒂
4月4日于洛克威洛

又及：

忘记告诉你农场的消息，非常令人沮丧。你若不想受刺激的话，可以跳过此段。

可怜的格鲁夫死了。它老得无力咀嚼，他们不得不用枪打死它。

上星期，九只小鸡被黄鼠狼或臭鼬鼠或大老鼠吃掉了。

一头母牛病了，我们从邦尼里格弗康纳斯请来了兽医，阿马萨通宵陪着它，喂它亚麻子油和威士忌。可我们怀疑那头可怜的病牛没喝上别的，只喝到了亚麻子油。

Sentimental① Tommy (the **tortoise**②-shell cat) has disappeared; we are afraid he has been caught in a trap.

There are lots of troubles in the world!

17th May

Dear Daddy-Long-Legs,

This is going to be extremely short because my shoulder aches at the sight of a pen. Lecture notes all day, immortal novel all evening, make too much writing.

Commencement three weeks from next Wednesday. I think you might come and **make my acquaintance**③—I shall hate you if you don't! Julia's inviting Master Jervie, he being her family, and Sallie's inviting Jimmie McB., he being her family, but who is there for me to invite? Just you and Mrs. Lippett, and I don't want her. Please come.

Yours, with love and writer's **cramp**④.

Judy

LOCK WILLOW,
9th June

Dear Daddy-Long-Legs,

I'm educated! My diploma is in the bottom bureau drawer with my two best dresses. Commencement was as usual, with a few showers at **vital**⑤ moments. Thank you for your rosebuds. They were lovely. Master Jervie

① sentimental /ˌsentɪˈmentl/ a. 感伤性的,感情脆弱的
② tortoise /ˈtɔːtəs/ n. 龟

③ make sb's acquaintance 结识某人

④ cramp /kræmp/ n. 抽筋

⑤ vital /ˈvaɪtl/ a. 至关重要的,生死攸关的

多愁善感的汤米（那只玳瑁猫）失踪了，可能掉到陷阱里了。

世界上不幸的事真多呀！

亲爱的长腿爸爸：

我只简短地写几句，因为我一见到笔，肩膀就疼痛。白天记了一天笔记，夜晚写了一晚我的不朽巨著，动笔的时间太长了。

再过三个星期的星期三就举行毕业典礼。你应该来，我们互相认识一下，你不来我会生气的！朱丽雅请了杰维少爷，他代表她的家长。莎莉请了吉美·麦克布莱德，他代表她的家长。我能请谁呢？只有你和李培太太。我不要她。请你一定来。

你的作家写字写得手都痛了。

朱蒂
5月17日

亲爱的长腿爸爸：

我的教育完成了。镜台最下层的抽屉里放着我的毕业文凭和两身最好的衣服。和往常一样，在毕业典礼的关键时刻掉了几滴泪。

and Master Jimmie both gave me roses, too, but I left theirs in the bathtub and carried yours in the class procession.

Here I am at Lock Willow for the summer—forever maybe. The board is cheap; the surroundings quiet and **conducive**① to a literary life. What more does a struggling author wish? I am mad about my book. I think of it every waking moment, and dream of it at night. All I want is peace and quiet and lots of time to work (**interspersed**② with nourishing meals).

Master Jervie is coming up for a week or so in August, and Jimmie McBride is going to drop in sometime through the summer. He's connected with a **bond**③ house now, and goes about the country selling bonds to banks. He's going to combine the "Farmers' National" at the Corners and me on the same trip.

You see that Lock Willow isn't entirely lacking in society. I'd be expecting to have you come motoring through—only I know now that that is hopeless. When you wouldn't come to my commencement. I **tore**④ you from my heart and buried you forever.

Judy Abbott. A. B.

24th July

Dearest Daddy-Long-Legs,

Isn't it fun to work—or don't you ever do it? It's especially fun when your kind of work is the thing you'd rather do more than anything else in the world. I've been writing as fast as my pen would go every day this summer, and my only quarrel with life is that the days aren't long

① conducive /kən'dju:sɪv/ *a.* 有助于……的

② intersperse /ˌɪntə(ː)'spɜːs/ *vt.* 散布,点缀

③ bond /bɒnd/ *n.* 债券

④ tear /tɪə/ *v.* 撕,撕扯

谢谢你送来的玫瑰花,真漂亮。杰维少爷和吉美少爷也都送了玫瑰花给我,我把他们送的放在浴缸里。在毕业典礼上捧的是你送给我的花。

我来到洛克威洛过夏天——也可能永远留在这里。这里食宿便宜,环境幽静,有益于文学创作。一个努力奋斗的作家还企求什么呢?我对我的书入了迷,白天黑夜,无时无刻不想着它。我只要安静平和的环境和充足的时间来进行工作(加上富有营养的伙食)。

八月,杰维少爷将来玩一两个星期。吉美·麦克布莱德在夏季也会常常顺路来访。他在一个证券交易所供职,要到各地向银行兜售债券。他来康纳斯"农民国民银行"时要来看我。

所以洛克威洛并不冷清。我也等着你驾车路过此地——现在我明白这是不可能的了。你不来参加我的毕业典礼,我把你从我心里抹掉,永远地埋葬了。

朱蒂·艾博特
6月19日于洛克威洛

最亲爱的长腿爸爸:

工作有无限乐趣——你做过工作吗?尤其是你所从事的工作是你最想做的事。入夏

enough to write all the beautiful and valuable and entertaining thoughts I'm thinking.

I've finished the second **draft**① of my book and am going to begin the third tomorrow morning at half past seven. It's the sweetest book you ever saw—it is, truly. I think of nothing else. I can barely wait in the morning to dress and eat before beginning; then I write and write and write till suddenly I'm so tired that I'm **limp**② all over. Then I go out with Colin (the new sheep dog) and **romp**③ through the fields and get a fresh supply of ideas for the next day. It's the most beautiful book you ever saw—Oh, pardon—I said that before.

You don't think me **conceited**④, do you, Daddy dear?

I'm not, really, only just now I'm in the enthusiastic stage. Maybe later on I'll get cold and critical and **sniffy**⑤. No, I'm sure I won't! This time I've written a real book. Just wait till you see it.

I'll try for a minute to talk about something else. I never told you, did I, that Amasai and Carrie got married last May? They are still working here, but so far as I can see it has spoiled them both. She used to laugh when he tramped in **mud**⑥ or dropped ashes on the floor, but now—you should hear her scold! And she doesn't **curl**⑦ her hair any longer. Amasai, who used to be so obliging about beating rugs and carrying wood, **grumbles**⑧ if you suggest such a thing. Also his neckties are quite **dingy**⑨—black and brown, where they used to be scarlet and purple. I've determined never to marry. It's a **deteriorating**⑩ process, evidently.

There isn't much of any farm news. The animals are all in the best of health. The pigs are unusually fat, the cows seem contented and the hens are laying well. Are you interested in **poultry**⑪? If so, let me

① draft /drɑːft/ n. 草稿

② limp /lɪmp/ a. 柔软的,无力的
③ romp /rɒmp/ v. 嬉闹玩耍

④ conceited /kən'siːtɪd/ a. 自负的

⑤ sniffy /'snɪfɪ/ a. 嗤之以鼻的,自命不凡的

⑥ mud /mʌd/ n. 泥,泥浆
⑦ curl /kɜːl/ v. 弄卷,卷曲

⑧ grumble /'grʌmbl/ v. 满腹牢骚,喃喃地说出
⑨ dingy /'dɪndʒɪ/ a. 昏暗的(微黑的)
⑩ deteriorate /dɪ'tɪərɪəreɪt/ v. 恶化

⑪ poultry /'pəʊltrɪ/ n. 家禽

以来,我夜以继日地奋笔疾书,只恨日子太短,不能把我想的一切美丽、有价值和有趣的事都写在纸上。

我的书已完成了第二稿,明晨七时半开始第三稿。它将是你看到的最好的书——真的。它占据了我的全部身心。早晨我等不及穿衣吃饭就想动笔,然后写呀写呀直到筋疲力尽,这才和科林(新买的看羊狗)到田野漫步,为第二天的工作准备新的素材。它将是你看到的最好的一本书——呀,对不起,我已说过一遍了。

亲爱的好爸爸,你不认为我自高自大吧!我不是的。目前我正处于狂热阶段。日后,我可能会冷静下来,挑剔它,看不上它。不,不会的。这回我写的是一本真正的书,你等着读它吧!

先谈点别的吧。我没告诉你阿马萨和嘉丽在五月结婚了吧!他们还在这里做工,依我看,婚后他们都变了。过去阿马萨满腿沾泥或把烟灰弄到地板上时,嘉丽只是哈哈大笑,可现在她骂得很凶。她也不卷头发了。阿马萨一向乐于把地毯拍打干净和搬运木柴,现在叫他干就嘟囔个不停。他的领带也邋遢了。过去他喜欢用鲜红和绛紫的。现在不是黑的就是棕色的。我决定不结婚了。很明显,人一结婚就走下坡路。

农场没有新消息。牲口都很健壮。猪胖得出奇,牛很愉快,鸡下蛋不少。你对家禽感兴趣吗?如果感兴趣,我推荐你看《母鸡

Daddy-Long-Legs

recommend that invaluable little work, *200 Eggs per Hen per Year*. I am thinking of starting an **incubator**① next spring and raising **broilers**②. You see I'm settled at Lock Willow permanently. I have decided to stay until I've written 114 novels like Anthony Trollope's mother. Then I shall have completed my life work and can **retire**③ and travel.

Mr. James McBride spent last Sunday with us. Fried chicken and ice cream for dinner, both of which he appeared to appreciate. I was awfully glad to see him; he brought a **momentary**④ reminder that the world at large exists. Poor Jimmie is having a hard time **peddling**⑤ his bonds. The "Farmers' National" at the Corners wouldn't have anything to do with them in spite of the fact that they pay six percent interest and sometimes seven. I think he'll end up by going home to Worcester and taking a job in his father's factory. He's too open and **confiding**⑥ and kindhearted ever to make a successful financier. But to be the manager of a **flourishing**⑦ overall factory is a very desirable position, don't you think? Just now he turns up his nose at overalls, but he'll come to them.

I hope you appreciate the fact that this is a long letter from a person with writer's cramp. But I still love you, Daddy dear, and I'm very happy. With beautiful scenery all about, and lots to eat and a comfortable four-post bed and a **ream**⑧ of blank paper and a pint of ink—what more does one want in the world?

Yours as always,
Judy

PS. The postman arrives with some more news. We are to expect Master Jervie on Friday next to spend a week. That's a very pleasant prospect—only I am afraid my poor book will suffer. Master Jervie is very **demanding**⑨.

① incubator /ˈɪnkjʊbeɪtə/ n. 孵卵器
② broiler /ˈbrɔɪlə/ n. 小鸡，适合于烤焙的小鸡
③ retire /rɪˈtaɪə/ v. 退休
④ momentary /ˈməʊməntərɪ/ a. 瞬间的
⑤ peddle /ˈpedl/ v. 挑卖，沿街叫卖
⑥ confiding /kənˈfaɪdɪŋ/ a. 相信人的，易于相信的
⑦ flourishing /ˈflʌrɪʃɪŋ/ a. 繁荣的
⑧ ream /riːm/ n. 大量的纸
⑨ demanding /dɪˈmɑːndɪŋ; dɪˈmændɪŋ/ a. 要求多的

年产蛋二百只》，这是一本很值得看的小书。明年我想搞个孵卵机饲养肉鸡。你看我在洛克威洛安家了。我要留在这里直到和安东尼·特罗洛普的母亲一样写上114部小说。然后，我这一辈子的工作就算完成了，我就可以退休去旅游了。

　　上星期日詹姆斯·麦克布莱德先生来了。中午吃炸鸡和冰淇淋，他看来都很喜欢。见到他我很高兴。一时，他使我意识到外面还有一个大世界。可怜的吉美推销债券并不顺利。尽管他出六厘甚至七厘利息，康纳斯的"农民国民银行"仍不愿接受。我想，他将不得不回伍斯特，到他爸爸工厂里工作。他生性坦率，心地善良，不宜做金融买卖。管理一家生意兴隆的工作服工厂就蛮不错，你说是吗？目前他还看不上工作服，慢慢地他会现实一点的。

　　这是一个患了指痉挛的人给你写的长信，希望你会高兴。我仍爱你，好爸爸，而且我很幸福。四处都是宜人的景色，丰盛的食物，还有一张舒适的有四根柱子的床，一令白纸和一瓶墨水——我还要求什么呢？

永远是你的朱蒂
7月24日

又及：

　　邮差带来了新消息，下星期五杰维少爷来住一周。真让人高兴——只是我的书要受影响了。杰维少爷可不好侍候。

27th August

Dear Daddy-Long-Legs,

Where are you, I wonder?

I never know what part of the world you are in, but I hope you're not in New York during this awful weather. I hope you're on a mountain **peak**① (but not in Switzerland; somewhere nearer) looking at the snow and thinking about me. Please be thinking about me. I'm quite lonely and I want to be thought about. Oh, Daddy, I wish I knew you! Then when we were unhappy we could cheer each other up.

I don't think I can stand much more of Lock Willow. I'm thinking of moving. Sallie is going to do settlement work in Boston next winter. Don't you think it would be nice for me to go with her, then we could have a **studio**② together? I would write while she settled and we could be together in the evenings. Evenings are very long when there's no one but the Semples and Carrie and Amasai to talk to. I know in advance that you won't like my studio idea. I can read your secretary's letter now:
"Miss Jerusha Abbott.

"DEAR MADAM.

"Mr. Smith prefers that you remain at Lock Willow.

"Yours truly,

"ELMER H. GRIGGS."

I hate your secretary. I am certain that a man named Elmer H. Griggs must be **horrid**③. But truly, Daddy, I think I shall have to go to Boston. I can't stay here. If something doesn't happen soon, I shall throw myself into the **silo**④ pit out of **sheer**⑤ desperation.

亲爱的长腿爸爸：

你到底在哪里？

真不知你在世界的哪个角落，但我希望在这个酷热的气候下，你不在纽约而在哪个山顶（不是瑞士，要在近一些的地方），边赏雪边想着我。请想着我，我非常孤单，愿意有人惦记着我。哦，爸爸，要是能认识你多好！我们痛苦的时候，可以彼此安慰。

我实在无法在洛克威洛住下去，真想换换环境。莎莉准备冬天去波士顿从事贫民救济。你认为我和她一起去好不好呢？可以合用一套小型公寓。她出去搞救济时我可以写作，晚上就可以做伴了。这里除了森普尔夫妇，嘉丽和阿马萨外没有别人，晚上长得难挨。我预见到你一定不同意我的想法。我都能想象出你的秘书的来信：

"杰鲁莎·艾博特小姐

"亲爱的小姐，

"史密斯先生希望你留在洛克威洛。

"艾尔墨·艾奇·格里格斯谨呈"

我讨厌你的秘书。我肯定叫艾尔墨·艾奇·格里格斯这么个名字的人一定很讨人厌。爸爸，真的，我应该去波士顿。我不能留在这里，再这样下去我要绝望得跳到青贮坑里去了。

天呀！真热。青草枯萎，小溪干涸，道

① peak /piːk/ *n.* 山顶，顶点

② studio /ˈstjuːdɪəʊ/ *n.* 工作室

③ horrid /ˈhɒrɪd/ *a.* 可怕的，极可厌的

④ silo /ˈsaɪləʊ/ *n.* 筒仓
⑤ sheer /ʃɪə/ *a.* 绝对的，全然的

Mercy! But it's hot. All the grass is burned up and the brooks are dry and the roads are dusty. It hasn't rained for weeks and weeks.

This letter sounds as though I had **hydrophobia**④, but I haven't. I just want some family.

Goodbye, my dearest Daddy.

I wish I knew you.
Judy

LOCK WILLOW,
19th September

Dear Daddy,

Something has happened and I need advice. I need it from you, and from nobody else in the world. Wouldn't it be possible for me to see you? It's so much easier to talk than to write; and I'm afraid your secretary might open the letter.

Judy

PS. I'm very unhappy.

LOCK WILLOW,
3rd October

Dear Daddy-Long-Legs,

Your note written in your own hand—and a pretty **wobbly**② hand! —

① hydrophobia /ˌhaɪdrəʊˈfəʊbjə/
n. 狂犬病

路上尘土飞扬。有好些个星期没下雨了。

从这封信看我好像得了狂犬病①，不过没有，我只是想有些亲人。

再见，我最亲爱的爸爸，真希望能认识你。

朱蒂
8月27日

亲爱的爸爸：

出了点事，我需要听听你的意见，我只要听你的而不是任何其他人的意见。有可能去见你吗？说话比写信容易得多，而且我怕你的秘书拆阅我的信件。

朱蒂
9月19日于洛克威洛

又及：我很痛苦。

亲爱的长腿爸爸：

今晨收到你亲笔写来的短简——笔迹颤

② wobbly /ˈwɒblɪ/ a. 摆动的，不稳定的

came this morning. I am so sorry that you have been ill; I wouldn't have bothered you with my **affairs**① if I had known. Yes, I will tell you the trouble, but it's sort of complicated to write, and very private. Please don't keep this letter, but burn it.

Before I begin—here's a check for one thousand dollars. It seems funny, doesn't it, for me to be sending a check to you? Where do you think I got it?

I've sold my story, Daddy. It's going to be published **serially**② in seven parts, and then in a book! You might think I'd be **wild**③ with joy, but I'm not. I'm entirely **apathetic**④. Of course I'm glad to begin paying you—I owe you over two thousand more. It's coming in **installments**⑤. Now don't be horrid, please, about taking it, because it makes me happy to return it. I owe you a great deal more than the mere money, and the rest I will continue to pay all my life in gratitude and affection.

And now, Daddy, about the other thing; please give me your most worldly advice, whether you think I'll like it or not.

You know that I've always had a very special feeling toward you; you sort of **represented**⑥ my whole family; but you won't mind, will you, if I tell you that I have a very much more special feeling for another man? You can probably guess without much trouble who he is. I suspect that my letters have been very full of Master Jervie for a very long time.

I wish I could make you understand what he is like and how entirely companionable we are. We think the same about everything—I am afraid I have a tendency to make over my ideas to match his! But he is almost always right; he ought to be, you know, for he has fourteen years' start

① affair /ə'feə/ *n.* 事情,事务

② serially /'sɪərɪəlɪ/ *ad.* 连续,连载
③ wild /waɪld/ *a.* 狂暴的
④ apathetic /ˌæpə'θetɪk/ *a.* 缺乏感情的,无动于衷的
⑤ installment /ɪn'stɔːlmənt/ *n.* 分期付款

⑥ represent /ˌriːprɪ'zent/ *vt.* 代表

抖得厉害。你病了,使我非常挂念。早知你身体不舒服,我就不会为我的事去打扰你了。好吧,我告诉你我的烦恼。信上很难写清楚,又涉及我的隐私,看完不要保存,请即烧掉。

在我开始讲述之前——请先查收附上的一千美元支票。我给你寄支票有些滑稽是吗?你猜我从哪里得来的钱?

爸爸,我的小说卖掉了,将分七部分连载,然后出书。你一定以为我会欣喜若狂。没有,我无动于衷。当然,我很高兴能够开始还钱给你,我还欠你两千多元,我将分期付还,请千万别拒绝接受。这样使我心安。我欠你的不是可以用金钱付清的,其他的我会永远铭记在心,用爱心和感情来报答你。

现在,爸爸,请听另一件事。请提出你老练的忠告,别考虑我是否接受得了。

你知道我一向对你怀有特殊的感情,你代表我整个家庭。但是当我告诉你我对另一个人怀有更特殊的感情时,请别生气,好吗?你不难猜到他是谁。很长一段时间里,我的信不断提到杰维少爷。

我真想能让你了解他的为人和我俩相处得多么融洽。我们在每件事上都想的一样——可能我一向尽力使自己接近他的想法。可他几乎总是正确,这不奇怪,他比我大十四岁。当然,在其他方面他像个大孩子,需要人照顾——雨天他都不知道穿套鞋。我们

of me. In other ways, though, he's just an overgrown boy, and he does need looking after—he hasn't any sense about wearing **rubbers**① when it rains. He and I always think the same things are funny, and that is such a lot; it's dreadful when two people's senses of humor are **antagonistic**②. I don't believe there's any **bridging**③ that **gulf**④.

And he is—Oh, well! He is just himself, and I miss him, and miss him, and miss him. The whole world seems empty and aching. I hate the moonlight because it's beautiful and he isn't here to see it with me. But maybe you've loved somebody, too, and you know? If you have, I don't need to explain; if you haven't, I can't explain.

Anyway, that's the way I feel—and I've refused to marry him.

I didn't tell him why; I was just **dumb**⑤ and miserable. I couldn't think of anything to say. And now he has gone away imagining that I want to marry Jimmie McBride—I don't in the least, I wouldn't think of marrying Jimmie; he isn't grown up enough. But Master Jervie and I got into a dreadful **muddle**⑥ of misunderstanding and we both hurt each other's feelings. The reason I sent him away was not because I didn't care for him, but because I cared for him so much. I was afraid he would regret it in the future—and I couldn't stand that! It didn't seem right for a person of my lack of **antecedents**⑦ to marry into any such family as his. I never told him about the orphan asylum, and I hated to explain that I didn't know who I was. I may be *dreadful*, you know. And his family are proud—and I'm proud, too!

Also, I felt sort of **bound to**⑧ you. After having been educated to be a writer, I must at least try to be one; it would scarcely be fair to accept your education and then go off and not use it. But now that I am going to be able to pay back the money, I feel that I have partially **discharged**⑨

① rubbers /'rʌbəz/ n. 橡胶雨鞋
② antagonistic /æn,tægə'nɪstɪk/ a. 对抗性的
③ bridge /brɪdʒ/ v. 渡过,架桥
④ gulf /gʌlf/ n. 海湾

⑤ dumb /dʌm/ a. 无言的,哑的

⑥ muddle /'mʌdl/ n. 困惑,混浊状态

⑦ antecedent /ˌæntə'siːdənt/ n. 前情

⑧ bound to 受合同、道义等约束

⑨ discharge /dɪs'tʃɑːdʒ/ v. 卸下,解除

常为同一件事开怀大笑。这种情况多极了。两人的幽默感互相对立是难以想象的。这样的隔阂是无法沟通的。

他是——哦,反正,他就是他,我很想他,非常非常地想他。世界显得空虚,令人痛苦。我恨月光如此皎洁而他却不能与我共赏。可能你也爱过,你知道这些吧?如果你爱过,我就不用解释了,而如果你没有爱过,我也解释不清楚。

总之,这是我的感觉——而我拒绝了他。

我没说理由,我默默无语,心中酸楚,不知说什么好。他走了,以为我想和吉美·麦克布莱德结婚——我根本没想过和吉美结婚,他太不成熟。可是杰维少爷和我之间误解很深,彼此伤了对方的心。我把他赶走不是因为对他没有感情,恰是感情太深了。我怕他将来后悔——那将使我无法忍受!我这个没有来历的人嫁到他那样的家庭里太不合适了。我从未告诉过他孤儿院的事,不愿说出我不知道自己究竟是什么人,说不定出身很糟,对吧?而他的家庭值得他骄傲——但我也很骄傲。

还有,我认为自己对你负有义务。你想把我培养成作家,我必须得做出努力。接受了你给我的教育之后而又不去利用它,就太没道理了。可是现在,我开始还钱了,我感到欠你的债已偿还了一部分——而且,我结婚后也照样可以成为作家,这两者不

that debt—besides, I suppose I could keep on being a writer even if I did marry. The two professions are not necessarily **exclusive**①.

I've been thinking very hard about it. Of course he is a socialist, and he has **unconventional**② ideas; maybe he wouldn't mind marrying into the proletariat so much as some men might. Perhaps when two people **are** exactly **in accord**③, and always happy when together and lonely when apart, they ought not to let anything in the world stand between them. Of course I want to believe that! But I'd like to get your unemotional opinion. You probably belong to a family also, and will look at it from a worldly point of view and not just a sympathetic, human point of view—so you see how brave I am to lay it before you.

Suppose I go to him and explain that the trouble isn't Jimmie, but is the John Grief Home—would that be a dreadful thing for me to do? It would take a great deal of courage. I'd almost rather be miserable for the rest of my life.

This happened nearly two months ago; I haven't heard a word from him since he was here. I was just getting sort of acclimated to the feeling of a broken heart, when a letter came from Julia that **stirred**④ me all up again. She said—very casually—that "Uncle Jervis" had been caught out all night in a storm when he was hunting in Canada, and had been ill ever since with pneumonia. And I never knew it. I was feeling hurt because he had just disappeared into blankness without a word. I think he's pretty unhappy, and I know I am!

What seems to you the right thing for me to do?

Judy

① exclusive /ɪksˈkluːsɪv/ a. 独占的,排外的
② unconventional /ˌʌnkənˈvenʃənəl/ a. 非传统的

③ be in accord 一致,谐和

④ stir /stɜː/ v. 激起,搅动

一定是矛盾的。

　　我冥思苦想。当然,他是个社会主义者,思想并不保守。他或许不像其他人那样介意同无产阶级结亲。也许,当两个人那么意气相投,在一起才幸福,分开就痛苦,他们就不应让任何世俗偏见把他们拆开。我当然希望这是真的。可我但愿能得到你的不带感情色彩的建议。你可能同样出身名门,会用世俗的眼光分析问题,而不是单纯从同情和人性出发——我鼓起勇气把这一切袒露在你面前。

　　我是否应去找他,告诉他问题不在于吉美而在于约翰·格利尔孤儿院——这样做合适吗?这需要极大的勇气。我几乎宁愿今生在痛苦中度过。

　　这是两个月前的事。他走后杳无音信,我的心碎了并逐渐地麻木起来,直到朱丽雅的来信再度激起我的痛楚。她无意中提起"杰维叔叔"在加拿大打猎时淋了一夜雨,得了肺炎,卧床不起,而我还蒙在鼓里。我伤心是因为他走后没来片纸只字。我想他一定很痛苦,至少我是这样。

　　你说我应该怎么办呢?

朱蒂
10日3日于洛克威洛

6th October

Dearest Daddy-Long-Legs,

Yes, certainly I'll come—at half-past four next Wednesday afternoon. Of course I can find the way. I've been in New York three times and am not quite a baby. I can't believe that I am really going to see you—I've been just thinking you so long that it hardly seems as though you are a **tangible**① flesh-and-blood person.

You are awfully good, Daddy, to bother yourself with me, when you're not strong. Take care and don't catch cold, These fall rains are very damp.

Affectionately,

Judy

PS. I've just had an awful thought. Have you a **butler**②? I'm afraid of butlers, and if one opens the door I shall **faint**③ upon the step. What can I say to him? You didn't tell me your name. Shall I ask for Mr Smith?

Thursday Morning

My Very Dearest Master-Jervie-Daddy-Long-Legs Pendleton-Smith,

Did you sleep last night? I didn't. Not a single **wink**④. I was too amazed and excited and bewildered and happy. I don't believe I ever shall sleep again—or eat either. But l hope you slept; you must, you know,

最亲爱的长腿爸爸：

好的，我一定来——下星期三下午四点半。我当然能找到地方，我到纽约去过三次，也不是小孩了。真想不到要见到你了——多年来，我只是梦想你的存在，以至于你已变成不可捉摸，无影无形的人了。

爸爸，你太好了，身体不好还要为我操心，请多保重，别着凉，秋天的雨很阴冷。

喜欢你的朱蒂

10月6日

又及：

我忽然又害怕了，你有管家吗？我怕管家，如果管家来开门，我一定会吓晕在门口。我对他说什么呢？你没告诉我你的名字，我找史密斯先生，是吗？

我最亲爱的杰维少爷
长腿爸爸——彭德尔顿——史密斯

昨晚你睡了吗？我一夜没合眼。我太惊讶，太兴奋，太糊涂，太幸福了。我想我再也睡不着觉了，再也吃不下饭了，可是我希望你睡着了。你得睡，这样才能赶快恢复健

---

① tangible /ˈtændʒəbl/ a. 实体的，可触的

② butler /ˈbʌtlə/ n. 仆役，男管家
③ faint /feɪnt/ v. 昏倒

④ wink /wɪŋk/ n. 眨眼，瞬间

Daddy-Long-Legs

because then you will get well faster and can come to me.

Dear Man, I can't bear to think how ill you've been—and all the time I never knew it. When the doctor came down yesterday to put me in the cab, he told me that for three days they gave you up. Oh, dearest, if that had happened, the light would have gone out of the world for me. I suppose that some day—in the far future one of us must leave the other; but at least we shall have had our happiness and there will be memories to live with.

I meant to cheer you up—and instead I have to cheer myself. For in spite of being happier than I ever dreamed I could be, I'm also soberer. The fear that something may happen rests like a shadow on my heart. Always before I could be frivolous and carefree and unconcerned, because I had nothing **precious**[①] to lose. But now—I shall have a Great Big Worry all the rest of my life. Whenever you are away from me I shall be thinking of all the automobiles that can run over you, or the signboards that can fall on your head, or the dreadful, **squirmy**[②] **germs**[③] that you may be swallowing. My peace of mind is gone forever—but anyway, I never cared much for just plain peace.

Please get well fast—fast—fast. I want to have you close by where I can touch you and make sure you are tangible. Such a little half hour we had together! I'm afraid maybe I dreamed it. If I were only a member of your family (a very distant fourth cousin) then I could come and visit you every day, and read aloud and **plump up**[④] your pillow and **smooth**[⑤] out those two little wrinkles in your **forehead**[⑥] and make the corners of your mouth turn up in a nice cheerful smile. But you are cheerful again, aren't you? You were yesterday before I left. The doctor said I must be a good nurse, that you looked ten years younger. I hope that being in love

康来看我。

亲爱的人，你病得这么厉害，我却一点都不知道，真让我心痛。昨天医生送我下楼上车时，告诉我有三天他们对你不抱希望了。呀，我最亲爱的，真是那样，世界对我将永远是一片黑暗。在遥远将来的某一天，我们之中会有一人先行离开，可那时我们已幸福地在一起生活过了，会有很多值得忆起的东西。

我想使你打起精神——实际上我得先给自己鼓劲。尽管我现在无比幸福，但我也更清醒了。我怕会出什么事情，这个念头像阴影一样笼罩着我。以前我无牵无挂，满不在乎，因为我没有什么宝贵的东西可以失去。可从今以后，我将永无休止地担心。你不在我身边，我会害怕汽车撞了你，路牌砸在你头上，你可能吃进可怕的细菌。我永远不会得到安宁了——可是我也从不喜欢平淡的安宁。

请快快好起来，快些，再快些。我要你在我身旁。我可以触摸你，确信你真的存在。我们在一起只有那么短暂的半个小时！我怕那只是我的梦幻。我要是你很远的远亲也可以每天来看你，念书给你听，给你把枕头拍松，让你额上的两条皱纹舒展开，笑得翘起嘴角。你现在情绪好些吗？昨天我走时你情绪很好，医生说我准是个好护士，你一下年轻了十岁。恋爱可别让每人都年轻十岁。亲爱的，如果我变成十

① precious /'preʃəs/ a. 宝贵的，珍贵的

② squirmy /'skwɜːmɪ/ a. 蠕动的
③ germ /dʒɜːm/ n. 微生物，细菌

④ plump up 鼓起，变丰满
⑤ smooth /smuːð/ v. 使……光滑，变平滑
⑥ forehead /'fɒrɪd, 'fɔːhed/ n. 额，前额

doesn't make everyone ten years younger. Will you still care for me, darling, if I turn out to be only eleven?

Yesterday was the most wonderful day that could ever happen. If I live to be ninety-nine I shall never forget the tiniest detail. The girl that left Lock Willow at dawn was a very different person from the one who came back at night. Mrs. Semple called me at half past four. I **started**① wide awake in the darkness and the first thought that popped into my head was, "I am going to see Daddy-Long-Legs!" I ate breakfast in the kitchen by candlelight, and then drove the five miles to the Station through the most glorious October coloring. The sun came up on the way, and the swamp maples and dogwood glowed crimson and orange and the stone walls and cornfields **sparkled**② with **hoarfrost**③; the air was keen and clear and full of promise. I knew something was going to happen. All the way in the train the **rails**④ kept singing, "You're going to see Daddy- Long-Legs." It made me feel secure. I had such faith in Daddy's ability to set things right. And I knew that somewhere another man—dearer than Daddy—was wanting to see me, and somehow I had a feeling that before the journey ended I should meet him too. And you see!

When I came to the house on Madison Avenue it looked so big and brown and **forbidding**⑤ that I didn't dare go in, so I walked around the **block**⑥ to get up my courage. But I needn't have been a bit afraid; your butler is such a nice, fatherly old man that he made me feel at home at once. "Is this Miss Abbott?" he said to me, and I said, "Yes," so I didn't have to ask for Mr. Smith after all. He told me to wait in the drawing room. It was a very **somber**⑦, **magnificent**⑧ man's sort of room. I sat down on the edge of a big upholstered chair and kept saying to

① start /'stɑːt/ v. 跳起,惊起

② sparkle /'spɑːkl/ v. 闪耀
③ hoarfrost /ˌhɔːˈfrɒst/ n. 霜,白霜
④ rail /reɪl/ n. 铁轨

⑤ forbidding /fəˈbɪdɪŋ/ a. 可怕的,令人难亲近的
⑥ block /blɒk/ n. 街区

⑦ somber /ˈsɒmbə(r)/ a. 昏暗的,严峻的
⑧ magnificent /mægˈnɪfɪsnt/ a. 壮丽的,宏伟的

一岁,你还会喜欢我吗?

昨天是我一生中最幸福的一天。即使我活到九十九岁,也不会忘记那些细节。早晨从洛克威洛出发的姑娘和晚上回去的判若两人。早上四点半,森普尔太太叫我,我惊醒了。在黑暗中,我的第一个想法是,"我要去见长腿爸爸了!"我在厨房的烛光下吃早饭,坐马车走了5英里到达车站,十月的斑斓色彩装点着路边的景色。我看着太阳冉冉升起,枫树和山茱萸一片鲜红和橙黄,石块垒起的墙垣和玉米地挂着晶莹的白霜,空气清新,充满希望。我知道有好事情等着我。一路上,火车的轮子不断地唱道:"你要见到长腿爸爸了。"这使我有一种安全感。我深信爸爸会把一切都安排妥当。我也知道,有一个比爸爸还亲的人也想见到我,我预感到这次定能遇到他。结果,你瞧!

我到了马迪森大街,高大的棕色宅子令人生畏。我不敢贸然闯进去,在周围徘徊很久,直到自己鼓起勇气。其实我一点不用害怕,你的管家是位慈祥的老人,一点不使我尴尬。他问:"是艾博特小姐吗?"我回答道:"是的。"我根本不用提史密斯先生。他让我在客厅等着。这是一间庄严、华丽的有男人气息的房间。我坐在一张有坐垫的大椅子边上,不断地自言自语:

"我要见到长腿爸爸了!我要见到长腿爸爸了!"

不久,管家回来请我到书房去。我激动

Daddy-Long-Legs

myself:

"I'm going to see Daddy-Long-Legs! I'm going to see Daddy-Long-Legs!"

Then presently the man came back and asked me please to step up to the library. I was so excited that really and truly my feet would hardly take me up. Outside the door he turned and whispered, "He's been very ill, Miss. This is the first day he's been allowed to sit up. You'll not stay long enough to excite him?" I knew from the way he said it that he loved you—and I think he's an old dear!

Then he knocked and said. "Miss Abbott," and I went in and the door closed behind me.

It was so **dim**① coming in from the brightly lighted hall that for a moment I could scarcely make out anything; then I saw a big easy chair before the fire and a shining tea table with a smaller chair beside it. And I realized that a man was sitting in the big chair propped up by pillows with a rug over his knees. Before I could stop him he rose—rather shakily—and **steadied**② himself by the back of the chair and just looked at me without a word. And then—and then—I saw it was you! But even with that I didn't understand. I thought Daddy had had you come there to meet me for a surprise.

Then you laughed and held out your hand and said, "Dear little Judy, couldn't you guess that I was Daddy-Long-Legs?"

In an instant it **flashed**③ over me. Oh, but I have been stupid! A hundred little things might have told me, if I had had any wits. I wouldn't make a very good **detective**④, would I, Daddy?—Jervie? What must I call you? Just plain Jervie sounds disrespectful, and I can't be disrespectful to you!

① dim /dɪm/ a. 暗淡的,模糊的

② steady /'stedɪ/ v. (使)稳固,(使)稳定

③ flash /flæʃ/ v. 闪光,闪现

④ detective /dɪ'tektɪv/ n. 侦探

得两腿真的都不听使唤了。在书房门口,他转过身来对我说,"小姐,他一直病得很厉害,医生今天才同意他下床。请你不要久留,别让他太兴奋。"从他说话的神态,我知道他很爱你——我顿时对他产生了好感。

他敲了敲门说:"艾博特小姐来了。"我走进去,门在我后面关上了。

一下子从明亮的大厅走进光线暗淡的书房,我什么也看不见。慢慢地我看见壁炉旁有一张大安乐椅,在锃亮的小茶几旁有一张小些的椅子。这时,我看到有一个人拥着毯子背靠一堆坐垫坐在那大椅子里,我没来得及阻止,他已颤巍巍地站了起来,一手扶着椅背支撑着身子,一言不发地凝视着我,然后……然后……我看出是你!但我还不知道,我想是爸爸让你来这里见我,给我一个意外。

你笑了,伸出手对我说:"亲爱的小朱蒂,难道你没猜到我就是长腿爸爸吗?"

一下子我全明白了。啊,我多笨呀!我稍有些头脑,也可以从数以百计的小事中猜到了。我做不了侦探,是吗?爸爸,杰维?我该叫你什么呢?叫杰维不太礼貌,我怎能对你没有礼貌呢?

我们度过了甜蜜的半个小时,医生来把我赶走。我恍恍惚惚地到了车站,差一点上了去圣路易的火车。你也很恍惚。你都忘了请我喝茶。但我们两人都非常非常幸福,是吗?我摸黑驱车回到洛克威洛——天上的星

· 307 ·

It was a very sweet half hour before your doctor came and sent me away. I was so **dazed**① when I got to the station that I almost took a train for St. Louis. And you were pretty dazed, too. You forgot to give me any tea. But we're both very, very happy, aren't we? I drove back to Lock Willow in the dark—but oh, how the stars were shining! And this morning I've been out with Colin visiting all the places that you and I went to together, and remembering what you said and how you looked. The woods today are **burnished**② bronze and the air is full of frost. It's climbing weather. I wish you were here to climb the hills with me. I am missing you dreadfully, Jervie dear, but it's a happy kind of missing; we'll be together soon. We belong to each other now really and truly, no make-believe. Doesn't it seem queer for me to belong to someone at last? It seems very, very sweet.

And I shall never let you be sorry for a single instant.

Yours, for ever and ever,
Judy

PS. This is the first love letter I ever wrote. Isn't it funny that I know how?

① dazed /deɪzd/ a. 茫然的，恍惚的

② burnish /ˈbɜːnɪʃ/ v. 擦亮，磨光

星那么明亮！今晨我带了科林重访我俩去过的所有地方，回忆你的音容笑貌。今天的树林是一片发亮的青铜色，霜气清凉。这是登山的季节。真希望你在这里和我一起爬山。亲爱的杰维，我真想你。但这种想念是愉快的，不久我们就能在一起。现在，我们真正地属于对方，再也不是假想的了。我有了归宿，这有点奇怪吧？这是一种很甜蜜的感觉。

今后我决不会让你有半点懊恼的时刻。

永远永远是你的朱蒂

星期四晨

又及：

这是我写的第一封情书，我知道怎样写，多有意思！